Christian Ludwig Stiegli

Geschichte der Baukunst der Alten

Christian Ludwig Stieglitz

Geschichte der Baukunst der Alten

ISBN/EAN: 9783743325784

Hergestellt in Europa, USA, Kanada, Australien, Japan

Cover: Foto ©ninafisch / pixelio.de

Manufactured and distributed by brebook publishing software (www.brebook.com)

Christian Ludwig Stieglitz

Geschichte der Baukunst der Alten

Geschichte
der
Baukunst
der Alten.

Von

Christian Ludwig Stieglitz,
Doctor der Rechte und Canonicus des Stiftes Wurzen.

Leipzig,
im Verlage der Dyckschen Buchhandlung.
1792.

Unter den Kunstwerken der Alten verdienen gewiß die Werke der Baukunst keine geringere Aufmerksamkeit als die Werke der Bildhauerey und die Gemälde, und es ist daher zu verwundern, daß die Kenner des Alterthums ihre Bemühungen nicht auch auf die Baukunst der Alten verwandt und keine gründlichen Untersuchungen über die Geschichte, über die Entstehung und Ausbildung dieser Kunst angestellt haben. So viele und verschiedene Schriften wir auch über die Kunst der alten Völker besitzen, so ist doch die Baukunst und ihre Geschichte noch bis jetzt vernachlässigt und in jenen Schriften entweder ganz übergangen oder nur kurz erwähnt worden. Uebrigens herrschen hierin noch sehr viele Vorurtheile und ungegründete Meynungen, die oft ein Schriftsteller von dem andern angenommen und, ohne sie zu untersuchen, nachgeschrieben hat.

Wie interessant und nützlich aber eine ausführliche Geschichte der Baukunst der Alten für den Liebhaber des antiquarischen Studiums sowohl, als auch für den Baukünstler werden kann, brauche ich wohl nicht erst zu erinnern. So wie der Liebhaber antiquarischer Wissenschaften, durch eine solche Geschichte den Geist der Alten von einer andern Seite kennen lernet, als er ihm schon aus ihren übrigen Kunstwerken und aus ihren Dichtern und Schriftstellern bekannt ist, so wird er daraus noch manchen andern Vortheil ziehen. Er wird die zerstreuten Nachrichten von der Baukunst und den Gebäuden der Alten hier gesammelt finden und durch sie eine Kenntniß von der Form und der Einrichtung dieser Gebäude erlangen, die ihm bey der Erklärung mancher Stellen der alten Schriftsteller sehr nützlich seyn kann. Er wird aber auch, was das vorzüglichste ist, alsdenn erst über den Werth, den die Gebäude der Alten als Werke der Kunst haben, gründlich urtheilen und ihn gehörig bestimmen können, da er sie vorher nur als Ueberreste, als Denkmäler des Alterthums geschätzt und oft die weniger guten den vortreflichen vorgezogen hat, weil jene in einem größern Rufe standen als diese.

Wir machen uns von vielen Gebäuden übertriebene Vorstellungen, wozu uns die Nachrichten der alten Schriftsteller verleiten, die so viele wunderbare Dinge davon erzählen, daß wir blos deswegen einige Gebäude als die größten und schönsten Kunstwerke schätzen, und hingegen andere, die vorzüglich Achtung verdienen, als weniger merkwürdig und als nicht viel bedeutend übergehen. Fast keine der alten Werke der Baukunst werden mehr bewundert als die ägyptischen. Was für hohe Begriffe haben wir nicht gemeiniglich von den Pyramiden und ihrer Erbauung, von dem Labyrinthe, was für geheimnißvolle Absichten und Bestimmungen suchen wir nicht darunter, da wir doch bey genauer und aufmerksamer Betrachtung finden, daß nur ihre Größe, nur der Fleiß und die viele Arbeit bey ihrer Erbauung, unsere Bewunderung verdienen, daß sie aber, als Kunstwerke betrachtet, einen geringen Werth haben, so wie wir einsehen, daß die Erzählungen von ihren geheimnißvollen Bestimmungen nur Mährchen sind, die vielleicht zuerst um des Volkes willen erfunden, die aber hernach oft von aufgeklärten Schriftstellern für Wahrheit angenommen wurden, weil sie mit dem wunderbaren Ansehn dieser Gebäude übereinzustimmen scheinen. Weit weniger bemerkt man die Gebäude der alten Indier und Perser, so daß sie vielen ganz unbekannt sind, da sie doch, sowohl in Absicht der Kunst als des Geschmacks, großen Vorzug vor den ägyptischen Gebäuden verdienen. Auf gleiche Weise schätzen wir manche Gebäude der Griechen als das Mausoleum, den Tempel der Diana zu Ephesus, und andere die ihrer Pracht und ihres Reichthums wegen berühmt wurden, oder wir erheben viele Gebäude der Römer, vorzüglich die von Balbeck und Palmyra und halten sie für Muster der Baukunst, da wir die Gebäude zu Athen, aus den Zeiten des Perikles, und die schönen Tempel in Jonien, zu Teos, Priene, Milet und an andern Orten kaum dem Namen nach kennen.

Noch mehr Nutzen als der Liebhaber des antiquarischen Studiums, wird der Baukünstler aus einem solchen Werke schöpfen können, das ihn mit den Schicksalen seiner Kunst bekannt macht.

Die Gebäude der Alten sind die Muster und das Vorbild des Baukünstlers, die ihm eben das seyn müssen, was den Malern und Bildhauern die Natur ist, die sie in ihren Werken nachahmen. Er muß sich daher mit der Baukunst der alten Völker und mit ihrer Geschichte genau bekannt machen, um zu wissen, wo er seine Muster finden soll, um zu erfahren, wie diese Kunst nach und nach ausgebildet wurde, und welches Volk sie am besten und vollkommensten ausführte. Wenn ihm das Riesenmäßige der ägyptischen Gebäude ein Erstaunen, die Pracht und der Fleiß der Perser und Indier eine Bewunderung ablockt, so wird er von der edlen Einfalt, von der Erhabenheit und Größe der griechischen Meisterstücke sanft angezogen werden, er wird nicht länger bey jenen verweilen, bey diesen aber die Sehnsucht fühlen, ihnen in seinen Werken gleich zu kommen und ihre Größe zu erreichen. Und so wie er die Griechen, in Rücksicht des wahren und wesentlichen Schönen, allen andern Völkern vorziehen wird, so werden ihm die Römer als Meister, in dem was zur Zierlichkeit und zur Verzierungskunst gehört erscheinen.

Die Griechen und die Römer werden also die Muster des Baukünstlers seyn, und er wird das Studium der Alten als den einzigen Weg betrachten, um groß zu werden. Wir können dieses behaupten, ohne in den Fehler einer zu großen Vorliebe für die Alten zu verfallen. Denn wenn es auch die Neuern in manchen schönen Künsten, wie, zum Beyspiele, in der Malerey, weiter gebracht haben als die Alten, so wird man diesen doch den Ruhm auf keine Weise absprechen können, daß sie in der Baukunst, eben so wie in der Bildhauerey, fast unnachahmlich sind, und daß wir ihnen hierin kaum gleich kommen, geschweige sie denn übertreffen.

So wie aber der Maler und Bildhauer die Natur nicht sklavisch nachahmen, sondern aus verschiedenen Gegenständen nur das Schönste erwählen soll, um ein schönes und idealisches Ganze zusammen zu setzen, so muß auch der Baukünstler seine Muster nicht blos copiren, sondern sie aufmerksam betrachten, zwischen ihnen Vergleichungen anstellen und sich bemühen, ihre Schönheiten zu entdecken. Ein solches Studium der Gebäude der Alten macht uns mit dem Geiste ihrer Kunst bekannt, es lehrt uns denken, es bildet unsern Geschmack und erweckt in uns ein Gefühl für das wahre Schöne, da hingegen durch eine ängstliche Nachahmung nur ein mittelmäßiger Künstler entstehen wird.

Eine Geschichte der Baukunst der Alten muß daher, um einigen Nutzen zu stiften, eine doppelte Absicht zu erreichen suchen, sie muß theils für den Liebhaber der antiquarischen Wissenschaften, die zerstreuten Nachrichten von den Gebäuden der Alten sorgfältig aufsuchen und sie ihm als Kunstwerke darstellen, theils dem Baukünstler Anleitung geben, die Werke der alten Kunst zu studieren, und ihm diejenigen genau bekannt machen, die er sich zum Muster zu erwählen hat. Daß wir bis jetzt noch kein solches Werk besitzen, kommt vielleicht daher, weil die Nachrichten von den Schicksalen der Baukunst und von den Gebäuden der Alten in ihren Schriftstellern sehr zerstreut und selten so ausführlich und deutlich sind, als meistentheils die Beschreibungen anderer Kunstwerke, und weil schon eine genaue Kenntniß der Architektur dazu gehört — die freylich nicht jeder Gelehrter haben kann — um jene Nachrichten, denen oft viele wunderbare Dinge und Mährchen beygemischt sind, recht zu verstehen, das Wahre von dem Falschen abzusondern, und um aus ihnen einen deutlichen Begriff von den alten Gebäuden zu erlangen.

Der Wunsch, die Schicksale dieser Kunst zu wissen, deren Studium schon seit langer Zeit die Lieblings Beschäftigung meiner Nebenstunden war, veranlaßte mich, alle Quellen aufzusuchen, in denen ich etwas davon zu entdecken hoffte, und ich fand viele Schätze, die ich sorgfältig sammelte und in ein Ganzes zusammen trug. Dieses Werk wage ich dem Publikum zu übergeben, und ich schmeichele mir, daß es nicht in die Klasse der ganz überflüßigen gehöre, da die Geschichte der Baukunst der Alten noch nicht so ausführlich ist behandelt worden, als ich mich, hier zu thun, bemüht habe. Schon vor vier Jahren habe ich dieses Werk angekündigt,*) und ob ich mich gleich seit dieser Zeit bestrebt habe, es so vollkommen als möglich zu machen, so weiß ich doch sehr gut, daß es die Vollkommenheit noch nicht erreicht hat, die ich ihm zu geben wünschte, und ich bitte daher, es nur als einen Grund anzusehen, worauf andere bauen können.

Da dieses Werk nur der Baukunst gewidmet ist, so wird man mir vielleicht den Vorwurf machen, daß ich mich bey der Geschichte, im eigentlichen Verstande des Wortes, bisweilen zu lange aufgehalten habe. Allein die Schicksale der Baukunst schienen mir mit den Schicksalen der verschiedenen Völker und der Geschichte ihrer Cultur so genau verbunden zu seyn, daß ich von

*) In der Bibliothek der schönen Wissenschaften, B. 34. St. 2. vom Jahre 1787. und hernach in den gelehrten Gothaischen Zeitungen. Die Geschichte der Baukunst der Aegypter, die in der Bibliothek der schönen Wissenschaften als Probe vorgelegt wurde, erscheint hier ganz anders und völlig umgearbeitet.

der letztern nicht weniger sagen durfte, um die erstere nicht unvollständig darzustellen. Die Baukunst war oft ein Mittel, wodurch die Stifter der Nationen die zerstreuten Einwohner eines Landes in einen Staat vereinigten, und dadurch den ersten Grund zu ihrer Cultur legten, sie war oft ein Mittel, der Prachtliebe gebildeter und reicher Völker eine solche Wendung zu geben, daß dieselben von der Aufmerksamkeit auf die Staatsverwaltung abgezogen wurden und durch Erbauung großer Tempel, prächtiger Theater und anderer Gebäude, nur auf die Verschönerung ihrer Städte dachten. In Kriegen und einheimischen Unruhen wurden oft die schönsten Tempel verwüstet, und sie mußten aufs neue aufgebaut werden. Viele Völker verließen freywillig ihr Vaterland, sie suchten andere Gegenden zu ihrem Aufenthalt auf und bauten sich daselbst an, andere aber wurden daraus oder aus ihrem neuen Wohnorte vertrieben. Einige Völker wurden in ihrer Cultur gestört und hörten auf eine Nation zu seyn, ehe sie ganz gebildet wurden, andere erreichten zwar einen sehr hohen Grad der Cultur und eine ausgebreitete Macht, sie konnten aber endlich doch der Macht anderer Völker nicht widerstehen und wurden von ihnen unterjocht. Es ist daher nöthig, die politische Geschichte dieser Völker zu wissen, um erfahren zu können, was die Baukunst für Schicksale gehabt hat, wie diese Kunst aus einem Lande in das andere gekommen ist, wodurch die Nationen Macht und Reichthum erwarben, um diese Kunst auszubilden und sie auf den höchsten Gipfel ihrer Vollkommenheit zu führen, und wodurch der Fall und der Untergang dieser Kunst verursacht wurde.

Um nun die oben angezeigte doppelte Absicht einer vollständigen Geschichte der Baukunst so viel als möglich zu erreichen, so habe ich bemüht, nicht nur den Charakter den die Baukunst bey den verschiedenen Völkern gehabt hat und den Geschmack in dem sie zu verschiedenen Zeiten ausgeführt wurde, anzugeben, sondern auch die eigene Bauart eines jeden Volkes und ihre vorzüglichsten Gebäude zu beschreiben: wobey ich aber bemerken muß, daß viele Gebäude nicht ausführlich sind beschrieben worden, weil dieses schon in andern Büchern geschehen ist, die ich allezeit angeführt habe. Sollte ich in der Beschreibung der Werke der Baukunst nicht immer glücklich gewesen seyn, so hoffe ich um desto eher Verzeihung zu erhalten, da es bey manchen Arten von Gebäuden sehr schwer ist, ohne Zeichnung andern eine deutliche Vorstellung davon zu machen. Daß ich aber dieser Geschichte keine Zeichnungen und wenigstens keine Abbildungen der aus dem

Alterthume übrig gebliebenen Werke der Baukunst beygefügt habe, ist deswegen geschehen, weil sie dadurch zu weitläuftig und kostbar geworden wäre. Uebrigens findet man die Abbildungen solcher Denkmäler schon in Norden's Reisen nach Aegypten und Nubien, in Pocock's Beschreibung des Morgenlandes, in Niebuhr's Reisebeschreibung, in den Reisen des le Brün und Chardin, in des Paoli Ruinen von Pästum, in Houel's Reisen nach Sicilien, in den athenienfifchen Alterthümern von Stuart, in den jonischen Alterthümern, in den griechischen Monumenten des le Roy, in Desgodez römischen Alterthümern, in den Ruinen von Palmyra und Balbeck, in den Ruinen des Diocletianischen Pallastes und in andern ähnlichen Werken größer und ausgeführter, als sie hier hätten können angebracht werden.

Diese Werke, nebst den Schriftstellern der Alten, Pausanias, Herodot, Strabo, Diodor von Sicilen, Dionysius von Halikarnaß, Dio Cassius, Vitruvius, Plinius, Livius, Svetonius, und viele andere, so wie auch eine Menge Reisebeschreibungen der Neuern und Schriften über die Kunst, oder über einzelne Gebäude, sind die Quellen gewesen, deren ich mich bey dieser Geschichte bediente, und die ich hier ausführlich anzuzeigen für unnöthig halte, da ich sie und die Ausgaben, die ich brauchte, in dem Buche selbst genau angeführt habe. Doch halte ich es für Pflicht, eine meiner Quellen vorzüglich zu nennen, nämlich einige schriftliche Nachrichten über die ägyptischen Pyramiden und die Ruinen von Persepolis, die Herr Justizrath Niebuhr mir gütigst mitgetheilt hat, und wofür ich diesem würdigen Manne hier öffentlich meinen Dank abstatte.

Inhalt
der
Geschichte der Baukunst der Alten.

Erster Theil.
Geschichte der Baukunst in den ältesten Zeiten:

Erster Abschnitt.
Von dem Ursprunge und Anfange der Baukunst.

	Seite
Einleitung. — —	3
Plan dieser Geschichte. — —	5
Die Baukunst ist weder eher noch später als andere Künste ausgebildet worden. —	6
In der Geschichte der Baukunst muß man die öffentlichen Gebäude von den Privatwohnungen unterscheiden. — —	9
Der Ursprung der Baukunst darf nicht bey einem Volke allein gesucht werden. Dreyerley Arten Wohnungen in den ältesten Zeiten. —	10
Hütten. — — —	11
Höhlen. — — —	12
Zelte. — —	13
Beyspiele dieses einfachen Ursprungs der Baukunst aus den neuern Zeiten. —	14
Die ersten bürgerlichen Gesellschaften. —	16

Inhalt.

	Seite
Ursprung der Städte. —	18
Baukunst zu Noah's Zeiten. —	—
Verschiedene Bauarten nach dieser Zeit. Gebäude von Holz oder Ziegeln. —	20
Steinerne Gebäude. —	—
Entstehung der Säulen. —	23
Die Tempel. — —	24
Ursprung der Tempel. — —	
Keine Nation kann sich allein die Erfindung der Tempel zueignen. — —	27
Die ersten Tempel waren sehr klein. —	28
Gestalt der Tempel. —	—
Anlage der Tempel. — —	29

Zweyter Abschnitt.
Geschichte der Baukunst bey den ältesten Völkern der Erde.

Die Baukunst wurde bey vielen und verschiedenen Völkern ausgeübt. —	31
Selten war in der Baukunst ein Volk der Lehrer eines andern. — —	32
Charakter der Baukunst dieser Zeit. —	33
Baukunst der ältesten uns bekannten Völker.	—
Babylonier. — —	34
Babylon. —	
Tempel des Belus. — —	36
Die schwebenden Gärten. —	—
Nebukadnezar vergrößerte Babel. —	37
Ueberbleibsel von Babel. —	38
Assyrier.	
Syrer. — —	39
Meder. — —	40
Phönicier. — —	41

Städte

Inhalt.

Städte der Phönicier.	Seite 41
Bauart der Phönicier.	42
Hebräer.	43
Stifts Hütte.	
Tempel zu Jerusalem.	45
Der Platz zu dem Tempel.	46
Zelle des Tempels.	47
Der Ulam.	48
Fenster des Tempels.	49
Die Decke des Tempels.	50
Der Gang um den Tempel.	51
Die Vorhöfe.	52
Die Säulen vor dem Tempel.	53
Außenseite des Tempels.	54
Andere Gebäude Salomo's.	55
Bauart der Hebräer.	
Sie ahmten darin den Aegyptern und Phöniciern nach.	56
Völker von deren Gebäuden sich bis auf unsere Zeit beträchtliche Ueberreste erhalten haben; Indier, Perser, Aegypter.	57

Dritter Abschnitt.
Von der Baukunst der Aegypter.

Die Aegypter verdienen vor den übrigen Völkern dieses Zeitalters in Absicht der Baukunst keinen Vorzug.	59
Die Cultur breitete sich von Ober-Aegypten nach den übrigen Theilen des Landes aus.	60
Geschichte der Baukunst in Aegypten. In Ober-Aegypten.	61
Werke des Sesostris.	63
Alter der Obelisken.	64
Theben.	65
In Mittel-Aegypten.	

Alter der Pyramiden. — Seite	66
In Unter-Aegypten. — —	67
Bauart der Aegypter. — —	68
Säulen. — —	—
Säulenschäfte. — —	69
Capitäle. — —	70
Basen. — —	72
Höhe der Säulen. —	73
Säulenweite. — —	—
Gebälke. — —	74
Pyramidalische Thore. —	75
Dächer. — — —	76
Geschmack und Charakter der ägyptischen Baukunst.	77
Die ägyptischen Baukünstler hatten wenig feste Grundsätze. — —	—
Warum die Kunst in Aegypten nicht zur Vollkommenheit gelangte. — —	78
Die vorzüglichsten Gebäude der Aegypter. —	80
Die unterirrdischen Gebäude. —	—
In Stein gehauene Gebäude. —	81
Obelisken. — —	82
Steinbrüche für die Obelisken. Nachrichten alter und neuer Schriftsteller von diesen Steinen. —	84
Pyramiden. — — —	87
Erzählungen der alten Schriftsteller von den Pyramiden. — —	89
Verschiedene Meinungen über die Bestimmung der Pyramiden.	91
Man muß bey den Pyramiden nichts außerordentliches noch geheimnisvolles suchen. —	93
Erbauung der Pyramiden. — —	—
Das Innere der Pyramiden. —	95
Die Pyramiden waren Grabmäler. —	96
Fünf verschiedene Gruppen von Pyramiden.	97

Andere Werke ägyptischen der Baukunst.	Seite 98
Tempel.	—
Die ältesten Tempel in Aegypten.	100
Tempel auf der Insel Philä.	—
Tempel zu Theben.	101
Tempel zu Amara.	102
Andere Tempel.	—
Der Labyrinth.	103
Das Grabmal des Osymandias.	107
Gräber.	111
Gräber der Könige zu Theben.	112

Vierter Abschnitt.
Von der Baukunst der Indier.

Die Tempel der Indier wurden in die Felsen eingegraben.	114
Zu diesem Eingraben der Felsen gehören weniger Kenntnisse als zur Erbauung der Mauern.	—
Alter der indischen Tempel oder Pagoden.	116
Tempel auf der Insel Elephanta.	—
Säulen.	117
Einrichtung des Tempels.	119
Verzierungen.	120
Die Höhle von Ambola.	—
Die Höhlen zu Canara.	122

Fünfter Abschnitt.
Von der Baukunst der Perser.

Die Ueberbleibsel von den Gebäuden der alten Perser sind sehr merkwürdig.	123
Pallast des Königs Dsjemschied.	124
Alter desselben.	—
Beschreibung des Pallastes.	125
Eingang und große Colonnade.	—

Andere Gebäude des Pallastes. — Seite 127
Das älteste dieser Gebäude. — 128
Wohnung des Königs. — — 130
Große Anlage des Ganzen. — — 131
Säulen. — — 132
Basen und Capitäle. — — —
Gebälke. — 133
Verzierungen. — —
Thorwege und Treppen. — — 134
Abbildung des Königs. — 135
Anzahl der Figuren. — —
Andere Ueberbleibsel persischer Baukunst. — 136
Grabmäler. — —
Nakschi Rustan. — — 137

Sechster Abschnitt.
Von der Baukunst der Etrusker.

Die Etrusker trugen zur Bildung der Baukunst mehr
 bey als andere gleichzeitige Völker. — 139
Die Etrusker waren frühzeitig ein großes und mäch-
 tiges Volk. — —
Städte der Etrusker. — — 140
Colonien der Etrusker. — 142
Flor der Künste bey den Etruskern. — 143
Etruskische Gebräuche bey der Anlage einer Stadt. 144
Stadt Mauern. — — 145
Thore. — — 146
Tempel. — — —
Die ersten Tempel waren sehr klein. — 147
Anlage der etruskischen Tempel. — 148
Giebel. — — — 149
Einige berühmte Tempel. — — 150
Tempel des Apollo. — — 152
Tempel des Bacchus und anderer. — —

Tempel der Juno. — Seite 153
Tempel der Venus. — — 154
Tempel des Mars. — — —
Noch verschiedene Tempel. — —
Theater. — — 155
Dreyerley Arten von theatralischen Spielen. — —
Ueberbleibsel etruskischer Theater. — 156
Andere Denkmäler. — — 157
Grabmäler bey Crotona und Perusium. — —
Grabmal bey Clusium. — — 159
Grabmäler bey Tarquinium. — —
Grabmäler bey Volaterra. — — 160
Eugubinisches Grabmal. — —
Labyrinth des Porsenna. — — 161
Bauart der Etrusker. — · —
Atrien. — — 163
Gewölbe. — — 164
Säulen. — — 165
Schaft, Base und Capitäl. — 166
Gebälke. — — 167

Geschichte der Baukunst der Alten.

Zweyter Theil.
Geschichte der Baukunst unter den Griechen und Römern.

Erster Abschnitt.
Von der ältesten Baukunst der Griechen.

Die Griechen haben auf die Cultur anderer Völker großen Einfluß gehabt. — Seite 171
Die Griechen sind unsere Lehrer in der Baukunst. 173

Inhalt.

Die Griechen bildeten die Baukunst aus. Seite	173
Bey ihnen wurde der Geschmack verfeinert. —	175
Drey Zeiträume der griechischen Baukunst. —	—
Die ältesten Bewohner Griechenlandes wohnten in Hütten oder Höhlen. — —	176
Allmählige Bildung Griechenlandes im Peloponnes	177
In Attika. — —	178
In Böotien. — —	180
Sparta. — —	—
Mehrere griechische Städte. — —	181
Tempel. — —	—
Die ersten Tempel der Griechen waren Hütten oder Höhlen. — —	182
Alte Höhlen in Griechenland. —	—
Labyrinthe. —	185
Labyrinth auf Kreta. — —	—
Schatzkammer des Mynias. —	186
Tempel der obern Götter. —	187
Kriege und Auswanderungen der Griechen.	189
Trojanischer Krieg. —	191
Folgen des trojanischen Krieges. —	—
Ausübung der Baukunst nach diesem Kriege.	193
Errichtung vieler Tempel. —	194
Tempel der Minerva zu Sigeum. —	—
Andere Tempel. — —	195
Rückkehr der Herakliden und der Dorier in den Peloponnes und ihre Folgen. —	196
Zug der Jonier nach Klein Asien. —	197
Wohlstand der Jonier.	198
Cultur verschiedener griechischer Länder. —	199
Athen. — —	200
Die Insel Aegina. —	—
Griechische Inseln. — —	201
Italien und Sicilien.	202

Die Cultur der Griechen wurde vorzüglich durch die
    Jonier befördert. — — Seite 202
Aelteste Ueberreste der griechischen Baukunst. Tem-
    pel zu Korinth. — — 203
Tempel in Sicilien. — 204
Tempel zu Pästum. — 207
Tempel zu Metapont. — 208
Tempel auf dem Vorgebirge Lacinium und Alice. —
Charakter der Baukunst dieser Zeit. — —
Aelteste Baukünstler der Griechen. Dädalus. 209
Agamedes und Trophonius. — —
Andere Künstler. — — 211

Zwenter Abschnitt.

Von der Baukunst der Griechen nach den
persischen Kriegen bis zu Alexander
dem Großen.

Persischer Krieg. — 213
Folgen dieses Krieges. — 214
Der Geist der Griechen zeigte sich jetzt in seiner gan-
    zen Größe. — 215
Athen, die Mutter und Pflegerin der Künste. 216
Themistokles. — — —
Cimon. — — — 219
Gymnasien zu Athen. — 220
Perikles. — — 221
Blüthe der Baukunst zu Athen. — 222
Odeum. — —
Vortreflichkeit der Gebäude unter Perikles Regierung. 223
Parthenon. — 224
Propyläen. — — 226
Andere Gebäude dieser Zeit. — 228
Jonischer Tempel am Ilissus. —
Tempel der Ceres zu Eleusis. 229

	Seite
Mehrere Tempel in Attika.	229
Tod des Perikles.	230
Auch in andern Gegenden des europäischen Griechenlandes erhob sich die Baukunst.	231
Gebäude auf der Insel Aegina.	—
Jupiter Tempel zu Nemea.	232
Tempel des Aesculap zu Epidaurus. Theater daselbst.	—
Tempel der Juno bey Mycenä.	233
Tempel des Jupiters zu Olympia.	234
Apollo Tempel bey Phigalia.	235
Tempel der Minerva Alea zu Tegea.	—
Zeitalter des Skopas.	236
Tempel der Minerva Area zu Plataä.	239
Tempel des Apollo zu Delphi.	—
Baukunst in Klein Asien, vorzüglich in Jonien.	241
Tempel des Bacchus zu Teos.	—
Diana Tempel zu Magnesia.	242
Tempel des Apollo Didymäus bey Milet.	—
Tempel der Minerva Polias zu Priene	243
Jupiters Tempel bey Mylasa.	—
Diana Tempel zu Ephesus.	244
Baukunst in Großgriechenland und Sicilien. Jupiters Tempel zu Agrigent.	246
Privat-Wohnungen.	248
Häuser zu Agrigent.	249
Charakter der Baukunst dieser Zeit.	—
Entstehung der drey griechischen Säulen Arten. Dorische Säule.	250
Jonische Säule.	251
Korinthische Säule.	252
Vitruv's Erzählung von der Entstehung dieser Säulen.	253
Schriften der Baukünstler.	255
Der Peloponnesische Krieg und dessen Folgen.	256

Zustand Athens zu und nach Conons Zeiten. Seite 257
Philipp von Macedonien. — 258

Dritter Abschnitt.
Von der Baukunst der Griechen von Alexander dem Großen an bis zu den Römern.

Alexander der Große. — — 259
Zustand der Baukunst unter Alexander. 260
Alexandria in Aegypten. — 261
Charakter der Baukunst dieser Zeit. —
Choragisches Monument des Lysikrates zu Athen. 262
Zustand Griechenlandes nach Alexanders Tode. 263
Schicksale der Baukunst nach Alexanders Tode. 264
Viele Städte und Tempel wurden zerstört. 265
Zustand der Baukunst in Großgriechenland und Sicilien. — 266
Die Kunst wurde aus Griechenland verscheucht. —
Zustand der Baukunst unter den Seleuciden. —
Auch die Könige anderer Reiche wurden Beförderer der Baukunst. — 267
Zustand der Baukunst unter den Lagiden. 268
Griechenland kam in die Gewalt der Römer. 269
Die Römer nahmen die Kunst auf. — 270
Geschmack an den Höfen der Ptolemaeer. —
Charakter der Baukunst dieser Zeit. — 271
Die Privatwohnungen wurden sehr verschönert. —

Vierter Abschnitt.
Von der Bauart der Griechen.

Die älteste Bauart der Griechen war der Bauart anderer alten Völker gleich. — 273
Materialien: Holz. — 274
Ziegel. — — 275
Steine. — — 276

	Seite
Tufstein und Marmor. —	276
Marmorbrüche in Griechenland. —	277
Gebäude von Erz. — —	278
Mauern von großen unbehauenen Steinen.	279
Mauern von vieleckigen Steinen. —	—
Mauern von Quadersteinen. —	280
Die Griechen bedienten sich keines Mörtels.	281
Mechanische Hülfsmittel. —	282
Säulen. — —	284
Dreyerley Säulenarten. —	—
Die Griechen gaben den Säulen eine edle Gestalt.	—
Die Säulen bestanden aus verschiedenen Steinblöcken.	285
Bearbeitung der Säulen. —	286
Verhältniß der dorischen Säule. —	287
Verhältniß der jonischen und korinthischen Säule.	289
Die Griechen hatten bey dem Gebrauche der Säulen kein gewisses System. —	—
Verjüngung der Säulen. —	290
Kannelirungen. — —	291
Kannelirung der dorischen Säule. —	292
Kannelirung der jonischen und korinthischen Säule.	—
Capitäl der dorischen Säule. —	294
Capitäl der jonischen Säule. —	296
Capitäl der korinthischen Säule. —	299
Veränderungen des korinthischen Capitäls.	301
Dreyeckige Capitäle. —	302
Die ältesten Säulen hatten keine Basen.	303
Attische Base. —	304
Jonische Base. —	305
Die griechischen Säulen hatten keine Postamente.	306
Gebälke. —	—
Gebälke der dorischen Säule. —	307
Metopen. —	309

Inhalt.

	Seite
Der Kranz.	310
Dorisches Gebälke der neuern Zeiten.	311
Gebälke der jonischen Säule.	312
Gebälke der korinthischen Säule.	313
Säulenstellung.	314
Fünf verschiedene Säulenweiten.	315
Uebereinanderstellung der Säulen.	317
Wandsäulen.	318
Pilaster.	319
Caryatiden.	—
Verzierungen.	321
Auch in der Zierlichkeit übertrafen die Griechen andere Völker.	—
Jede Bauart bekam ihre eigenen Verzierungen.	322
Die Außenseiten der Gebäude erhielten wenig Verzierung.	324
Verzierungen innerhalb der Gebäude.	325
Oeffentliche Gebäude der Griechen.	326
Tempel.	—
Lagen der Tempel.	327
Stufen um die Tempel.	328
Gestalt der Tempel.	329
Erechtheum zu Athen.	330
Bauart der Zelle.	331
Verschiedene Arten der Tempel.	—
Runde Tempel.	334
Peribolus.	—
Giebel.	335
Decken der Tempel.	336
Fenster.	337
Eingang.	338
Form der Thüren.	—
Theater.	339
Lage der Theater.	340

Gestalt der Theater. — Seite 340
Orchestra. — — 342
Scena. — — —
Porticus der Theater. — 343
Berühmte Theater. — 344
Odeen. — — 346
Gymnasia. — — 348
Einrichtung der Gymnasien. — 349
Gebäude, die zur Versammlung des Volks dienten. 352
Leschen. — — 353
Agora oder Marktplätze. — —
Choragische Monumente. — 355
Ueberbleibsel davon. — 356
Grabmäler. — — 357
Grabmäler in den Städten. — 358
Grabmäler vor den Städten. — 359
Grabmäler an den Seiten der Landstraßen. 360
Erdhügel. — — —
Kleine Gebäude. — — 361
Pracht der Grabmäler. — 362
Mausoleum. — — 363
Privat Gebäude der Griechen. — —
Gynäkenitis. — — 364
Andronitis. — — 365
Wohnungen für Fremde. — 366

Fünfter Abschnitt.
Von der Baukunst bey den Römern.

Die Römer schätzten die Künste nur aus Liebe zum
 Luxus — — 367
Epochen der Baukunst bey den Römern 368
Verdienste der Römer um die Baukunst. —
Zustand der Baukunst unter den Königen. Romulus. 369
Numa. — — 370

Tullus Hostillus. — — Seite	370
Ancus Marcius. —	371
Tarquinius Priscus. —	—
Servius Tullius. —	373
Tarquinius Superbus. —	—
Roher Zustand der ältesten Baukunst der Römer.	374
Die Römer bedienten sich etrustischer Künstler.	375
Die Römer schätzten die Künste wenig.	—
Verschiedene Tempel im Anfange der freyen Republik. — —	376
Eroberung von Vejos. —	378
Krieg mit den Galliern und dessen Folgen.	—
Die Feldherrn erbauten viele Tempel.	379
Appius Claudius. — —	380
Tempel während der zwey ersten punischen Kriege.	381
Tempel nach dem zweyten punischen Kriege.	—
Andere öffentliche Gebäude. —	383
Die Römer wurden auf die Künste des Friedens aufmerksam. — —	384
Ihre Sitten werden verfeinert. —	385
Aber die Baukunst erhielt noch keine Verbesserungen.	386
Zunehmende Cultur in Rom nach dem dritten punischen Kriege. —	387
Griechische Kunstwerke in Rom. —	388
Die Römer lernen die Baukunst der Griechen kennen.	389
Der erste Tempel von Marmor in Rom.	390
Griechische Säulen werden nach Rom gebracht.	391
Römische Baukünstler. —	—
Verschiedene Gebäude dieser Zeit. —	392
Unter diesen zeichnen sich vorzüglich zwey Theater aus. — —	393
Theater des Scaurus. —	—
Theater des Curio. —	394

Erstes steinernes Theater. Unterschied der römischen und griechischen Theater. — Seite 394
Gebäude des Pompejus und Cäsar. — 396
Auch in den römischen Provinzen wurde viel gebaut. 397
Verbesserung der Privatgebäude. — 398
Unterschied der römischen und griechischen Privatgebäude. — — 399
Pracht dieser Gebäude. — 400
Höhe dieser Gebäude. — 401
Bequeme Wohngebäude wurden allgemein. 402
Landhäuser. — — —
Schöne und weitläuftige Anlagen der Villen. 403
Grabmäler. — 404
Innere Verzierungen der Wohngebäude. 405
Verzierung der Wände. — 405
Gemälde. — 406
Grotesken. — — 407
Verzierung der Decken. — 408
Verzierung der Fußboden. — —
Augustus. — — 409
Gebäude des Augustus. Porticus Octavia. 410
Andere Gebäude. — 411
Theater des Marcellus. — 412
Straßen und Wasserleitungen. — 413
Gebäude die von den Freunden August's errichtet wurden. — — —
Pantheon. — — 414
August's Gebäude in den Provinzen. 416
Gebäude zu Ehren des Augustus. — 417
Baukünstler dieser Zeit in Rom. —
Vitruv. — 418
In welchem Zustande die Römer die griechische Baukunst bekamen. — 419
Flor der Baukunst unter Augustus. — 420

Inhalt.

XXXI

Character der Baukunst dieser Zeit. Seite	420
Ausbildung der korinthischen Bauart. —	421
Abnahme der Baukunst unter August's Nachfolgern.	422
Gebäude seiner ersten Nachfolger. —	423
Nero. — —	424
Luxus unter dem Nero. —	425
Galba, Otho, Vitellius. —	427
Zustand der Baukunst unter den Flaviern und den folgenden Kaisern. —	—
Fehlerhafter Geschmack dieser Zeit. —	—
Gebäude Vespasians. —	429
Der Friedenstempel. —	430
Amphitheater. —	431
Einrichtung dieses Gebäudes. —	432
Titus. — —	434
Triumphbogen des Titus. —	—
Domitian. — —	435
Forum des Nerva. — —	436
Trajan und Hadrian.	—
Trajans Forum. —	437
Trajanische Säule, —	—
Einrichtung dieser Säule. —	438
Capitäl und Basreliefs. —	439
Andere Gebäude Trajans. —	440
Trajans Triumphbogen. —	—
Er führt jetzt den Namen des Constantinischen.	441
Anlage desselben. — —	—
Triumphbogen zu Benevent. —	442
Triumphbogen zu Ancona. —	443
Hadrians Gebäude. —	—
Hadrians Grabmal. —	444
Hadrians Villa. —	445
Hadrians Reisen. Gebäude die er überall errichten ließ.	446
Hadrians Gebäude zu Athen. —	448

Tempel des Jupiter Olympius zu Athen. Seite	449
Auch Privat Personen legen große Gebäude an.	451
Herodes Attikus. — —	452
Styl der Kunst unter den Antoninern. —	453
Tempel der Faustina. —	—
Tempel des Antoninus. —	454
Säule des Antoninus Pius. —	455
Säule des Marcus Aurelius. —	456
Gebäude der Antoniner außerhalb Rom.	—
Sonnen Tempel zu Balbeck. —	457
Tempel bey Mylasa. —	459
Grabmal bey Mylasa. —	460
Ovale Säulen. — —	
Verfall der Baukunst nach den Zeiten der Antoniner.	461
Triumphbogen des Septimius Severus.	462
Bogen der Goldschmiede. —	463
Bäder des Antoninus Caracallus. —	465
Alexander Severus. —	—
Zustand der Baukunst nach dieser Zeit.	466
Schlechter Geschmack unter Aurelian und Diocletian.	467
Aurelians Gebäude. —	468
Tempel zu Palmyra. —	—
Diocletianische Bäder. —	469
Diocletians Pallast zu Spalatro. —	471
Ungeschicklichkeit der Künstler unter Constantin dem Großen. — —	472
Pauls Kirche. —	473
Tempel des Bacchus. —	474
Tempel des Faunus. —	—
Gewundene Säulen. —	475
Neues jonisches Capitäl. —	—
Gänzlicher Verfall der Kunst. —	476

Geschichte

ID# Geschichte
der
Baukunst der Alten.

———

Erster Theil.

A

Geschichte der Baukunst der Alten.

Erster Theil.
Geschichte der Baukunst in den ältesten Zeiten.

Erster Abschnitt.
Von dem Ursprunge und dem Anfange der Baukunst.

Die schlechte Hütte oder die finstre Höhle, welche den ersten Bewohnern der Erde zu einem Aufenthalte diente, ist als der erste Gedanke zu dem in den folgenden Zeiten und Jahrhunderten vollkommen ausgeführten und schönen Gebäude zu betrachten. So wenig sie auch ein Werk der Kunst kann genennet werden, so sieht man doch in ihr die erste Entstehung einer Kunst, welche Vesta erfunden [1]

Einleitung.

---

[1] *Diodor. Sicul.* lib. V. 68. edit. *Wessel.*

und Pallas dem Phereklus soll gelehrt haben;[2]) einer Kunst, die nach und nach eine der vorzüglichsten unter den bildenden Künsten geworden ist. Diese Hütte, diese Höhle ist gleichsam ein Entwurf, in welchem das nothwendigste angetroffen wird, was man zu einem Gebäude verlangt. Sie enthält Festigkeit, indem sie so aufgebaut oder angelegt werden mußte, daß ihre Bewohner sicher und ohne Gefahr des Lebens sich darin aufhalten konnten, und sie hat so viel Bequemlichkeit, als ihre damaligen Bewohner bedurften. Diese beiden Eigenschaften waren jeder Art von Wohnung nothwendig, um sie brauchbar zu machen. Noch aber fehlte ihr alles, was sie zu einem Werke der Kunst erheben konnte, es mangelte ihr die Schönheit, ohne welche sie weder angenehm in die Sinne fallen, noch die Einbildungskraft beschäftigen konnte.

Die Nothwendigkeit, einen sichern Aufenthalt zu haben, verursachte, daß man sich Hütten bauete, oder Höhlen ausgrub. Die Nothwendigkeit, die Decke dieser Hütten und Höhlen zu unterstützen, gab Anlaß, Pfeiler und Stützen zu gebrauchen, aus denen hernach die Säulen entstanden sind. Dieses war mit wenig Mühe verbunden, jeder konnte sich leicht eine Hütte bauen, sie mochte aussehen wie sie wollte, wenn sie nur fest war und hinlänglichen Raum für ihre Bewohner hatte. Allein dieser Hütte, die-

---

2) *Homer.* Iliad. V. 61.

sen Pfeilern ein schönes Ansehn zu geben, das war die große Kunst, die erst dann eine gewisse Vollkommenheit erreichen konnte, nachdem viele Jahrhunderte verflossen waren, nachdem viele und verschiedne Völker die Kunst zu bauen ausgeübt hatten. Der menschliche Geist mußte sehr viele Wege durchgehen, ehe er von der zerbrechlichen Hütte, von der finstern Höhle bis zu der Erbauung eines schönen und prächtigen Tempels gelangen, ehe er diesen Entwurf, diesen ersten Gedanken zu einem Gebäude ausführen und vollkommen ausbilden konnte.

Diese Wege aufzusuchen, soll der Gegenstand dieser Geschichte seyn. Statt der elenden Hütten wurden mit der Zeit festere und bequemere Wohnungen angelegt. Nach langer Uebung und vielen Versuchen fand man gewisse Regeln und Verhältnisse, die allgemein gefielen und immer mehr und mehr nachgeahmt wurden. Der gute Geschmack fing durch Vergleichung an emporzusteigen; man verband mit der Einfalt der ersten Werke der Baukunst Größe und Erhabenheit, man verwarf das Rohe und Riesenmäßige, und gelangte endlich zur Schönheit. Jetzt war alles erfunden, alles zusammen vereinigt, was ein Gebäude vollkommen, was es zu einem Werke der Kunst machen konnte. Die Künstler der nachfolgenden Zeiten hätten daher nur die alten Kunstwerke als Muster betrachten und sie studieren sollen, um auch vollkommene Werke hervorzubringen. Allein sie waren mit dem, was sie vor sich fanden, nicht ganz zufrieden, sie wollten verschiedenes daran

Plan dieser Geschichte.

verbessern, und die Schönheit der Werke der Baukunst noch durch Zierlichkeit erhöhen, oder wünschten vielleicht, auch als Erfinder in ihrer Kunst berühmt zu werden, und sie thaten daher zu dem, was schon erfunden war, sehr viel Ueberflüßiges hinzu, sie arteten bald in Pracht und Verschwendung aus, und führten durch diese Abwege die Kunst nach und nach ihrem Verfalle entgegen.

Dieses ist der Plan des gegenwärtigen Werkes. Ich werde in dem ersten Theile von dem Ursprunge und dem Anfange der Baukunst reden, wie sie unter den ältesten uns bekannten Völkern der Erde ausgeführt, und vorzüglich von den Indiern, Aegyptern, Persern und Etruskern behandelt wurde. Der zweite Theil wird sich mit der Ausbildung der Baukunst unter den Griechen beschäftigen, von denen sie bis zu ihrer möglichsten Vollkommenheit erhoben wurde, und mit der Geschichte der Kunst unter den Römern, wo sie ihrem Falle entgegen ging und ihren Untergang erreichte. Es wird nicht nöthig seyn zu erinnern, daß bey dieser Geschichte vorzüglich nur auf die höhere Baukunst, nur auf das Schöne und den Geschmack in der Kunst, ist Rücksicht genommen worden.

Die Baukunst ist weder eher noch später als andere Künste ausgebildet worden.

Wenn wir die unansehnliche Hütte oder Höhle als den Ursprung der Baukunst betrachten, so wie wir den ersten unförmlichen Stein, der eine Bildsäule bedeuten, oder den ersten Umriß einer Figur, der eine menschliche oder thierische Gestalt vorstellen sollte, als den Anfang der Bildhauerkunst und Zei-

Erster Abschnitt.

chenkunst ansehn, so hat die Baukunst unstreitig einen frühern Ursprung als jene Künste, da sie eins der nöthigsten Bedürfnisse des Menschen befriedigt, nämlich eine sichere und für alle üble Witterung beschützende Wohnung zu haben, welche die ersten Bewohner der Erde sich sogleich aufsuchen mußten, indeß sie jene Künste im Anfange leicht entbehren konnten. Man sollte daher glauben, daß die Baukunst eher eine gewisse Vollkommenheit hätte erlangen können, als jene Künste, weil sie eher erfunden und ausgeübt wurde. Allein mit noch mehr Wahrscheinlichkeit könnte man behaupten, daß sie später wäre ausgebildet worden, da sie sich nur mit Idealen beschäftigt, und da die Künstler, die zuerst bey der Anlage eines Tempels oder andern großen Gebäudes die Kunst anwenden wollten, und hierüber nachdachten, gewiß mit mehr Schwierigkeiten zu kämpfen hatten, als die ersten Bildhauer oder Zeichner. Diese fanden die Gegenstände, welche sie darstellen wollten, in der Natur, sie durften dieselben nur aufmerksam beobachten, und konnten den Stein, der im Anfange eine menschliche oder thierische Figur vorstellen sollte, nach diesen Mustern nach und nach ausbilden, jenen aber zeigte die Natur nichts, was sie als ein Vorbild gebrauchen und wovon sie sich Regeln abziehen konnten. Demungeachtet aber ist die Baukunst weder frühzeitiger noch später als jene Künste ausgebildet worden, sondern sie sind alle in gleichen Verhältnissen fortgegangen, sie sind alle in ähnlichen Fortschritten bis zu dem höchsten Gipfel ihrer Vollkommenheit gestiegen.

Unstreitig richtete man sein Augenmerk nicht eher auf die Gebäude, und dachte nicht eher daran, ihnen eine schöne Gestalt zu geben, als zu der Zeit, da man anfing die Abbildung der Menschen und Thiere schöner und ihren Originalen ähnlicher zu machen, als vorher geschehen war, weil da erst die Künstler an den organisirten Körpern das Ebenmaß und die schönen Verhältnisse ihrer einzelnen Theile und des Ganzen bemerkten, weil da erst in der Seele des Menschen das Gefühl des Schönen erwachte, welches er nun auf alles, was ihn umgab, anwenden wollte.

Wir werden diese Bemerkung bestätigt finden, wenn wir auf die alten Völker zurücksehen, von denen sowohl Bildsäulen, in Stein gehauene erhobene Arbeiten und dergleichen, als auch Gebäude bis auf unsere Zeiten übrig geblieben sind. Die Aegypter arbeiteten ihre Figuren in einem steifen, gezwungenen Style, die Umschreibungen derselben hatten wenig ausschweifende und nur mäßig gewölbte Linien. Eben so ist auch ihre Baukunst beschaffen; alle Glieder sind gerade, man findet sehr wenig runde oder eingebogene, und alles ist plump und schwerfällig. Der Styl der etruskischen Kunst ist schon weniger steif, die Figuren der etruskischen Künstler haben einen richtigern und weichern Umriß, obgleich meistentheils eine gezwungene Stellung, und so war der Styl der etruskischen Baukunst auch gefälliger, er hatte aber dennoch immer etwas Rohes, und es fehlte ihm das Schöne. Dieses, nebst dem Erhabenen, findet man nur an den griechischen Figuren aus den besten Zeiten der

Kunst, und hier erhielt auch die Baukunst eben diese Erhabenheit und Schönheit. Sie wurde zu eben den Zeiten ausgebildet, in denen jene Künste emporstiegen, vom Perikles an bis auf Alexander den Großen, und alles, was nachher zur Baukunst hinzugethan wurde, gehört mehr zum Ueberfluß, als zu ihrer höchsten Vollkommenheit. So ist auch bey andern Völkern der Styl in der Baukunst dem Style in der Bildhauerkunst und Zeichenkunst immer ähnlich gewesen. Alle diese Künste haben daher gleiche Fortschritte gemacht, alle sind zu der nämlichen Zeit in Verfall gerathen, und nur die Zeit ihres gänzlichen Unterganges ist verschieden, denn die Baukunst erhielt sich etwas länger als die Malerey und Bildhauerkunst.

Wir müssen aber in der Geschichte der Baukunst einen Unterschied unter den öffentlichen Gebäuden und den Privatwohnungen machen. Jedes Volk, sobald es sich aus dem ersten rohen Zustande erhoben hatte, wendete die meiste Sorgfalt auf Tempel, und hernach auch auf andere öffentliche Gebäude, und gab diesen alle mögliche Pracht, indeß die Bewohner der Städte, und selbst die Vornehmsten im Volke, in Hütten oder in schlechten Häusern wohnten. Es ist eine sehr richtige Bemerkung Ferguson's,[3] daß ungebildete Nationen bisweilen Werke von großer

Die öffentlichen Gebäude müssen von den Privatwohnungen unterschieden werden.

---

[3] Geschichte der römischen Republik. Th. I. S. 20, deutsche Uebers.

Pracht aufführen, als Festungen und Tempel, aus Absichten des Kriegs oder des Aberglaubens, selten aber Palläste, und noch seltener Werke für die bloße Bequemlichkeit und Reinlichkeit, an welchen sie meistens lange Mangel haben. Erst in spätern Zeiten unter den Griechen wurde die schöne Baukunst auch auf Privatwohnungen angewendet. Dieses erscheinet als etwas Sonderbares, da man glauben sollte, daß, mit der zunehmenden Cultur der Menschen, ein jeder am ersten und vorzüglich sich würde bemüht haben, eine mehr bequeme, dauerhafte und schöne Wohnung zu erhalten, als er bisher gehabt hatte. Allein man muß bedenken, daß die Menschen jener Zeiten wenig Bedürfnisse hatten, und daher mit einer kleinen unansehnlichen Wohnung zufrieden waren, daß bey den meisten alten Völkern hingegen die Verehrung der Götter, die Liebe für den öffentlichen Ruhm und das allgemeine Beste so groß war, daß alles Vermögen, aller Reichthum, den eine Nation entweder durch den Handel oder durch Beute und Eroberungen erwarb, hauptsächlich zum Besten des Staates und zur Verschönerung der Städte, durch Erbauung großer Tempel, Theater und anderer Gebäude verwendet wurde, die dem ganzen Volke zum Gebrauche und zum Vergnügen dienten.

Dreyerley Arten von Wohnungen in den ältesten Zeiten. Der erste Anfang der Baukunst darf nicht bey einem Volke allein gesucht werden, alle Erdbewohner brauchten eine Zuflucht, um für die üble Witterung, für die Hitze der Sonne, für die Kühle der Nacht, für die wilden Thiere sich zu schützen, und einen Aufenthalt, um von der Arbeit des Tages auszuruhen. Allein die Art dieser Wohnungen war verschieden, indem sie allezeit nach dem Charakter der Nationen, nach ihrer Lebensart, und besonders nach der natürlichen Beschaffenheit eines jeden Landes verschieden mußten eingerichtet und angelegt werden. Und daher finden wir in den ältesten Zeiten dreyerley Arten von Wohnungen, Hütten, Höhlen, Zelte.

Da, wo ein Ueberfluß von Holz war, mußten die Bewohner des Landes nothwendig anfangs in den Wäldern unter den Bäumen sich einen Aufenthalt suchen, bis sie, in der Folge der Zeit, darauf verfielen, die Zweige der Aeste zusammen zu flechten, um etwas mehr Schutz zu haben. Endlich, um sich von allen Seiten für die Witterung oder für die wilden Thiere zu verwahren, brachen sie Aeste von den Bäumen ab, die sie, wahrscheinlich in der Form unserer Zelte, schräg zusammenstellten, mit Laub, mit Zweigen, Erde oder Rasen bedeckten, und sich auf diese Art Hütten errichteten. Einige Völker, die sich an Gewässern aufhielten, wo wenig Holz wuchs, bauten sich Hütten aus Rohr und Schilf, oder aus Lehm und Erde. *(Hütten.)*

Vitruv [4]) berichtet uns, wie die Colchier und Phrygier ihre Hütten errichteten. Die Colchier, die am Pontus wohnten und in deren Lande ein großer Ueberfluß von Holz war, legten auf einem ebenen *(Hütten der Colchier und Phrygier.)*

---

4) Lib. II. c. I.

Plaße auf der rechten und linken Seite lange Bäume in einer so weiten Entfernung von einander, als die Bäume lang waren. Auf die äußersten Enden dieser Bäume legten sie andere in die Queere, von ebenderselben Länge, so daß diese vier Hölzer den inwendigen viereckigen Raum der Hütte bestimmten und einschlossen. Hierauf legten sie auf jeder Seite dieses Vierecks andere Baumstämme auf die ersten wechselsweise über einander, bis zu einer bestimmten Höhe, wodurch zwischen den Stämmen leere Räume entstanden, die mit Lehm und Spähnen ausgefüllt wurden. Auf eben diese Art machte man die Dächer, doch so, daß alle vier Seiten sich oben in einer Spitze vereinigten, und bedeckte sie mit Laub und Lehm. Die Phrygier hingegen, die in freyen Feldern wohnten und Mangel an Bauholz hatten, erwählten die Hügel, welche die Natur auf den Feldern gebildet hatte, zu ihren Wohnungen. Sie gruben diese Hügel von oben herein so weit als möglich aus, und durchstachen einen Eingang. Oben auf den Rand des Hügels stellten sie Hölzer auf, die unter einander befestigt wurden, und oben in einer Spitze zusammenliefen, so, daß das Ganze die Gestalt eines Kegels bekam. Diese Hütten wurden mit Rohr und Stroh gedeckt, und ganz mit Erde überschüttet.

Höhlen. In den gebirgigen Gegenden, wo wenig oder gar keine Waldungen angetroffen wurden, hatten die Landesbewohner keine andere Zuflucht als Berge und Felsen, in deren Klüfte sie sich verbargen. Sie ver=

suchten hernach diese Klüfte, an den Orten, wo der Stein nicht zu hart war, tiefer zu machen, bis sie es endlich dahin brachten, Höhlen auszugraben. In den Gebirgen Vorderasiens, in Aegypten längsthin an dem arabischen Meerbusen, waren viele solche Höhlen, wo ganze Völkerschaften wohnten, die den Namen **Troglodyten**, Höhlenbewohner, bekamen. Einige der ältesten Aethiopier wohnten in Steinhöhlen, andere aber, die, weil sie von Fischen lebten, Ichthyophagi genannt wurden, hatten ihren Aufenthalt in Höhlen, welche durch die Länge der Zeit von Seemoos entstanden waren, das sich mit Erde und Sand vermischt und in eine feste Masse verwandelt hatte. ⁵)

Die dritte Art Wohnungen waren Zelte, welche diejenigen Völker gebrauchten, die von der Viehzucht lebten, und deswegen mit ihren Familien und Heerden oft von einem Orte zum andern zogen, um die Gegend zu verlassen, die ihnen keinen Unterhalt mehr gab, und eine andere aufzusuchen, in der sie wieder nur so lange blieben, bis sie daselbst keine Weide mehr fanden. Solche Völker heißen **Nomaden**. Die herumwandernde Lebensart nöthigte sie, in Zelten oder in Hütten zu wohnen, die sie leicht mit sich nehmen konnten, wenn sie einen Ort verließen, und die sie gleich wieder aufschlagen konnten, wenn sie einen neuen Aufenthalt gewählt hatten. Ein solcher Nomade war **Abraham**, der verschiedene Welt-

Zelte.

---

5) *Diodor. Sic.* III. 19.

gegenden, Mesopotamien, Palästina und Aegypten auf diese Art durchzog. Auch Jakob und Esau waren Nomaden, und die Israeliten wanderten auf gleiche Weise umher, ehe sie nach Aegypten kamen, und als sie dieses Land wieder verließen, zogen sie aufs neue so lange aus einer Gegend in die andere, bis sie endlich Palästina eroberten und sich daselbst festsetzten.

Beyspiele dieses einfachen Urspr. der Bauk. aus den neuern Zeiten. Auch in unsern Zeiten finden wir diesen einfachen Ursprung der Baukunst bey vielen Völkern, die noch das Gepräge der Roheit und Wildheit an sich tragen, wovon bey den neuern Reisenden viele Beyspiele vorkommen, von denen ich nur einige anführen will.

In den Städten Loheia und Tehama in Arabien leben die Einwohner in Hütten, obgleich neben denselben steinerne Gebäude stehen, in welchen die Reichen und Vornehmen wohnen. [6]) Das Gerippe dieser Hütten besteht aus ganz dünnem Holze, das so roh gebraucht wird, wie man es von den Bäumen und Sträuchern abhaut. Die Wände sind mit Lehm, der mit Kuhmist vermischt ist, ausgefüllt, und inwendig mit Kalk überstrichen. Das Dach ist von einem Grase, das häufig in diesen Gegenden wächst. Fensteröffnungen siehet man sehr selten, und die Thüre ist mit einer Strohmatte bekleidet. Zu Machsa in Arabien sind die Hütten noch viel schlechter. [7]) Hier

---

6) Niebuhr Reisebeschr. I. 307. 318.
7) Niebuhr a. a. Orte. I. 340.

haben sie gar keine Wände, sondern bestehen nur aus einigen Sparren, die mit Rohr bedeckt sind.

In Cappadocien befindet sich ein Ort, Biram Hagilech, wo man gar keine Hütten antrifft, sondern nur Höhlen, die von ungefähr zweyhundert Geschlechtern bewohnt werden. Auch einige herumziehende Araber suchen sich die Klüfte der Felsen zu Wohnungen auf.

Die Tongusen, eine sibirische Nation, die keine festen Wohnungen haben, sondern in den Waldungen und längs den Flüssen umherziehn, wohnen in Hütten, die auf folgende Art gebaut sind. [8]) Es werden in einem Kreise lange Stangen neben einander hingestellt und oben zusammen verbunden, so daß das Ganze die Gestalt eines Kegels bekommt. Die Stangen behängt man von oben an bis auf die Erde herab mit Stücken Baumrinde, die an lange Bänder befestigt sind. Oben an der Spitze bleibt eine Oeffnung, damit der Rauch von dem Feuer, das in der Mitte der Hütte brennt, herausgehen kann. Die Thüre ist ungefähr vier Fuß hoch und wird mit einem großen Stück Baumrinde verschlossen. Die Hütten der Tartaren im Königreiche Astrakan haben eine ganz andere Gestalt, aber schon eine künstlichere Einrichtung, [9]) und sie sind so gebaut, daß sie, wenn diese Völker, die eine nomadische Lebensart führen,

---

8) Voyages de *Corneille le Brun* par la Moscovie, etc. pag. 6.

9) *le Brun* a. a. Orte. pag. 96.

von einem Orte zum andern ziehen, auf Wagen gesetzt und so mit fortgebracht werden können.

Die Araber in Aegypten und in den arabischen Wüsten haben eine gleiche nomadische Lebensart und wohnen in Zelten. ¹⁰) Sie brauchen zu diesen Zelten sieben oder neun Stäbe, von denen drey höher sind, als die übrigen, der mittelste aber die größte Höhe hat. Diese Stäbe sind mit einem dicken schwarzen, oder schwarz und weiß gestreiften groben Tuche bedeckt, welches die Weiber in der Wüste selbst machen. Die Zelte haben bisweilen zwey oder drey Abtheilungen, damit die Weiber von den Männern, oder die Menschen von den Thieren können abgesondert leben. Die Karakalpaken, eine tartarische Nation, die Burati oder Bratoki, eine sibirische Völkerschaft, die Mongolen, die an China gränzen, ") wohnen beständig unter Zelten, und ziehen mit ihren zahlreichen Heerden von Pferden, Kühen und Schaafen aus einer Gegend in die andre.

Die ersten bürgerlichen Gesellschaften. Die ersten Bewohner der Welt lebten, so viel uns bekannt ist, in dem südwestlichen Theile Asiens, am Fuße der hohen asiatischen Gebirge, unter dem fruchtbarsten und mildesten Himmel, und wohnten in den Wäldern oder in den Klüften der Felsen. Sie nährten sich im Anfange von dem freywilligen Ertrage

---

10) Niebuhr Reisebeschr. I. 233.

11) Bell's Reisen nach Peru und Sina, in der neuen Samml. von Reisebeschr. von Ebeling, Th. 9.

Ertrage des Bodens. Da dieser aber bey der Vermehrung der Menschen nicht hinreichend war, so gingen Viele von hier weg, um sich andere Orte aufzusuchen, wo sie Nahrung finden konnten. Es wuchs aber endlich auch in diesen verschiedenen Gegenden die Zahl der Menschen so stark an, daß sie von den Pflanzen und Früchten, welche ihnen die Erde gab, nicht alle leben konnten, und sie mußten daher auf eine andere Art ihres Unterhaltes bedacht seyn. Sie wurden theils Jäger, theils legten sie sich auf die Viehzucht.

Die Jagd schuf rohe und wilde Völker, bey denen die gesellschaftliche Verbindung sehr schwach war, die wenig auf Bequemlichkeiten dachten, und am wenigsten sich um die Verbesserung ihrer Wohnungen bekümmerten, weil sie, ermüdet von der Jagd, gleich den wilden Thieren, mit denen sie umgingen, nur ihren Hunger stillten und sich zur Ruhe begaben, es mochte unter freyem Himmel oder in einer Höhle seyn. Die Viehzucht hingegen bildete sanfte gute Menschen, die friedlich bey einander lebten, und daher auch darauf bedacht waren, ihre Wohnungen besser und bequemer einzurichten.

Allein bey diesen Lebensarten konnten sich auf einem großen Raume nur wenig Menschen ernähren. Der Jäger braucht ein großes Stück Land, er muß weit herumirren, um täglich für sich und die Seinigen einigen Unterhalt zu bekommen. Der Hirte, der ein nomadisches Leben führt, wandert beständig umher, um neue Plätze zu entdecken, wo seine Heerden Futter finden. Die Menschen sahen sich daher genöthigt, ein Mittel aufzusuchen, welches sie in den Stand setzte in einer nicht sehr geräumlichen Gegend in großer Anzahl und enge bey einander leben zu können. Das Bedürfniß lehrte sie den Feldbau dazu erwählen. Dieses war der erste Anfang der bürgerlichen Gesellschaften. Eine so genaue Vereinigung erzeugte gemeinschaftliche Bedürfnisse, und sie war der Grund der Cultur, denn es wurden verschiedene Einrichtungen gemacht und allerhand Künste erfunden, die der ganzen Gesellschaft vortheilhaft waren, unter welchen die Verbesserung der Wohnungen gewiß nicht das letzte war.

Ursprung der Städte. Diesen gesellschaftlichen Verbindungen haben die Städte ihren Ursprung zu verdanken. Die erste solche bürgerliche Gesellschaft, mit der uns die Geschichte bekannt macht, ist die, welche sich in der Familie Kains bildete. Die Wohnungen dieser Ackerleute wurden näher bey einander errichtet, als es sonst war gebräuchlich gewesen, mit der Zeit vermehrte sich ihre Zahl, und es entstand die sogenannte Stadt Kains, welche den Namen seines Sohnes Hanoch bekam. Auch in andern Gegenden und Ländern wurde der Ackerbau getrieben, man verließ das herumirrende Leben, man begab sich in gesellschaftliche Verbindungen und errichtete mehr solche kleine Städte.

Baukunst zu Noah's Zeiten. Als das menschliche Geschlecht noch nicht völlig siebzehn Jahrhunderte in Asien gelebt hatte, brach daselbst die große Ueberschwemmung ein, die unter

Erster Abschnitt.

dem Namen der Sündfluth bekannt ist. Hierbey erregt ein merkwürdiges Werk der Baukunst unsere Aufmerksamkeit, nämlich das Schiff oder der Kasten des Noah, worin er sich während dieser Ueberschwemmung mit seinem ganzen Hause aufhielt. Es war ein Gebäude von Tannenholz, dreyhundert Ellen lang, funfzig breit und dreyßig Ellen hoch, es hatte drey Stockwerke über einander, und begriff verschiedene Kammern in sich. Die Verfertiger dieses Schiffes mußten schon mancherley Kenntnisse, schon einige Erfahrung in den Künsten erlangt haben, da sie ein so großes Gebäude zusammensetzen konnten. Vorzüglich mußten sie in der Kunst, das Holz zu bearbeiten und fest zu verbinden, schon große Fortschritte gethan haben. Es ist sehr zu bedauern, daß uns hier die Geschichte verläßt, und uns keine Nachricht von den Künsten dieser Völker aufbewahrt hat. Vielleicht waren ihre Tempel schon artige Gebäude: aber so wissen wir nicht einmal, ob damals schon Tempel erbauet wurden, da Moses von allen diesen Dingen ein tiefes Stillschweigen beobachtet. Von der Beschaffenheit der Künste und der Cultur derjenigen Länder, welche die Noahische Fluth nicht betroffen hatte, ist uns eben so wenig bekannt, unstreitig aber lebten daselbst verschiedne Völker, die ihren ersten rohen und wilden Zustand verlassen und schon einen gewissen Grad von Bildung erlangt hatten.

Nach dieser großen Ueberschwemmung ließ sich Noah mit den Seinigen in den armenischen Gebirgen nieder. Da aber die Gegend zu rauh und unfreundlich war, so wandten sich seine Nachkommen von hier weg, und gingen in den Erdwinkel zwischen den Flüssen Euphrat und Tigris.

Verschiedene Bauarten nach dieser Zeit.

Gebäude von Holz od. Ziegeln.

Schon vor der Noahischen Fluth hatte sich das menschliche Geschlecht vielerley Kenntnisse erworben, und diese waren jetzt bey denen der Grund der Cultur, welche jene Ueberschwemmung betroffen hatte, und die ihr glücklich entkommen waren. Was die Kunst zu bauen anbetrifft, so wußten sie das Holz zu bearbeiten, sie konnten Ziegel zubereiten, und bald lernten sie auch Steine aus den Felsen brechen und sie behauen. Diejenigen Völker, die in waldigen Gegenden lebten, hatten nach und nach in der Kunst, mit Holz zu bauen und dasselbe fest zu verbinden, viele Erfahrung erlangt, sie wußten es zu hauen, zu spalten und glatt zu machen, sie setzten sich aus vielen über einander gelegten Hölzern eine Wohnung zusammen, und errichteten, wie wir gesehen haben, auch schon große Gebäude von Holz. Andere Völker machten sich Ziegel aus Lehm oder Erde, die sie im Anfange nur an der Sonne trockneten, hernach aber durch Hülfe des Feuers brannten, und auf diese Art Mauersteine verfertigten, die bey der Errichtung einer Mauer mit Naphta oder Erdpech zusammen verbunden wurden.

Steinerne Gebäude.

Die Höhlenbewohner bauten in der Folge der Zeit Häuser aus Steinen. Hierzu nahmen sie unstreitig im Anfange die Steine so roh und unbehauen, wie sie von selbst von den Felsen abgefallen oder aus den Gebirgen gebrochen worden waren. Diese Felsenstücke wurden, so wie sie auf einander paßten, ohne alle Verbindungsmaterie über einander gelegt und zu einer Mauer aufgehäuft. [12]) Durch diese Bauart aber konnte dem Gebäude nicht genug Festigkeit gegeben werden, denn die Steine hatten, wegen ihrer ungleichen und schiefen Flächen, keine gewisse und dauerhafte Lage, sie konnten leicht ausweichen und den Einsturz des ganzen Gebäudes nach sich ziehen. Allein man erfand bald ein Mittel, den Gebäuden Festigkeit zu geben, indem man die Seiten der rohen Steine eben machte. Die älteste Art mit behauenen Steinen zu bauen, ist unstreitig diejenige, da man den Werkstücken eine ungleiche Gestalt von fünf, sechs oder sieben Ecken gab, und sie so in- und aufeinander legte, daß sie genau zusammen paßten. [13]) In der Folge der Zeit wurden die Steine länglich viereckig behauen, und sie bekamen meistentheils eine

---

[12]) Auch in neuern Zeiten hat man bey ungebildeten Völkern diese Bauart entdeckt, wie in Peru, an einem Tempel zu Pachacomac. Robertson Gesch. v. Amerika. Th. II. In England sind die Reste der sogenannten Druidenmonumente bey Keswick und zu Salkeld in Cumberland zu bemerken, deren Steine sehr groß, unbehauen und von verschiedener Gestalt sind. Neueste Reisen durch England, von D. Volkmann, Th. IV. S. 371. 382.

[13]) Eine solche Mauer befindet sich um Fondi im Königreiche Neapel. Winkelmann, Anmerk. üb. d. Bauk. der Alten, S. 12.

außerordentliche Größe. Ihre Seiten wurden so glatt bearbeitet, daß sie genau auf einander paßten und die Fugen beynah nicht zu bemerken waren. Man brauchte keinen Mörtel, um sie zu verbinden, weil ihre eigene Schwere sie fest auf einander hielt, und ihre geraden und ebenen Seiten keine Ausweichung zuließen. Diese Bauart mit so großen Werkstücken entdeckt man bey allen alten Völkern, sobald sie anfingen ansehnliche steinere Gebäude zu errichten, bey den Persern, Aegyptern, Etruskern, Griechen, Römern und andern, [14]) wie die Ueberbleibsel ihrer Gebäude bezeugen, wo Steine von acht bis zwölf und mehr Fuß Länge gefunden werden. Die Fortschaffung solcher Werkstücke und die Aufrichtung der Mauern mußte zwar mit vielen Schwierigkeiten verbunden seyn, und viele Mühe und Arbeit verursachen, aber man konnte durch solche große Steine eine Mauer eher vollenden und fester machen, als wenn man sie aus kleinen Steinen zusammen setzte; man würde auch die Arbeit vervielfältigt haben, wenn man die Steine, die sehr groß aus den Felsen gebrochen wurden, hätte zerschlagen und jeden besonders viereckig

---

14) So findet man an einigen Orten in England Ueberreste von Gebäuden, deren Steine außerordentlich groß sind, und die man gemeiniglich für Druidentempel hält, wie zu Boscawen-Uun in Cornwallis, die Rollrichsteine zu Chipping-Norton in Oxfordshire, vorzüglich aber Stonehenge in den Ebenen von Salisbury. N. Reisen d. England von D. Volkmann, I. 457. II. 95. III. 57.

behauen wollen, da man bey dieser Art nur einen einzigen Stein zu bearbeiten hatte. Uebrigens vermehrte diese Bauart das große und riesenmäßige Ansehn und das Wunderbare, das die Völker der damaligen Zeit ihren Gebäuden gaben, und es ist sehr wahrscheinlich, daß sie oft nur aus dieser Ursache solche ungeheure Steine dazu nahmen, um das Erstaunen und die Ehrfurcht, die ihre Tempel erregen und einflößen sollten, zu vergrößern.

In dieser Zeit muß man auch die Entstehung der Säulen suchen. Die Nothwendigkeit, das Dach oder die Decke eines weitläuftigen Gebäudes zu unterbauen, um sie für den Einsturz zu sichern, verlangte einige senkrechte Stützen. Dazu bediente man sich im Anfange unstreitig nur viereckiger Steine oder Pfeiler, in der Folge aber bekamen diese Pfeiler eine runde Gestalt, und nach und nach mehrere Verzierungen. Es ist daher die Kunst mit Steinen zu bauen nicht durch die Nachahmung der Holzbaukunst entstanden, wie Laugier und Andere nach ihm annehmen, so wenig als die steinernen Säulen eine Nachahmung der hölzernen sind. Die Beschaffenheit der Länder, in welchen keine andere Materialien, als Steine gefunden wurden, machte es nothwendig, steinerne Gebäude und Säulen zu errichten, so wie bey denen Völkern, deren Land einen Ueberfluß von Bauholz hatte, die Gebäude vorzüglich aus Holz errichtet und die Säulen aus Baumstämmen verfertigt wurden.

Entstehung der Säulen.

Die Kunst mit Steinen zu bauen wird im Anfange unstreitig keinen schnellen Fortgang gehabt haben, weil man die Werkstücken nur durch andere härtere Steine bearbeitete, und sie damit so lange beschlug und rieb, bis sie die gehörige und bestimmte Gestalt bekamen. Ohne Zweifel aber verfiel man sehr bald auf die Erfindung, das Eisen zu der Bearbeitung der Steine zu gebrauchen, wie man aus den Gebäuden der Perser, Aegypter und anderer alten Völker sehen kann. Bey dem Tempelbau der Hebräer wird ausdrücklich erwähnt, daß die Steine mit Sägen geschnitten und mit eisernen Werkzeugen zugehauen wurden. [15])

Die Tempel. Die Baukunst hatte zwar ihren Ursprung den Wohnungen der Menschen zu danken; allein sie würde sich nie erhoben haben, da diese Wohnungen immer nur schlechte und elende Hütten blieben, wenn man nicht andere Gebäude errichtet hätte, an denen alle Bewohner einer Stadt, oder ganze Nationen, Antheil nahmen, und die sich durch Größe und ein besseres Ansehn vor den Wohngebäuden auszeichneten. Die erste Art solcher Gebäude waren die Tempel.

Ursprung der Tempel. Unstreitig wurde den Göttern schon frühzeitig ein ausgezeichneter Ort gewidmet, der zu ihrer Verehrung bestimmt und heilig gehalten war; ein Ort, an dem kein anderes Geschäfte durfte vorgenommen werden. Im Anfange wählte man hierzu freye Plätze, die

---

15) Buch der Könige I, c. 6. v. 7.

Erster Abschnitt.

von den Wohnungen der Menschen in einiger Entfernung lagen, oder Haine, oder Anhöhen und Berge, [16]) wo man den Göttern Altäre weihete. Noah, nachdem er mit seiner Familie das Schiff verlassen hatte, in welchem er sich während der großen Ueberschwemmung aufhielt, errichtete Gott auf einem hohen Orte einen Altar, und Abraham that ein gleiches auf dem Berge Morijah. Bey den heidnischen Völkern wurden die Altäre der obern Götter, oder der Götter des Himmels, auf die Gipfel der Berge gesetzt, die Altäre der Untergottheiten aber in niedere Gegenden. Die ersten Altäre bestanden aus einem Haufen Erde oder Asche. Der Altar des Jupiters zu Olympia, der Altar der Juno zu Samos und andere, waren von der Asche der verbrannten Opferthiere gemacht. [17]) Endlich aber wurden sie von Ziegeln und Steinen gebaut, und die Namen oder Insignien der Götter darauf gezeichnet, damit man wußte, welcher Gottheit der Altar geheiligt war. Bey den Etruskern waren dem Janus zwölf Altäre geweiht, weil er das Jahr in zwölf Monate getheilt hatte, und in einer Gegend jenseit der Tiber standen einige Altäre, welche der Göttin Furina geheiligt waren. [18]) Bey den Griechen wurde dem

---

16) *Jurieu* Histoire crit. des dog. et des cult. Part. IV. Traité IX. Chap. I. II. pag. 751. etc.

17) *Pausanias* Lib. V. c. 13. edit. *Kühn*.

18) *Gori* Museum Etruscum, Tom. II. pag. 40. 299.

Jupiter auf den Gipfeln des Ida geopfert, [19]) und auf dem Helikon stand ein Altar des Saturnus. [20])

Die Haine wurden den Göttern geweiht, wegen der feyerlichen und stillen Einsamkeit, die in ihrem Dunkel herrscht. Eine Gruppe von hohen dickbelaubten Bäumen war der Ort, wo das Volk sich versammelte, und wo die Priester opferten. Bey einem dem Apollo zu Ehren angestellten Feste, zog das Volk in einen Hain, um ihm daselbst ein Opfer zu bringen. [21]) Der Gebrauch der heiligen Haine wurde auch noch in den folgenden Zeiten beybehalten, als man Tempel errichtete, die man entweder mit Hainen umgab, oder in deren Vorhof man eine Anzahl Bäume setzte, die den Namen eines Haines bekamen. [22])

Bald aber widmete man den Göttern besondere Wohnungen. Ohne Zweifel weihte jede Nation ihren Gottheiten eine Wohnung von eben der Art, wie diejenigen waren, die sie zu ihrem eigenen Aufenthalte gewählt hatte, nur daß sich dieselbe durch Größe auszeichnete. Die Höhlenbewohner verehrten das höchste Wesen in der größten Höhle; die Völker, die in Hütten wohnten, weihten ihren Göttern eine große Hütte, und die nomadischen Völker errichteten

---

19) *Homer.* Iliad. XXII. 170.
20) *Hesiodus,*. Theog. 4.
21) *Homer.* Odyss. XX. 277.
22) *Hospinianus*, de orig. Templ. Cap. V.

für sie ein großes Zelt. Viele von den heidnischen Tempeln waren im Anfange Denkmäler, die man den Beherrschern der Nationen oder den Stiftern neuer Reiche erbaute, [23]) deren Manen man daselbst opferte. Auf diese Art entstanden nach und nach die Tempel.

In Italien sollen die Etrusker zuerst Tempel angelegt haben. Bey den Griechen schreiben einige dem Deucalion die erste Erbauung der Tempel zu, [24]) andere aber dem Epimenides; [25]) doch dieses widerlegt sich von selbst, da Epimenides nach dem Diogenes Laertius um die sechsundvierzigste Olympiade gelebt hat, zu welcher Zeit in den griechischen Besitzungen schon lange Tempel waren erbaut worden.

Keine Nation kann sich allein die Erfindung der Tempel zuschreiben.

Man kann daher keiner Nation allein die Erfindung der Tempel zueignen. Zwar gaben sich die Aegypter für die Erfinder dieser Gebäude aus, allein diese Nation war so stolz auf ihre Kenntnisse und Gelehrsamkeit, daß sie sich die Erfindung der meisten Künste und Wissenschaften zuschrieb, und sie maßte sich daher auch hier eines Verdienstes an, das ihr nicht gebührt. Denn die Phönicier, die Syrer und andere Nationen errichteten Tempel zu eben der Zeit, als die Aegypter, die Völker im südwestlichen Asien aber, die Chaldäer, die Cananeer und die Babylo-

---

23) *Potters* griech. Archäolog. Th. I. 455. deutsche Uebers. *Hospinian.* de orig. Templ. l. c.

24) *Apollonius Rhodius*, III. 1087.

25) *Diogenes Laert.* Lib. I. pag. 72. edit. *Wetstein.*

nier, bauten unstreitig dergleichen Gebäude schon eher.

Die ersten Tempel waren sehr klein. Im Anfange waren die Tempel sehr einfach, und so klein, daß oft die Statue des Gottes, dem der Tempel geweihet war, den ganzen oder doch den größten innern Raum einnahm. Als aber die Menschen in der Cultur zunahmen, so wurden die Tempel nicht allein durch Größe, sondern auch durch Pracht und allen möglichen Glanz ausgezeichnet. Man wandte alles an, um den Tempeln ein erhabnes und feyerliches Ansehn zu geben, man bemühte sich, den Göttern solche Gebäude zu errichten, die der Würde ihrer Bestimmung angemessen waren. Die Tempel selbst bekamen daher einen weitläuftigen Umfang, und sie wurden meistentheils mit Säulengängen und oft auch mit Vorhöfen umgeben. Sie wurden häufig und mit Dingen von dem größten Werthe beschenkt, welche man in den Hallen, oder in besonders dazu bestimmten Zimmern, als Schätze, aufbewahrte. Hiezu gab unstreitig ein Gebrauch der Völker der damaligen Zeiten die Gelegenheit, daß sie denen, die sie verehrten, als ihren Heerführern und Königen, Geschenke gaben, weswegen sie es sich wahrscheinlich zur Pflicht machten, ihren Göttern, denen die größte Verehrung gebührte, auch die vorzüglichsten und prächtigsten Geschenke darzubringen.

Gestalt der Tempel. Die Gestalt dieser Gebäude war im Anfange länglich viereckig, und nicht rund, wie einige behaupten, [26]) denn erst unter den Griechen wurde es gebräuchlich, bisweilen runde Tempel zu errichten. Die Tempel wurden vorzüglich in den Städten erbauet, man erwählte aber auch andere Orte dazu, bald das freye Feld, bald eine Gegend an den Flüssen oder Quellen, bald Wälder, bald Thäler, weil man für jeden Gott den Ort aussuchte, den er sich, wie man glaubte, zum Aufenthalt und Lieblingsplatz erwählt hatte, und weil jeder dieser Orte einem besondern Gotte geweihet war. Meistentheils waren die Tempel auf Bergen oder auf Anhöhen erbaut, und gemeiniglich standen sie auf einigen Stufen, vorzüglich in den Städten, damit sie sich vor den herumliegenden Gebäuden desto mehr auszeichneten.

Die Tempel aller alten Völker sind, im Ganzen genommen, in der Anlage und Einrichtung mit einander übereinstimmend, nur in Nebendingen ist einiger Unterschied zu bemerken, der theils von dem verschiedenen Geschmack dieser Völker, theils von der verschiedenen Art des Gottesdienstes herkommt. [27]) Die großen Tempel hatten bisweilen einen oder mehrere Vorhöfe, die mit Säulengängen verziert waren, und die Wohnungen der Priester enthielten. Vor

Anlage der Tempel.

---

26) *Jurieu* Hist. de dog. etc. Part. IV. Traité IX. Chap. 2.

27) *Bulenger*, de Templis Ethnicorum, in Thes. Gronov. Tom. VII. wo man verschiedene Bemerkungen über die Tempel und Stellen aus alten Schriftstellern zusammen getragen findet.

ihnen standen bey einigen Völkern Sphinxe und Obelisken oder Colossen, bey andern Völkern Säulen, bisweilen aber mangelten alle diese Verzierungen. Einige Nationen pflegten in den Vorhöfen eine Anzahl Bäume hinzupflanzen, die ein heiliger Hain genannt wurden, daher Strabo sagt, daß die Dichter, um zierlich zu sprechen, die Tempel oft heilige Haine nennen, wenn sie auch gleich mit keinen Bäumen umgeben sind. [28] Andere Nationen stellten die Bildnisse ihrer Götter oder Helden in die Vorhöfe, oder verzierten sie auf eine andere Art. Auf die Vorhöfe folgte das Tempelhaus, oder die Zelle, die eine Halle vor sich hatte, und oft rings herum mit Säulen umgeben war. Gemeiniglich hatte die Zelle zwey Abtheilungen, davon die erste der Vortempel oder das Vorzimmer, die andere aber das eigentliche Tempelhaus war. In diesem zweyten Zimmer stand bald die Bildsäule eines Gottes, bald enthielt es die Abbildung eines heiligen Thieres, und bisweilen war es ganz leer. Bey den kleinern Tempeln fehlten die Vorhöfe, die Zelle aber war eben so eingerichtet. Bey einigen alten Völkern befestigte man die Tempel. So erzählt die Bibel, daß das Volk zu Sichem, als es sich wider Abimelechs Herrschaft empörte, in die Festung eines Tempels ging, der dem Baal Berith geweihet war.

---

[28] *Strabo*, IX. pag. 632. edit. ab *Almelov*.

Zweyter Abschnitt.

Geschichte der Baukunst bey den ältesten Völkern der Erde.

Die Bildung der Baukunst muß eben so wenig bey einem Volke allein gesuchet werden, als ihr Ursprung. Die Bewohner der südlichen Theile Asiens, die Phönicier, die Aegypter und einige andere Völker, hatten fast zu einer Zeit sich in bürgerliche Gesellschaften vereinigt, und große Gebäude errichtet. Die Beschaffenheit dieser Länder gab ihren Bewohnern die Mittel und Materialien zu den Gebäuden an die Hand, die Kenntnisse aber, welche diese Völker erlangt hatten, ihre Bedürfnisse, ihre gesellschaftlichen Anstalten und andere Umstände, bildeten ihre Baukunst, und verursachten, daß jede Nation eine eigene Bauart, einen eigenen Geschmack in der Kunst hatte. Bisweilen findet man zwar bey verschiedenen Nationen einige Aehnlichkeit in der Bauart und in der Ausführung der Kunst, allein man würde sehr irren, wenn man nur daraus schließen wollte, daß das eine Volk der Lehrer des andern gewesen sey, da diese Aehnlichkeit etwas zufälliges ist,

Die Baukunst wurde bey vielen u. verschiedenen Völkern ausgeübt.

und da gleiche Bedürfniſſe, gleiche Kenntniſſe ſie hervorgebracht haben konnten.

Selten war in der Baukunſt ein Volk der Lehrer eines andern.

Jedes Volk hatte ſeine eigene Cultur, und wenn auch eins von dem andern den Anfang einer Wiſſenſchaft oder Kunſt erlernte, ſo nahm ſie doch bey jedem Volke eine andere Wendung. Wenige Völker bildeten ſich daher auch in der Baukunſt nach andern, und wir finden es nur bey denen, die, eher ſie einen feſten Wohnplatz erwählten, in verſchiedenen Ländern herumzogen; und daſelbſt Künſte und Wiſſenſchaften kennen lernten, oder bey denjenigen, die in beſtändige Kriege verwickelt waren und ſich wenig mit den Künſten des Friedens beſchäftigten. So ahmten die Hebräer den Aegyptern und Phöniciern nach, da ſie ſich erſt in Aegypten lange aufgehalten hatten, und hernach Nachbarn der Phönicier wurden, und die Römer entlehnten die Baukunſt erſt von den Etruſkern, in der Folge der Zeit aber von den Griechen.

Der Ackerbau hatte die Menſchen in geſellſchaftliche Verbindungen gebracht, und ihnen ſchon manche nützliche Kenntniſſe gelehrt. Jetzt beſchäftigten ſich einige Nationen noch überdieſes mit der Handlung, die ihnen neue Quellen der Nahrung gab, aber auch neue Bedürfniſſe zeigte, welche ſie zu befriedigen ſuchten, und dadurch in den Künſten immer weiter vorrückten. Dieſe zunehmende Cultur zeigte ſich vorzüglich auch an den Werken der Baukunſt. Es wurden viele neue Städte angelegt, die alten wurden vergrößert, und ihre öffentlichen Gebäude verſchönert. Man umſchloß die Städte mit Mauern, und befestigte sie, um für die Verfolgungen und Ueberfälle anderer Nationen sicher zu seyn, und um in Ruhe die bürgerlichen Geschäfte treiben zu können. Der erworbene Reichthum brachte die Liebe zur Pracht hervor, und man erweiterte, man schmückte die Tempel, und die Fürsten und Könige errichteten sich große und weitläuftige Palläste.

Ob nun gleich die Völker dieses Zeitalters zu der Bildung der Baukunst viel beytrugen, so konnte sie doch jetzt noch nicht den höchsten Grad ihrer Vollkommenheit erreichen. Jetzt gefiel nur das Wunderbare, nur das Riesenmäßige machte Eindruck auf die Sinne, Schönheit aber und guter Geschmack war noch ganz unbekannt. Man theilte daher auch den Werken der Baukunst diesen Charakter mit, und die Gebäude dieser Zeit zeichnen sich durch nichts als durch unerschütterliche Festigkeit, durch riesenmäßige Größe und oft durch verschwendete und übel angebrachte Verzierungen aus. Durch große Steinmassen, dicke Mauern, unförmliche Pfeiler und Säulen bekamen sie zwar ein großes, aber auch ein rohes und plumpes Ansehn, sie erregen zwar Erstaunen, aber sie haben nichts einnehmendes, nichts gefälliges, man vermißt Ordnung, Ebenmaß, schöne Verhältnisse und alles, was einen angenehmen Eindruck auf die Sinne macht.

Charakter der Baukunst dieser Zeiten.

Wir wollen jetzt die Nachrichten von der Baukunst der ältesten uns bekannten Völker aufsuchen, und zuerst die Bauart der Nationen betrachten, von denen sich bis auf unsere Zeiten keine Gebäude erhal-

Baukunst der ältesten uns bekannten Völker.

ten haben, uns aber alsdenn zu denen Völkern wenden, von welchen verschiedene Werke der Baukunst übrig geblieben sind.

Babylonier. Einige Zeit nach der Noahischen Ueberschwemmung erbaute Nimrod, der Stifter des babylonischen Reiches, in dem Lande Sinear — wahrscheinlich ein Theil von Mesopotamien — die Städte Babel, Erech, Acad und Chalne. Die Materialien, welche die Bewohner dieser Gegend zu ihren Gebäuden gebrauchten, waren getrocknete und gebrannte Ziegel, die durch Erdpech mit einander verbunden wurden. Man war genöthigt mit Ziegeln zu bauen, da keine Steine in dem Lande gefunden wurden und kein Bauholz daselbst wuchs, ausgenommen Palmenbäume, die man nur bisweilen zu Säulen brauchte.¹) Auch die großen Gebäude, welche die Königin Semiramis anlegen ließ, und diejenigen, die noch in spätern Zeiten daselbst errichtet wurden, waren aus Ziegeln gebaut,²) die ungefähr von der Dicke der unsrigen und einen Fuß im Viereck enthielten.³)

Babylon. Unter den Städten, die Nimrod anlegte, ist Babel oder Babylon diejenige, die unsre Aufmerksamkeit am meisten auf sich zieht. Sie lag am Euphrat, in einer niedrigen ebenen Gegend, und war

---

1) *Strabo* XVI, pag. 1073.
2) *Diodor. Sic.* 7. 9. *Herodotus* I. cap. 178. edit. *Wessel. Vitruv.* VIII, 3.
3) Niebuhr Reisebesch. II. S. 288.

in den ältesten Zeiten wegen des Gebäudes berühmt, das **Moses** einen Thurm nennet. Unstreitig war es ein hohes rundes oder viereckiges Gebäude, das vielleicht zu einem Tempel, oder zur Befestigung der Stadt, und zu gleicher Zeit zu einem Zeichen für diejenigen dienen sollte, die sich allzuweit von der Stadt entfernt, oder in der weiten Ebene umher verirrt hatten. Nachher wurde Babylon eine der schönsten Städte der ältern Zeit, vorzüglich unter der Regierung der **Semiramis**, die an dem Euphrat und Tigris noch verschiedene Städte anlegte.⁴) Babylon hatte, nach den Beschreibungen der alten Schriftsteller, die Gestalt eines Vierecks, von dem jede Seite hundertundzwanzig Stadien lang war.⁵) Mitten durch die Stadt floß der Euphrat. Sie wurde von einem breiten mit Wasser angefüllten Graben umgeben, und auf diesen folgte eine Mauer, die zweyhundert Fuß hoch, funfzig Fuß stark, und mit zweyhundertundfunfzig Thürmen versehen war. Hundert eherne Thore führten in die Stadt hinein. Ihre berühmtesten Gebäude waren die Tempel des **Belus**, der Pallast und die schwebenden Gärten der **Semiramis**, und eine große Brücke über den Euphrat.

---

4) *Diodor. Sic.* II, 11.

5) *Diodor.* II. 7. *Herodot.* I, c. 178 seq. *Strabo* XVI, pag. 1072.

Tempel des Belus.

Aus dem Herodot lernen wir die besondere Bauart des Belustempels kennen. [6]) Und wenn auch dieser Tempel, so wie er zu Herodots Zeiten stand, erst von den Nachfolgern der Semiramis war verschönert worden, so ist doch unstreitig die Anlage und Einrichtung des Ganzen immer so geblieben, wie sie zu der Zeit dieser Königin war. Der Tempel hatte die Gestalt eines Vierecks, von dem jede Seite zwey Stadien lang war. Eine starke Mauer mit ehernen Thoren umgab ihn. In der Mitte dieses Platzes stand ein hohes viereckiges Gebäude, oder, wie es Herodot nennt, ein Thurm, der einen Raum von einem Stadium einschloß, und acht Stockwerke hatte. Zu diesen Stockwerken gelangte man auf einem Gange, der an der Außenseite des Gebäudes, rings herum in einer Schneckenlinie, von unten bis oben hinaufging, und der mit Sitzen und Ruheplätzen versehen war, die zum Ausruhen der Hinaufsteigenden dienten. In dem obersten Stockwerke war ein Tempel, wo sich ein prächtiger Sopha nebst einem goldnen Tische, aber keine Statue, befand. In einem der untersten Stockwerke war wieder ein Tempel, wo die goldene Bildsäule des Belus auf einem mit Stufen umgebenen und vergoldeten Throne saß, vor welchem ein großer Tisch stand. In dem Vorhofe sah man einen goldenen Altar.

Die schwebenden Gärten.

Die schwebenden Gärten hatten auch eine viereckige Gestalt, deren jede Seite vierhundert Fuß

---

6) *Herodot.* I, c. 181.

Zweyter Abschnitt.

lang war, und sie erhoben sich hinter einander in Terrassen, wie die Sitze eines Theaters. 7) Der Unterbau bestand aus Gewölben. 8) Diese wurden mit Steinen bedeckt, die in Gips eingesetzt waren, worauf eine Lage von Stroh und Erdpech folgte, auf welche man eine Decke von doppelten Ziegelsteinen und dünngeschlagenem Bleche legte, damit die Feuchtigkeit der Erde nicht durchdringen konnte. Auf diesen Unterbau wurde die Erde so hoch aufgehäuft, daß auch die größten Bäume Raum genug hatten, tiefe Wurzel zu schlagen. Strabo bemerkt noch besonders, daß die Pfeiler des Unterbaues hohl und mit Erde ausgefüllt waren, worein die größten Bäume gesetzt wurden. Er erzählt auch, daß man durch Maschinen das Wasser aus dem Euphrat heranbringen konnte, um den Garten zu wässern.

Nebukadnezar bereicherte nicht allein den Tempel des Belus mit vielen im Kriege erbeuteten Kostbarkeiten, sondern er vergrößerte auch das alte Babylon durch eine neue Stadt. Er umgab beyde mit einer dreyfachen Mauer, und erbauete prächtige Thore. Dieses waren vielleicht die ehernen Thore, die Herodot erwähnt. Neben dem Pallast seines

Nebukadnezar vergrößerte Babel.

---

7) *Diodor.* II, 10. *Strabo* XVI, pag. 1072.

8) Gewölbe nennen es zwar die alten Schriftsteller aber es können nur flach bedeckte Behältnisse gewesen seyn, da zu dieser Zeit die Gewölbe gewiß noch nicht erfunden waren.

Vaters errichtete er noch einen andern, und in den Höfen dieser Palläste legte er Gärten an, die den schwebenden Gärten der **Semiramis** ähnlich waren.

<small>Ueberbleibsel von Babel.</small> Zu **Diodors** Zeiten⁹) waren die Palläste der **Semiramis** und der Tempel des **Belus** ganz verfallen, Babylon wurde überhaupt wenig mehr bewohnt, und in dem größten Theile der Stadt waren Ackerfelder angelegt. Zu der Zeit des **Pausanias** war Babylon so ganz zerstört, daß nichts als die Mauern davon übrig waren. ¹⁰) Jetzt findet man noch sehr wenig Ueberbleibsel davon. **Niebuhr**¹¹) setzt die Lage dieser Stadt in die Gegend, wo jetzt Hella liegt, dreyzehn bis vierzehn Meilen von Bagdad, weil die Einwohner diese Gegend bis auf den heutigen Tag Ard Babel nennen, und die Ueberbleibsel einer alten Stadt, die hier gefunden werden, von keiner andern als von Babylon seyn können. An den östlichen Ufern des Euphrats fand **Niebuhr** viele Grundmauern, die vielleicht noch Reste von dem Unterbau der hängenden Gärten sind, und an der Westseite dieses Flusses entdeckte er einen Hügel von schönen Mauersteinen, auf welchen ein Thurm steht, den er für Trümmer des **Belustempels** hält.

<small>Assyrier.</small> Nachdem **Nimrod** in dem Lande Sinear die genannten vier Städte angelegt hatte, ging er von

---

9) *Diodor.* II, 9.
10) *Pausan.* VIII, 33.
11) Reisebeschr. II. S. 287 ff.

Zweyter Abschnitt.

da in das Land Assur, oder Assyrien, und gründete daselbst Ninive, Rehoboth, Calach und Resen. Unter diesen Städten erhob sich Ninive in den folgenden Zeiten am meisten. Sie hatte die Gestalt eines länglichen Vierecks, und war größer als Babylon, aber nicht so schön. ¹²) Sie soll über zwey deutsche Meilen lang gewesen seyn, und ungefähr funfzehn Meilen im Umfange gehabt haben. Ihre Mauern, die funfzehnhundert Thürme hatten, waren hundert Fuß hoch, und so breit, daß oben auf ihnen drey Wagen neben einander fahren konnten. ¹³) Noch jetzt findet man einige Ueberbleibsel dieser Stadt, nicht weit von Mosul, am Flusse Tigris, in einem Dorfe, welches Nunia heißt. ¹⁴) Eine Reihe Hügel, die man hier erblickt, sollen die Wälle von Ninive gewesen seyn, und ein anderer Hügel in dieser Gegend wird Kalla Nunia, oder das Castel von Nunia, genannt.

Die berühmtesten alten Städte der Syrer waren Damascus, Hamath oder Epiphania, Antiochia, und Mabug oder Hierapolis, wo ein berühmter Tempel der großen syrischen Göttinn stand. Das Land Canaan hatte auch große Städte, Sodom, Gomorra und andere im Thale Siddim, die aber untergingen, ferner Salem, Sichem, bey der ein Tem-

Syrer;

---

12) *Strabo* XVI, pag. 1073.
13) *Diodor.* II, 3.
14) Niebuhr Reisebeschr. II. 353. Taf. 47.

pel des Baal Berith errichtet war, ¹⁵) Gerar und Hebron, welches eine Hauptstadt genennt wird. ¹⁶) Zu Gerar war das Reich der Philister, ¹⁷) die in den folgenden Zeiten mächtig wurden und noch mehr große Städte anlegten, nämlich Gaza, Ascalon, Asdod, Gath, Ekron. Zu Asdod stand ein Tempel des Gottes Dagon, ¹⁸) der, nach der Beschreibung der Bibel zu urtheilen, einen Säulengang oder eine Säulenlaube hatte, auf welcher ein freyer, offener Gang angelegt war.

Meder. Auch die Meder fingen um diese Zeit an berühmt zu werden. Dejoces gab ihnen zuerst Gesetze, er befahl ihnen Häuser zu erbauen, und versammelte sie in eine Stadt. ¹⁹) Sie wurde auf einem Berge angelegt, der ein Theil des Caucasus ist, in der Gegend des jetzigen Hamadan. Sie erhielt den Namen Eckbatana, und wurde mit sieben Mauern umgeben, deren Zinnen verschiedene Farben hatten. Die Zinne der ersten Mauer war weiß, die zweyte schwarz, die dritte purpurroth, die vierte blau, die fünfte pomeranzengelb, und von den beyden letzten war die eine versilbert und die andre vergoldet. Diese Zinnen ragten über einander hervor, und müssen

---

15) Buch der Richt. 9, 4.
16) I. Mos. 23, 2.
17) I. Mos. 20, 1. 2.
18) Buch d. Richt. 16. 23. 29.
19) *Herodot.* I. 96—98.

durch ihre Farben dem Ganzen ein wunderbares Ansehn gegeben haben.

Kein Volk hat in diesen frühen Zeiten so viel zu der Verbesserung und Verbreitung der Cultur gethan, als die Phönicier. Sie wohnten im Anfange an dem persischen hernach an dem arabischen Meerbusen,[20] die bey den Alten das rothe Meer genennet werden; in der Folge der Zeit aber hatten sie sich an der Küste von Palästina und Syrien niedergelassen. Ihre Handlung breitete sich über den größten Theil der damals bekannten Welt aus, und sie stifteten in Italien, Griechenland und auf der afrikanischen Küste viele Colonien. Sie besaßen Kenntnisse in der Astronomie und Arithmetik,[21] sie sollen die Buchstabenschrift erfunden haben,[22] und sie hatten in den Künsten, vorzüglich in den mechanischen, eine große Fertigkeit erworben, daher sie es in der Schiffahrt und Schiffbaukunst sehr weit brachten.[23] Ihre vorzüglichsten Städte waren Sidon, Tyrus, Aradus und Sarepta.

Sidon war ihre erste und älteste Stadt, die einen guten Hafen hatte, und durch Leinwandmanu-

---

20) *Herodot.* I. 1.
21) *Strabo* XVI. pag. 1098.
22) *Diodor.* I. 16.
23) Goguet, I. S. 303. ff. II. S. 257. ff. deutsche Uebers.

fakturen und Glasfabriken [24] berühmt, und in den ersten Jahrhunderten sehr reich und mächtig war, in welchem Ansehn sie sich so lange erhielt, bis sie von den Persern zerstört wurde. Ob Byblos und Berytus von gleichem oder von höherm Alter waren, ist nicht zu bestimmen, da von diesen Städten wenig bekannt ist. Tyrus ist erst etliche hundert Jahr nachher gegründet worden; sie erlangte bald eine so große Macht, daß Sidon von ihr unterdrückt wurde, und sie blühte lange Zeit hindurch, wurde aber endlich von Alexander dem Großen zerstört.

Bauart der Phönicier. Daß es diesen Städten nicht an großen Gebäuden, vorzüglich an Tempeln, wird gefehlt haben, ist gewiß; allein keiner der alten Schriftsteller hat uns hiervon Nachrichten und Beschreibungen hinterlassen. Nur Herodot erwähnt eines Tempels des Herkules zu Tyrus, der prächtig und sehr reich soll gewesen seyn. [25] Hiram, ein König von Sidon und Tyrus, baute sehr viel. Es ist wahrscheinlich, daß die Phönicier eine eigene und von der Bauart anderer Völker ganz verschiedene Bauart hatten, da Strabo, wenn er von Tyrus und Aradus, zwey Inseln im persischen Meerbusen, spricht, hinzusetzt, daß daselbst Tempel vorhanden wären, die mit den phönicischen Aehnlichkeit hätten. [26] Das Eigen-

---

24) *Strabo* XVI. pag. 1097. *Plinius* H. N. V. 19.

25) *Herodot.* II. 44.

26) *Strabo.* XVI. pag. 1110.

thümliche der phönicischen Bauart bestand unstreitig darin, daß wenig mit Steinen, vorzüglich aber mit Holz gebauet wurde, welches das Land und besonders das Gebirge Libanon in großem Ueberflusse erzeugte. Die Nachrichten von dem Baue des Tempels zu Jerusalem, den phönicische Künstler anlegten, bestätigen diese Muthmaßung, da auch bey diesem Gebäude sehr viel Holz angewandt wurde.

Die Hebräer oder Israeliten, nachdem sie die nomadische Lebensart verlassen, und an vierhundert Jahre sich in Aegypten aufgehalten hatten, erreichten daselbst einen gewissen Grad von Cultur. Sie verließen Aegypten wieder, um sich ein eigenes Land zu erobern, sie fingen aber vorher die nomadische Lebensart von neuem an, und setzten sie vierzig Jahre fort. Die Tempel, die sie in Aegypten gesehen hatten, veranlaßten sie, auch ihrem Gott ein Haus zu weihen, in welchem sie sich zu seiner Verehrung versammeln konnten. Dieses Haus aber mußte so beschaffen seyn, daß sie es bequem mit sich führen konnten, wenn sie aus einer Gegend in eine andere zogen. Es bekam daher die Gestalt einer Hütte, oder vielmehr eines Zeltes, und wurde die Stiftshütte, das Zelt der Versammlung, der Unterredung, genannt.[27]

Hebräer.

Bey der Anlage und Einrichtung dieser Stiftshütte nahm man die ägyptischen Tempel zum Muster, in einzelnen Dingen aber und in den Verzierun-

Stiftshütte.

---

[27] II. Mose, Cap. 26. 27. 36.

gen hatten die Hebräer einen eigenen Geschmack. Das Ganze wurde von einem Hofe umgeben, der in seiner Länge hundert Ellen, und funfzig in seiner Breite hatte, und dessen Wände fünf Ellen hoch waren. Es standen rings herum sechszig Säulen, zwanzig an jeder langen Seite, gegen Mittag und Mitternacht, und zehn an jeder schmalen Seite, gegen Abend und Morgen, und zwischen diesen Säulen hingen künstlich gewirkte Tapeten. Die Säulen waren von Holz, mit ehernen Füßen und silbernen Knäufen verziert. An der einen Wand war, in der Mitte, der Raum zwischen vier Säulen zu dem Eingange in den Hof bestimmt, vor welchen ein gewürkter Vorhang hing. Die Hütte selbst, oder das Tempelhaus, war dreißig Ellen lang, zehn Ellen breit, und eben so hoch. Ihre Umfassung bestand aus Bretern von Tannenholz, jedes eine und eine halbe Elle breit, die durch Zapfen und Riegel mit einander verbunden wurden und auf silbernen Füßen standen. Diese Breter und Riegel waren mit Gold überzogen und mit gewürkten Tapeten behangen. Die Bedeckung bestand aus Tapeten von Ziegenhaaren, die wieder mit Decken von röthlichen Widderfellen und Dachsfellen belegt wurden. Den Eingang verschloß ein gewürkter Vorhang, den fünf übergoldete Säulen trugen, die mit goldenen Knäufen verziert waren und auf ehernen Füßen standen. Die Hütte begriff zwey Zimmer in sich. Das erste war zwanzig Ellen lang, zehn Ellen breit, und wurde das Heilige genannt; das andere Zimmer hieß das Allerheiligste, das von dem Vorzimmer durch einen gewürkten Vorhang getrennt wurde, der an vier mit Gold überzogenen Säulen hing.

Die Hebräer bedienten sich dieser Hütte noch eine lange Zeit zu ihrem Gottesdienste, als sie schon in Palästina einen festen Sitz hatten. Erst unter dem Könige Salomo wurde zu Jerusalem ein Tempel erbauet, wozu bereits sein Vater große Zubereitungen gemacht hatte. David ließ den Berg Morijah, auf welchem der Tempel sollte errichtet werden, abebnen, er hatte eine große Menge Gold, Silber und andere Metalle, nebst Edelsteinen, gesammelt, und überdieß mit Hiram, dem Könige von Sidon und Tyrus, einen Vertrag geschlossen, nach welchem ihm dieser von dem Gebirge Libanon das Holz zu dem Baue des Tempels liefern sollte. Bey solchen Vorbereitungen war es wohl möglich, daß dieser Bau unter der Regierung Salomo's in sieben Jahren konnte vollendet werden. Salomo erneuerte vorzüglich den Vergleich mit Hiram, der ihm, außer dem Bauholze, viele sidonische Künstler überließ, die theils bey der Erbauung des Tempels, theils bey der Verfertigung der ehernen Gefäße und anderer Geräthschaften des Tempels gebraucht wurden.

Tempel zu Jerusalem.

Die Nachrichten und Beschreibungen, welche die Bibel von diesem Gebäude giebt, sind sehr undeutlich, und wir lernen daraus die Bauart und Einrichtung desselben nicht so genau kennen, daß wir uns eine ganz richtige Vorstellung davon machen könnten.

Noch weniger werden die verschiedenen Beschreibungen und Abzeichnungen, die Vilalpandus, Goldmann, Sturm, [28]) und andere von diesem Tempel gegeben haben, die Sache deutlich machen, da sie theils aus der Einbildung der Verfertiger entstanden, theils nach der Beschreibung gebildet sind, die Ezechiel [29]) von einem Tempel macht, die aber nicht von dem Tempel zu Jerusalem genommen seyn kann, weil der Tempel des Ezechiel ein viel größeres Gebäude ist, und in der ganzen Anlage sich sehr von jenem unterscheidet. Um aber einen Begriff von diesem merkwürdigen Gebäude zu bekommen, ist es am besten, sich genau an die Worte des biblischen Schriftstellers zu halten, und diese Beschreibung mit den Tempeln der Aegypter und anderer Völker dieser Zeit zu vergleichen.

Der Platz zu dem Tempel. Die Zubereitung des Tempelplatzes war ein großes und kostbares Werk, welches der König David schon angefangen hatte. [30]) Der Berg Morijah erhielt auf seinem Gipfel eine ebene viereckige Fläche, von zweytausend hebräischen Ellen, oder dreytausend vierhundert Pariser Fuß. Es wurden

---

28) *Vilalpandus*, de apparat. templ. Hierosolym. und sein Commentar über den Ezechiel. Goldmann Anweis. zur Civilbauk. Herausgeb. v. Sturm, Buch I. Cap. 7. *Sturm* Sciagraphia templ. Hierosolym.

29) Cap. 40. 41. 42. 43. 46.

30) II Buch d. Chronik, c. 3. v. 1.

Zweyter Abschnitt. 47

deswegen alle Höhen abgetragen, und alle Tiefen ausgefüllt, der Berg wurde auf allen vier Seiten behauen und mit einer Futtermauer von großen gehauenen Steinen eingefaßt, die vierhundert Ellen hoch war. [31]) Unten hatte der Berg einen Umfang von dreytausend Ellen. Von diesem Baue soll man, wie Pocock erzählt, [32]) noch jetzt einige Ueberbleibsel sehen. „Es waren," sagt er, „um den Berg herum viele Stufen, auf welchen man zu dem ebenen Platze stieg, worauf der Tempel selbst gebaut war, und das ganze Gebäude war gegen die Thäler, sonderlich dem tiefen Thale gegen Osten über, mit Mauern und Strebepfeilern unterstützt."

Auf dieser zubereiteten Ebene legte man den Tempel an. Die Zelle war sechszig Ellen lang, zwanzig Ellen breit und dreyßig Ellen hoch. Sie hatte zwey Zimmer, davon das erste, wie bey der Stiftshütte, das Heilige, das zweyte aber das Allerheiligste genannt wurde. Das Heilige, oder der Vortempel, war vierzig Ellen lang, und das Allerheiligste zwanzig Ellen. Das Allerheiligste wird zwanzig Ellen hoch angegeben, von der Höhe des Vortempels aber ist nichts gesagt. [33]) Vielleicht

Zelle des Tempels.

---

31) Gatterer, Weltgesch. in ihr. ganz. Umfange. I. S. 516—527.

32) Beschreib. des Morgenlandes. II. S. 22. Tab. II. deutsche Uebers.

33) I. Kön. c. 6. v. 2. 17. 20.   II. Chronik. c. 3. v. 8.

war dieser inwendig auch nur zwanzig Ellen hoch, und die vorher genannte Höhe von dreyßig Ellen geht auf die Außenseite des Tempels, die mit dem Dache und dem Geländer desselben zehn Ellen höher seyn konnte, als der inwendige Raum. Es ist aber auch möglich, daß das Allerheiligste um zehn Ellen niedriger gemacht wurde, als der Vortempel, und daß der Raum über dem Allerheiligsten zur Aufbewahrung der Schätze des Tempels diente. Diese beyden Zimmer wurden durch eine Wand von Cedernholz von einander getrennet, [34]) in deren Mitte sich eine Oeffnung befand, die mit einem kostbar gewürkten Vorhange verhangen war.

Der Ulam. An der Vorderseite des Tempels war der Ulam, oder wie Luther übersetzt, eine Halle angebaut, zwanzig Ellen breit, zehn Ellen lang, und hundert undzwanzig Ellen hoch. [35]) In den unten angeführten Stellen steht zwar, daß dieser Ulam zwanzig Ellen lang war, nach der Breite des Hauses, und zehn Ellen breit vor dem Hause her; ich verstehe aber diese Worte so: die Halle war so breit wie das Haus, oder, sie erstreckte sich nach der Breite des Hauses zwanzig Ellen hin, und sie war zehn Ellen vorn vor dem Hause herausgebaut. Es würde auch dem Ganzen ein übles Ansehn gegeben haben, wenn der Ulam schmäler als der Tempel gewesen

---

34) I. Kön. c. 6. v. 16.

35) I. Kön. c. 6. v. 3. — II. Chron. c. 3. v. 4.

wesen wäre und so sehr weit vor denselben hervorgestanden hätte, auf jene Art aber vergrößerte dieses Vorgebäude das Ansehn und das Feyerliche des Ganzen. Die Vorstellung, die man sich gemeiniglich von dem Ulam macht und ihn seiner Höhe wegen mit einem Thurme vergleicht, ist unstreitig falsch, man muß sich vielmehr darunter ein großes Thor vorstellen, so, wie es vor einigen ägyptischen Tempeln gefunden wird. Aus den Ueberresten dieser Tempel kann man sich den besten Begriff von einem solchen Gebäude machen. Man findet dergleichen Hallen oder Thorwege, die um vieles höher sind, als der übrige Tempel, vor einem alten Tempel zu Etfou, [36]) vor dem großen Tempel zu Luxor, [37]) und vor andern, doch nur großen Tempeln, angebauet.

Der Tempel hatte Fenster, die, wie Michaelis übersetzt, schräge von oben herabsahen und verschlossen waren, oder, wie es Luther ausdruckt, inwendig weit, auswendig enge waren. [38]) Es können vielleicht Oeffnungen gewesen seyn, die zur Abführung des Dampfes von den Lampen und dem Rauchwerke dienen sollten; [39]) wahrscheinlicher aber

Fenster des Tempels.

---

36) Pocock Beschreib. des Morgenl. I. S. 169. Taf. XLVI. Norden, Reise nach Aegypten und Nubien. deutsche Uebers. II. Taf. 6. a. S. 344.

37) Norden. II. Taf. 4. S. 303.

38) I. Kön. c. 6. v. 4.

39) Klügel Versuch über den Salom. Tempel in Huths Mag. zur bürgerl. Bauk. Band I. Th. I. S. 19.

ist es, daß diese Fenster entweder oben in der Mauer oder in der Decke, der Erleuchtung wegen, angebracht waren. Denn obgleich die Tempel in den alten Zeiten gemeiniglich keine Fenster hatten, so findet man doch einige ägyptische, die mit Fenstern versehen waren. In dem großen Tempel, in den Ruinen von Theben, sieht man über der Colonade in dem Mittel des Tempels, wo er die meiste Höhe hat, eine Art von Fenstern, die mit Schießlöchern Aehnlichkeit haben.⁴⁰) Auch an einem Gebäude zu Siena, das ein Tempel scheint gewesen zu seyn, sieht man in dem platten Dache und an den Seiten Fenster, die inwendig weit und von außen enge sind.⁴¹)

Decke des Tempels. Die Decke des Tempels bestand aus Balken von Cedernholz, und das Dach war unstreitig gerade, so wie auch die ägyptischen Tempel platte Dächer hatten, da nach den Worten der Bibel ein Gang oben auf dem Hause herumging.⁴²) Nur der Nachsatz, der diesen Worten folgt, daß dieser Gang fünf Ellen hoch gewesen sey, ist undeutlich. Vielleicht war eine Gallerie auf dem Dache angelegt, welche die Höhe von fünf Ellen hatte, oder es ging ein Geländer von dieser Höhe rings um das Dach herum, welches aber freylich für ein Geländer sehr groß und ungewöhnlich ist.

---

40) Pocock I. 141.
41) Pocock I. 174. Taf. XLVIII.
42) I. Kön. c. 6. v. 10.

Ein Gang umgab den Tempel auf drey Seiten, die vierte aber, wo die Halle, oder das große Thor, stand, war frey, wegen des Eingangs in den Tempel. Dieser Gang hatte drey Stockwerke, davon der unterste fünf Ellen, der mittelste sechs, und der oberste sieben Ellen weit war. [43]) Die Beschreibung dieses Ganges ist undeutlich und unbestimmt. Er scheint ein Gebäude gewesen zu seyn, das mit der Mauer des Tempels nicht verbunden war, weil in der angeführten Stelle der Bibel noch die Worte dabey stehen: er legte Trahmen am Hause umher, daß sie — die Gänge — nicht an der Wand des Hauses sich hielten. Vielleicht waren es dreyfach über einander angelegte Säulenstellungen. Wahrscheinlicher aber umschloß den Tempel noch eine besondere Mauer, wodurch dieser Gang umher entstand, so wie man dieses an einigen alten ägyptischen Tempeln findet. [44]) Der Raum zwischen der äußern Mauer und der Mauer des Tempels war in drey Stockwerke abgetheilt; denn über einander müssen diese sogenannten Gänge gelegen haben, da sich an der rechten Seite des Tempels eine Treppe befand, welche in die Gänge hinaufführte. Die Trahmen am Hause umher, waren vielleicht Schwellen, die

Der Gang um den Tempel.

---

43) I. Kön. c. 6. v. 5. 6. 8.

44) An einem Tempel zu Elephantine, Pocock I. 176. Taf. XLVIII. An einem Tempel zu Edfou, Pocock I. 169. Taf. XLVI.

nach der Länge des Tempels lagen, und worauf die Balken der drey Stockwerke ruhten, damit dieselben nicht durften in die Mauer des Tempels eingelassen werden. Etwas besondres ist auch dieses, daß die obern Stockwerke mehr Breite hatten, als die untern, welches aber unstreitig daher kam, daß die Umfassungsmauer des Tempels sich nicht lothrecht, sondern in einer schiefliegenden Fläche und nach einer pyramidenähnlichen Gestalt erhob, wie es bey den meisten ägyptischen Tempeln gebräuchlich war. Diese Gänge sind unstreitig nicht ganz so hoch als der Tempel gewesen, weil sie ihm sonst das Licht würden benommen haben, das durch die oben angebrachten Fenster hineinfallen sollte.

Die Vorhöfe. Der Tempel hatte zwey Vorhöfe,[45]) von denen der erste, der große Vorhof, oder der Vorhof der Juden, der andere, der Vorhof der Priester genannt wurde. Diese Vorhöfe waren vor dem Tempel angelegt, wie man es bey vielen großen ägyptischen Tempeln findet, bey dem zu Theben, bey dem auf der Insel Philä und andern, und in dem zweyten Vorhofe stand der Tempel, so wie auch die Stiftshütte von einem Hofe umgeben war. In dem Vorhofe der Priester waren rings umher Zellen angelegt,[46]) die theils zum Aufenthalt und zur Wohnung der Priester, theils zur Aufbewahrung der Opfergeräthe, der Opferthiere und der Priesterkleider bestimmt

---

45) II. Kön. c. 23. v. 12.
46) II. Chron. c. 4. v. 9.

waren. Es werden in verschiedenen Stellen der Bibel einige dieser Zellen namentlich angeführt, als die Zelle des Nathan Melech, bey dem Eingange in das Haus des Herrn, die Zelle des Elisama, Zellen zu Opfermahlzeiten, und mehr dergleichen.

Der erste und große Vorhof, der vor dem Hofe der Priester lag, diente ohne Zweifel zur Versammlung des Volkes. Er hatte drey Reihen von gehauenen Steinen, und eine Reihe von Bretern aus Cedernholz. ⁴⁷) Diese Beschreibung wird auf verschiedene Art verstanden und ausgelegt, allein die meisten Erklärungen machen die Sache nur noch dunkler. Unstreitig waren auf drey Seiten, nämlich auf der vordern, wo sich der Haupteingang befand, und auf der rechten und linken, steinerne Mauern errichtet, an der Seite aber, wo der große Vorhof an den Hof der Priester anstieß, stand eine Wand von Cedernholz. ⁴⁸) Daß diese Bauart hier befolgt wurde, wird dadurch noch wahrscheinlicher, weil auch das erste Zimmer des Tempels von dem Allerheiligsten durch eine Wand von Cedernholz abgesondert wurde.

Vor dem Ulam standen zwey Säulen, davon die zu der rechten Hand Jachin, die andere Boas hieß. ⁴⁹) Die Höhe einer jeden Säule war achtzehn

Die Säulen vor dem Tempel.

---

47) I. Kön. c. 6. v. 36.   c. 7. v. 12.
48) Gatterer Weltgesch. I. 521.
49) I. Kön. c. 7. v. 15-22. — II. Chron. c. 3. v. 15—17.

Ellen, ohne den Knauf, der fünf Ellen zur Höhe hatte, und der Umfang einer Säule betrug zwölf Ellen. Die Knäufe waren aus Erz gegossen. Sie waren mit sieben geflochtenen Reifen oder Ringen verziert, die den Ketten glichen, und mit zwey Reihen Granatäpfeln, über den Ringen aber erhoben sich rings herum Blätter, so daß, nach den Worten der Bibel, ein solcher Knauf einer aufgeblühten Rose ähnlich sah. Von Säulenfüßen erwähnt die Bibel nichts, und vielleicht hatten die Säulen gar keine, wie es in den ältesten Zeiten oft gefunden wird, oder sie ruhten nur auf einem einfachen Untersatze. Diese Säulen dienten ohne Zweifel zu der Verzierung des Ganzen, so wie vor den ägyptischen Tempeln die Obelisken.

<small>Außenseite des Tempels.</small> Die Außenseite des Tempels war ganz glatt und einfach, die Mauern waren von großen länglich viereckig gehauenen Steinen, und mit Schnitzwerk von Cherubinen, Palmen und Blumen verziert,[50]) die, wahrscheinlich nach Art der Hieroglyphen, in die Steine eingehauen waren. Das Dach war mit goldenen Blechen belegt.[51]) Inwendig war alles reich und prächtig verziert und die Hebräer folgten hierin der allgemeinen Gewohnheit, die bey den gebildeten Völkern dieser Zeit herrschte, nach welcher die Tempel mit aller möglichen Pracht und Verschwendung ausgeziert wurden. Die Seitenmauern

---

50) I. Kön. c. 6. v. 29.
51) I. Kön. c. 6. v. 30.

und die Decke wurden mit Cedern getäfelt, und mit Schnitzwerk von Cherubinen, Palmen, Blumen und Schnörkeln besetzt, der Fußboden aber bestand aus Tannenbretern, so daß man rings herum keinen Stein sah. Alles war noch überdieses mit Gold überzogen und hin und wieder mit edeln Steinen ausgeschmückt.

Salomo ließ außer dem Tempel noch viele andere Gebäude errichten. Auf seinen Befehl wurden die Mauern um die Stadt Jerusalem gebauet, viele Kornmagazine und Ställe für die Pferde angelegt. Schon David hatte sich, auf dem Berge Zion, durch Künstler von Sidon und Tyrus, einen schönen Pallast anlegen lassen,⁵²) Salomo aber errichtete einen noch prächtigern zu seiner Wohnung, an dessen Bau dreyzehn Jahre gearbeitet wurde, und einen andern für eine seiner Gemahlinnen, die Tochter eines ägyptischen Königs. Endlich ließ er auch einen Sommerpallast erbauen, der den Zunamen, das Haus vom Walde Libanon, führte. Er befestigte auch einige Städte, Zoba, Ober- und Nieder-Beth-Horon, und legte Balbek und Tadmor an.⁵³)

Andere Gebäude Salomo's.

Das Bauholz zu dem Tempel und den übrigen Gebäuden Salomo's kam von dem Gebirge Libanon, wo Cedern und Tannenbäume in großer

Bauart der Hebräer.

---

⁵²) II. Samuel, c. 5. v. 11. — I. Chron. c. 15. v. 1.

⁵³) II. Chron. c. 8. v. 1 — 6.

Menge wuchsen, die von phönicischen Arbeitern geschlagen und bearbeitet wurden, weil bey den Hebräern niemand diese Kunst verstand. [54]) Die Steine aber waren ohne Zweifel aus den herumliegenden Gebirgen gebrochen und von dem Gipfel des Berges Morijah genommen worden. Diese Steine, die von einer außerordentlichen Größe waren, und von denen einige acht bis zehn Ellen Länge hatten, [55]) wurden nach dem Winkeleisen zugehauen, mit Sägen geschnitten, und so zugerichtet und genau zusammengepaßt, daß man bey der Erbauung der Mauern keinen Hammer noch irgend ein eisernes Werkzeug hörte. [56])

Sie ahmten darin den Aegypt. und Phöniciern nach.

Wir würden uns von dem Tempel zu Jerusalem, so wie von den übrigen Gebäuden Salomo's, eine ganz falsche Vorstellung machen, wenn wir sie uns als schöne Werke der Baukunst denken wollten, denn diese sucht man in dem jetzigen Zeitalter vergebens, und ihre Bauart war gewiß nur Nachahmung der ägyptischen und phönicischen. Die thurmartige Halle vor dem Tempel, die pyramidalischen Umfassungsmauern des Tempels, und einige andere Dinge in der Anlage des Ganzen, waren vorzüglich von den Aegyptern entlehnt; die hölzernen Dächer hingegen, das Täfelwerk, womit die Mauern innerhalb der Gebäude überzogen wur-

---

54) I. Kön. c. 5. v. 6.
55) I. Kön. c. 7. v. 10.
56) I. Kön. c. 6. v. 7.

Zweyter Abschnitt.

den, die hölzernen Säulen an dem Pallaste vom Walde Libanon, der unstreitig ganz von Holz war, und daher seinen Namen erhielt, alles dieses scheint von den Phöniciern genommen zu seyn. Bey den Verzierungen dieser Gebäude vereinten die Hebräer vielleicht den Geschmack der Aegypter und Phönicier; denn die Aegypter bedienten sich oft des Goldes bey der innern Verzierung ihrer Tempel und Grabmäler, und die Phönicier haben unstreitig auch reiche Verzierungen geliebt, weil phönicische Künstler die Zierrathen des Tempels zu Jerusalem verfertigten. Unter diesen Künstlern wird Hiram Abi als der vorzüglichste genannt. [57] Er war nicht nur ein geschickter Arbeiter in Gold, Silber, Eisen, Stein und Holz, sondern unstreitig auch der Baumeister des Tempels. [58]

Von den Werken der Baukunst aller dieser Völker, der Babylonier, Assyrier, Syrer, Philister, Meder, Phönicier und Hebräer sind gar keine oder doch nur sehr unbeträchtliche Trümmer bis jetzt übrig geblieben, und wir würden uns daher von dem Zustande der Baukunst dieser Zeiten keine richtige Vorstellung machen können, da überdieses den Nachrichten und Beschreibungen, welche die alten Schriftsteller von den Gebäuden jener Völker geben, alle ge= Völker, von deren Gebäuden sich bis auf unsere Zeit beträchtliche Ueberreste erhalten haben.

---

57) II. Chron. c. 2. v. 13.
58) *Felibien* les Vies des Architectes. Liv I. pag. 13.

hörige Deutlichkeit und Genauigkeit fehlt, wenn sich nicht von einigen Nationen der ältesten Zeiten, von den Indiern, Persern und Aegyptern ansehnliche Ueberreste ihrer Tempel, Palläste und anderer Gebäude erhalten hätten. Diese sind für die Geschichte der Kunst sehr wichtig, und verdienen eine genauere Betrachtung, und da von den Aegyptern die meisten und so verschiedene Arten von Gebäuden übrig geblieben sind, so wollen wir zuerst diese aufsuchen, und hernach zu den andern Völkern fortgehen.

Dritter Abschnitt.
Von der Baukunſt der Aegypter.

Unter den Völkern des Alterthums, die in den älteſten Zeiten zur Bildung der Baukunſt etwas beytrugen, behaupten die Aegypter einen nicht geringen Rang. Allein man würde ſehr Unrecht thun, wenn man ſie den übrigen alten Völkern, die in eben dem Zeitalter die Baukunſt trieben, vorziehen, und denſelben alles Verdienſt um die Baukunſt abſprechen, wenn man aus den Obelisken, Pyramiden und den Ueberreſten der großen Tempel ſchließen wollte, daß die Aegypter alle andre gleichzeitige Völker in der Baukunſt übertroffen hätten. Es iſt dieſes demungeachtet ſehr oft geſchehen. Die alten Schriftſteller, Herodot, Diodor, Strabo, und mehrere, rühmen die Gebäude der Aegypter mehr, als die Gebäude anderer Nationen, und geben ihnen das meiſte Mahl einen Vorzug vor dieſen, und viele der neuern Reiſenden und Schriftſteller folgen der Meynung der Alten.¹)

Die Aegypter verdienen in der Baukunſt keinen Vorzug vor den übrig. Völkern dieſes Zeitalters.

---

1) Vorzüglich der Abt *Jac. Belgrado*, der Verfaſſer der Schrift: dell' Architettura Egiziana diff. Parma. 1786. 4.

Hiervon ist wohl vorzüglich das Geheimnißvolle die Ursache, die verborgene Weisheit, die man an allem, was ägyptisch heißt, sucht und sogar auch in den Werken der ägyptischen Baukunst zu entdecken glaubt, so wie auch das Vorurtheil, das fast alle Wissenschaften und nützlichen Erfindungen von den Aegyptern herleitete, welches unstreitig aus dem Ruhme entstand, den sie sich durch ihre frühe und eigenthümliche Cultur erwarben. Es ist zwar wahr, daß von andern Nationen keine solchen Obelisken, keine solchen Pyramiden errichtet wurden, allein diese haben nicht weniger große Tempel und Palläste erbauet, welche den ägyptischen Gebäuden, in Absicht der Größe und der Kunst, gleich zu schätzen sind. Sollten nicht die in Felsen gehauenen Pagoden der Indier, der königliche Pallast zu Persepolis, den Gebäuden der Aegypter können gleich gesetzt werden, und in manchen Stücken noch einen Vorzug vor ihnen verdienen? Sollte nicht der Tempel zu Jerusalem den berühmten ägyptischen Tempeln an Größe und Pracht gleich, und die Abebnung des Berges Morijah, die vierhundert Ellen hohe Futtermauer von großen gehauenen Werkstücken, welche diesen Berg umgab, ein Werk gewesen seyn, das der Erbauung einer Pyramide verdiente an die Seite gesetzt zu werden?

Die Cultur breitete sich von Oberägypten nach den übrigen Theilen des Landes aus. Der obere Theil von Aegypten wurde eher als die übrigen Theile dieses Landes stark bevölkert. Die Cultur machte daher hier geschwindere Fortschritte, und sie breitete sich von hier in die mittlern und untern Gegenden Aegyptens aus. Man muß folglich

Dritter Abschnitt.

die Entstehung der Werke der Baukunst in Mittelägypten, die Pyramiden, das Labyrinth und andere, in kein so entferntes Zeitalter setzen, als es gemeiniglich geschieht. Es ist bey der Bestimmung des Alters der Gebäude in Aegypten nicht leicht zu fehlen, wenn man der Bevölkerung des Landes und der Ausbreitung der Cultur nachgeht, und die Errichtung der meisten Gebäude in Oberägypten in die ältesten, die Anlegung der Gebäude in Unterägypten aber in die neuesten Zeiten des alten Aegyptens setzt. In Oberägypten wurde die Baukunst sehr frühzeitig ausgeübt, und hier wurden die Obelisken und die ersten großen Tempel errichtet. So wie nun nach und nach die Bewohner der mittlern und untern Theile mehr Bildung bekamen, so fing auch hier die Baukunst an, sich zu erheben, und es wurden auch hier Tempel, Palläste und andere große Gebäude angelegt. Es sind zwar unstreitig auch noch zu der Zeit, als in Mittelägypten Memphis und andere Städte, und als die untern Gegenden des Landes angebaut wurden, in Oberägypten verschiedene Gebäude errichtet worden, zu denen vielleicht diejenigen gehören, die auf der Insel Philäe stehen, allein diese lassen sich bald durch ihren Styl und durch ihre ganze Bauart von den ältern unterscheiden.

Die Urbewohner Aegyptens wohnten längsthin an dem arabischen Meerbusen in Höhlen, vorzüglich in Oberägypten und in dem mittlern Theile des Landes. Als diese Gegenden mehr bevölkert wurden,

Geschichte der ägyptischen Baukunst. In Oberägypt.

breiteten sich ihre Bewohner weiter, gegen den Nil zu, aus, und fingen an Ackerbau zu treiben. Da das Land sehr fruchtbar war, und die Aegypter allen Fleiß anwandten, um die gute Lage und die Vorzüge ihres Landes zu benutzen, so wurde der Staat in kurzer Zeit durch den Feldbau bereichert, und der Handel, den sie bald nachher mit den Phöniciern trieben, erhöhete und vergrößerte den Wohlstand desselben noch mehr. Da viele Aegypter jetzt ihre Höhlen verlassen hatten und in den fruchtbaren Thälern des Nils lebten, so waren sie genöthigt, sich eine andere Art von Wohnung zu erwählen, weil in diesen Gegenden weniger Gebirge angetroffen werden. Sie errichteten sich daher Hütten aus Lehm und Rohr, und bedeckten sie mit Palmenzweigen, wie es daselbst noch in den jetzigen Zeiten geschieht. [2] Bald lernten sie den Lehm besser benutzen, sie machten Ziegel daraus, die im Anfange nur an der Sonne und Luft getrocknet, [3] in der Folge der Zeit aber durch Hülfe des Feuers zu Mauersteinen gebrannt wurden. Aus diesen wurden jetzt große Gebäude errichtet. Als die Hebräer sich in Aegypten niedergelassen hatten, mußten sie Ziegelsteine zubereiten, und sie wurden auch bey der Erbauung vieler Kornhäuser und der

---

[2] *Diodor.* I. 43. Bruce, Reisen zur Entdeckung der Quellen des Nils. Th. I. Buch 1. Cap. 6. S. 180. deutsche Ueberf.

[3] *Rosso*, Ricerche sull' architettura Egiziana. Cap. XI. pag. 103.

Anlegung neuer Städte, als Pithon und Raemses gebraucht. ⁴)

Um diese Zeit fingen die Aegypter auch an, sich der Steine zu ihren Gebäuden zu bedienen, und unstreitig haben sie bald eine gewisse Vollkommenheit darin erlangt, weil schon frühzeitig, schon vor dem Sesostris, Tempel und andere Gebäude aus Steinen errichtet wurden. Unstreitig aber hat die Baukunst sich vorzüglich erst unter der Regierung dieses Königs erhoben, weil er den Künstlern viel Beschäfgung und Aufmunterung gab.

Sesostris soll der erste König gewesen seyn, der Aegypten allein beherrschte, da es vorher aus vielen kleinen Völkerschaften bestand, die ihre eigenen Könige oder Fürsten hatten. Dieser Monarch lebte ungefähr ein Jahrhundert vor dem trojanischen Kriege. Nachdem er seinen großen Feldzug geendigt, und in Aethiopien, Asien, Indien und andern Ländern viele Eroberungen gemacht hatte, kehrte er in sein Reich zurück und machte daselbst viele nützliche Anstalten und Verbesserungen. Vermuthlich aber wird dem Sesostris von den alten Schriftstellern oft zu viel beygelegt, und so wie sie die Erzählungen von seinen Kriegen und übrigen Thaten sehr vergrößern, so schreiben sie ihm auch manches Werk der Baukunst zu, dessen Urheber unbekannt war. Er soll zu der Befestigung des Reiches, an der östlichen Gränze, eine tausend und fünfhundert Stadien lange Mauer

Werke des Sesostris.

---

4) II. Mos. c. 1. v. 11 14. c. 5. v. 7.

aufgeführt haben.⁵) Unter seiner Regierung wurden durch das ganze Land Canäle gegraben, um das Wasser des Nils auch in die von diesem Flusse entfernten Gegenden zu leiten. Er ließ die Städte, die in niedrigen Gegenden lagen, auf Anhöhen versetzen, um sie für die Ueberschwemmung des Nils zu sichern.⁶) Auf seinen Befehl wurden in verschiedenen Städten Tempel errichtet, unter welchen der Tempel des Vulcans zu Theben als der vorzüglichste gerühmt wird. Bey dem Baue dieses Tempels mußten die Gefangenen, die der König aus den eroberten Ländern mitgebracht hatte, Hülfe leisten, und die ungeheuern großen Steine, die dazu gebraucht wurden, aus den Brüchen holen.⁷)

Alter der Obelisken. Zu dieser Zeit wurden die ersten Obelisken gearbeitet,⁸) und **Sesostris** ließ zwey vor dem Tempel des Vulcans aufstellen.⁹) Plinius giebt zwar einen Beherrscher von Theben, Mitres, als den an, der zuerst einen Obelisk soll errichtet haben,¹⁰) allein diese Nachricht hat wenig Glaubwürdiges, da weder Herodot noch Diodor diesen König erwähnen,

---

5) *Diodor.* I. 57.
6) *Diodor.* I. 57.
7) *Herodot.* II. c. 108.
8) *Bargaeus,* de Obelisco, in Graev. Thef. IV.
9) *Diodor.* I. 57.
10) *Plinius* H. N. XXXVI. 8.

nen, und übrigens Plinius die Zeit, wenn er Aegypten beherrschte, nicht angiebt.

In den ältesten Zeiten war Diospolis oder Theben, in dem obern Theile von Aegypten, die berühmteste unter den Städten des ganzen Landes, theils, weil sich die Könige daselbst aufhielten, theils, weil sie an Größe und Schönheit alle andere Städte übertraf. Ihre Mauern sollen einen Umfang von hundertundvierzig Stadien gehabt haben.¹¹) Sie war mit vielen und prächtigen Tempeln geziert, woher sie den Namen Hekatompylos erhielt.¹²) Unter diesen Tempeln sind viere besonders merkwürdig gewesen, von denen zu Diodors Zeiten sich einer seines Alters und seiner Größe wegen vorzüglich auszeichnete. Auch die Palläste der Könige und Fürsten wurden jetzt sehr groß und weitläuftig angelegt, und bekamen bisweilen vier bis fünf Stockwerke.¹³) Ein solcher Pallast war unstreitig das sogenannte Grabmal des Osymandias, welches ohne Zweifel in diesem Zeitalter erbaut wurde.

Theben.

Als die Könige ihren Wohnsitz veränderten, und Memphis in Mittelägypten dazu erwählten, so

In Mittelägypten.

---

11) *Diodor.* I. 45.

12) *Diodor.* am ang. Orte.

13) *Diodor.* am ang. Orte. Diodor giebt diese Höhe zwar überhaupt von den Wohnungen der Privatpersonen an; allein sie kann wahrscheinlich nur von Pallästen verstanden werden, weil zu dieser Zeit solche große Privatgebäude noch nicht gebräuchlich waren.

wurde diese Stadt sehr verschönert und vergrößert, und sie erlangte einen eben so großen Ruhm als Theben. ¹⁴) Sie hatte einen Umfang von hundertundfunfzig Stadien ¹⁵) und einige sehr große Tempel, ¹⁶) worunter der Tempel des **Osiris**, der **Venus**, des **Serapis** und des **Vulcans** die berühmtesten waren. Der Tempel des **Vulcans** übertraf die andern an Größe und Pracht. Zu **Strabo's** Zeiten war diese Stadt sehr bevölkert, und wurde häufig von Fremden besucht; sie ist aber nachher so sehr verwüstet worden, daß man jetzt auch nicht ein Ueberbleibsel irgend eines ihrer Gebäude findet. Man kann daher die Lage dieser Stadt nicht mit völliger Gewißheit bestimmen, doch ist es sehr wahrscheinlich, daß sie ohnweit Metrahenny gelegen. ¹⁷)

<small>Alter der Pyramiden.</small> Die Könige von Memphis ließen nicht nur prächtige Tempel erbauen und weitläuftige Palläste anlegen, sondern sie errichteten sich auch große Grabmäler. Zu Theben hatten die Könige zu ihren Gräbern geräumige Höhlen bestimmt, die in einem Thale rings herum in die Felsen eingehauen waren; allein die memphitischen Könige, die ihren Reichthum und ihre

---

14) Pocock Beschreib. des Morgenl. I. S. 62. Abdallatif's Denkwürdigkeiten Aegyptens ɾc. Aus dem Arab. übers. von F. G. Wahl, S. 192 ff.

15) *Diodor.* I, 50.

16) *Strabo* XVII. pag. 1160 seq.

17) Pocock I. S. 62. Bruce Reisen zur Entd. der Quell. des Nils. I, Buch I. Kap. 3. S. 117.

Prachtliebe auf eine noch glänzendere Art zeigen wollten, ließen sich auch weit prächtigere Grabmäler erbauen. Diese Grabmäler sind die Pyramiden. Und obgleich die Könige ihre Absicht nicht völlig erreichten, und nach ihrem Tode nicht darin beygesetzt wurden,[18]) so war doch ein solches Gebäude allezeit ein bleibendes und würdiges Denkmal ihrer Größe und Pracht. Unstreitig wurde unter der Regierung Cheops die erste große Pyramide gebaut, die sich noch bis jetzt erhalten hat, und die größte aller noch stehenden Pyramiden ist.

Nach dieser Zeit wurden zu Memphis noch viele große Gebäude errichtet. Auch wurden in Mittelägypten noch mehr große Städte angelegt und mit Tempeln und andern Gebäuden ausgeziert, unter welchen keins so merkwürdig ist, als der Labyrinth, der in der Landschaft Fejum stand, und unter der Regierung der zwölf Fürsten, die Aegypten gemeinschaftlich beherrschten, erbaut wurde.[19]) Der untere Theil von Aegypten war um diese Zeit schon sehr bevölkert, und es entstanden hier große Städte, als Busiris, Heliopolis und andere, die mit prächtigen Tempeln versehen waren, worunter besonders der Tempel der Sonne zu Heliopolis berühmt war.[20])

In Unterägypten.

---

18) *Diodor.* I. 64.
19) *Herodot.* II. c. 148. *Rosso*, Ricerche sull' architettura Egiziana. Cap. VIII. pag. 74.
20) *Strabo* XVII. pag. 1161.

Bauart der Aegypter. Die Steine, welche die Aegypter zu ihren Tempeln und andern großen Gebäuden brauchten, hatten eine länglich viereckige Gestalt, und sie wurden ohne Mörtel, oder irgend eine andre Verbindungsmaterie über einander gelegt. Sie waren gemeiniglich von einer außerordentlichen Größe. Man findet Steine von zehn Fuß Länge, die fünf Fuß hoch und eben so breit sind, Steine von vierzehn Fuß Länge, die drey Fuß breit und hoch sind, und zur Decke der Gebäude gebraucht wurden. Einige Steine von der großen Pyramide bey Dsjise sind dreyßig Fuß lang, bey einigen Tempeln haben viele Steine eine Länge von sechszehn bis zweyundzwanzig Fuß, und in den Ruinen eines Tempels zu Theben trifft man Steine an von vierzig Fuß Länge, die als Unterbalken auf einer Reihe Säulen liegen. Den Kalkstein, den die Aegypter zu den Pyramiden brauchten, fanden sie an dem Orte selbst, wo die Gebäude errichtet wurden, die Werkstücke von Granit aber wurden aus den Gebirgen gebrochen, die im südlichen Theile des Landes nahe am Nil lagen. Von hier konnten die Steine auf Flössen leicht in andere Gegenden des Landes gebracht werden.

Säulen. Da die Decke der Gebäude aus eben so großen Steinen bestand, so mußten, zu ihrer Unterstützung, bey Gebäuden von einer weiten Spannung, sehr viele Säulen angebracht werden. Man war daher jetzt darauf bedacht, das Ansehn der Säulen, die im Anfange ohne alle Zierde waren, zu verbessern und zu verschönern.

Die ältesten ägyptischen Säulen waren un- Säulen streitig nicht rund, sondern vielseitig, dergleichen schäfte. man an einem Tempel zu Theben sieht, die sechszehn Seiten haben.²¹) Nach und nach wurden die Ecken abgenommen und die Säulen rund gemacht, und endlich gab man den Schäften verschiedene Verzierungen. Es giebt Säulen, die das Ansehn haben, als ob sie aus einzelnen runden Stäben zusammengesetzt wären, die bey einigen Säulen die ganze Länge des Schaftes einnehmen, bey andern aber bis auf ein oder zwey Drittheil desselben hinaufgehen, und alsdann mit kleinern Stäben abwechseln, wie in den Ruinen von Carnack.²²) Bey einigen Säulen wurde der Schaft oben unter dem Knaufe mit drey bis vier Ringen oder Reifen verziert,²³) und oft wurden die Reifen und Stäbe abwechselnd an den Schäften angebracht.²⁴) Bisweilen waren die Schäfte ganz glatt,²⁵) bisweilen wurden sie mit Hieroglyphen besetzt,²⁶) die oft mit den lebhaftesten Farben überstrichen sind.²⁷) Nach den Beschreibun-

---

21) Pocock Beschreib. des Morgenl. I. Taf. LXVI. fig. 1.
22) Pocock I, Taf. LXVI. fig. 2. 5. 6. 7. 8.
23) Pocock I, Taf. LXVI. fig. 4. 5. 6. 7.
24) Pocock I, Taf. XLVII. Taf. XXIV.
25) Pocock I, Taf. LXVI, fig. 3.
26) Pocock I, Taf. XXV.
27) Norden Reise durch Aegypt. und Nubien. S. 322.

gen und Abzeichnungen, die Norden und Pocock von ägyptischen Säulen gegeben haben, scheinen die meisten einen geraden Schaft gehabt zu haben, der ohne alle Verjüngung, oben eben so dick als unten war.

Pocock erwähnt unter den ägyptischen Säulen einige, die mit den dorischen und korinthischen Aehnlichkeit haben sollen, und glaubt sogar hier den Ursprung der korinthischen Säulen zu entdecken.[28] Allein man darf nur diese Säulen genau betrachten und mit den griechischen vergleichen, so wird man finden, daß eine solche Aehnlichkeit sehr entfernt ist und blos in der Einbildung besteht, so wie es wider alle Wahrscheinlichkeit streitet, daß die Griechen ihre Säulenarten von den Aegyptern sollten entlehnt haben.

Capitäle. Die Säulen hatten im Anfange gar keinen Knauf, und wurden nur mit einer viereckigen Platte bedeckt, die ein bis drey Fuß zu ihrer Dicke hat. Man findet dergleichen Capitäle an den Säulen eines in Felsen gehauenen Gebäudes zu Hajar Silcily[29] und in den Ruinen von Theben.[30] Der erste Knauf, mit welchen man die Säulen zierte, war eine einfache Ausbauchung, die sich unter der viereckigen Platte anfing und etliche Fuß herunter ging, so daß dieser Knauf der Gestalt eines Fasses ähnlich war.[31]

---

28) Pocock I, 320.
29) Pocock I, Taf. XLVII.
30) Pocock I, Taf. LXVI. fig. 1. 2. 8.
31) Pocock I, Taf. LXVI. fig. 3. 4. Norden II, Taf. 6.

Diese Art von Capitälen wurde im Anfange ganz glatt gemacht, und bisweilen mit Hieroglyphen besetzt, hernach aber fing man an sie zu verzieren. Man gab ihnen acht Ausbiegungen, so daß ihr Umriß nicht mehr in einer zirkelrunden Linie fortging, sondern aus kleinen Bogen zusammengesetzt war. Bisweilen theilte man einen solchen Knauf in zwey Hälften, und verzierte die obere mit dergleichen Ausbiegungen, die untere aber mit Blättern, die an dem Knauf glatt anliegen, oder mit kleinen Schilden. [32]) Eine spätere Erfindung scheint die andere und zierlichere Gestalt der Capitäle zu seyn, da man sie nach der Art eines auf die Säule gesetzten Gefäßes oder einer umgekehrten Glocke formte. Auch diese wurden erst glatt gemacht. [33]) Ihre nachmaligen Verzierungen waren sehr schlecht, und sie wurden nicht erhoben ausgearbeitet, sondern nur durch Linien angedeutet. [34]) Hierauf fing man an sie mit Laubwerk und verschiedenen Pflanzen zu zieren, und diese Zierathen bald flach, bald mehr erhoben herauszuarbeiten. [35]) Einige Capitäle scheinen eine Nachahmung des Palmenbaumes zu seyn, dessen untere Zweige abgehauen sind, [36]) dergleichen man zu Esne findet,

---

32) Pocock I, Taf. LXVI. fig. 5. 6. 7.
33) Pocock I, Taf. LXVIII. fig. A.
34) Pocock I, 325. Taf. LXVIII. fig. D.
35) Pocock I, Taf. LXVIII. fig. F. G.
36) Pocock I, 324.

die noch das besondere haben, daß die Stengel des Laubes unter den Ring des Schaftes hindurch gezogen sind, und auf einige Zoll an dem Schafte herabhängen. [37]) Bald wurden die Blätter dicht neben einander gesetzt, so daß sie auf dem Ringe des Schaftes aufstanden, die ganze Höhe des Knaufes hinangingen, und von da herabhingen; bald wurden zwischen diesen Blättern verschiedene Pflanzen gesetzt; bald stellte man einige Reihen kleine Blätter über einander, bald wurden auch andere Verzierungen, deren Bedeutung nicht zu errathen ist, an den Knäufen angebracht, wie an den Säulen eines Tempels zu Gaua, die ganz besonders sind. [38]) Bey den Tempeln zu Amara und auf der Insel Philae haben die Capitäle die Gestalt des Hauptes der Isis, [39]) unter welchen sich die zu Amara, dem alten Tentyra, wegen ihrer Größe und guten Arbeit vorzüglich auszeichnen.

Basen. Da bey allen noch vorhandenen Bautrümmern in Aegypten der Fußboden durch vielen Schutt und durch den Flugsand, den der Wind häufig herbeyführt, sehr erhöhet worden ist, und die Bewohner dieser Gegenden das Nachgraben nicht erlauben, so kann man weder die Basen der Säulen sehen, noch die Höhe der Säulen und das Verhältniß ihres Durchmessers zu der Höhe richtig angeben. Un-

---

37) Pocock I, Taf. LXVII. fig. 12.
38) Pocock I, Taf. LXVIII. fig. C.
39) Pocock I, Taf. LXVIII. fig. H. I.

streitig hatten die Säulen entweder gar keine Base, oder nur einen einfachen Untersatz. An einem zu Hajar Silciiy im Felsen eingehauenen Gebäude fand Pocock einige Säulen, die er ganz sehen konnte, und die er genau gemessen hat. Diese haben einfache, runde Steine zu ihren Unterlagen, die eilf Zoll vor dem Säulenschafte hervorspringen und zehn Zoll hoch sind. Diese Steine haben eine runde Vertiefung, in welcher der Schaft steht und genau eingepaßt ist. 4c)

Für die gemeine Höhe der Säulen nimmt Pocock ungefähr drey oder höchstens vier bis fünf und einen halben Durchmesser an, sehr wenige aber sind sechs Durchmesser hoch. 41) Die Durchmesser findet man von drey bis auf eilf Fuß stark. Da die Säulen sehr dauerhaft seyn mußten, um die schweren Steine, woraus die Dächer der Gebäude bestanden, tragen zu können, so ist das Verhältniß, das Pocock annimmt, sehr wahrscheinlich. Die Schäfte bestehen nicht aus einem einzigen Steine, sondern sind aus einzelnen Stücken zusammengesetzt, wovon ein jedes die Höhe von fünf Fuß, sechs Zoll, bis drey Fuß, sechs Zoll hat.

Höhe der Säulen.

Die Säulenweite, oder die Entfernung zweyer Säulen von einander, beträgt einen und einen halben, meistens drey Fuß, und selten überschreitet sie

Säulenweite.

---

40) Pocock I, 170. 321. Taf. LXVI.
41) Pocock I, 322.

dieses Maaß. Die Stellung der Säulen ist einfach. Bey Säulengängen stehen sie stets in gleicher Entfernung von einander, in zwey oder drey Reihen. Bisweilen findet man das besondere, daß bey drey Reihen die Säulen der mittelsten mehr Höhe haben, als die in den nebenstehenden Reihen.

Gebälke. Die Gebälke der ägyptischen Gebäude waren im Anfange sehr einfach. Ein einziger Stein wurde nach der Länge des Gebäudes auf die Säulen gelegt, und auf diesen ruhten die großen Tafelsteine, womit das Gebäude gedeckt wurde.⁴²) Hernach setzte man, um die Decke des Gebäudes zu erhöhen, und um mehr Licht zu gewinnen, auf jede Säule einen viereckigen Stein, worauf der lange Stein gelegt wurde. ⁴³) Bisweilen legte man, anstatt dieser viereckigen Steine, andere Steine von einer Säule zur andern, nach der Breite oder Spannung des Hauses. ⁴⁴) Die Tafelsteine, womit man die Gebäude bedeckte, wurden bey manchen einfach, bey andern aber in zwey oder drey Reihen über einander gelegt, so daß der unterste über den Säulen hervorragte, die obern aber stufenweise sich einzogen. Man kann den großen Stein, der nach der Länge des Gebäudes auf den Säulen ruhet, mit dem Unterbalken vergleichen, und das hervorstehende Ende der Tafelsteine mit dem Kranze; einen Fries aber findet man

---

42) Norden II, Taf. 6.
43) Pocock I, Taf. XLV. L.
44) Norden II, Taf. 4. die Ruinen von Luxor. c.

Dritter Abschnitt.

bey der ägyptischen Bauart nicht. Denn die kleinen Steine, von denen auf jeder Säule eine liegt, oder die, welche von einer Säule zur andern gehen, vertreten die Stelle des Frieses nicht, weil sie unter dem Unterbalken angebracht sind.

In den ersten Zeiten waren die ägyptischen Gebälke ohne alle Zierathen. Der unterste große Stein und die hervorragenden Tafelsteine wurden nur viereckig behauen, und sie hatten gar keine Glieder, und keine andern Verzierungen, als Hieroglyphen. Nach und nach wurden die Ecken dieser Steine etwas abgerundet, und endlich setzte man verschiedene gerade, runde und ausgebogene Glieder zusammen, die theils glatt, theils mit Zierathen versehen sind. [45] Die Art des Kranzes, die man am häufigsten antrifft, ist folgende. Das oberste Glied ist ein weit vorspringender, breiter Riemen, unter dem eine Hohlkehle von der Ecke des Riemes an bis zu der glatten Mauer herabläuft, wo sie durch einen Stab von der Mauer getrennt und abgesondert wird. Diesen Kranz findet man vorzüglich über den Thüren und Thorwegen angebracht. Fast immer steht in der Hohlkehle, in der Mitte über der Thüre, eine Verzierung, die vermuthlich einen Habicht vorstellen soll, unter welchem Bilde Osiris verehrt wurde.

Bey einigen Tempeln waren die Thore von einer besondern Bauart. Es gehen nämlich ihre Gewände nicht in einer geraden lothrechten Linie in

Pyramidalische Thore.

---

[45] Pocock I, 326. Taf. LXIX.

die Höhe, sondern sie stehen unten weiter aus einander als oben, wo sie sich gegen einander neigen. Pocock nennet sie pyramidalische Thorwege, und er hat sie vorzüglich in den Ruinen der Gebäude von Theben gefunden. [46]) Auf eben diese Art wurden meistentheils auch die Umfassungsmauern der Tempel und die großen thurmartigen Hallen vor denselben gebauet, die sich nicht gerade, sondern nach einer schiefliegenden Linie, wie die Pyramiden, erheben, dergleichen zu Edfou, Esnay, Theben und an andern Orten angetroffen werden. Diese Bauart kommt derjenigen gleich, nach welcher bey uns die Futtermauern angelegt werden.

Dächer. Die Aegypter gaben ihren Gebäuden gerade Dächer, und deckten sie mit großen Tafelsteinen, weil die Kunst, Gewölbe zu erbauen, damals noch nicht erfunden war. Man findet aber auch noch eine andere Art von Bedeckung, bey welcher innerhalb der Gebäude die Steine über einander hervorgerückt wurden, bis sie endlich in einer gewissen und bestimmten Höhe fast an einander stießen, wo alsdenn die kleine Oeffnung, die hier noch übrig blieb, mit einem Steine zugedeckt wurde. [47]) Eine solche Bedeckung ist in dem höchsten Gange der großen Pyramide bey Dsjise gebraucht. [48])

---

46) Pocock I, 138. Taf. XXVII. XXVIII.
47) Pocock I, 327.
48) Pocock I, Taf. XVI. fig. F.

Dritter Abschnitt. 77

Diese Bauart mit so großen und oft ungeheuern Werkstücken, die starken Säulen, die schweren Gebälke, machen die ägyptischen Gebäude zu großen Massen, und geben ihnen eine gewisse Größe und Einfalt, die bey dem ersten Anblick mit Erstaunen erfüllt. Wenn man aber diese Gebäude genauer betrachtet, so findet man, daß ihnen noch sehr vieles fehlt, um sie zu schönen Kunstwerken zu erheben. Man vermißt an ihnen alles Einnehmende, und, wie auch Strabo schon bemerkt, [49]) das malerische Ansehn, man vermißt überall Ebenmaß, schöne Verhältnisse und Zierlichkeit. Ihre Größe fällt in das Riesenmäßige, ihre Einfalt in das Steife und Rohe. Die Verzierungen sind oft unschicklich und überhäuft angebracht, und überdieß in einem trocknen und kalten Geschmacke ausgeführt, sie sind unbestimmt und oft so wenig erhoben gearbeitet, daß es nur Linien und gleichsam Vorzeichnungen der Verzierungen zu seyn scheinen. Den Formen der Säulen und den Capitälen mangelt alles Angenehme. Die Profilirung der Gebälke und der Karnieße ist schlecht, die Zusammensetzung ihrer Glieder übel gewählt, und meistentheils der Vorsprung des einen Gliedes vor dem andern sehr unbeträchtlich.

Geschmack und Charakter der ägyptisch. Baukunst.

Die ägyptischen Baukünstler hatten noch wenig feste Grundsätze und Regeln in ihrer Kunst, und es fehlte ihr vorzüglich die Einheit. Bey der Anordnung des Ganzen scheinen zwar einige festgesetzte Re-

Die ägyptischen Baukünstler hatten wenig feste Grundsätze.

---

49) *Strabo,* XVII. pag. 1159.

geln beobachtet worden zu seyn, da, zum Beyspiel, bey den Tempeln einerley Einrichtung gebräuchlich war, bey einzelnen Theilen aber arbeiteten die Künstler sehr willkührlich). Wie groß ist nicht die Verschiedenheit der Säulen, wie vielerley Capitäle und Gebälke trifft man nicht an. Jeder Künstler erfand ohne Zweifel, wenn er ein Gebäude angab, auch ein neues Capitäl und Gebälke zu seinen Säulen, oder setzte ein solches aus einigen schon vorhandenen zusammen. Auch wurden unstreitig wegen der Stärke und Höhe der Säulen keine gewissen Regeln beobachtet, und vielleicht war es jedem Künstler überlassen, sie so groß und stark zu machen, als er wollte, vielleicht aber richtete man sich allezeit dabey nach der Schwere des Daches. Man findet sogar einige Tempel, deren Säulen sehr verschiedene Capitäle haben, wie an einem alten Tempel zu Esnay, wo kein einziger Knauf dem andern gleich ist. [50]

Warum in Aegypt. die Kunst nicht zur Vollkommenheit gelangte.

In einem solchen Grade der Bildung befand sich die Baukunst in Aegypten. Wenn sie auch in diesem Lande, wie es höchst wahrscheinlich ist, im Anfange geschwinde Fortschritte machte, so konnte sie doch daselbst nie zur Vollkommenheit gelangen. Sie blieb immer in einer gewissen Mittelmäßigkeit, weil die politische Einrichtung des Landes wenig Verbesserung der bis jetzt erlangten Cultur zuließ, indem die Aegypter eine sehr große Anhänglichkeit an dem Alten hatten, welche sie auch verhinderte; in den Kün-

---

50) Norden, S. 338.

sten und Wissenschaften weiter fortzugehn. So wie dieses bey der Musik und bey andern Wissenschaften geschah, so wich man eben auch in der Baukunst niemals von den gewöhnlichen, durch den langen Gebrauch geheiligten Formen ab, und dachte nie auf ihre Verbesserung. Vielleicht hätten die Aegypter in der Folge der Zeit mehr Cultur erlangt, da Psammetichus die Griechen so sehr liebte, daß er das Land durch Jonier und Karier anbauen, [51]) und seine Söhne in griechischen Künsten und Wissenschaften unterrichten ließ;[52]) da Necho den Handel erweiterte und Amasis durch viele weise Anstalten den Wohlstand des Reiches erhöhte, wenn nicht unter dem Psammenitus, dem Sohne des Amasis, das ägyptische Reich, von dem Könige der Perser, Cambyses, wäre erobert worden.[53]) Dieser König zerstörte die berühmten Städte des Reiches, und verwüstete die thebanischen Tempel.[54]) Jetzt war das Land, durch beständige Empörungen und Kriege, immerwährenden Beunruhigungen ausgesetzt, Künste und Wissenschaften wurden verscheucht und völlig unterdrückt, und die Bewohner des Landes in ihrer Cultur plötzlich gestört und aufgehalten, daher sie hierin keine weitern Fortschritte machen konnten.

---

51) *Herodot.* II, 154.
52) *Diodor.* I, 67.
53) *Herodot.* III, 1. seq. *Ctesias* Excerpt. hist. c. 9.
54) *Strabo* XVII, pag. 1170.

Die vorzüglichsten Gebäude der Aegypter.

Nach dieser Erzählung der Schicksale der Baukunst unter den Aegyptern, nach der Betrachtung über ihre Art zu bauen und über ihren Geschmack in dieser Kunst, will ich nun die vorzüglichsten ägyptischen Gebäude anführen, von denen theils die alten Schriftsteller Beschreibungen gegeben haben, theils bis auf unsere Zeiten Trümmer übrig geblieben sind. Ich werde zuerst die in Felsen gehauenen Gebäude, alsdenn die Obelisken erwähnen, hernach die Pyramiden beschreiben, und endlich der Tempel und einiger andern großen Gebäude gedenken.

Die unterirrdischen Gebäude.

Die unterirrdischen, in die Felsen gehauenen Gebäude, die an einigen Orten in Oberägypten angetroffen werden, gehören wahrscheinlich zu den ältesten Gebäuden dieses Landes, die vielleicht zu der Zeit eingegraben wurden, da dessen Bewohner sich noch in Höhlen aufhielten. Nicht weit von der Stadt Sciout oder Siuut befindet sich ein solches unterirrdisches Denkmal.[55]) Man kommt durch die Thüre in einen großen Saal, dessen Bedeckung, welches der obere Theil des Berges ist, auf sechseckigen aus den Felsen gehauenen Pfeilern ruhet. Die Decke und die Wände des Saales sind mit Malereyen verzieret, die man noch sehr deutlich erkennt, und das dabey gebrauchte Gold hervorschimmern sieht. Der Fußboden liegt voll Sand und Steine. Auf den Seiten sind einige Thüren, die zu andern Zimmern führen,

---

55) Norden, S. 266.

führen, die aber so mit Schutt angefüllt sind, daß man unmöglich hindurch dringen kann. Ueber dem Saale ist noch ein Zimmer, zu dem man von außen hinaufklettern muß. Es ist nicht so groß wie der untere Saal, und hat daher auch keine Pfeiler zur Unterstützung seiner Decke; allein es ist eben so ausgemalt, und hat auch einige Nebenzimmer.

Bey dem Kettenfelsen, oder Hajar Silcily, findet man auch einige unterirrdische Gebäude, wovon das eine sich besonders auszeichnet, dessen hohes Alter durch die davon ausgehauenen Säulen bestätigt wird, die keinen Knauf haben, sondern an dessen Statt mit einem viereckigen Steine bedeckt sind [56]). Norden erwähnt auch einige andre Grotten an diesem Orte, die voller Hieroglyphen sind. [57]) Auch nicht weit von den Ruinen von Theben befinden sich dergleichen Höhlen oder Zimmer, die ungefähr zehn Fuß Höhe haben und von Pfeilern unterstützt werden. [58]) Diese Höhlen haben unstreitig zu Wohnungen gedient; ob aber jene Gebäude, bey Sciout und dem Kettenfelsen, Tempel oder Grabmäler gewesen sind, läßt sich nicht bestimmen.

Herodot giebt von einem in Stein gehauenen Zimmer Nachricht, welches in Sais vor dem Tem-

In Stein gehauene Gebäude.

---

[56]) Pocock I, 170. Taf. XLVII.

[57]) Norden II, Taf. 7. S. 346.

[58]) Pocock I, 144.

F

pel der Minerva soll gestanden haben. ⁵⁹) Es war in einen einzigen ungeheuern Stein hineingearbeitet, und von außen einundzwanzig Ellen lang, vierzehn breit und acht Ellen hoch, inwendig aber achtzehn Ellen lang, zwölfe breit, und fünf Ellen hoch. Ein König Amasis soll diesen Stein aus der Stadt Elephantina innerhalb drey Jahren durch dreytausend Menschen haben holen und bis nach Sais schaffen lassen.

Ein ähnliches Gebäude soll zu Memphis gestanden haben. ⁶⁰) In der Höhe hielt der Stein, in welchen das Zimmer eingehauen war, neun Ellen, in die Länge acht und in die Breite sieben Ellen. Die Mauern waren zwey Ellen stark, und es war also der inwendige Raum vier Ellen lang, drey Ellen breit und fünf Ellen hoch. Von innen und außen war dieses Haus mit Hieroglyphen besetzt.

Auch in dem untern Theile von Aegypten werden, in einer kleinen Entfernung von Alexandrien, einige Grotten und unterirrdische Gebäude mit verschiedenen Sälen und Zimmern angetroffen, ⁶¹) die aber keinesweges mit den jetzt beschriebenen Gebäuden von einem Alter seyn können, weil diese ganze Gegend erst in spätern Zeiten angebaut wurde.

Obelisken. Die Obelisken sind die einfachsten Werke der ägyptischen Baukunst. Es sind hohe, schmale, vier-

---

59) *Herodot.* II, c. 175.
60) Abdallatif's Denkwürd. Aegypt. S. 196.
61) Niebuhr Reisebeschr. I. 80. Pocock I, 15. Norden, S. 32.

eckige Steine, deren Seiten sich oben gegen einander neigen und in einer kleinen Pyramide zusammen vereinigen. Von der Entstehung der Obelisken läßt sich nichts Gewisses sagen, da kein alter Schriftsteller etwas davon aufgezeichnet hat. Vielleicht kam man von ungefähr auf ihre Erfindung, indem bey der Sprengung der Felsen sehr große Steinstücken gewonnen wurden, welche die Gestalt einer solchen Spitzsäule hatten; vielleicht entstand aber auch der erste Gedanke davon in der Einbildung eines Künstlers. Dieses letzte ist nicht unwahrscheinlich, weil die Obelisken im Anfange zu Ehren des Osiris oder des Sonnenlaufes [62]) errichtet wurden, und ihre Benennung einen Sonnenstrahl bedeutet, [63]) überdieses auch ihre Gestalt einem Strahle ähnlich ist.

Die Obelisken bestehen aus einem einzigen Steine, der meistentheils ein röthlicher Granit ist, einige wenige ausgenommen, die aus weißem Marmor gehauen sind. Sie werden in der Höhe von funfzig, bis zu einhundertundfunfzig und zuweilen noch mehr Fuß gefunden, und nehmen unten, wo sie aufstehn, einen Raum von vier bis zwölf und oft mehr Fuß ins Gevierte ein. Gemeiniglich sind ihre vier Seiten mit Hieroglyphen verziert, die bisweilen mit verschiedenen Farben angestrichen sind, und nur

---

62) *Gatterer* Theogon. Aegypt. in Comment. Soc. Reg. Gött. Vol. VII.

63) *Plinius* H. N. XXXVI. 8.

selten werden sie ohne Hieroglyphen gefunden. Vielleicht sind die Obelisken ohne Hieroglyphen aus spätern Zeiten, wo die Kenntniß der Hieroglyphen verloren gegangen war. Sie wurden auf ein einfaches viereckiges Postament gestellt, das gemeiniglich zwey oder drey Fuß breiter ist, als der Obelisk selbst, und eine Aushöhlung hat, in welcher der Obelisk ruhet.[64]) Die mechanischen Hülfsmittel, welche die Aegypter zur Fortschaffung und Aufrichtung dieser Steine anwandten, sind unbekannt; unstreitig aber waren sie sehr einfach.

Steinbrüche für die Obelisken. Die Obelisken wurden in den Granitgebirgen Oberägyptens gebrochen. Die Steinbrüche, die Pocock daselbst gefunden hat, gehen nicht in die Tiefe hinab, sondern die Steine sind an den Seiten des Felsen, wo er niedrig ist, weggenommen. Es scheint, als wären sie mit einem schmalen Werkzeuge rings herum losgehauen, und hierauf, vermittelst großer Brecheisen, aus ihrem Lager mit Gewalt herausgenommen worden.[65]) Pocock fand in einem Steinbruche, nicht weit von Assouan, dem alten Syene, große halb ausgebrochene Steine, die wahrscheinlich zu Obelisken bestimmt waren.

Bestimmung der Obelisken. Nachrichten Die Obelisken machten eine vorzügliche Zierrath der Plätze vor den großen Tempeln aus, vor dessen Eingang gemeiniglich einige solche Steine standen,

---

64) Pocock I, 322. Abdallatif's Denkwürdigkeiten Aegypt. S. 186. Norden, S. 225.

65) Pocock I, 175.

die kleinen aber, von eilf bis zwölf Fuß Höhe, waren unstreitig Fußgestelle für Götzenbilder. Man trifft diese Steine in vielen Orten Aegyptens an, wahrscheinlich aber standen in Oberägypten, und besonders in Theben, die meisten. Die griechischen Schriftsteller geben nicht viel Nachrichten von den Obelisken. Diodor erwähnt zwey Obelisken des Sesostris, vor dem Tempel des Vulcans zu Theben, die an Höhe hundertundzwanzig Ellen hatten; [66] Herodot erzählt von einigen, die vor dem Tempel der Minerva zu Sais errichtet waren, [67] und von zweyen, zu Heliopolis vor dem Sonnentempel, davon jeder hundert Ellen hoch war; [68] Strabo sagt noch weniger von diesen Steinen; [69] am ausführlichsten aber redet Plinius von ihnen. [70] Die neuern Reisenden haben in den Ruinen von Theben, bey Carnack und Luxor, die meisten gefunden, die überdieses an Größe und Schönheit alle andre übertreffen. [71] Auch sah Norden bey Carnack eine Menge Trümmer von Obelisken, die mit übermalten Hieroglyphen besetzt waren. Auf der Insel Philä

der alten und neuen Schriftstell. von diesen Steinen.

---

66) *Diodor.* I, 57.
67) *Herodot.* II, c. 170.
68) *Herodot.* II, c. 111. *Diodor.* I, 59.
69) *Strabo* XVII, pag. 1158.
70) Hist. Nat. XXXVI. 8. 9. 10. 11.
71) pocock I, 142. 160. Norden, S. 226.

stehen noch vier Obelisken, [72]) von denen einer von weißem Marmor ist und keine Hieroglyphen hat. [73]) Nicht weit von dieser Insel, in den Ruinen des alten Syene, fand Norden einen zerbrochenen Obelisken, der auch ohne Hieroglyphen war. [74])

Diese von den neuern Reisenden bemerkten Obelisken stehen noch auf dem Platze, wo sie zuerst errichtet wurden. Es sind aber viele aus dieser Gegend weg und nach Niederägypten gebracht worden, unter denen jetzt der sogenannte Obelisk der Cleopatra zu Alexandrien, [75]) der zu Arsinoe, [76]) und der zu Matarea, das alte Heliopolis, [77]) die vorzüglichsten sind. Andere sind ganz aus Aegypten weggeführt worden. Die Römer, welche diese Steine so schön fanden, daß sie die öffentlichen Plätze ihrer Stadt damit zu verzieren wünschten, ließen sie mit vieler Mühe und Unkosten aus Aegypten holen. Auf den Befehl Augusts wurden drey Obelisken nach Rom gebracht, von denen einer im Marsfelde aufgerichtet und als Sonnenzeiger gebraucht wurde. Auch die Kaiser Caligula, Claudius, Caracallus, Constantin der Zweyte, ließen solche Steine nach

---

72) Pocock I, 180.
73) Norden, S. 225.
74) Norden, a. a. Orte.
75) Niebuhr Reisebeschr. I, 45. Pocock I, 13. Norden I, Taf. 3. S. 8.
76) Pocock I, 91. Taf. XXII.
77) Pocock I, 37. Norden, S. 227. Taf. 3.

Rom schaffen, und unter dem Theodosius wurde einer nach Constantinopel geführt, [78]) welcher noch jetzt steht. Zu Catana in Sicilien trifft man auch Bruchstücke von zwey ägyptischen Obelisken an, [79]) die ohne Zweifel von den Römern dahin gebracht wurden. Die römischen Obelisken wurden zu den Zeit der Völkerwanderungen, da die Stadt Rom so vielen Verheerungen ausgesetzt war, umgeworfen und in den Schutt vergraben. Pabst Sixtus der Fünfte ließ viere davon wieder ausgraben, und durch seinen Baumeister Fontana aufrichten,[80]) und nach dieser Zeit sind noch mehr aus dem Schutte hervorgesucht und aufgestellt worden. [81])

Nach diesen einfachen Werken der ägyptischen Baukunst ziehen die Pyramiden unsere Aufmerksamkeit auf sich, die in keiner andern Gegend Aegyptens gefunden werden, als in dem mittlern Theile des

---

78) Niebuhr Reisebeschr. I, Taf. IV.

79) *D'Orville*, Sicula I, pag. 215. Einer davon ist wieder aufgerichtet worden, der das besondere hat, daß er achteckig ist. Voyage pittoresque de Isles Sicile etc. par *I. Houel* II, pag. 148. Tab. CXLIII. fig. 5. Tab. CXLIV.

80) Della Transportazione dell' Obelisco Vaticano dal Cav. *D. Fontana.* Rom. 1590. fol.

81) Gatterer Weltgeschichte in ihrem ganzen Umfange, I, S. 461. Hier findet man alle Nachrichten von Obelisken aus den alten und neuen Schriftstellern zusammengetragen.

Landes, zwischen Dsjise bis südwärts nach Medon zu, in einem Striche von ungefähr zwey Tagereisen. [82]) Die Art ihrer Entstehung, und was die Künstler zuerst auf die Idee, Pyramiden zu errichten, geführt hat, ist völlig unbekannt. Vielleicht gab die Beschaffenheit und die natürliche Anlage der Gegend, wo sie stehen, die erste Ursache zu ihrer Erfindung. Diese Gegend ist sehr bergig. An der Westseite des Nils erhebt sich das Land, und bildet eine niedrige Bergstrecke, die mit vielen Hügeln versehen ist, [83]) welche den Pyramiden ähnlich sind und zu ihrer Erfindung können Gelegenheit gegeben haben. Allein noch wahrscheinlicher kann man den Ursprung der Pyramiden von den Steinhaufen herleiten, die bey vielen alten Völkern auf die Grabstätte der Verstorbenen gelegt wurden, welches auch noch in neuern Zeiten bey vielen uncultivirten Völkern geschah. [84]) Diese Steinhaufen wurden bey den Aegyptern nach und nach ordentlicher, größer und

---

82) Abdallatif's Denkwürd. Aegypt. S. 157.

83) Pocock I, 64.

84) Herder, Ideen zur Philos. d. Gesch. d. Menschh. Th. III. Buch 12. Meister über die ägyptischen Pyramiden. S. 3. In Ireland findet man noch viele solche Begräbnißhügel, die vom achten bis zum zwölften Jahrhundert von den Dänen angelegt wurden. Einige sind von Erde, andere von Steinen mit Erde bedeckt; sie haben die Gestalt eines Kegels, und endigen sich in einer platten Oberfläche. Die höchsten haben eine senkrechte Höhe von hundertundfunfzig

Dritter Abschnitt.

künstlicher aufgeführt, bis endlich die Pyramiden daraus entstanden.

Dieses sind die Gebäude, deren Bau man für so außerordentlich und künstlich hält, bey denen man soviel Geheimnißvolles sucht, und so viel Wunderbares zu finden glaubt. Wie viel Fabelhaftes erzählen nicht die alten Schriftsteller von diesen Pyramiden, von ihren unterirrdischen Gängen, von den Canälen, die unter der Erde um sie herum geführt wurden, [85]) von ihrer innern geheimnißvollen Einrichtung, und von ihrer ganzen Erbauung. Herodots Beschreibung von der Errichtung der Pyramide des Cheops faßt eine Menge sonderbare Dinge in sich. [86]) Er sagt, daß man erst einen schräg hinangehenden Weg oder Damm anlegte, um die Steine auf den Hügel zu schaffen, auf den die Pyramide sollte gebaut werden. Dieser Weg wäre auf beyden Seiten mit Futtermauern eingefaßt worden, die aus glatt gearbeiteten, mit Hieroglyphen verzierten Steinen bestanden, und er hätte in der Länge fünf Stadien, in der

Erzählungen der alten Schriftsteller von den Pyramiden.

Fuß. Sie werden Carn genannt. Neue Reisen nach Ireland von Volkmann. S. 416. Auch in England trifft man dergleichen Hügel an, besonders in der Ebene von Salisbury, und hier heißen sie Barrow's. N. Reis. durch Engl. von Volkmann, S. 464.

85) *Ammian. Marcell.* XXII. c. 15.
86). *Herodot.* II, c. 124. 125.

Breite vierzig Ellen, und an seinem höchsten Orte zweyunddreyßig Ellen gehabt. Es wäre zehn Jahr daran gebaut worden, und er hätte eine beynah eben so mühsame Arbeit erfordert, als die Pyramide selbst. Dieser Damm scheint zu der Erbauung einer Pyramide ganz unnöthig gewesen zu seyn, da die Steine eben so gut an der schrägen Seite des Hügels, worauf die Pyramide zu stehen kam, konnten heraufgeschafft werden. Hätte aber auch die Nothwendigkeit wirklich einen solchen Damm erfordert, und hätte man ihn anstatt eines hölzernen Gerüstes erbaut, welches die Aegypter aus Mangel des Bauholzes nicht machen konnten, warum wäre er so kostbar angelegt worden, da ein Damm von bloßer Erde dieselben Dienste würde geleistet haben, ohne so vielen Zeitaufwand und Arbeit zu verursachen? Wer weiß zu was für Absichten man diesen Damm bestimmt hatte, von dem die ägyptischen Priester dem Herodot, so wie auch andern Fremden, unstreitig nur deswegen erzählten, daß er zum Pyramidenbau nöthig gewesen sey, um das Besondere dieses Baues noch zu vermehren.

Nachdem nun der Damm angelegt war, fährt Herodot fort, machte man den Hügel, worauf die Pyramide stehen sollte, eben, man baute die unterirrdischen Gänge und Canäle, und brauchte hierzu wieder zehn Jahre. Aber diese Gänge und Canäle sah weder Herodot selbst, noch auch die neuern Beobachter der Pyramiden, und auch diese Nachrichten scheinen Mährchen der ägyptischen Priester zu seyn.

Dritter Abschnitt.

Nun erst fing man an die Pyramide zu bauen, zu deren Vollendung zwanzig Jahre nöthig waren. Die Steine zu diesen Gebäuden sollen in den Steinbrüchen des arabischen östlichen Gränzgebirges seyn gebrochen worden. [87] Dieses wird sogleich durch die Bemerkung der neuern Reisenden widerlegt, welche fanden, daß die Pyramiden aus dem Kalksteine gebaut sind, der an dem Orte ihrer Errichtung gebrochen wird.

Eben so übertrieben sind die Erzählungen anderer alten Schriftsteller, die ihre Nachrichten größtentheils aus dem Herodot entlehnten. Viele Neuern vergrößern noch diese fabelhaften Dinge, und halten die Erbauung der Pyramiden für ein so großes und schweres Unternehmen, daß sie nicht begreifen können, wie jene alten Völker, die noch keine tiefen Kenntnisse in der Mechanik hatten, solche Gebäude errichten, und die außerordentlich großen Steine, die dabey gebraucht wurden, erheben konnten. [88]

Was die Bestimmung dieser Gebäude anbetrifft, so sind die Meynungen hierüber sehr getheilt. [89] Bald hält man sie für Grabmäler, [90] bald für Stern-

Verschiedene Meynungen üb. die Bestimmung der Pyramiden.

---

87) *Herodot.* II, c. 8.

88) Meister, Abhandl. über die ägypt. Pyr. Abschn. II. Hier findet man alle Muthmaßungen über die Erbauung der Pyramiden angegeben.

89) Meister, am ang. Orte. Abschn. I.

90) Herodot, Diodor, Strabo, und fast alle alten Schriftsteller.

warten,[91]) bald für Gnomons,[92]) bald für Fruchtmagazine, bald für die Studierzimmer der ägyptischen Priester, bald für Schatzkammern und bald für Orte, wo geheime gottesdienstliche Handlungen vorgenommen wurden. Andere suchen bey diesen Gebäuden einen symbolischen und mystischen Endzweck, und finden in ihnen ein Bild der großen ewigen Einheit, des Weltgebäudes, oder eine symbolische Darstellung der Unsterblichkeit,[93]) oder eine bildliche Vorstellung des Schattenreiches und des Zustandes nach dem Tode.[94]) Endlich tritt ein ganz neuer Schriftsteller auf, der sich wundert, daß man die Pyramiden bisher für Werke menschlicher Kunst angesehen hat, und bemüht sich zu beweisen, daß sie ein Werk der Natur und vulkanischen Ursprungs wären.[95])

---

91) Proclus in seinem Comment. über Platon's Timäus. I. B.

92) Meister am angef. Orte. S. 18. und Anmerk. S. 83.

93) Medicus Abhandl. Sollten die Pyramiden nicht ein Vorbild der Unsterblichkeit seyn? In den Rheinf. Beytr. St. 1. 1781.

94) Gatterer, Weltgeschichte in ihrem ganzen Umfange, I. S. 476.

95) Witte, über den Ursprung der Pyramiden, ꝛc. verglichen mit Niebuhr über den Ursprung der Pyramiden ꝛc. im Neuen deutsch. Museum. St. 12. 1790, wo diese sonderbare Idee kurz aber nachdrücklich widerlegt wird.

Dritter Abschnitt.

Es ist wahr, die Pyramiden sind, wegen ihres Alterthums, wegen ihrer Gestalt und innern Einrichtung, bewundernswürdige Gebäude, bey deren Einrichtung viele Mühe und Arbeit angewendet wurde. Allein man muß sie nur ohne Vorurtheil ansehn, und sie weder als etwas Außerordentliches anstaunen, noch etwas Geheimnißvolles bey ihnen suchen. Zu der Erbauung einer Pyramide gehörte auf keine Weise mehr Einsicht, als zu der Errichtung einer guten Mauer; die weitläuftigen Tempel, welche die Aegypter schon vorher erbaut hatten, waren weit mühsamere Werke, und die Errichtung der Obelisken und der großen Säulen, die Erhebung der ungeheuern Steine, womit die Gebäude gedeckt wurden, oder derer, die längsthin auf einer Reihe Säulen lagen, erforderten mehr Kunstkenntnisse, als der Bau einer Pyramide, der daher unmöglich sehr große Schwierigkeiten verursachen konnte. *Man muß bey den Pyram. nichts Außerordentliches u. Geheimnißvolles suchen.*

Die Art, wie die Pyramiden erbaut wurden, war ohne Zweifel sehr einfach, so wie man es von jenem Zeitalter vermuthen kann. Zuerst mußte der Platz geebnet werden, die kleinen Hügel, die sich hier fanden, wurden abgetragen, und die Löcher und Tiefen ausgefüllt, bis eine ganze Lage Steine horizontal gelegt werden konnte. Die Steine zu diesen Gebäuden fand man in der Nähe, denn die ganze Gegend besteht aus Kalksteingebirgen.[96]) Vielleicht *Erbauung der Pyramiden.*

---

96) Niebuhr Reisebeschr. I, S. 197. Abdallatif's Denkwürd. Aegypt. S. 164.

nahm man bisweilen einen Theil eines stehenden Felsen zum Körper der Pyramide, so wie auch der große Sphinx aus dem Felsen selbst gehauen ist; daß man aber ganze Pyramiden auf diese Art anlegte, wie Bruce behauptet, ist nicht wahrscheinlich. [97])

Sobald der Ort, den man zu einer Pyramide bestimmte, wagerecht gemacht war, so wurden zuerst die verschiedenen Zimmer und die Gänge zu diesen Zimmern angelegt, hernach füllte man den Platz um dieselben herum mit Steinen aus, die bisweilen durch Mörtel mit einander verbunden sind, wie man bey einer von denen Pyramiden sieht, die bey Sakarra stehn, [98]) und hierauf wurde das Aeußere der Pyramide hinzugethan. Die großen Werkstücken, die von ungleicher Größe sind, wurden stufenweise über einander gelegt, welches unstreitig deswegen geschah, damit man den Bau mit Bequemlichkeit aufführen, und die Steine von Stufe zu Stufe, entweder durch einen Hebel, [99]) oder durch Hülfe eines Keiles, [100]) hinaufheben konnte. Endlich wurden die äußern Seiten der Pyramide bekleidet, um ihnen ebene Flächen zu geben. Und diese Bekleidung geschah von oben herab. Auf den Stufen konnte man leicht bis zu der Spitze der Pyramide kommen, und hier fing

---

97) Bruce Reisen ꝛc. I, Buch 1. Cap. 2. S. 106. deutsche Uebers.

98) Pocock I, 78.

99) Goguet vom Ursprunge der Gesetze ꝛc. III, S. 58.

100) Meister, über die Pyramiden, S. 51.

man an, die Winkel, die durch die Stufen entstanden, auszufüllen, und die äußere Bekleidung aufzulegen. Von da ging man nach und nach herunter bis an den Fuß der Pyramide. Dieses wird dadurch wahrscheinlich, weil einige Pyramiden Stufen haben, von denen unstreitig die Bekleidung durch die Länge der Zeit abgefallen ist. Es ist aber auch möglich, daß die Stufen nach und nach von oben herunter abgehauen, und auf diese Art die Seiten der Pyramiden glatt gemacht wurden. [101]) Die letzte Arbeit an den Pyramiden war, wie Niebuhr in der jetzt angeführten Schrift sagt, daß man einen ebenen Weg umher machte. Diesen Weg, den Pocock einen Graben nennt, sieht man am deutlichsten an der zweyten Pyramide bey Dsjise.

Innerhalb der Pyramiden befinden sich verschiedene Zimmer und Gänge. In der größten Pyramide bey Dsjise, welche von den Reisenden vorzüglich besucht wird, sind bis jetzt fünf Gänge, die aufwärts und niederwärts in einer Richtung nach Süden zu fortgehen, und drey verschiedene Zimmer entdeckt worden, von denen sich das größte in der Mitte der Pyramide befindet. Vielleicht sind aber noch mehr Gänge und Zimmer darin, die man noch nicht gefunden hat. Es würde überflüßig seyn, hier diese innere Einrichtung weitläuftig zu beschreiben, da man beym Maillet, Pocock, Norden und andern, aus-

Das Innere der Pyramiden.

---

101) Niebuhr üb. den Ursprung der Pyram. ꝛc. im N. Deutsch. Museum, St. 12. 1790.

führliche Nachrichten davon findet. [102] Unstreitig ist in den andern großen Pyramiden eine ähnliche Einrichtung. In einer Pyramide bey Sakarra findet man zwey Zimmer, die neben einander angelegt sind. [103]

Die Pyramiden waren Grabmäler.

So wie man nun bey der Erbauung der Pyramiden nichts Außerordentliches suchen muß, so darf man auch bey ihrer Bestimmung keinen geheimnißvollen Endzweck muthmaßen. Sie waren unstreitig Grabmäler oder Denkmäler auf den Gräbern der Könige und der Vornehmen des Reiches. Dieses ist die Meynung der meisten alten griechischen Schriftsteller, welche durch den Ort, wo die Pyramiden standen, durch den Sarkophag, der sich in dem großen Zim-

---

102) *Maillet*, in seiner Description de l'Egypte, hat das Innere der Pyramiden weitläuftig beschrieben, ist aber dabey sehr ins Wunderbare verfallen. Einen Auszug aus seiner Beschreibung findet man beym Pocock I, 347. Taf. XVI. XVII. und auch beym Savary, Th. I. Nordens Beschreibung S. 167. ist, nach meiner Meynung, die beste, aus der man sich die deutlichste Vorstellung machen kann, vorzüglich wenn man die Kupfer beym Pocock dabey zu Hülfe nimmt. Von der dritten Kammer in der großen Pyramide, die erst in neuern Zeiten ist entdeckt worden, spricht Niebuhr Reisebeschr. I, 199. und Bruce Reisen ꝛc. I, Buch 1. Cap. 2. S. 106. deutsche Uebers.

103) Pocock I, 80. Taf. XIX.

Zimmer der geöffneten Pyramide bey Dsjise befindet, und durch die Gewohnheit der alten Völker, auf die Gräber der Verstorbenen Hügel von Stein aufzuhäufen, noch mehr Wahrscheinlichkeit erhält. Daß man in jenem Sarcophag keinen Körper gefunden hat, und daß die Leichname der Könige in die Pyramiden nicht beygesetzt wurden, [104] ist noch kein Beweis, daß diese Gebäude keine Grabmäler waren, denn vielleicht wurde man erst nachher die Schwierigkeiten gewahr, die mit der Hineinschaffung der Körper verbunden war, und unterließ sie. Es würden übrigens die ägyptischen Priester, wenn bey Errichtung der Pyramiden ein symbolischer Endzweck zum Grunde gelegen hätte, dem Herodot dieses gewiß gesagt und dabey eben so geheimnißvolle und wunderbare Dinge hervorgebracht haben, als sie ihm von der Erbauung der Pyramiden erzählten.

Alle Pyramiden, von denen die alten Schriftsteller reden, und die noch jetzt angetroffen werden, theilt Gatterer in fünf verschiedene Gruppen ein, nämlich die Gruppe bey Dsjise, die bey Manjelmusa, die bey Sakarra, die bey Dagschur und die bey Fejum. [105] Die Pyramiden bey Dsjise sind die vorzüglichsten. Sie liegen auf einer weiten hohen Ebene, die zu den Begräbnissen der Bewohner der

Fünf verschiedene Gruppen v. Pyramiden.

---

104) *Diodor.* I, 64.

105) Gatterer, Weltgeschichte in ihrem ganzen Umfange. I, S. 481.

Stadt Memphis bestimmt war, die unstreitig in dieser Gegend lag. Zwey sehr hohe Pyramiden, die größten unter allen, ragen über die andern kleinern, die aber größtentheils zerstört sind, [106]) weit hervor. Weiter hin gegen Osten steht der ungeheure große Sphinx, der aus einem einzigen stehenden Felsenstücke ausgehauen, [107]) jetzt aber größtentheils in Sand und Erde vergraben ist.

Der Ort, wo die Pyramiden bey Sakarra stehen, ist deswegen berühmt, weil hier sehr viele Mumien gefunden werden, daher er das Mumienfeld genannt wird. Von den Pyramiden bey Dagschur ist eine vorzüglich merkwürdig, weil sie nicht von Steinen, sondern aus Ziegeln gebaut ist, und deswegen von den heutigen Bewohnern Aegyptens die falsche Pyramide genannt wird.

Andere Werke der Baukunst. So sehr nun auch die Obelisken und Pyramiden alle Bewunderung verdienen, so sind doch auch die andern Werke der ägyptischen Baukunst, die Tempel und Palläste, deren Trümmer bis auf unsere Zeiten sind erhalten worden, nicht weniger merkwürdig.

Tempel. Die Tempel waren bey den Aegyptern, so wie bey andern alten Völkern, die vorzüglichsten Gebäude, denen meistentheils eine größere Anlage und eine prächtigere Ausführung als allen andern Gebäuden gegeben wurde. Die Bauart der ägyptischen Tempel lernen wir vorzüglich aus dem Strabo ken-

---

106) Abdallatif's Denkwürd. Aegypt. S. 161.
107) *Plinius* H. N. XXXVI. 12.

nen.[108]) Vor dem Tempel war ein gepflasterter Weg angelegt, der ungefähr hundert Fuß zur Breite und drey bis vierhundert Fuß zur Länge hatte, auf dessen beyden Seiten eine Reihe von Sphinxen standen, davon ein jeder zwanzig und mehr Fuß von dem andern entfernt, deren Anzahl aber willkührlich war. Dieser Weg führte zu den Vorhöfen, die hinter einander lagen. Bisweilen hatten die Tempel nur einen Vorhof, bisweilen auch zwey oder drey. Auf die Vorhöfe folgte das Tempelhaus, das aus zwey Zimmern bestand, aus dem Vortempel und dem eigentlichen Tempelhaus. Hier stand entweder gar kein Götzenbild, oder nur das Bild eines Thieres, unter welcher Gestalt der Gott verehrt wurde, dem der Tempel geweihet war. Das Portal des Vortempels hatte zwey Seitenmauern, die eben so hoch waren als der Tempel, unten aber weiter von einander standen als oben, und mit Hieroglyphen verziert waren, die Strabo Bilder nennt, welche mit den etruskischen und alten griechischen Kunstwerken Aehnlichkeit hätten. Unter diesen Seitenmauern versteht Strabo unstreitig das Portal oder die große Halle, deren Mauern nicht lothrecht, sondern in einer schiefen Linie, nach Gestalt der Pyramiden, in die Höhe gingen. Auf diese Art waren alle große Tempel eingerichtet, wie man noch an dem Tempel zu Theben sieht, dessen Trümmer bis jetzt übrig geblieben sind,

---

108) *Strabo*, XVII, 1158 seq.

so wie auch an dem Tempel zu Heliopolis und an dem auf der Insel Philä. Den kleinern Tempeln hingegen fehlten die Vorhöfe und die Sphinxe. Es ist zu verwundern, daß Strabo bey dieser Beschreibung weder der Obelisken noch der colossalischen Figuren gedenkt, die bisweilen vor der Halle des Tempels standen.

Die ältesten ägyptischen Tempel. Die ältesten Tempel in Aegypten, von denen sich Trümmer erhalten haben, scheinen zwey Tempel zu Esne oder Esnay, dem alten Latopolis, zu seyn. Der eine [109]) ist auf drey Seiten mit Mauern umgeben, an der vordern aber hat er sechs Säulen. Der Eingang führt in die Halle, deren Decke von achtzehn Säulen getragen wird. Die Halle hat sich gut erhalten, aber das andere Zimmer ist zerstört. Die Außenseiten der Mauern sind pyramidalisch, und sowohl diese als auch die Säulen sind mit Hieroglyphen besetzt. Die Knäufe der Säulen sind von sehr verschiedener Art, und kein einziger ist dem andern an Verzierungen gleich, ob sie schon von einerley Größe sind. Der zweyte Tempel ist auf eben diese Art angelegt, nur etwas kleiner als der erste. [110])

Tempel auf der Insel Philae. Der Tempel auf der Insel Philae, die jetzt den Namen Dschesiret Ell-Heif führt, ist eins der präch-

---

[109] Norden II, Taf. 6. S. 337. Pocock I, Taf. XLV. Der Grundriß und Aufriß dieses Tempels sind beym Pocock in manchen Stücken fehlerhaft, wenn man ihn mit der Zeichnung beym Norden vergleicht die unstreitig die richtigste ist.

[110] Pocock I, 167. Taf. XLV.

tigsten Denkmäler der ägyptischen Kunst. Er ist noch in sehr gutem Stande und hat sich fast ganz erhalten.¹¹¹) Er zeichnet sich durch seine schön gearbeiteten Säulen und Capitäle vor allen andern ägyptischen Tempeln aus, und auch seine Verzierungen sind gut ausgeführt. An einem kleinen Tempel, der neben diesem großen steht, und der dem Habicht oder dem Falken geweiht war, sind die Capitäler von eben so zierlicher Arbeit. ¹¹²)

Die Tempel zu Theben oder Diospolis gehören unter die berühmtesten Tempel in Aegypten. Diodor giebt vier merkwürdige Tempel an, die er daselbst fand. ¹¹³) Einer von ihnen zeichnete sich besonders durch seine Größe aus, und war seines hohen Alters wegen merkwürdig. Er soll dreyzehn Stadien im Umfange gehabt haben, und fünf und vierzig griechische Ellen hoch gewesen seyn. Sollte auch Diodor diese Maaße etwas zu groß angegeben haben, so ist doch gewiß, daß dieser Tempel ein außerordentliches weitläuftiges Gebäude muß gewesen seyn, weil noch jetzt die Ruinen und Steinhaufen desselben sich fast auf eine halbe englische Meile in die Länge erstrecken. ¹¹⁴) Diese Ruinen liegen bey der Stadt

Tempel zu Theben.

---

111) Pocock I, 179 ff. Taf. XLIX. L. Norden, S. 393 ff.
112) Pocock I, 325. Taf. LXVIII. fig. G.
113) *Diodor.* I, 46.
114) Pocock I, 136.

Carnack und werden von Norden und Pocock weitläuftig beschrieben. ¹¹⁵)

Tempel zu Amara. Zu Amara, dem alten Tentyra, ist ein Tempel der Isis merkwürdig, der zweyhundert Fuß in der länge und hundertundfünfundvierzig Fuß in der Breite hat. Er ist noch sehr gut erhalten. ¹¹⁶) So wohl diese Größe, als auch der besondere Knauf, zeichnet ihn vor andern Tempeln aus. Der Knauf hat die Gestalt des Hauptes der Isis. ¹¹⁷) Ueber jeden Knauf liegt ein großer viereckiger Stein, der auf allen vier Seiten ein Feld hat, das mit erhobener Arbeit verziert und in dem besten ägyptischen Style gearbeitet ist.

Andre Tempel. Auch in andern Gegenden Aegyptens giebt es noch viele Reste alter Tempel. Auf der Insel Elephantine befindet sich ein Tempel der Schlange Knuphis; ¹¹⁸) in Ombus, welches jetzt Kom-ombu heißt, sieht man einen Tempel, dessen Dach auf dreyundzwanzig Säulen ruhet, von denen jede über vierundzwanzig Fuß im Umfange hat und ganz mit Hieroglyphen besetzt ist. ¹¹⁹) In der Stadt Edfu, die vor Zeiten den Namen Apollinopolis führte, steht ein Tempel des Apollo, ¹²⁰) zu Erment, dem alten

---

115) Pocock I, 138 ff. Norden, S. 306 ff.
116) Pocock I, 128. Taf. XXVI.
117) Pocock I, 325. Taf. LXVIII. fig. H.
118) Pocock I, 176. Norden, S. 356.
119) Pocock I, 171. Norden, S. 348.
120) Pocock I, 169. Norden, S. 344.

Hermonthis, auch ein Apollotempel,[121]) zu Gaua-Kiebre, wo sonst Passalon lag, ein Porticus eines Tempels von achtzehn Säulen in drey Reihen,[122]) und zu Archemounain, das vor Alters Hermopolis hieß, der Porticus eines Tempels von zwölf Säulen, in zwey Reihen, von denen jede neun Fuß im Durchmesser hat und mit Hieroglyphen besetzt ist.[123])

In Unterägypten findet man noch in der Stadt Baalbeit, dem alten Busiris, Reste eines großen Tempels der Isis, dessen Säulen vier Fuß im Durchmesser haben,[124]) und bey Matarea, wo in den alten Zeiten Heliopolis lag, einige Trümmer des berühmten Sonnentempels.[125])

Unter den andern merkwürdigen Werken der Baukunst in Aegypten sind vorzüglich der Labyrinth, das Grabmal des Osymandias, und einige in Felsen gehauene Gräber zu bemerken.

Der Labyrinth war eins der größten und berühmtesten Gebäude in Aegypten, welches in dem mittlern Theile des Landes, oberhalb dem See Moeris, nicht weit von Krokodilopolis, lag, in der Gegend, die jetzt Fejum heißt. Es wurde unter der

Der Labyrinth.

---

121) Pocock I, 165.
122) Pocock I, 114. Taf. XXV.
123) Pocock I, 111. Taf. XXIV.
124) Pocock I, 34.
125) *Strabo.* XVII. pag. 1161.   Pocock I, 36.

Regierung der zwölf Fürsten, die Aegypten gemeinschaftlich beherrschten, errichtet, und war daher, wie Herodot glaubt, unstreitig ein Pallast, zu gleicher Zeit aber auch ein Denkmal dieser Fürsten, die hier zusammen kamen, um gemeinschaftlich das Wohl des Staates zu überlegen. [126] Die Gedanken der alten Schriftsteller über die Bestimmung des Labyrinthes sind sehr verschieden, Herodots Meynung aber scheint mir die wahrscheinlichste zu seyn. Einige halten es für den Pallast des Petesuccus oder Thithoes, andere sehen es für den Pallast des Motherus an, noch andere machen ein Grabmal des Mendes daraus; [127] die meisten aber glauben, wie Plinius sagt, [128] daß es ein der Sonne geheiligtes Gebäude gewesen sey. Gatterer [129] hat diesem Gebäude, so wie den Pyramiden, eine geheimnißvolle Bedeutung beygelegt, und er hält es für eine architektonisch-symbolische Darstellung des Thierkreises und des Sonnenlaufes.

Nachrichten der alten Schriftsteller von diesem Gebäude.

Die alten Schriftsteller, Herodot, Strabo und andere, reden von dem Labyrinthe, als von dem bewundernswürdigsten Gebäude, ihre Beschreibungen davon scheinen aber eben so übertrieben zu seyn,

---

126) *Herodot.* II, c. 148. *Strabo* XVII, pag. 1165.

127) *Diodor.* I, 61.

128) Hist. Nat. XXXVI, 13.

129) Weltgeschichte ꝛc. I, S. 504. *Gatterer* de Metempsychosi, immortalitatis animorum symbolo Aegypt. ad *Herodot.* II, 122. 123.

als ihre Erzählungen von den Pyramiden. Herodot sagt, daß es an Größe, Arbeit und Pracht alle Gebäude der Griechen, und selbst die Tempel zu Ephesus und Samos übertreffe. [130] Es befanden sich, nach den Worten dieses Schriftstellers, der es als Augenzeuge beschreibt, zwölf verschiedene Säle darin, oder, wie sie *Pomponius Mela* nennt, [131] Palläste, die gegen einander über angelegt waren, so daß sechs gegen Süden und sechs gegen Norden standen. Eine einzige Mauer umgab diese zwölf Säle, und man hatte sie, wie Strabo berichtet, rings herum mit Säulen umgeben, die Wege aber, die zu den Palläsien führen, so verwickelt angelegt, daß kein Fremder sich ohne einen Führer wieder herausfinden konnte. [132] Die Länge des Labyrinths betrug, nach Strabo's Bericht, über ein Stadium, und es hatte zwey Stockwerke, davon das erste unter der Erde, das andere über der Erde war, die zusammen eine Anzahl von dreytausend Zimmern in sich faßten, von denen die eine Hälfte im ersten, die andere im zweyten Geschosse lagen. In dem Stockwerke über der Erde befanden sich viele Gänge; man kam aus einem Saale in Gemächer, aus den Gemächern in Nebenzimmer, aus diesen Zimmern wieder in andere geräumige Gänge, und aus den darauf folgen-

---

130) *Herodot.* II, c. 148.

131) De Sit. Orb. I, c. 9.

132) *Strabo* XVII, pag. 1165.

den Gemächern in andere große Säle, und endlich auf das platte Dach des Gebäudes. Alle Mauern waren mit hieroglyphischen Figuren besetzt. Die Zimmer in dem Geschosse unter der Erde zu besehen, wurde dem Herodot nicht erlaubt, weil, nach der Aussage derer, die ihn herumführten, daselbst die Gräber der ägyptischen Fürsten, der Urheber und Erbauer des Labyrinthes, und die Gräber der heiligen Crocodille waren. An dem einen Ende dieses Gebäudes stand eine große Pyramide, in welche man nur durch einen unterirrdischen Weg kommen konnte.

Von den neuern Reisenden hat man keine andere und ausführlichere Beschreibung des Labyrinthes, da keiner von ihnen in die Gegend, wo es stand, gekommen ist. Pocock ist zwar die Landschaft Fejum durchreist, und hat hier Trümmer einiger Gebäude gefunden, [133]) die er für die Ueberreste des Labyrinths hält; allein nach der Beschreibung, die er davon giebt, können sie nicht vom Labyrinthe seyn, weil sie mit Herodots Beschreibung nicht im geringsten übereinkommen: übrigens hat er auch, nach Gatterers Bemerkung, [134]) seinen Weg zu nördlich genommen, und konnte daher nichts von den Ueberbleibseln des Labyrinthes sehen, weil dieses Gebäude weit in Süd-Ost des See Möris lag. Ein anderer der neuen Reisenden, Paul Lucas, giebt eine

---

[133]) Pocock I, 93 ff.

[134]) Weltgeschichte ꝛc. I, S. 500.

weitläuftige Nachricht von dem Labyrinthe, und rühmt sich, es als ein Augenzeuge thun zu können;[135] da er aber in seiner ganzen Reisebeschreibung durch Aegypten vielen Verdacht wider seine Erzählungen erweckt, so ist ihm auch hier wenig Glauben beyzumessen, es wird im Gegentheil, nach seiner Abbildung zu urtheilen, sehr wahrscheinlich, daß er die Reste des Labyrinths niemals gesehen hat.

Das sogenannte Grabmal des Königs Osymandias stand in Theben, und wird von den alten Schriftstellern, sowohl wegen seines Umfanges als wegen seiner Pracht, sehr gerühmt. Dem Diodor haben wir eine ausführliche Beschreibung davon zu verdanken.[136] Den Eingang zierte ein großer Thorweg aus schönen Steinen, der zweyhundert Fuß lang und fünfundvierzig Ellen hoch war. Dieser Thorweg führte in einen Säulengang, wovon jede Seite vierhundert Fuß lang war, anstatt der Säulen aber hatte man Figuren von Thieren angebracht, die aus einem einzigen Steine gehauen und sechszehn Ellen hoch waren. Diese Thiergestalten trugen die Decke, welche aus zwölf Fuß langen Steinen bestand, und mit goldenen Sternen auf einem blauen Grunde ausgemalt war. Auf diese Colonnade folgte ein anderer Thorweg, der dem vorigen ganz gleich, nur mit mehr Bildhauerey verziert war. Vor demselben standen

Grabmal d. Osymandias.

---

135) *Paul Lucas*, second Voyage, etc. Tom. II, pag. 18.

136) *Diodor.* I, 47

drey Statuen, jede aus einem einzigen Steine, von der Hand Memnons, des Syeniters, gearbeitet. Die mittelste, welche die größte colossalische Statue in ganz Aegypten war, indem ein Fuß davon sieben Ellen enthielt, stellte eine sitzende Person vor, und sollte das Bild des Osymandias seyn. Sie war mit der Inschrift versehen: „Ich bin Osymandias, der König der Könige, wer meine Größe kennen lernen will, wer zu wissen verlangt, wo ich liege, der thue es mir in einem meiner Werke zuvor." Die beyden andern Bildsäulen standen auf beyden Seiten der ersten, sie waren kleiner als diese, und stellten die Mutter und Tochter des Königs vor. Durch dieses zweyte Thor kam man in einen Hof, wo eine Statue, der Mutter des Königs zu Ehren, errichtet war. Sie hatte zwanzig Ellen Höhe, und trug drey Kronen auf dem Kopfe, um anzuzeigen, daß sie eines Königs Tochter, Gemahlin und Mutter sey. Auf diesen Hof folgte wieder ein Säulengang, an dessen Mauern rings umher die Thaten des Königs in dem Kriege, den er mit den Baktrianern führte, abgebildet waren. An der ersten Mauer war der König vorgestellt, wie er eine mit Wasser umgebene Festung belagert, und an der Spitze seines Heeres mit den Feinden streitet; an der zweyten sah man Gefangene, die der König führt; an der dritten war der Triumph des Königs abgebildet, den er über die Baktrianer erhielt, und das Opfer, das er wegen des erlangten Sieges den Göttern brachte; an der vierten befanden sich zwey sitzende colossalische Statuen, jede siebenundzwanzig Ellen hoch und aus einem einzigen Steine gehauen. In der Mitte dieses Platzes stand, unter freyem Himmel, ein prächtiger Altar. Nach diesem Hof kam man in ein Zimmer, das wie ein Odeum gebauet, mit Säulen unterstützt, und auf jeder Seite zweyhundert Fuß lang war. An der einen Wand dieses Zimmers erblickte man eine Menge Figuren abgebildet. Sie sollten Richter vorstellen, die einen Oberrichter in ihrer Mitte hatten, dem das Bild der Wahrheit die Augen verschlossen hielt, und um den viele Bücher herumlagen. Vor den Richtern standen eine Menge hölzerne Statuen, die ihre Gesichter nach den Richtern zukehrten, und gerichtliche Partheyen vorstellten. Von hier ging man in einen langen Gang, wo man verschiedene Zimmer fand, in denen allerley gute Speisen aufgesetzt waren. Hier traf man wieder eine Abbildung des Königs an, mit Farben ausgemalt und in der Stellung, wie er den Göttern das Gold und Silber opferte, das er jährlich aus den Bergwerken erhielt. Nach diesen Gemächern folgte die Bibliothek, mit der Ueberschrift: „Arzneykammer für die Seele." Neben der Bibliothek war ein schön eingerichtetes Zimmer, worin zwanzig Lectisternia standen, wie die Alten sie bey Gastmälern gebrauchten, nebst den Bildnissen einiger Götter und des Königs selbst, dessen Körper, nach aller Vermuthung, hier beygesetzt war. Rund um diesen Saal herum waren noch einige Nebenzimmer angelegt, in denen die Thiere abgebildet waren, die in Aegypten für heilig gehalten werden. Von hier konnte man, auf Treppen, auf das Dach des Gebäudes kommen, wo man den goldenen Ring sah, auf dem der jährliche Lauf der Sonne vorgestellt war,¹³⁷) und der unstreitig das ganze Gebäude umgab.

Ohne Zweifel ist dieses Gebäude der Pallast eines Königs gewesen, wo er, in den Zimmern, die am Ende desselben angelegt waren, wohnte, in dem Saale, wo die Lectisternia standen, speiste, und in dem Gemache, das die Form eines Obcums hatte, Gericht hielt. Diese Muthmaßung bekommt dadurch noch mehr Wahrscheinlichkeit, wenn wir dieses Gebäude mit dem Pallaste des Salomo vergleichen, welcher den Namen des Hauses vom Walde Libanon führte. Hier finden wir, im Ganzen genommen, dieselbe Anlage und Einrichtung, wie in dem Grabmale des Osymandias: erst waren einige Säulengänge und Hallen angelegt, hernach kam man in ein Zimmer, wo Gericht gehalten wurde, und in dem Hinterhofe stand das Haus, worin Salomo selbst wohnte. ¹³⁸) Weil bey diesen Völkern die Person des Königs für heilig gehalten wurde, so gab man auch den Gebäuden, worin er wohnte, eine ansehnliche Größe, und errichtete vor denselben Hallen und Säulengänge, damit der König abgesondert von dem Volke wohnen, und nicht ein jeder sich ihm sogleich nahen könnte.

---

137) Gatterer Weltgesch. I. S. 447.
138) I. Kön. c. 7. v. 2 — 8.

Dritter Abschnitt.

Die Beschreibung Diodors von dem Grabmal oder Pallast des Osymandias fällt zwar auch etwas ins Fabelhafte, allein sie trifft doch in vielen Stücken mit den Nachrichten überein, welche uns die neuern Reisenden davon geben. Pocock und Norden [139] haben die Ueberbleibsel dieses Gebäudes in den Ruinen von Theben, bey Luxor, entdeckt, und sie noch sehr gut erhalten gefunden.

Noch ist uns übrig, etwas von den Gräbern der Aegypter zu erwähnen, die sie gemeiniglich in die Felsen eingruben, um daselbst die Mumien beyzusetzen. Zu diesen Gräbern oder Grotten kommt man entweder durch einen herabgehenden Schacht, oder sie sind am Fuß eines Felsen gerade hineingehauen. Sie haben schmale lange Gänge, die zu kleinen Kammern und Behältnissen führen, welche meistentheils nur so groß sind, daß ein Sarcophag hineingesetzt, oder eine Mumie hineingestellt werden kann. Dergleichen Begräbnißgrotten befinden sich in vielen Gegenden Aegyptens, die meisten aber werden um die Pyramiden bey Sakarra, und die vorzüglichsten bey den Ruinen des alten Thebens gefunden.

Gräber.

Bey Sakarra [140] sieht man nicht nur Gräber für Menschen, sondern auch die Catacomben der

---

[139] Pocock I, 159. Taf. XL. Norden, II, Taf. 4.
[140] Pocock I, 83 ff. Taf. XXI.

heiligen Vögel, wo man noch jetzt viele Mumien findet, und wo auch noch Tücher, Palmenzweige und Schilfrohr liegen, worein die todten Körper eingewickelt wurden. Bisweilen sind sogar die Grotten für die heiligen Vögel und andere heiligen Thiere schöner geschmückt, als diejenigen, wo menschliche Körper lagen.

Gräber der Könige zu Theben.

Die schönsten Denkmäler dieser Art sind die Gräber der Könige bey Theben, bey welchen schon die natürliche Anlage des Felsen etwas Großes und Feyerliches hat. Diodor und Strabo rühmen diese Gräber, und erwähnen ihrer als etwas sehr merkwürdiges, [141] und Pococks ausführliche Beschreibung bestätigt alles, was jene Schriftsteller davon sagen. [142]

Man kommt durch einen schmalen Weg, der zwischen Felsen hingeht, an einen freyen Ort, der rings herum von Felsen umgeben ist, und die Gestalt eines Amphitheaters hat. An der einen Seite desselben, gerade dem Eingange gegenüber, ist ein enger Fußsteig, der zu einem geräumlichen Thale führt, welches der Hof der Könige genannt wird, und wo die Begräbnisse der Könige von Theben in die hohen und

---

141) *Diodor.* I, 46. *Strabo* XVII, pag. 1191.

142) Pocock I. 145. Taf. XXX. XXXI.

und steilen Felsen eingegraben sind, welche das Thal einschließen. Diese Grüfte bestehen aus langen Gängen, die mehrentheils zehn Fuß breit und eben so hoch sind, in der Länge aber dreyßig bis funfzig Fuß haben und zu kleinen Zimmern führen, wo die Körper der Könige beygesetzt wurden. Die Seitenwände und die Decken dieser Zimmer sind mit hieroglyphischen Figuren verziert und mit den lebhaftesten Farben übermalt.

Vierter Abschnitt.
Von der Baukunst der Indier.

Die Tempel der Indier wurden in die Felsen eingegrab.

Die Ueberreste, die man bis jetzt von den Werken der indischen Baukunst entdeckt hat, sind alle von einer besondern Art, nämlich in die Felsen eingegraben, und sie scheinen daher ein sehr hohes Alter zu haben.

Zu diesem Einaraben gehören weniger Kenntnisse als zur Erbauung der Mauern.

Dieses Ausgraben der Felsen ist zwar mit vieler Mühe und Arbeit verbunden; allein es gehören doch nicht die mannigfaltigen Kenntnisse in Künsten und Wissenschaften dazu, die bey der Errichtung einer Mauer aus einzelnen Steinen nothwendig sind. Es ist daher sehr zu vermuthen, daß die Menschen sich eher der großen Mühe des Aushöhlens der Felsen werden unterzogen haben, als sie Mauern aus Steinen errichteten. Hierzu muß erst der Felsen gesprengt werden, um die Steine zu gewinnen, diese müssen behauen werden, damit sie auf allen Seiten an einander passen, und wenn die Steine auch gleich im Anfange roh und unbehauen auf einander gehäuft wurden, so mußte man sie doch so zu verbinden wissen, daß sie fest lagen, um das Gebäude für den Einsturz zu sichern, so mußte man doch einige mechanische Kenntnisse besitzen — wenn diese auch noch so gering waren, — nicht allein um die Werkstücken aus dem Bruche an den Ort zu schaffen, wo sie sollten gebraucht werden, sondern auch um sie daselbst zu erheben und über einander zu setzen. Bey dem Aushöhlen der Felsen aber hat man keine dieser Kenntnisse vonnöthen, es braucht nur das Ueberflüssige weggeschafft zu werden, man darf nur den Felsen in kleinen Stücken nach und nach herausarbeiten, und die Felsenwände als Umfassungsmauern, andere Felsenstücke aber zu Zwischenmauern oder zu Pfeilern stehen lassen, welche die Decke des Gebäudes unterstützen.

Freylich werden diese Höhlen im Anfange nur klein gewesen seyn, sobald man aber im Ausarbeiten der Felsen geübter wurde und eine große Anzahl Menschen dazu brauchte, so ging diese Arbeit schon besser von statten, und man legte endlich sehr weitläuftige Höhlen an. Die Felsenstücken, die man zur Unterstützung des darüberliegenden Gebirges stehen ließ, waren erstlich ganz roh ausgehauen, es währte aber nicht lange, so bemühte man sich, die Höhlen zu verschönern und auszuschmücken. Man fing an, den Pfeilern eine bessere Gestalt zu geben; man verzierte ihre Schäfte, man gab ihnen Knäufe und Untersätze, und man schmückte auch die Seitenwände dieser unterirrdischen Gebäude. Auf diese Art waren in Indien große und weitläuftige Höhlen angelegt worden, die wir noch jetzt als Denkmäler menschlicher Arbeit und der Kunst jener Zeit bewundern.

Alter der indischen Tempel. Diese Höhlen und Tempel verdienen, wegen ihres hohen Alters und wegen ihrer schönen Arbeit, ganz unsere Aufmerksamkeit. ¹) Sie sind unstreitig so alt, als die ältesten ägyptischen Gebäude. Meiners ²) setzt zwar ihre Entstehung in eine viel neuere Zeit, und glaubt, daß sie in den ersten Jahrhunderten nach dem Anfange unserer Zeitrechnung wären errichtet worden, da die Hindus zuerst von den Griechen Künste und Wissenschaften erhielten. Allein man darf nur diese Tempel genau betrachten, so wird man ihnen bald ein viel höheres Alter zugestehen. Sie würden gewiß nicht in die Felsen eingehauen, sondern aus Steinen errichtet worden seyn, wenn griechische Künstler in diesem Lande gebaut, oder die Einwohner in der Baukunst unterrichtet hätten. Und so wie ihre ganze Bauart mit der griechischen nicht die geringste Aehnlichkeit hat, so ist auch ihre Ausführung und der Styl, in welchem die Verzierungen, vorzüglich die Figuren, bearbeitet sind, von dem Style der griechischen Kunst jenes Zeitalters, außerordentlich unterschieden.

Tempel auf der Insel Elephanta. Das merkwürdigste aller dieser in Felsen gegrabenen Tempel, oder wie sie jetzt genannt werden, Pagoden, ist auf der kleinen Insel Elephanta, die

---

1) Niebuhr Reisebeschr. II, S. 43.
2) Beschreibung alter Denkmäler in allen Theilen der Erde ꝛc. S. 60.

auf der Ostseite des Hafens von Bombay liegt. Schon die vortrefliche Lage des Tempels zieht alle Aufmerksamkeit auf sich. Der Ort, auf welchem der Fels liegt, in den der Tempel eingegraben ist, erhebt sich über die umherliegende Gegend, und vor seinen verschiedenen Eingängen breiten sich große weitläuftige Vorplätze aus, die dem Ganzen ein feyerliches Ansehn geben. Die Länge dieses Tempels ist hundertunddreyßig englische Fuß, und seine Breite hundertundzehn Fuß.³) Er hat drey Eingänge, und es konnte ihm daher weder an Licht noch an frischer Luft fehlen. Der Haupteingang liegt nach Norden zu, nach Osten und Westen aber sind Nebeneingänge. Die inwendige Höhe beträgt vierzehn und einen halben Fuß, und die Decke, der obere Theil des Felsen, wird von vier Reihen Säulen unterstützt, die, in einer schönen Ordnung, funfzehn Fuß von einander entfernt stehen. ⁴)

Die Höhe einer jeden Säule beträgt sechs Fuß, acht Zoll, davon das Capitál dreyßig Zoll, das Schaftgesimse funfzehn Zoll zur Höhe hat, so daß

---

3) Will. Hunter Beschreibung einiger künstlichen Höhlen nahe bey Bombay. In der Archaeologia, or miscell. Tracts rel. to Antiquity. Vol. VII. Abhandl. XXXII. und deutsch, in Ebelings Sammlung von Reisebeschreibungen. Th. 9. A comparatif View of the ancient Monuments of India. London. 1786. 4.

4) Niebuhr Reisebesch. II. S. 32. Taf. III.

für den Schaft sechsunddreißig Zoll übrig bleiben. Ihr Durchmesser ist achtunddreißig Zoll stark. Die Säulen stehen auf einem hohen Untersatze, ein Würfel, der fünf Fuß, drey Zoll hoch ist, das Gebälke aber ist siebenundzwanzig Zoll hoch. Das Capitäl gleicht einem platt gedruckten runden Küssen. Es besteht aus einem doppelten Echinus, so, daß der eine gegen den andern gekehrt ist, und beyde durch einen glatten Streifen getrennt werden. Darunter befindet sich ein Riemchen, das eine Rinnleiste unter sich hat. Der Schaft ist nach einer Wellenlinie verjüngt und oben mit einem Ringe versehen, die Base aber besteht aus drey Plinthen, davon der untere viereckig, der darauf folgende achteckig, und der obere rund ist. Die beyden untern Plinthen sind glatt gelassen worden, der dritte aber ist mit kleinen Aushöhlungen verziert. Der Schaft und das Capitäl haben Streifen, die aber nicht ausgehöhlt, sondern glatt vertieft sind. An jeder Ecke des Postaments ist eine kleine sitzende Figur angebracht, die den Gott Gunnis vorstellt. [5])

So niedrig auch diese Säule ist, und so sehr ihre Verhältnisse von den schönen griechischen Verhältnissen abweichen, an die unser Auge gewöhnt ist, so hat doch ihre ganze Form etwas angenehmes, und sie ist sorgfältiger, fleißiger, und mit mehr Geschmack gearbeitet, als die ägyptischen Säulen. So wenig uns bey andern Säulen die Wellenlinie, nach der

---

5) Niebuhr Reiseb. II. 32. Taf. IV.

diese Säule verjüngt ist, gefallen würde, so trägt dieselbe doch hier, bey der geringen Höhe des Schaftes, vieles zu dem guten Ansehn der Säule bey, welches sie gewiß nicht haben würde, wenn sie conisch oder gar nicht verjüngt wäre. Man findet auch an dieser Säule verschiedene Glieder, als die Rinnleiste und den Echinus, den die Aegypter nicht kannten, und die Zusammensetzung dieser Glieder ist mit vieler Wahl und mit Geschmack gemacht.

Wenn man durch den Haupteingang in den Tempel tritt, so sieht man zur rechten Hand eine Kapelle, die auch von außen her einen eigenen Eingang hat. [6]) In dem Hintergrunde der Kapelle ist eine kleine Kammer angebracht, in welcher sich nichts als ein umgeworfener Stein befindet, vor ihr aber steht ein Behältniß, das viereckig ist und auf jeder Seite einen Eingang hat. Zur linken Hand ist eine andere, größere Kapelle angelegt, die der ersten aber nicht gerade gegenüber steht, sondern sich mehr nach Süden zu kehrt, und eben auch von außen her einen besondern Eingang hat. Auch in dieser Kapelle befindet sich ein besonderes viereckiges Behältniß, das aber nur einen Eingang hat. Die Kapellen sind niedriger als der Tempel selbst, und haben nur ungefähr neun Fuß Höhe.

Einrichtung des Tempels.

Nur die zweyte Kapelle ist es, deren sich die jetzigen heidnischen Bewohner der Insel Elephanta zu ihrem Gottesdienste bedienen. Sie verehren darin

---

6) Niebuhr Reiseb. II. Taf. III.

zwey Abbildungen des Gottes Gunnis, und einige unförmliche Steine, die sie vor der Kapelle aufgehäuft und mit rother Farbe angestrichen haben. Vermuthlich soll dieser Haufen das Bild eines Gottes vorstellen.

Verzierungen. Alle Wände dieses Tempels sind mit menschlichen Figuren verziert, die sehr erhoben aus dem Steine herausgearbeitet sind, und ohne Zweifel mythologische Vorstellungen und Abbildung der Götter und Helden der alten Indier seyn sollen. Sie sind freylich nicht mit der Bildhauerarbeit der Griechen zu vergleichen; allein sie verdienen doch in Absicht der Zeichnung, Darstellung und Ausarbeitung vielen Vorzug vor den ägyptischen Figuren. Niebuhr, der sich, durch die ausführliche Beschreibung dieses Tempels, um die Geschichte der Kunst sehr verdient gemacht hat, giebt auch von den meisten dieser Figuren Abbildungen. [7]

Die Höhle von Ambola. Die Höhle von Ambola ist ein anderer merkwürdiger Ueberrest der indischen Baukunst. Sie liegt auf der Insel Salset, bey Ambola, einem Dorfe, das etwa sieben englische Meilen von Tanna entfernt ist. [8] Der Haupteingang dieses Tempels ist an der Westseite und hat von außen einen Bogen, der durch den Stamm eines Baumes gebildet wird, dessen Gipfel Wurzel geschlagen hat, und aus dessen Mitte große

---

[7] Niebuhr Reiseb. II. Taf. V—XI.

[8] Will. Hunter Beschreibung einiger künstlicher Höhlen ꝛc. Charl. Boon von der Pagode auf Salset, in der Archäologie Vol. VII. Abhandl. XXXV. und Vol. VIII. Abhandl. XXIV.

Vierter Abschnitt.

Zweige herauswachsen, die einen neuen Baum ausmachen. Dieser Eingang führt in einen langen Gang, der sich endlich auf vierundzwanzig Fuß weit erweitert, und durch den man an eine Treppe von sieben Stufen kommt, welche in die Höhle führen, deren Thor etwa zwanzig Fuß hoch ist. Durch dieses Thor tritt man in einen Vorsaal, der zu beyden Seiten einen kleinen Vorplatz hat, welcher von dem übrigen Raume, durch drey Pfeiler, die in einer Reihe stehen, abgesondert ist. Diesem Eingange gerade gegenüber ist die eigentliche Thüre des Tempels, vor welcher zu beyden Seiten Figuren ausgehauen sind. Der Tempel selbst ist ein Viereck von achtundachtzig Fuß, dessen Decke, der obere Theil des Felsen, von zwanzig Säulen unterstützt wird, die ungefähr vierzehn Fuß hoch und von eben der Gestalt sind, als die in dem Tempel zu Elephanta. In der Mitte des Tempels steht eine kleine Kammer, die ungefähr zweyundzwanzig Fuß lang, und eben so breit ist, und auf jeder Seite einen Eingang hat. An dem östlichen Ende des Tempels sind drey Thüren, durch welche man in ein Zimmer oder eine Kapelle kommt, die etwa dreyßig Fuß lang ist. Die mittlere Thüre führt in das Hauptgemach, und die beyden andern bringen in Vorplätze, welche von jenem durch Reihen von Pfeilern abgesondert sind.

 Dieser Tempel hat viel Aehnlichkeit mit dem zu Elephanta, und er ist in eben dem Geschmacke verziert und gearbeitet: allein der Stein, aus dem der Felsen besteht, ist ungleich weicher, daher viele von den Figuren durch die Witterung sind verdorben worden.

Die Höhlen zu Canara. Die meisten Höhlen dieser Art findet man zu Canara, einem Orte, der ungefähr zehn englische Meilen von Tanna, und nördlicher als Ambola liegt. ⁹) Hier erhebt sich ein großer Felsen, der auf allen Seiten ganz voll von solchen Höhlen ist. Sie haben verschiedene Größen und Gestalten, aber keine ist so schön, als die zu Elephanta und Ambola, keine ist mit so vielen Figuren ausgezieret. Einige sind eben so groß als diese beyde Höhlen, andere aber sind sehr klein. Etliche dieser Höhlen sind sehr hoch, und es waren vielleicht zwey Stockwerke darin angelegt, welches aus den Fensteröffnungen, die man in der Höhe sieht, und aus den viereckigen Löchern wahrscheinlich wird, die in den Felsenwänden gleich hochliegend und einander gegenüber angebracht sind, in denen vielleicht die Balken lagen.

An einer Mauer einer dieser Höhlen steht in dschentuischer Sprache eine lange Inschrift, die aber um vieles neuer zu seyn scheint, als die Höhle. Die Säulen, die man in den Höhlen zu Canara findet, sind ungestaltet, ungeschickt behauen und nicht gleichförmig. Und dieses, nebst dem Einfachen, welches in den Höhlen zu Canara herrscht, giebt einen wahrscheinlichen Beweis, daß sie älter sind, als die zu Ambola und Elephanta.

---

9) Will. Hunter Beschreib. einiger künstl. Höhlen ꝛc.

Fünfter Abschnitt.
Von der Baukunſt der Perſer.

So wenig die Ruinen von den Werken der Baukunſt der alten Perſer als Muſter in der Kunſt betrachtet werden können, ſo merkwürdig ſind ſie doch für den Alterthumsforſcher und für die Geſchichte der Kunſt, da dieſes Volk wieder eine eigene Bauart, einen eigenen Geſchmack hatte, wodurch es ſich vor den Indiern und Aegyptern auszeichnet. Ehrwürdig erheben ſich, an dem Fuße einer Reihe Felſen, die prächtigen Ruinen von Oſſemſchied's Pallaſt, ſie verſetzen uns in die Zeiten dieſes Königs, ſie erzählen uns ſeine Thaten und die weiſen Einrichtungen, die er während ſeiner Regierung gemacht hat; aber die traurige Zerſtörung, in der wir ſie erblicken, erfüllt uns mit Unwillen und erinnert uns an Alexanders Wahnſinn,[1] der, einer Buhlerinn zu Liebe, dieſen prächtigen Pallaſt den Flammen aufopferte.

Die Ueberbleibſel von den Gebäuden der alten Perſer ſind ſehr merkw.

---

1) *Diodor.* XVII, 72. *Plinius* H. N. VI, 26, *Strabo* XV, pag. 1061.

Pallast des Kön. Dschemschied.

Die Ruinen von Persepolis, die von den jetzigen Bewohnern dieser Gegend Tschilminar, das ist, vierzig Säulen, genennet werden — vielleicht deswegen, weil die Mahomedaner bey ihrer Ankunft in diesen Theil Persiens noch vierzig Säulen stehend fanden — sind unstreitig Ueberbleibsel von dem Pallaste der alten Könige der Perser, wozu der König Dschemschied die erste Anlage gemacht hat. Daß diese Ruinen nicht von einem Tempel seyn können, zeigt sogleich die Anlage des Ganzen, und die vielen und verschiedenen Gebäude, die auf diesem Platze standen; überdieses ist auch bekannt, daß die alten Perser ihren Gottesdienst in keinen Gebäuden, sondern unter freyem Himmel verrichteten.

Alter desselben.

Diese Ruinen haben gewiß ein sehr hohes Alter, welches ihre ganze Bauart bezeugt, die großen Steine, die ohne eine Verbindungsmaterie auf einander liegen, und die vielen Verzierungen und Inschriften, so wie auch der Styl, in dem diese Verzierungen gearbeitet sind. Der Stein, der zu diesen Gebäuden genommen wurde, ist ein dunkelgrauer harter Marmor, der eine schöne Politur annimmt, und dadurch fast schwarz wird. Er ist an der Stelle selbst gebrochen worden, und nicht nur der Ort, wo der Pallast erbaut ist, sondern auch das nahe liegende Gebirge Rachmed besteht aus solchem Marmor. Man findet Merkmale, daß die großen Werkstücken mit Klammern verbunden gewesen sind, und obgleich diese Klammern längst verloren gegangen, so liegen dennoch die Steine noch jetzt so genau auf einander, daß an vielen Orten die Fugen kaum zu erkennen sind. ²)

Diese ehrwürdigen Trümmer liegen auf einem erhöheten Platze am Fuße eines Gebirges. Der Platz ist ungefähr sechshundert Schritte lang, und vierhundert Schritte breit. ³) Er ist an drey Seiten mit einer Futtermauer eingefaßt, die aber nirgends in einer geraden Linie fortgeht, sondern viele Vorsprünge und Rücklagen hat, an der vierten Seite aber stößt er an hohe Felsen an, die da, wo sie in die zum Pallaste bestimmte Fläche zu weit hineingingen, senkrecht abgehauen sind. Die Oberfläche dieses Platzes ist nicht ganz horizontal, und es liegen einige der zum Pallaste gehörigen Gebäude höher, andere niedriger, daher auch die Futtermauer, die den Platz umgiebt, von verschiedener Höhe ist. Von der dreyfachen Mauer, die Diodor hier bemerkt haben will, ⁴) trifft man jetzt keine Spur mehr an, so wenig wie von der Brustwehr, die an der äußern Mauer soll gewesen seyn.

Beschreibung des Pallastes.

Auf der Westseite erhebt sich eine doppelte Freytreppe, die zu dem erhöhten Platze führt. Jede dieser Treppen hat in der Mitte einen Ruheplatz, und ihre untere Hälfte besteht aus siebenundfunfzig, die obere aber aus siebenundvierzig Stu-

Eingang und große Colonnade.

---

2) Niebuhr Reiseb. II, 124.
3) Niebuhr Reiseb. II, Taf. XVIII.
4) *Diodor.* XVII, 71.

fen.⁵) Die Stufen sind sehr niedrig, und die Höhe einer jeden beträgt noch nicht vier Zoll, ihre Breite aber ist ansehnlich, und ungefähr zehn Schritt. Die Steine, woraus sie gebaut ist, sind so groß, daß einer oft mehr als die halbe Breite der Treppe, und seine Höhe viele Stufen ausmacht. Unstreitig war oben, gleich vor dem Austritt einer jeden Treppe, eine große Pforte, und wenn man sich hier umwendete, um in den Pallast zu gehen, noch eine andere Pforte, denn es befinden sich hier in dem Fußboden große Löcher, in denen wahrscheinlich die Zapfen der Thürgewände gestanden haben. Hierauf kommt man an zwey Mauern von sehr großen Steinen, die unstreitig die Seitenmauern eines Thorweges sind. Die Mauern sind ungefähr dreyßig Fuß hoch, und der Raum dazwischen beträgt dreyzehn Fuß. Nach diesem folgt, in einer kleinen Entfernung, ein anderer, dem ersten ganz ähnlicher Thorweg, zwischen beyden aber standen vier Säulen, davon sich nur noch zwey erhalten haben, und die etwas höher sind, als die Mauern der Thorwege. Der Weg zwischen den beyden Thoren und den Säulen hindurch war ohne Zweifel bedeckt, denn es liegen auf dem Fußboden viele Steine. Von hier nach Süden zu kommt man zu

---

5) Niebuhr Reiseb. II, 125 ff. Taf. XVIII. XIX. wo man einen richtigen Plan der Ruinen findet. Voyages de *Corneille le Brun* par la Moscovie, en Perse, etc. pag. 261. Voyages de M. *Chardin* en Perse, etc. Tom. IX. pag. 73 ff.

einer großen und prächtigen Colonnade, die acht Fuß höher liegt, als der beschriebene Eingang, und zu der man auf vier reich verzierten Treppen hinaufsteigt. Diese Colonnade hat ungefähr aus siebenzig Säulen bestanden, von denen jetzt aber nur noch siebenzehn aufrecht stehn. Die Colonnade liegt voller Steine, und sie ist unstreitig bedeckt gewesen. Die Anlage dieser Säulengänge giebt zu vermuthen, daß sie durch Zwischenwände von einander abgesondert waren, [6]) es ist aber von diesen Wänden nicht das geringste mehr übrig. Der Raum, den die vordern Säulenreihen einschlossen, war etwa hundertundfunfzig Fuß lang, und unstreitig ein Vorsaal. Aus diesem Vorsaal führten zwey Gänge in den Hauptsaal, der hundertundachtzig Fuß lang und eben so breit war, und in welchem sechsunddreißig Säulen in sechs Reihen standen. Auf jeder Seite dieses Hauptsaales waren andere Säle angelegt, die eben so lang waren, aber nur zwey Reihen Säulen hatten. Vielleicht waren dieses die prächtigen Wohnungen für Fremde, von denen Diodor redet. [7])

Wenn man durch diese Colonnade gegangen ist, so kommt man an ein anderes Gebäude, das acht Fuß höher liegt. [8]) Es hat drey Abtheilungen ge-

Andere Gebäude des Pallastes.

---

6) *Persepolis*, eine Abhandl. von Niebuhr, im deutsch. Museum, März, 1788. Niebuhr Reisebeschr. II, Taf. XVIII. B. C. D. E.
7) *Diodor.* XVII. 71.
8) Niebuhr Reiseb. II, 136. Taf. XVIII. G. Taf. XXVI.

habt, und die eine derselben wieder zwey Zimmer. Die Mauern waren vier Fuß neun Zoll, bis fünf Fuß, ein Zoll dick, und davon stehen nur noch die Fenster und Thüren, nebst einigen blinden Fenstern. Die Gewände einer jeden Thüre sind aus einem einzigen Steine, zwölf und mehr Fuß hoch. Einige Fenster bestehn aus einem einzigen Felsenstücke, in dessen Mitte die Oeffnung durchgehauen ist, und sie haben gemeiniglich sieben Fuß Höhe, und über sechs Fuß Breite, eins aber ist über zehn Fuß hoch. An der Westseite dieses Gebäudes ist eine große Treppe, auf welcher oben bey dem Austritte zwey Thürgewände stehen. In den Ecken aller, und auch der meisten blinden Fenster sind Löcher, worin vermuthlich die Angeln der Thüren gestanden haben, durch welche sie bey schlechtem Wetter verschlossen wurden.

Auf dieses Gebäude folgt ein anderes,[9] welches wieder etwas höher lag, als das vorhergehende, und auch eine Treppe vor sich hatte, von dem aber nichts mehr übrig ist, als einige Merkmale auf dem Felsen, wo Säulen gestanden haben, die unten sechs Fuß dick waren.

Das älteste dieser Gebäude. Gleich daneben liegt wieder ein Gebäude, das von dem vorigen durch einen schmalen Gang getrennt wurde, und das, nach seinem Ansehn zu urtheilen, vielleicht das alleralteste der Gebäude war, die zu dem

---

9) Niebuhr Reiseb. II, 142. Taf. XVIII. H.

dem Pallaste gehörten.[10] Es sind darin verschiedene Zimmer gewesen, wovon noch eine Menge Fenster und Thüren übrig sind. Das mittelste war das größte, und das Hauptzimmer oder ein Saal, in welchem sechsunddreißig Säulen standen, die aber alle weggetragen sind. Nach Norden zu lag ein Zimmer, das so lang ist, als der Saal, aber viel schmäler; jedes der Zimmer aber, an beyden Seiten des großen Saales, ist in drey kleine Kammern eingetheilt, von denen die mittelste die größte ist, und in der noch Merkmale von vier Säulen übrig sind.

Hierauf folgen gegen Norden zu die Ruinen zweyer Gebäude.[11] Von dem ersten ist nichts übrig geblieben als Merkzeichen von vier Säulen, und zwey schöne Treppen, die eben so angelegt sind, wie die Haupttreppe, und die vielleicht zu dem vorher beschriebenen Gebäude gehörten. Von dem andern Gebäude, das sehr ansehnlich scheint gewesen zu seyn, haben sich nur fünf Seitenwände von drey Thüren erhalten, nebst den Basen von zwey großen Säulen. In einiger Entfernung von diesen liegt ein kleines Gebäude,[12] das nur zwey Zimmer gehabt zu haben scheint, und von dem auch noch einige Fenster und Thüren stehen.

---

10) Niebuhr Reiseb. II, 142. Taf. XVIII. J. Taf. XXVIII.

11) Niebuhr Reiseb. II, 145. Taf. XVIII. M. N.

12) Niebuhr Reiseb. II, 146. Taf. XVIII. K.

Wohnung des Königs. Das weitläuftigste aller dieser Gebäude, die Colonnaden ausgenommen, liegt am meisten gegen das Gebirge Rachmed zu. [13]) Das Ganze bildet ein Viereck und hat an jeder Seite zwey Eingänge, wovon die gegen Süden und Norden besonders groß und merkwürdig sind. Dieses Gebäude liegt niedriger als die übrigen, und ist zweyhundert Fuß lang und eben so breit. Nach den vielen Fensteröffnungen zu urtheilen, waren hier vielleicht verschiedene Zimmer angelegt, von deren Einrichtung man aber nichts mehr sieht, so wie es auch wahrscheinlich ist, daß das Gebäude zwey Stockwerke hatte. [14]) Vor diesem Gebäude, gegen Norden zu, doch in einiger Entfernung, sind Ueberbleibsel von zwey so großen Thorwegen und zwey Säulen, [15]) wie sie nahe bey der Haupttreppe stehen, und sie waren unstreitig mit jenen verbunden, und bildeten einen Gang, der zu diesem Gebäude führte. Dieser Gang, die weitläuftige Anlage des Gebäudes und seine Pracht, lassen vermuthen, daß es die Wohnung des Königs Dsjemschied war, [16]) die umringt von andern schö-

---

13) Niebuhr Reiseb. II, 146. Taf. XVIII. L.
14) Persepolis von Niebuhr.
15) Niebuhr Reiseb. II, 148. Taf. XVIII. O.
16) Persepolis von Niebuhr. Zend Avesta im Kleinen ꝛc. von J. F. Kleuker, Th. II. S. 18. „Auch einen Pallast auf der Anhöhe baute dieser Fürst (Dsjemschied) in Wer; er umzog ihn mit Mauern, theilte sein Inneres in Gemächer, und gab ihm viel Licht."

nen Gebäuden, welche wahrscheinlich theils für seinen Hofstaat, theils für Fremde und zu andern Absichten bestimmt waren, in ihrer Mitte lag.

Aus diesen bis jetzt noch übrig gebliebenen Ruinen des persepolitanischen Pallastes, deren Beschreibungen und Abbildungen wir am besten beym Chardin, le Brün und Niebuhr finden, kann man zwar nicht gehörig von der Anordnung des Ganzen urtheilen, weil sich zu wenig davon erhalten hat, wir können aber doch daraus so viel sehen, daß es eine große und bewundernswürdige Anlage hatte. Die ansehnliche Haupttreppe, der Gang, der zu der Wohnung des Königs führte, die schönen Colonnaden, die Mauern, die aus dem schönsten Marmor bestanden und aufs reichste verziert waren, mußten einen prächtigen Anblick gewähren, und ohne Zweifel angenehmer in die Augen fallen, als die schwerfälligen ägyptischen Gebäude. Caylus[17]) glaubt zwar zwischen dem Styl und Geschmack der Perser und Aegypter eine große Aehnlichkeit zu entdecken; allein man darf nur den Pallast zu Persepolis mit ägyptischen Gebäuden vergleichen, so wird man diese Aehnlichkeit sehr ungegründet finden. Die Perser verdienen nach meiner Meynung, hierin vielen Vorzug vor den Aegyptern. Ihre Steinmassen sind nicht so roh und plump als bey den ägyptischen Gebäuden, ihre Säu-

Große Anlage des Ganzen.

---

[17]) Ueber die Ruinen von Persepolis, in des Gr. Caylus Abhandl. zur Gesch. und Kunst. I, 57.

len sind schlanker und haben ein gefälligeres Ansehn, und ihre Verzierungen sind in einem bessern Style gearbeitet.

Säulen. Die Säulen in diesen Ruinen sind von verschiedener Art und Höhe. Einige sind mit Base und Capitäl zweyundfunfzig bis sechsundfunfzig Fuß hoch, ihr Schaft hat vierundvierzig Fuß Höhe, und ihr Durchmesser beträgt unten vier und einen halben Fuß, oben aber vier Fuß. Sie sind wie dorische Säulen gestreift, so daß zwey hohle Streifen unter einem spitzigen Winkel an einander stoßen, und haben vierzig Streifen, wovon jeder drey Zoll breit ist. Andere Säulen sind von einer geringern Höhe und haben keine Streifen. Der Schaft ist nicht aus einem einzigen Steine gearbeitet, sondern besteht aus verschiedenen Stücken. [18]

Basen und Capitäle. Die Säulenfüße oder Basen sind alle rund, und auf verschiedene Art verziert. Einige haben die Gestalt einer Glocke, und ihre Zierrathen bestehen aus herabhängenden Blättern. [19] Die Cápitäle sind von dreyerley Art. Einige sind fast so hoch, als der halbe Säulenschaft, und gleichen einem Federbusch, der ringsherum sich ausbreitet und herabhängt, aus dessen Mitte sich wieder ein ähnlicher Federbusch,

---

[18] Chardin Voyages IX. 75. Niebuhr, über den Ursprung der Pyr. und der Ruinen von Persepolis, im Neuen Deutsch. Mus. St. 12. 1790. wo die Höhen der Säulen genau angegeben sind.

[19] Niebuhr Reiseb. II, Taf. XXV.

Fünfter Abſchnitt.

und aus dieſen eine andere unbekannte Verzierung erhebt.[20]) Andere ſtellen das doppelte Vordertheil des erdichteten Einhorns, eines Sinnbildes der alten Perſer, vor, das auf die Art eines Januskopfes zuſammengeſetzt iſt; und dieſes Capital findet man auch bey den Gräbern der Könige, die nicht weit von den Ruinen des Pallaſtes liegen. Auf vielen Säulen ſieht man, anſtatt des Capitäls, einen unförmlichen Stein, deſſen Bedeutung ſich nicht errathen läßt.

Von den Gebälken und andern Geſimſen und Karnießen der Gebäude dieſes Pallaſtes hat ſich nichts erhalten, als ein Kranz über den Thüren und Fenſtern, der ſehr häufig vorkommt, und aus einer großen Hohlkehle beſteht, die unten einen Stab hat und oben mit einem Riemen bedeckt iſt.

Gebälke.

Bey den Verzierungen des perſiſchen Pallaſtes zeigt ſich überall Ueberhäufung und Verſchwendung, denn alle Mauern, auch ſogar die Anſchlagsmauern der Thüren und Fenſter, ſind voll von erhoben gearbeiteten Figuren, oder mit Inſchriften beſetzt. Unſtreitig ſchmückten die Perſer alle ihre großen Gebäude auf gleiche Weiſe und in eben dieſem Geſchmacke, der vermuthlich durch die Liebe zur Pracht gebildet wurde, die den alten Perſern eigen war.

Verzierungen.

J 3

---

20) Niebuhr am ang. Orte.

Thorwege u. Treppen.

An den beyden großen Thorwegen, die bey der Haupttreppe stehen, sind Thiere in colossalischer Größe ausgehauen. An dem ersten Thorwege ist das Einhorn abgebildet, das Sinnbild der Stärke des Staates; an dem zweyten aber der persische geflügelte Sphinx, das Sinnbild der Staatsweisheit. [21]) Die Wände der Treppen, die vor der großen Colonnade liegen, sind mit unzähligen Figuren geschmückt, die unstreitig eine Vorstellung der Geschichte des Königs Dsjemschied und seiner Thaten und weisen Einrichtungen enthalten. [22]) Dsjemschied soll sein Volk in vier verschiedene Stände, in Priester, Krieger, Ackerleute und Künstler eingetheilt, ihre verschiedenen Kleidungen bestimmt, und die Leibwachen eingeführt haben. Hier erblicken wir daher die Soldaten, die mit Spießen in der Hand und den Köcher auf dem Rücken aufziehn, und die mancherley Stände aus den Provinzen, die hinter einander hergehn. Ein Diener des Königs nimmt den ersten bey der Hand, und führt ihn zur Audienz, und die Künstler, die Ackerleute, in ihren verschiedenen Trachten, folgen ihm. Der Handwerker bringt seine Arbeiten, der Landmann die Früchte seines Fleißes in Schalen und

---

21) Persepolis von Herder, im Th. III. seiner zerstreuten Blätter, S. 310. Niebuhr Reisebeschr. II. Taf. XX.

22) Herder am angef. Orte. S. 330. Zend Avesta im Kleinen etc. von Kleuker, II. S. 14 ff. wo Ormuzd viele Thaten Dsjemschieds erzählt. Niebuhr Reiseb. II, Taf. XXI. XXII. XXIII.

Gefäßen; dieser kommt mit einem Pferde oder Kameele, jener mit Ziegen, ein anderer mit einem Ochsen und einem Ochsenkarren, der Schmidt mit seinen Hämmern, der Beamtete mit seinen Amtsinsignien. [23])

An einigen Orten ist Dsjemschied, als die Hauptperson dieser Gebäude, selbst vorgestellt, und bald sitzend, bald stehend abgebildet. [24]) In der einen Hand hält er einen langen Königsstab, und in der andern eine Art von Gefäß, welches man dazumal fand, als der Grund zu dem Pallast gelegt wurde, und das Gefäß der Sonne nannte. In Dsjemschieds Händen wird es zu einem Becher der Weisheit, zu einem Spiegel der Welt gemacht, in dessen Glanz er alle verborgene und zukünftige Dinge gesehen habe. [25]) Einer seiner Diener hält einen Zweig über seinem Haupte, und ein anderer einen Sonnenschirm; er selbst aber sitzet und richtet, oder übersieht sein Volk, das sich aus der Ferne zu ihm nahet.

Abbildung des Königs.

Die Anzahl der Figuren auf diesen Ruinen werden auf dreyzehnhundert gerechnet. Wenn man bedenkt, was für Schwierigkeiten es verursachte, alle diese Figuren aus dem harten Marmor herauszuarbeiten, und alle die so vielfältigen Inschriften einzuhauen, so sieht man, daß die persischen Künstler

Anzahl der Figuren.

---

23) Herder am ang. Orte. S. 338.
24) Niebuhr Reiseb. II, Taf. XXV. c. XXIX. XXX.
25) Herder am ang. Orte. S. 328.

außerordentliche Mühe und Fleiß anwandten, um den Pallast ihres Königs prächtig zu verzieren, und das Andenken seiner Thaten bis auf die späteste Nachwelt zu bringen.

Andere Ueberbleibsel persischer Baukunst.

Außer diesem Pallaste sind nur wenig Ueberbleibsel der persischen Baukunst bis auf unsere Zeiten gekommen. In der Ebene, nicht weit von der südwestlichen Ecke des Pallastes, stehen noch einige Ueberbleibsel von einem Gebäude, worunter sich auch eine aufrecht stehende Säule befindet. Weiter nördlich stehen noch ein paar Thürgewände, die auf dieselbe Art gearbeitet sind, wie die in den Ruinen des Pallastes. [25)]

Ungefähr anderthalb deutsche Meilen von Tschilminar trifft man einige Ruinen an, die von den Persern die Ruinen von Istakr, das ist, von der Stadt Persepolis, genennet werden. Niebuhr hält sie für Ueberreste des Pallastes, den die Königinn Homai in dieser Stadt bauen ließ. [27)] Alles ist von dem harten schwärzlichen Marmor, wie die Gebäude des Pallastes, und alles in eben dem Geschmack gearbeitet. Es stehen noch zwey Säulen aufrecht, die den Säulen zu Tschilminar völlig gleichen, und es liegen hier noch viele Säulenfüße und Stücke von zerbrochnen Säulen.

Grabmäler.

Vorzüglich sind einige Grabmäler der persischen Könige merkwürdig, die in den Gebirgen hinter dem

---

26) Niebuhr Reiseb. II, 152.

27) Niebuhr Reiseb. II, 154.

dem Pallaste gefunden werden. Gleich neben den Ruinen des Pallastes ist ein großes Stück von dem Felsen Rachmed abgehauen, um den Felsen senkrecht zu machen.*) Und diese Façade ist sehr prächtig mit Figuren, Säulen und andern architektonischen Zierrathen besetzt. Hinter dieser Wand sind Kammern in den Felsen gehauen, die ohne Zweifel zu Begräbnissen dienten. Dieses Grabmal zeichnet sich vor einigen andern, die nicht weit von hier in die Felsen eingehauen sind, vorzüglich durch Größe und Pracht aus, und es ist unstreitig das Grabmal des Dsjemschied selbst, so wie die Basreliefs, die an der Façade angebracht sind, wahrscheinlich seine Vergötterung bedeuten. 29)

Ungefähr eine deutsche Meile von dem persepolitanischen Pallaste, nach Norden zu, befinden sich die sogenannten Gräber der Könige, die, von dem Helden, der auf den Gräbern abgebildet ist, den Namen Nakschi Rustan bekommen haben. 30) An der senkrechten Façade des Felsen sind große Figuren ausgehauen, die denen zu Tschilminar ganz ähnlich sind. Es ist aber keins dieser Gräber so schön, als die bey dem Pallaste. Die Eingänge der Gräber sind so

Nakschi Rustan.

---

28) Niebuhr Reiseb. II, 151. *le Brun* Voyages par la Moscovie etc. pag. 276.

29) Persepolis von Herder. S. 330.

30) Niebuhr Reiseb. II, 155. Taf. XXXIII. *le Brun* Voyages etc. pag. 281.

hoch) von dem Fußboden entfernt, daß man nur durch Hülfe einer Leiter hinaufkommen kann. In den Gräbern findet man Kammern, davon eine vierzig Fuß lang und halb so breit ist. In der hintersten Wand dieser Kammer sind drey Vertiefungen oder Nischen, und in einer jeden steht ein Kasten, oder Sarcophag, vier Fuß hoch, neun Fuß lang, und acht Fuß breit. Jeder dieser Kästen ist mit einem platten Steine bedeckt.

Sechster Abschnitt.
Von der Baukunst der Etrusker.

Die Etrusker, die in einer Gegend des obern und in dem mittlern Theile von Italien wohnten, verehrten frühzeitig Künste und Wissenschaften, und brachten es darin zu einem gewissen Grade von Vollkommenheit. Auch in der Baukunst thaten sie schon einige Schritte weiter vorwärts, und trugen mehr zu ihrer Bildung bey, als die Völker, deren Kunstwerke wir bisher betrachtet haben, obgleich die Baukunst bey den Etruskern auch immer noch das Rohe an sich hat, was dem Geschmacke dieser Zeit, ehe die Griechen die Künste ausbildeten, allgemein eigen ist.

Die Etrusker trugen zur Bildung d. Baukunst mehr bey, als andere gleichzeitige Völker.

Die Bewohner Hetruriens waren schon damals da Aeneas in dieses Land kam, auf dem festen Lande und an den Küsten, als ein großes und mächtiges Volk bekannt.¹) Frühzeitig kam eine Colonie Phönicier nach Hetrurien, mit welchen sich nach und nach die wilden Völker des Landes verbanden, und endlich

Frühe Cultur Hetruriens.

---
1) *Livius* I, 2.

gemeinschaftlich einen ordentlichen Staat errichteten. Es ist daher möglich, daß in diesem Lande der erste Keim der Kunst durch Phönicier gelegt wurde. ²) Daß aber die Einwohner Hetruriens durch Griechen in den Künsten sollten unterrichtet worden seyn, ist nicht wahrscheinlich, weil damals, da die ersten griechischen Colonien nach Hetrurien kamen, welches lange Zeit vor dem trojanischen Kriege geschah, ³) die Griechen selbst noch rohe Völker waren, die durch beständige Unruhen und Kriege verhindert wurden, sich mit Künsten und Wissenschaften zu beschäftigen, und da auch noch zu jener Zeit, als etrusische Baukünstler nach Rom gerufen wurden, um Tempel und andere Gebäude daselbst anzulegen, die Baukunst in Griechenland in keinem blühenden Zustande war. Doch kann man nicht läugnen, daß einige Zeit darauf griechische Künstler nach Hetrurien kamen, welche die Etrusker in der Zeichnung und Plastic unterrichteten, da die Gefäße aus den letzten Zeiten der Etrusker mit bessern und dem alten griechischen Style ganz ähnlichen Zeichnungen verziert sind.

Städte der Etrusker.   Die Etrusker waren ein thätiges Volk, und sie nahmen frühzeitig an Cultur zu. Es gehörte ihnen der ganze Strich Landes zwischen dem tuscischen oder tyrrhenischen und dem adriatischen Meere, nebst der Herrschaft über diese Meere, und sie hatten sich durch ihre weitläuftigen Besitzungen und einen ausgebreite=

---

2) *Gori* Mus. Etrusc. II. Dissert. I. pag. 30.
3) *Dionys. Hal.* I, c. 31 seq.

ten Handel, Macht und Reichthum erworben. Es waren in ihrem Lande zwölf Hauptstädte angelegt, die sich von den übrigen durch Größe auszeichneten. ⁴) Vejos war eine der ältesten und mächtigsten Städte der Etrusker. Sie hatte eine so angenehme Lage, und war so schön angebaut, daß die Römer, da sie dieselbe erobert hatten, Lust bekamen, Rom, das damals noch eine schlechte Stadt war, zu verlassen, und hierher zu ziehen. ⁵) Sie lag auf einem hohen Orte, und soll so groß wie Athen gewesen seyn. ⁶) Tarquinium lag an der See und war eine sehr mächtige Stadt, die den Römern lange widerstand. Sie ist auch deswegen berühmt, weil die Tarquinier, die Könige der Römer, aus ihr herstammten. Faleria oder Phaleria, hatte so tapfre Einwohner, daß sie für unüberwindlich gehalten wurde. Vetulonia, einer der ältesten etruskischen Städte, wurden verschiedene Erfindungen zugeschrieben, als der Gebrauch der Fasces, der Lictoren und mehrere Dinge. ⁷) Sie wird bey den alten Schriftstellern selten erwähnt, und es scheint, daß sie noch vor den Zeiten der Römer eingegangen ist. Populonia lag an der See ⁸) und war eine der ältesten Städte mit einem Hafen, dem

---

4) *Livius* V, 33.
5) *Livius* V, 50. 51.
6) *Dionyſ. Hal.* II. 54.
7) *Dempſter.* Etrur. Reg. Lib. III. c. 24. 27. 31. 67.
8) *Plinius* H. N. III. 5.

einzigen, der damals in dieser Gegend angelegt war, und in der Folge der Zeit sehr berühmt wurde. Corythus lag auf einem Berge gleiches Namens, und wurde noch vor den Zeiten der Römer zerstört. Volsinium [9]) war eine berühmte und reiche Stadt, und wurde als die Hauptstadt Hetruriens betrachtet. Caere oder Agylla war einige Zeit der Sitz der etruskischen Könige, und soll von den Pelasgern seyn angelegt worden. Zu Clusium, das in den ältesten Zeiten Camarsolis hieß, wohnten die Könige der Etrusker vor der Ankunft der Trojaner in Italien. Diese Stadt zeichnet sich vor andern durch das Labyrinth aus, welches der König Porsenna hier zu seinem Grabmale erbauen ließ. Fäsulä war eine der ältesten, mächtigsten und berühmtesten Städte Hetruriens. Luca lag in einer angenehmen Ebene, und war unter den Etruskern, wie hernach unter den Römern, eine ansehnliche Stadt. Luna war schon in den ältesten Zeiten der Etrusker berühmt, und mit einem vorzüglichen Hafen versehen. Es wurde in der Gegend dieser Stadt ein schöner, weißer Marmor gefunden, der an Weiße den parischen soll übertroffen haben, so wie man auch daselbst einen schönen bunten Marmor brach. [10])

Colonien der Etrusker. Dieses waren die zwölf vorzüglichsten Städte der Etrusker, die sich aber auch noch weiter in Italien

---

[9]) *Livius* X, 37.

[10]) *Plinius* H. N. XXXVI, 5. *Strabo*, V. pag. 340.

ausbreiteten, und viele Colonien errichteten. Von ihnen stammten die Campaner her, deren berühmteste Stadt Capua war; die Oscier, welche die Stadt Pometica errichteten; die Frontonier, die Larinus anlegten; die Marrucinier, die Adria bewohnten; die Picenier, von denen die Stadt Picenum den Namen hat; die Euganier, die Rhätier, die Apicier, die Volsker, die Samniter, die Mediolaner, Mutinenser, Mantuaner, Brixenser ¹¹) und andere.

Die Künste standen bey den Etruskern in sehr großem Ansehn, ihre Künstler hatten viele Aufmunterung und genossen der größten Achtung, denn sie gehörten zum Hofstaate der Könige, und wohnten in ihren Palläsien. ¹²) Die Etrusker übertrafen nicht nur in der Zeichenkunst und Bildhauerkunst andere Völker dieser Zeit, und brachten es in der Plastic sehr weit, sondern sie zeichneten sich auch vorzüglich in der Baukunst aus. Sie würden es in dieser Kunst unstreitig noch weiter gebracht haben, wenn sie nicht von den Römern überwunden und unterjocht, und dadurch mitten in ihrer Cultur wären gestört worden. Ihre Künstler arbeiteten nicht allein in Hetrurien, sie wurden auch nach Rom berufen, wo sie zur Errichtung des Capitols, zu der Erbauung des Jupitertempels und zu andern Gebäuden gebraucht wurden. ¹³) Es fehlen uns aber

Flor der Künste bey den Etruskern.

---

11) *Dempster.* Etr. Reg. I. Lib. I. c. 9. Lib. II. c. 12. 32. Lib. IV. c. 114. 116.
12) *Dempster.* Etr. Reg. I. Lib. I. c. 23.
13) *Livius* I, 56.

ausführliche Nachrichten und Beschreibungen von den großen Gebäuden der Etrusker, und es ist sehr zu bedauern, daß wir von der Geschichte der Baukunst eines Volkes so wenig wissen, das doch zu der Bildung dieser Kunst so viel beygetragen hat. Von großen Tempeln der Etrusker ist bis auf unsere Zeiten nichts übrig geblieben, und von andern Gebäuden haben sich nur wenige Ueberreste etlicher Theater, verschiedener Stadtmauern und Grabmäler erhalten.

Gebräuche bey Anlegung einer Stadt.

Die Baukunst fand in Hetrurien beständige Beschäftigung, denn es wurden daselbst oft neue Städte gegründet, und überall Tempel und andere Gebäude angelegt. Es würde zu weitläuftig und überflüßig seyn, hier die Namen aller Städte anzuführen, die, außer den erwähnten zwölf Hauptstädten, in dem Lande der Etrusker erbaut und berühmt worden waren, da ihre Namen und Geschichte ausführlich beym Dempster [14] zu finden sind. Ich will daher nur die besondern Gebräuche bemerken, welcher sich die Etrusker bey der Anlage einer Stadt bedienten. Es wurde an einem dazu geheiligten Tage der Umkreiß der künftigen Stadt mit einem Pfluge vorgezeichnet, der mit einem Ochsen und mit einer Kuh bespannt war. Nach der Furche, welche der Pflug machte, wurde ringsherum ein Erdwall aufgeworfen, der inwendige Raum aber zu der neuen Stadt bestimmt,

---

14) Etrur. Regal. Lib. IV. c. 9-117.

Sechster Abschnitt.

bestimmt, und der Platz rings herum an der Mauer zu dem Zwinger,¹⁵) an welchen man hin und wieder Gränzsteine setzte. Dieser Zwinger war ein geheiligter Ort. Wo ein Thor hinkommen sollte — und jede Stadt mußte wenigstens drey Thore haben — da wurde der Pflug herausgezogen und getragen, damit der Platz glatt und eben blieb. ¹⁶) Die Städte wurden mit Mauern umgeben, die gemeiniglich sehr hoch und aus sehr großen Steinen erbaut waren. Von einigen solchen Mauern findet man noch Ueberreste, von der Mauer der Stadt Volaterra, von Fäsulä, Cortona, Tarquinium, Clusium, Arretium, Volsinium, Perusium und andern.

Von der Mauer zu Volaterra, einer Stadt, die an und auf einem Berge angelegt war, stehen noch hin und wieder große Stücke, und ob sie gleich an einigen Orten ganz eingefallen ist, so kann man doch ihren Umfang beurtheilen, der über fünftausend Schritte beträgt. Die Höhe dieser Mauer war dreyßig altrömische Fuß, und ihre Stärke acht Fuß. ¹⁷) Von der Mauer zu Cortona ist sehr we-

Stadtmauern.

---

15) *Varro* de ling. lat. Lib. IV. pag. 34. edit. Paris. 1585. 8.

16) *Gori* Muf. Etrusc. Tom. III. pag. 45.

17) *Gori* Muf. Etrusc. Tom. III. Diff. I. Cap. IV. pag. 32 seq. Tab. I. Hier findet man eine ausführliche Beschreibung dieser Mauer.

nig übrig geblieben. [18]) Von der Stadt Fäsulä, die eine viereckige Gestalt und fast vier römische Meilen im Umkreiß hatte, steht auch noch ein großer Theil der Mauer, die ohngefähr dreyßig Fuß hoch war. [19])

Thore. Die Thore der etruskischen Städte waren einfach, aus großen länglich viereckigen Steinen erbaut. Von Volaterra sind noch einige Thore übrig, unter denen eins sich besonders auszeichnet, das den Zunamen *Porta Herculis* führt. [20]) Dieses Thor ist ungefähr dreyzehn florentinische Ellen hoch, sieben Ellen breit, und vierzehn Ellen tief. Das Gewölbe ist ein schöner und gut gearbeiteter Bogen, der aus neunzehn großen Steinen bestehet. Diese und die Steine der Seitenmauern sind ein Tufstein. Zu Fäsulä steht auch noch ein etruskisches Thor, [21]) das die Gestalt der Volaterranischen hat, aber nicht so groß ist.

Tempel. Was die Tempel der Etrusker anbetrifft, so will ich erst ihre Bauart beschreiben, alsdann die vorzüglichsten Tempel anführen. Einige Schrift-

---

18) *Gori* Muſ. Etruſc. Tom. III. Diſſ. I. Cap. IV. §. 6. 7. Tab. II.

19) *Gori* Muſ. Etruſc. Tom. III. Diſſ. I. Cap. IV. §. 8. Tab. III.

20) *Gori* Muſ. Etruſc. Tom. III. Diſſ. I. Cap. V. §. 1-6. Tab. IV. V. VI.

21) *Gori* Muſ. Etr. Tom. III. Diſſ. I. Cap. V. §. 4.

steller, als Passeri, Bonarotta [22]) und andere, geben sich Mühe, aus den Zeichnungen von Tempeln, die auf etruskischen Gefäßen gefunden werden, die Bauart derselben zu erklären, allein es können gewiß nur die wenigsten dieser Zeichnungen als Vorstellungen oder wahre Abbildungen der damaligen Werke der Baukunst angesehen werden, sie scheinen vielmehr eigene Erfindungen und Einfälle der Künstler zu seyn, die diese Gefäße arbeiteten, weil sie theils niemals oder doch sehr selten einander ähnlich sind, theils von der etruskischen Bauart, so wie wir sie kennen, ganz abweichen.

Die ersten Tempel der Etrusker waren sehr klein, so daß nichts als die Bildsäule des Gottes, dem der Tempel geweiht war, und selten noch ein Altar darin stehen konnte. Als aber, in der Folge der Zeit, die Etrusker an Macht und Reichthum zunahmen, so verwendeten sie ihren Reichthum vorzüglich auf die Tempel, die daher jetzt mehr Größe und Schönheit bekamen. Vitruv beschreibt uns, wie diese Tempel eingerichtet waren. [23]) Man wird vielleicht einwenden, daß die alte etruskische Bauart aus dem Vitruv nicht kann gelernt werden, da die Zeit, in der er geschrieben, von jenem Zeitalter schon sehr ent-

Die ersten Tempel waren sehr klein.

---

22) *Passeri* Diss. de Architectura Etrusca etc. in *Gori* Mus. Etr. Tom. III. *Bonarotta* in addit. ad *Dempster.* §. XXXVII. pag. 76.

23) *Vitruv.* IV, 7.

fernt war. Allein es standen dazumal noch einige alte Tempel in Rom, die etruskische Baukünstler angelegt hatten, und die Vitruv selbst anführt, nämlich der Tempel der Ceres und des Herkules. Der Tempel der Ceres war sehr alt, und vom Dictator A. Postumius im Jahre der Stadt zweyhundert und sechszig erbauet, einige Jahre darauf aber von dem Consul Spurius Cassius eingeweihet, [24]) und also mehr als vierhundertundfunfzig Jahre vor dem Vitruv errichtet worden. Erst unter dem Kaiser Augustus wurde der alte Tempel niedergerissen und aufs neue gebaut. Uebrigens trifft auch die Beschreibung des Dionysius, vom capitolinischen Jupiterstempel in Rom, mit Vitruvs Beschreibung der etruskischen Tempel im Ganzen genommen überein. [25]) Und wenn auch der Jupiterstempel vom Sulla, zu dessen Zeit er abbrannte, neu erbaut wurde, so bekam dieser neue Tempel doch dieselbe Größe und den Plan des alten, und übertraf diesen nur an Verzierung und Pracht.

Anlage der Tempel.   Die Tempel der Etrusker bekamen eine länglich viereckige Gestalt. [26]) Die lange Seite des Platzes, wo ein Tempel sollte erbauet werden, wurde in sechs gleiche Theile getheilt, und fünf solche Theile erhielt die Breite des Tempels. Dieses längliche

---

24) *Dionys. Hal.* VI, c. 94.
25) *Dionys. Hal.* IV, c. 62.
26) *Vitruv.* l. c. edit. *Galiani*, pag. 154. Tab. 8. fig. 1.

Viereck theilte man nun in zwey Hälften, und nahm die hinterste zum Tempelhause, die vordere aber zur Säulenhalle. Alsdenn theilte man die Breite in zehn Theile, von welchen drey zur rechten und drey zur zur linken Seite bemerkt, vier aber in der Mitte übrig gelassen wurden, um drey Zellen in dem Tempel anzubringen, deren mittelste die größte und das eigentliche Tempelhaus war. So wurde bey dem capitolinischen Jupiterstempel die mittelste Zelle dem Jupiter, die eine der Nebenzellen aber der Juno, die andere der Minerva gewidmet. Vor diesen Zellen wurde eine Säulenhalle von sechs Säulen angelegt, so daß an den beyden äußern Enden vor den Anten auf jeder Seite zwey Säulen hinter einander zu stehen kamen, und die beyden übrigen Säulen dazwischen, vor den Mauern, welche die Hauptzelle von den Seitenzellen trennten, hingestellt wurden.

Das Dach des Tempels bekam an der vordern und hintern Seite einen Giebel, und erhielt den dritten Theil der Breite zur Höhe, so daß sich die Höhe des Giebels zu seiner Breite wie 1 zu 3 verhielt. [27]) Dieses ist, nach meiner Meynung, die natürlichste Erklärung der Stelle des Vitruvs und des Wortes *Tertiarium*, das schon sehr verschiedene Auslegungen erhalten hat. Der Giebel wurde mit Zierrathen

Giebel.

---

27) *Vitruv.* l. c. — supraque id fastigium, columen, canterii, templa ita sunt collocanda, ut stillicidium tecti absoluti tertiario respondeat.

von Thon oder Erz verziert, die man oben auf seine Spitze stellte [28]) So standen auf dem Giebel eines Tempels des **Saturnus** einige Tritonen mit blasenden Instrumenten, [29]) und auf dem Giebel eines Tempels, der vermuthlich der Nymphe **Bygoe** geweihet war, das Brustbild dieser Nymphe. [30]) Tarquinius **Priscus** ließ auf dem Giebel des **Jupitertempels** im Capitolio eine Quadriga setzen, die in Hetrurien gearbeitet war. [31]) Die Thüren der Tempel waren oft mit Gemälden verziert. [32])

Einige berühmte Tempel.

Die Etrusker erbauten sehr viele Tempel, denn die Anzahl der Götter, die sie verehrten, war sehr groß, und sie nahmen überdieses oft noch von andern Nationen neue Gottheiten an, als den **Jupiter**, die **Juno**, **Minerva** und mehrere, denen fast in jeder Stadt Tempel errichtet wurden. Von ihren einheimischen Göttern war **Vertumnus** [33]) der erste und vorzüglichste, dem überall Tempel und Altäre geweihet waren. Die Göttinn **Nortia**, die auch **Magna Dea** hieß, hatte in ganz Hetrurien Tempel und Altäre, vorzüglich aber zu Volaterra und Volsinium. Der Tempel dieser Göttinn zu Volsinium ist besonders deswe-

---

28) *Vitruv.* III, 2.
29) *Gori* Mus. Etr. Tom. II. pag. 170.
30) *Gori* Mus. Etr. Tom. I. Tab. XV. fig. 1. Tom. II. pag. 50.
31) *Plinius* H. N. XXXV. 12.
32) *Gori* Mus. Etr. Tom. III. Diss. I. Cap. VI. §. 5.
33) *Varro* de Ling. lat. Lib. IV. pag. 14.

gen merkwürdig, weil hier jährlich ein Nagel in die Wand geschlagen wurde, wodurch man die Anzahl der verflossenen Jahre bemerkte.[34]) Der Tempel der Voltumna bey Volsinium war außerordentlich berühmt und wurde mit vielen Geschenken bereichert, weil diese Göttinn in Hetrurien einer ausgezeichneten Verehrung genoß. Der Tempel stand in einer Gegend, die fast in der Mitte der Besitzungen der Etrusker lag, daher die Nation hier ihre Zusammenkünfte hielt, vorzüglich wenn über Krieg und Frieden berathschlagt werden sollte.[35]) Die Göttinn Vacuna wurde besonders von den Sabinern verehrt; sie weihten ihr viele Tempel und Altäre, und bestimmten ihr eigene Priester.[36]) Noch zu den Zeiten des Kaiser Augustus stand jenseit der Tiber ein alter verfallener Tempel dieser Göttinn.[37]) Der Pomona war auf den Solonischen Feldern, zwischen Laurentinum und Lanuvium, ein Ort geweihet, der Pomonal hieß, wo ein Tempel stand, den ein heiliger Hain umgab. Dem Jupiter Clitumnus, der diesen Namen von der Quelle und dem Flusse Clitumnus erhalten hatte, war in Umbrien ein Tempel erbaut, der ein hohes Alter hatte und sehr heilig gehalten wurde.[38])

---

34) *Livius* VII, 3.
35) *Livius* IV, 23. 25.
36) *Gori* Mus. Etr. Tom. II. pag. 64.
37) *Horat.* Epist. Lib. I. 10. v. 49.
38) *Plinius* Epist. Lib. VIII. 8.

Tempel des Apollo.

Apollo, unter dem die Etrusker die Sonne anbeteten, wurde bey dieser Nation seit den ältesten Zeiten sehr verehrt. Die Falisker bauten ihm zuerst bey dem Berge Soractes einen Tempel. ³⁹) Bey den Clusiniern wurde Apollo eben auch als der Regierer des Sonnenwagens angebetet, und er hatte zu Clusium einen prächtigen Tempel, wovon noch einige Ueberreste gefunden werden. ⁴⁰) Auch zu Anxur, welches jetzt Terracina heißt, stand ein Tempel des Apollo, von dem noch Ruinen übrig seyn sollen. ⁴¹)

Tempel des Bacchus u. anderer.

Bey den Crotoniensern war ein prächtiger Tempel des Bacchus, wovon noch jetzt zu Farneta Ueberbleibsel zu sehen sind. ⁴²) Diana, mit dem Zunamen Tifatina, hatte in Campanien, dreyßig Stadien von Capua, einen berühmten Tempel. ⁴³) Zu Arretium stand ein reicher Tempel der Minerva, welche die Arretier als ihre Schutzgöttinn verehrten. Bellona wurde vorzüglich zu Volaterra verehrt, und es stand hier ein sehr alter, ihr geweihter Tempel, von dem man noch einige Ueberreste finden soll. ⁴⁴) Bey den Clusiniern war dem Priapus, dem Gott der Gärten und Felder, außerhalb der Stadt ein Tempel gebaut.

---

39) *Virgil.* Aeneis, Lib. XI. v. 785. *Plinius* H. N. VII. 2.
40) *Gori* Muſ. Etr. Tom. II. pag. 95.
41) *Gori* Muſ. Etr. l. c.
42) *Gori* Muſ. Etr. Tom. II. pag. 133.
43) *Pauſanias* V, 12.
44) *Gori* Muſ. Etr. Tom. II. pag. 26.

Sechster Abschnitt.

Juno wurde in Hetrurien unter verschiedenen Beynamen verehrt. Zu Picenum war ein berühmter Tempel der Juno Cupra. Die Juno Argiva wurde von den Perusinern, Faliskern und Vejern verehrt, und die letztern hatten ihr nicht weit von Vejos einen Tempel erbaut. Zu Lanuvium sah man einen Tempel der Juno Sospita, der seines Alters wegen berühmt war und sehr heilig gehalten wurde. Diesen Tempel soll, wie einige behaupten, Diomedes, ein Gefährte des Aeneas, erbaut haben; nach andern sollen ihn die Pelasger angelegt haben, und noch andere sagen, daß ihn entweder die Cureten, die nach Hetrurien kamen, oder die ältesten Einwohner Latiens errichtet hätten. [45] Die Juno Feronia hatte in ganz Hetrurien Tempel und heilige Haine, wovon besonders der Tempel in Campanien, im tarracinensischen Gebiete, berühmt war, weil die daselbst befindliche Bildsäule der Juno sehr geschätzt wurde, und weil in diesem Tempel die Leibeigenen ihre Freyheit erhielten, indem sie sich auf einen Stein setzen mußten, von dem sie, nach gewissen Ceremonien der Priester, als freye Leute aufstanden. [46] Die Juno Regina hatte zu Vejos einen berühmten und sehr reichen Tempel, aus welchem die Statue der Göttinn von den Römern weggenommen wurde, nachdem Furius Camillus die Stadt Vejos eingenommen

---

45) *Gori* Muſ. Etr. Tom. II. pag. 84.
46) *Gori* Muſ. Etr. Tom. II. pag. 85.

hatte. [47]) Der Juno Curetis war bey den Faliskern ein Tempel erbaut.

Tempel der Venus. Auch der **Venus** waren in Hetrurien viele Tempel geweihet, als zu Arretium, und bey den Tifernatern, wo sie mit dem Beynamen **Victrix** verehrt wurde. In der Gegend des heutigen Florenz stand ein berühmter Tempel der **Venus**. Es muß bey den Etruskern gebräuchlich gewesen seyn, die Tempel der **Venus** vor den Thoren anzulegen, und Vitruv berichtet uns, daß die etruskischen Priester dieses gelehrt hätten. [48])

Tempel des Mars. Dem **Mars** wurde von den Etruskern die größte Ehrerbietung erzeigt, vorzüglich aber von den Larinatern, einem Volke in Apulien. Ihm waren überall Tempel errichtet, die gemeiniglich auch zu gleicher Zeit der Bellona geweihet wurden. Zu Fäsulä stand ein solcher Tempel, und nicht weit davon, in der Gegend der jetzigen Stadt Florenz, war dem **Mars**, als dem Schutzgotte der Stadt, ein Tempel an dem Orte errichtet, wo jetzt das Battisterium St. Johannis steht. [49])

Noch verschiedene Tempel. Hercules wurde durch ganz Hetrurien verehrt, und überall fand man ihm geheiligte Altäre. Bey dem Labronischen Hafen, der jetzt der Liburnische heißt, war ihm ein Tempel gebaut, und auch zu Volaterra und zu Luca standen Tempel, die ihm geweiht waren.

---

47) *Livius* V, 22.
48) *Vitruv.* I, 7.
49) *Gori* Muſ. Etr. Tom. II. pag. 112.

Die Spoletiner, ein Volk in Umbrien, hatten der Hekate und dem Neptun einen gemeinschaftlichen Tempel gebaut. In der Stadt Pratum, welche Gegend jetzt Pizzirimonte heißt, sah man einen Tempel, der den Penaten gewidmet war. Es sind hier viele kleine Bildsäulen der Penaten gefunden worden. [50]) Die Thetis hatte einen kleinen Tempel und ein Orakel bey den Perusinern. Ein sehr alter Tempel des Jupiters stand nicht weit von Florentiola, eine berühmte etruskische Stadt. [51])

Theater.

Dieses sind die wenigen Nachrichten von etruskischen Tempeln, die uns durch die alten Schriftsteller bekannt geworden sind, von denen man aber in den neuern Zeiten keine, oder doch nur äußerst unbeträchtliche Reste gefunden hat. Nach den Tempeln sind die Theater die vorzüglichsten öffentlichen Gebäude; denn die Etrusker liebten die Schauspiele nicht nur außerordentlich, sondern sie waren auch bey ihnen, so wie bey einigen andern Völkern des Alterthums, ein Theil des Gottesdienstes. Es wurden daher viele große und schöne Schauspielhäuser errichtet.

Dreyerley Arten von theatralisch. Spielen.

Es waren in Hetrurien dreyerley Arten von theatralischen Spielen gebräuchlich, nämlich tragische, komische und satyrische oder ländliche. In den Chören der tragischen und komischen Schauspiele wurde allezeit Musik und eine Art von Tanz angebracht. Die atellanischen Schauspiele waren eine besondere

---

50) *Gori* Muſ. Etr. Tom. II. pag. 8.
51) *Gori* Muſ. Etr. Tom. II. pag. 76.

Art der satyrischen, die von Atellä, der Hauptstadt der Oscier, wo sie waren erfunden worden, den Namen erhalten hatten. ⁵²) Einer der vorzüglichsten etruskischen Schauspieldichter war Volumnius, der, noch ehe die Römer die Schauspiele bey sich einführten, lebte, und tuscische Tragödien schrieb. ⁵³)

Ueberbleibsel etruskischer Theater. Von den Theatern der Etrusker haben sich bis auf unsere Zeiten nur wenige Ueberbleibsel erhalten. Zu Adria, einer etruskischen Colonie, findet man noch einige Reste eines Theaters, welches sowohl wegen seiner eigenen Gestalt, als auch der Geschichte der Stadt gemäß, kein Werk der Römer seyn kann. ⁵⁴) Dieses Theater war von Ziegelsteinen gebaut. ⁵⁵) Man findet auch zu Volaterra Bruchstücke eines Theaters, ⁵⁶) so wie auch zu Eugubium, ⁵⁷) wo man

---

52) *Livius* VII, 2. *Dempster* Etr. Reg. Lib. III. c. 79.

53) *Varro* de ling. Lat. Lib. IV. pag. 16. *Dempster* Etr. Reg. Lib. III. c. 35.

54) Jagemann Gesch. der freyen Künste und Wissenschaften in Italien. I. S. 33.

55) *Gori* Muſ. Etr. Tom. III. Diſſ. I. Cap. VI. §. 8. wo Bocchius angeführt wird, der über dieses Theater ein besonderes Werk geschrieben hat, das zu Venedig 1739 herausgekommen, und auch in der Diſſ. Socior. Etruſc. Acad. Corton. Tom. III. eingerückt ist.

56) *Gori* Muſ. Etr. Tom. II. pag. 378.

57) *Poleni* Supplem. utriusq. Theſ. Antiq. Rom. et Graec. Vol. V. praef. pag. 10 seq.

in einem unterirrdischen Gewölbe die berühmten eugubinischen Tafeln entdeckte. Allein die Amphitheater, von denen man noch zu Arretium und Luca Ruinen siehet, [58]) werden fälschlich für etruskische Gebäude gehalten, und sie sind erst in spätern Zeiten von den Römern errichtet worden.

Die Etrusker hatten auch Circi und circensische Spiele, [59]) denn die Römer entlehnten sie von ihnen schon unter der Regierung der Könige. Man findet aber von den Circis der Etrusker gar keine Ueberbleibsel. Reste eines andern großen Werkes der etruskischen Baukunst haben sich zu Volaterra erhalten, nämlich ein Wasserbehältniß, in welchem das Wasser zum öffentlichen Gebrauche aufbewahrt wurde. [60]) Es ist unter der Erde angelegt, und vom Fußboden bis zum Gewölbe vierundzwanzig römische Fuß hoch, in der Länge aber hat es sechsundfunfzig Fuß, und in der Breite neununddreißig. Das Ganze besteht aus drey neben einander stehenden Gewölben, die an den Seiten auf Mauern, in der Mitte aber auf Pfeilern ruhen.

Andere Denkmäler.

Von den Grabmälern der Etrusker sind in den neuern Zeiten viele Ueberreste gefunden worden. Die meisten dieser Begräbnisse sind unter der Erde

Grabmäler bey Crotona und Perusium.

---

58) *Gori* Muf. Etr. Tom. III. Diff. I. Cap. VI. §. 9.

59) *Gori* Muf. Etr. Tom. III. Diff. I. Cap. VI. §. 6.

60) *Gori* Muf. Etr. am ang. Orte. §. 21. Tab. XI. XII. XIII.

angelegt. Das Begräbniß bey Crotona [61] hat inwendig die Gestalt eines Kreuzes, und in der Mauer befinden sich sechs Vertiefungen oder kleine Nischen, in denen vermuthlich die Urnen standen. Es ist drey und eine halbe florentinische Elle breit, und vier nebst drey viertheil Ellen lang. Das ganze Grabmal besteht aus siebenundzwanzig ungeheuern Steinen, die mit der größten Genauigkeit auf einander gelegt sind. Das Gewölbe besteht aus fünf Steinen, die so lang als das ganze Gebäude sind. Es befinden sich bey Crotona noch mehrere Grabmäler, davon einige nur aus fünf ungeheuer großen Steinen gebaut sind, von denen ein Stein die Decke, die vier übrigen aber die Seitenwände ausmachen. [62] Ein Grabmal bey Perusium ist noch ganz und unversehrt, und ebenfalls aus sehr großen Steinen gemacht. [63] Es hat eine Länge von sechszehn römische Fuß, und ist zehn Fuß breit und eben so hoch. Der inwendige Raum ist länglich viereckig und mit einem Gewölbe bedeckt. In den Seitenwänden sind kleine gewölbte Nischen, vier römische Fuß hoch und breit, die wahrscheinlich für Urnen bestimmt waren.

---

[61] *Gori* Muſ. Etr. Tom. III. Diſſ. II. Cap. I. Tab. I. II.

[62] *Gori* Muſ. Etr. am ang. Orte §. 6.

[63] *Gori* Muſ. Etr. Tom. III. Diſſ. II. Cap. IV. Tab. V. *Paſſeri* Diatrib. de Etruſc. ſepulc. §. 1 - 4. in *Gori* M. E. Tom. III.

Sechster Abschnitt.

Das Grabmal bey Clusium ist in ein Tuffstein- *Grabmal bey Clu-*
gebirge eingehauen, und man muß in dasselbe von *sium.*
oben herabsteigen. [64]) In der Mitte ist eine große
länglich viereckige Zelle, auf drey Seiten aber sind
kleinere Zellen, und es scheint, daß auch auf der
vierten Seite ein ähnliches Behältniß war, und der
ganze innere Raum daher die Gestalt eines Kreuzes
hatte. Die Seitenwände der mittlern großen Zelle
sind mit Figuren bemalt, die Wände der kleinern
Zellen aber sind nur mit verschiedenen Farben ange=
strichen. Die Decke ist nicht gewölbt, sondern ge=
rade, und so ausgehauen, als ob sie getäfelt wäre,
überdieses noch mit bunten Farben, purpur, grün,
gelb, schwarz, blau, weiß, rosenroth angemalt.

In der Gegend der alten Stadt Tarquinium, *Grabmäler*
nicht weit von Corneto, befinden sich einige Grab- *bey Tarqui-*
mäler, die auch in Tuffsteingebirge eingehauen sind. [65]) *nium.*
Auch die Decken dieser Gräber sind nicht gewölbt,
sondern bald nach Art des Gebälkes in Zimmern, bald
wie getäfelt mit viereckigen Vertiefungen gearbeitet,
einige aber sind nach der Art des Fußbodens der Rö=
mer ausgehauen, den sie opus spicatum nannten.
Die Decken dieser Gräber sind nach dem Verhältniß
ihrer Größe, mit mehr oder weniger Pfeilern unter-

---

64) *Gori* Mus. Etr. Tom. III. Diss. II. Cap. V. Tab. VI.

65) *Winkelmann,* Anmerk. über die Geschichte der Kunst. S. 25. *Gori* Mus. Etr. am ang. Orte. Cap. VI. Tab. VII. VIII. *Passeri,* am ang. Orte. §. 6-8.

stützt, die auch aus dem Tufstein gehauen und, so wie die Wände, mit vielen Zierrathen und Gemälden besetzt sind.

Grabmäler bey Volaterra. Bey Volaterra werden in den Franceschinischen Landgute, welcher Ort sonst campum nigrum genannt wurde, sehr viele Grabmäler und Urnen gefunden.⁶⁶) Die Grabmäler sind in Tufsteingebirge eingehauen, und gemeiniglich zwölf bis zwanzig römische Fuß hoch. In dem inwendigen Raume, der gemeiniglich viereckig, bisweilen aber auch rund ist, hat man, nach dem Verhältniß seiner Größe, einen oder mehrere Pfeiler aus dem Tufsteine stehen gelassen, um das darüber liegende Gebirge zu tragen. In den größten dieser Grabmäler waren die Urnen rund um die Pfeiler, oder an den Wänden herum, auf drey bis vier Stufen, oder in Nischen, aufgestellt, in den kleinen aber standen sie auf dem Fußboden.

Eugubinisches Grabmal. Von den übrigen etruskischen Gräbern, als dem bey der Stadt Falaris,⁶⁷) dem in dem Senensischen Gebiete,⁶⁸) und dem eugubinischen Grabmale, ist das letzte das merkwürdigste, das aber nicht unterirrdisch ist.⁶⁹) Die äußere Gestalt ist jetzt sehr verfal-

---

66) *Gori* Muf. Etr. Tom. I. pag. XVI. Tom. III. Diff. II. Cap. VII. Tab. IX. X.

67) *Gori* Muf. Etr. Tom. III. Diff. II. Cap. II. Tab. III.

68) *Gori* Muf. Etr. a. a. Orte. Cap. VIII. Tab. XII. a.

69) *Gori* Muf. Etr. a. a. Orte. Cap. III. Tab. IV. *Passeri* am ang. Orte. §. 5.

verfallen und gleicht einem Steinhaufen, wahrscheinlich aber war es mit großen Steinen bekleidet. Der innere Bau besteht aus langen viereckigen Steinen. Dieser Bau schließt einen viereckigen Raum ein, er ist gewölbt, und über der Thüre steht ein Fenster, das an der äußern Seite enger als an der innern ist.

Hieher gehört auch noch das sogenannte Laby- *Labyrinth* rinth des Königs **Porsenna** bey Clusium, welches *d. Porsenna.* unstreitig das Grabmal dieses Königs war. [70]) Es war, nach **Plinius** Erzählung, ein steinernes viereckiges Gebäude, von dem jede Seite dreyßig Fuß zur Länge hatte, und das funfzig Fuß hoch war. Es war mit fünf Pyramiden geziert, davon eine auf jeder Ecke und eine in der Mitte stand. Jede dieser Pyramiden war hundertundfunfzig Fuß hoch und unten fünfundsiebenzig Fuß breit. Auf dem Gipfel jeder Pyramide war ein Zirkel von Erz und eine Bedeckung, oder eine Art von Haube, angebracht, woran kleine Glöckchen an Ketten herabhingen, die, wenn sie vom Winde bewegt wurden, ihren Schall sehr weit verbreiteten.

Die Etrusker bauten theils mit Ziegelsteinen, *Bauart der* theils mit Werkstücken. **Vitruv**, der einige be- *Etrusker.* rühmte Gebäude von Ziegelsteinen erwähnt, rechnet zu diesen eine alte Mauer zu Arretium, und auch

---

70) *Plinius* H. N. XXXVI. 13.

Plinius gedenkt dieser Mauer.⁷¹) Daß das Theater zu Adria von Ziegelsteinen erbaut war, ist schon bemerkt worden. Bey steinernen Gebäuden bedienten sich die Etrusker sehr großer Werkstücke, und zwar vorzüglich der Tufsteine, die ohne irgend eine Verbindungsmaterie auf einander gelegt wurden, wie wir es schon bey andern alten Völkern gefunden haben.

Im Anfange gaben die Etrusker den Steinen, die sie zu ihren Mauern brauchten, viele und verschiedene Ecken und Flächen, und sie wußten dieselben so zu legen, daß sie genau auf und in einander paßten. Eine solche Mauer findet man noch in den Ruinen von Cora, die nicht weit von Velletri liegen,⁷²) wo noch ein großes Stück der alten Stadtmauer übrig ist. Hernach aber wurde den Steinen eine länglich viereckige Form gegeben, wie man an den vielen übrig gebliebenen Grabmälern und Stadtmauern sieht. Die größten Steine findet man unstreitig in den Grabmälern zu Crotona, zu Perusium und Iguvium. Bey der Mauer der Stadt Vola-

---

71) *Vitruv* II. 8. In Italia Aretii vetustum egregie factum murum. *Plinius* H. N. XXXV. 14. In Italia quoque lateritius murus Aretii et Menaviae est.

72) Piranesi hat die Ruinen von Cora auf eilf Platten in Kupfer gestochen, unter dem Titel: Le Antichita di Cora, 1764. Der Tempel, den man in diesen Ruinen findet, ist aus den Zeiten der Römer.

terra sind die kleinsten Steine ungefähr neun römische Fuß lang, und die größten zwölf Fuß. [73]) Die Steine der Mauer zu Cortona, die sonst Corytum hieß, haben zweyundzwanzig römische Fuß in der Länge und sechs Fuß zur Höhe. [74])

Was aber die Bauart der Etrusker vor der Bauart älterer und gleichzeitiger Völker vorzüglich auszeichnet, das sind die Erfindung der Atrien oder Höfe der Wohngebäude, die Gewölbe, und die Säulen, die man in den neuern Zeiten als eine besondere Säulenart annimmt und gebraucht.

Die Atrien der Wohngebäude sollen in der etruskischen Pflanzstadt Adria oder Atria erfunden worden seyn, daher sie auch den Namen erhielten. [75]) Diese Höfe dienten im Anfange hauptsächlich zum Aufenthalte der Leibeignen und Klienten, die man von den Wohnzimmern des Hausbesitzers zu entfernen suchte, damit er durch den Lärm, der durch die Menge Menschen entstand, nicht gestört und beunruhigt werden möchte. [76]) Ihre Einrichtung war unstreitig sehr einfach, und es ist daher wahrscheinlich, daß es eben dieselbe war, die Vitruv unter dem Namen

Atrien.

---

[73]) *Gori* Muf. Etr. Tom. III. Diff. I. Cap. IV. §. 4.
[74]) *Gori* Muf. Etr. am ang. Orte. §. 7.
[75]) *Varro* de Ling. lat. Lib. IV. pag. 38.
[76]) *Diodor.* V. c. 40.

des toscanischen Hofes beschreibt.⁷⁷) Er machte ein längliches Viereck aus, und hatte ein Wetterdach, das durch die Balken entstand, die aus der Mauer hervorsprangen und von Streben unterstützt wurden.

Gewölbe. Die Kunst zu wölben war bis jetzt noch ganz unbekannt gewesen, bey keinem Volke dieses Zeitalters, von dem bis auf unsre Zeiten Gebäude übrig geblieben sind, haben sich Gewölbe gefunden, und die Etrusker sind die ersten, bey denen wir diese Art zu bauen entdecken. Man kann daher vermuthen, daß sie die Erfinder der Kunst Gewölbe zu bauen sind, wenn nicht etwa die Griechen diese Kunst schon ausgeübt und den Etruskern gelehrt haben. Das große Thor in den Ruinen von Volaterra, die Porta Herkulis,⁷⁸) ist eins der schönsten Ueberbleibsel dieser Kunst bey den Etruskern, aus dem wir sehen, daß sie gewußt haben, die Werkstücke nach dem Schnittrisse zu bearbeiten. Noch einige andere Thore zu Volaterra und zu Fäsulä, einige Grabmäler zu Crotona und Jguvium, vorzüglich aber ein unterirdisches Wasserbehältniß zu Volaterra, bezeugen, daß die Etrusker in der Kunst zu wölben schon sehr geübt gewesen sind.

---

77) *Vitruv* VI. 3.
78) *Gori* Mus. Etr. Tom. III. Diss. I. Tab. IV. V. VI.

Sechster Abschnitt.

Säulen.

Die Säulen, deren sich die Etrusker bey ihren Gebäuden bedienten, zeichnen sich vor den Säulen älterer Völker durch ihre Form, vorzüglich aber durch ihr gutes Verhältniß, vortheilhaft aus. Die ältesten Säulen der Etrusker waren unstreitig roh und plump, sie bildeten sich aber wahrscheinlich hierin bald nach den Griechen, und daher kommt die Aehnlichkeit ihrer Säulen mit den dorischen, die hernach noch verschönert wurden, indeß man die etruskischen nicht weiter zu verbessern suchte. Diese Säulen sind ohne Zweifel diejenigen, die den Namen der toscanischen erhalten haben.

Es ist zu bedauern, daß kein Ueberrest eines etruskischen Gebäudes mit Säulen bis auf unsere Zeiten gekommen ist, von denen man die Verhältnisse und das Eigene der toscanischen Säulenart könnte kennen lernen. Aus dem Alterthume hat sich nichts als eine etruskische Patera erhalten, [79)]

---

79) *Dempster* Etr. Reg. Tom. I. Tab. VII. Bisweilen findet man auf etruskischen Gefäßen auch andere Säulen als toscanische abgebildet, und vorzüglich ionische. *Dempster* Etr. Reg. Tab. XXVIII. XXXII. *Passeri* Picturae Etruscorum in Vasculis, Tom. I. Tab. XXV. XXVIII. Tom. II. Tab. CLXXXII. Tom. III. Tab. CCLXXI. CCLXXV. Diese Gefäße sind aber vermuthlich in spätern Zeiten gemacht worden, da die Etrusker mit den Griechen schon in größerer Verbindung standen und von ihnen gelernt

auf der toscanische Säulen vorgestellt sind. Winkelmann [80]) gedenkt einer alttoscanischen Säule, die sich an dem Emissario des Laco Fucino befindet, diese Säule kann aber keine alte etruskische seyn, sondern sie ist aus einem spätern Zeitalter, indem der Kaiser Claudius dieses Emissarium aufs neue bauen ließ.[81]) Plinius erwähnt zwar die toscanische Säule, allein er sagt weiter nichts, als daß diejenige Säule, die den siebenten Theil der Höhe zu ihrem untern Durchmesser bekommt, die toscanische genennt wird. [82]) Vitruv ist der einzige Schriftsteller, bey dem wir eine ausführliche Beschreibung dieser Säulenart und des ihr eigenthümlichen Gebälkes finden, deren Richtigkeit nicht zu bezweifeln ist, da, wie ich schon bemerkt habe, zu seiner Zeit noch alte etruskische Tempel in Rom vorhanden waren.[83])

Schaft, Base und Capitäl. Die Höhe der toscanischen Säule erhält ihre Bestimmung von der Breite des Tempels. Es

---

hatten, oder sie sind von griechischen Künstlern in Hetrurien gearbeitet worden. Auch der Styl der Zeichnungen auf den Gefäßen, beweißt schon, daß sie nicht aus alten Zeiten der Etrusker seyn können.

80) Anmerkungen über die Bauk. der Alten. S. 22.
81) *Sueton.* Claudius cap. 20.
82) *Plinius* H. N. XXXVI. 23.
83) *Vitruv.* IV. 7. pag. 154. edit. *Galiani.*

wird diese Breite in drey Theile getheilt, und ein solcher Theil zur Höhe der Säulen genommen. Der siebente Theil der Säulenhöhe wird zum untern Durchmesser der Säule genommen, oben aber soll der Schaft um den vierten Theil des untern Durchmessers eingezogen werden. Die Base wird die Hälfte der untern Säulenstärke hoch gemacht, und sie bekommt folgende Glieder: einen runden Plinthus, der die Hälfte der Base hoch gemacht wird, und darüber einen Pfuhl nebst einem Riemchen mit dem Anlauf, welche zusammen die andere Hälfte der Base einnehmen. Das Capital soll auch den halben Durchmesser zur Höhe haben. Diese Höhe wird in drey Theile eingetheilt, davon der oberste zu dem Abacus, der darauf folgende zu dem Echinus und der dritte zu dem Hals nebst dem Ablaufe soll genommen werden. Der Abacus muß so weit hervorspringen, als der Schaft unten stark ist.

Der Unterbalken dieser Säulenart war ein einfacher hölzerner Balken, ohne alle Glieder und Verzierungen, der so stark als der Hals der Säulen gemacht, dessen Höhe aber allezeit nach der Größe des Gebäudes und der Entfernung der Säulen von einander eingerichtet wurde. In dem Friese sahe man die Köpfe der Balken, und der Raum dazwischen wurde mit Steinen ausgemauert. In dem Kranze wurden Sparrenköpfe

Gebälke.

ober Dielenköpfe angebracht. Diese Sparren=
köpfe sollen eine etruskische Erfindung seyn; [84]
doch ist es noch wahrscheinlicher, daß die Etrusker
sie von der dorischen Bauart der Griechen entlehn=
ten.

---

84) *Gori* Muf. Etr. Tom. II. pag. 50.

Geschichte der Baukunst der Alten.

Zweyter Theil.

Geschichte der Baukunst der Alten.

Zweyter Theil.
Geschichte der Baukunst unter den Griechen und Römern.

Erster Abschnitt.
Von der ältesten Baukunst der Griechen.

Keine Nation der alten Welt hat zur Ausbildung der meisten menschlichen Kenntnisse so viel beygetragen, als die Griechen, kein Volk hat auf die Cultur anderer Völker einen so großen Einfluß gehabt, als diese Nation, und sie ist immer der einzige, oder doch der vorzüglichste Lehrer in vielen Wissenschaften, besonders aber in den schönen und bildenden Künsten gewesen. „Man muß gestehen,"

Die Griechen haben auf die Cultur anderer Völker großen Einfluß gehabt.

sagt Caylus,¹) „daß alle Völker, welche die Griechen zu ihren Wegweisern gewählt und sich von ihnen genährt haben, glücklich gewesen, und daß hingegen alle andere gescheitert sind. Alle Jahrhunderte, die nach jenen schönen Jahrhunderten Griechenlands gefolgt sind, scheinen sich vereinigt zu haben, uns den Beweis von der Vortreflichkeit der Griechen zu geben." Schon vor Alexander dem Großen reisten griechische Philosophen und Künstler nach Persien und Aegypten, und die Bewohner dieser Länder nahmen sie willig zu Lehrern auf.²) Wie viele griechische Künstler wurden nicht in den nachfolgenden Zeiten an die Höfe der Könige von Aegypten, Syrien und Pergamus gerufen? Alle große und prächtige Städte dieser Gegenden waren von Griechen angelegt, und von ihnen mit Tempeln, Theatern, Pallästen, Statuen und Gemälden ausgeziert worden. Selbst die Römer, welche die Griechen in der Staatskunst und Kriegskunst übertrafen, eilten zu den Griechen, um Künste und Wissenschaften zu erlernen, und führten nicht allein Statuen, Säulen und andere Kunstwerke mit sich nach Rom, sondern zogen auch griechische Künstler dahin, um ihre Stadt mit den herrlichsten Gebäuden zu verschönern. Und auch noch jetzt sind für uns die

---

1) Von der Baukunst der Alten, in Caylus Abhandl. zur Geschichte und Kunst, übers. von Meusel. Th. I. S. 305.

2) Meiners Betracht. über die Griechen in seinen verm. misch. philos. Schriften. Th. I. Abhandl. 1.

Erster Abschnitt.

Griechen die einzige Quelle in den bildenden Künsten, von ihnen allein lernen wir, was Schönheit, was Geschmack ist, und wir gerathen nur dann leicht auf Abwege, wenn wir uns von ihnen entfernen.

Unter diesen Künsten, in welchen wir die Griechen für unsere Lehrer erkennen, ist gewiß die Baukunst eine der ersten und vorzüglichsten. Die ältesten Völker, welche die Baukunst ausübten, wie die Aegypter und andere, konnten sich nie über das Mittelmäßige erheben und nie zur Schönheit gelangen; die Etrusker aber nahten sich zwar der schönen Kunst, allein sie wurden in ihrer Cultur gestört, und hörten frühzeitig auf eine Nation zu seyn. Die Griechen allein können auf den Ruhm Anspruch machen, die Baukunst von der niedrigsten Stufe an bis zu der höchsten Vollkommenheit geführt, sie zu einer Kunst erhoben und solche Regeln in dieser Kunst hinterlassen zu haben, die noch bis jetzt von keinen andern verdrängt wurden, und die ihren Werth so lange behalten werden, als man Schönheit und guten Geschmack zu dem Wesentlichen der höhern Baukunst rechnen wird.

Die Griechen sind in der Baukunst unsre Lehrer.

Bey einer Nation wie die Griechen, die so sehr Erhabenheit, Größe und Pracht liebte, die durch Reichthum die Mittel erlangte, diese Größe und Pracht überall zu zeigen, bey der das Schöne und die Künste so allgemein geschätzt wurden, daß sie mit ihrer Lebensart, Religion und Staatsverfassung in der genauesten Verbindung standen, bey einer solchen Nation mußte sich alles vereinigen, den Wachsthum

Die Griechen bildeten die Baukunst aus.

der Künste zu befördern, bey einer solchen Nation mußte die Baukunst vorzüglich ausgeübt werden, da sie, vor allen andern, die schönste Gelegenheit darbietet, die Liebe zur Pracht zu zeigen, und durch Tempel, Theater und andere große Gebäude und weitläuftige Anlagen, einen großen Geist zu beschäftigen und die erhabensten Gedanken auszuführen, die einer Nation einen immerwährenden Glanz und Ruhm geben, der sogar noch in den Ruinen sichtbar ist.

Allein wir würden zu weit gehen, wenn wir glaubten, daß alle Einwohner von Griechenland gleichen Anspruch auf unsere Achtung, auf unsern Dank machen könnten, es waren sogar einige ganze Völkerschaften, welche sich weder in den Wissenschaften noch in den Künsten hervorthaten. Die Thessalier beschäftigten sich nur mit sich und ihrem Lande, mit Veränderungen ihrer Regierungsform, und waren in beständige innerliche Kriege und Unruhen verwickelt. Die Lacedämonier waren rohe Menschen, die nur in Blutvergießen und Verheerungen die größte Ehre suchten, und die Künste nicht achteten.[3] Die Aetolier waren nicht weniger unwissend und fanden an nichts Vergnügen, als in der Zerstörung der Städte und in der Plünderung der Tempel. Und wenn auch einige dieser Völker in der Folge der Zeit ihre Städte mit Tempeln und andern Gebäuden zierten, wie die Lacedämonier ihr Sparta, so waren doch

---

3) *Pausan.* III. 8.

entweder diese Gebäude nicht in dem besten Geschmack angelegt, oder man hatte sich zu ihrer Erbauung guter auswärtiger Künstler bedient.

Bisher hatte in der Baukunst nur das Harte, das Rohe, das riesenmäßig Große und oft noch überdieses das überhäuft Geschmückte gefallen. Alles dieses verwarfen die Griechen, die ihren Werken der Baukunst edle Einfalt und Erhabenheit gaben, und auf sie das wahre Schöne anwandten. Jetzt erst wurde der Geschmack verfeinert, jetzt wurde Ordnung, Ebenmaß, Schicklichkeit und schönes Verhältniß eingeführt, von welchen Dingen die Völker, die vor den Griechen große Gebäude errichteten, wenig oder gar keine Kenntnisse gehabt hatten. Die Griechen waren nicht Erfinder der Baukunst, sie waren nicht von selbst darauf gefallen, große weitläuftige Tempel, Säulengänge und andere Gebäude anzulegen, sondern es wurde die Baukunst, so wie die übrigen Künste, als eine ausländische Frucht auf griechischen Boden verpflanzt. Allein sie mögen nun die ersten Kenntnisse in dieser Kunst von den Aegyptern oder Phöniciern erhalten haben, so ist doch gewiß, daß sie in dem, was den Geschmack anbetrifft, von keinem andern Volke unterrichtet wurden, daß sie durch eigenes Nachdenken die Wege fanden, auf welchen die Baukunst zu der höchsten möglichen Vollkommenheit konnte geführt werden.

Bey ihnen wurde der Geschmack verfeinert.

Man kann in der Geschichte der griechischen Baukunst drey verschiedene Zeiträume annehmen. Der erste Zeitraum, in welcher der Ursprung und der

Drey Zeiträume der griechischen Baukunst.

Anfang dieser Kunst bey den Griechen zu suchen ist, geht ungefähr bis auf die persischen Kriege. Von dieser Zeit an bis auf Alexander den Großen erhielt die Baukunst ihre völlige Ausbildung, und dieses ist der zwepte Zeitraum. Der dritte erstreckt sich bis auf die Zeit, da die Römer die griechische Baukunst annahmen, in welchem sie allmählig ihrem Verfalle entgegen ging.

Die ältesten Bewohner Griechenl. wohnten in Hütten oder Höhlen.

Die erste Entstehung der Baukunst bey den Griechen war eben dieselbe, die bey andern Völkern gefunden wird, nämlich das Bedürfniß, am Tage für die üble Witterung oder für die Hitze der Sonne geschützt zu seyn, und für die Nacht ein Obdach zu haben. Die ältesten Bewohner Griechenlandes und der griechischen Inseln, rohe, unwissende und arme Menschen, bestanden aus verschiedenen kleinen Völkerschaften, und hatten keinen gemeinschaftlichen Namen. Sie wohnten, nach der Beschaffenheit ihres Landes, in Klüften und hohlen Bäumen, wie die Hellenen in der Landschaft Phocis und die ersten Bewohner Siciliens, oder in Hütten aus Lehm und Erde gebaut, wie die Pelasger im Peloponnes, oder in Höhlen und Zelten, wie die Urbewohner der Insel Sardinien.[4] Pelasgus der Erste unterrichtete die Völker, die den Theil des Peloponnes bewohnten, den hernach die Argiver und Arkadier besaßen, in der Kunst Hütten zu bauen, und sie erhielten von ihm

---

[4] *Pausan.* X. 17.

ihm den Namen Pelasger, so wie ihr Land Pelasgia genannt wurde. Sein Sohn Lykaon legte auf dem Berge Lykäus eine Stadt an, die er Lykosura nannte. ⁵) Diese Stadt soll die erste in ganz Griechenland gewesen seyn, und sie wurde hernach von den Griechen, bey Erbauung anderer Städte, zum Muster genommen. ⁶) Die Enkel des **Pelasgus** breiteten sich weiter in dem Lande aus, und erbauten Pallantium, Phigalia, Tegea, Mantinea und mehrere Städte. ⁷) **Phoroneus**, einer der ältesten Könige in Argos, versammelte das Volk, das vorher zerstreut im Lande herum gewohnt hatte, in eine Stadt, die erst den Namen Phoronikum, nachher aber, von einem Enkel dieses Königs, den Namen Argos bekam. ⁸)

In den nachfolgenden Zeiten ließ sich in Argos ein Aegypter, **Danaus**, nieder, und brachte Künste und Wissenschaften mit, die den Griechen bisher noch ganz unbekannt gewesen waren, auch errichtete er daselbst dem Apollo Lykius einen Tempel, in welchem er ein hölzernes Bild des Gottes aufstellte. ⁹) Triptolemus kam aus Attika nach Achaja, und erbaute in dieser Gegend die erste Stadt, die er Aroan

Allmählige Bildung der Griechen im Peloponnes.

---

5) *Pausan.* VIII. 1. 2. *Dionys. Hal.* I. 17.
6) *Pausan.* VIII. 38.
7) *Pausan.* VIII. 3.
8) *Pausan.* II. 15. 16.
9) *Pausan.* II. 19.

nannte.[10]) Die Einwohner des Landes, welches hernach Messene hieß, lebten im Anfange zerstreut in kleinen Völkerschaften, bis Polykaon, ihr erster König, der das Land nach seiner Gemahlinn, Messene, benannte, einige Städte anlegte, unter denen Andania die Hauptstadt war.[11])

In Attika. Cekrops, ein aufgeklärter Aegypter, der zu der Zeit lebte, als Lykaon in Arkadien regierte,[12]) kam mit einer ägyptischen Colonie nach Attika. Die Einwohner dieses Landes führten als Hirten und Jäger eine herumirrende Lebensart, und wohnten zerstreut umher in Hütten und Höhlen. Mit diesen verband Cekrops sich und seine Colonie so, daß sie vereint ein Volk ausmachten, deren König, Heerführer und Lehrer er war. Endlich beredete er seine Unterthanen, ihre Wohnungen näher an einander zu rücken, und sie durch eine Umzäunung für die feindlichen Einfälle der benachbarten Völker zu sichern, welche durch die Fortschritte, die Attika jetzt machte, gereizt wurden, in dieses Land einzudringen. Er legte daher eine Stadt auf einem Felsen an, die er der Minerva heiligte und Cekropia nannte.[13]) Dieses ist der Theil Athens, dem man in den folgenden Zeiten, als sich diese Stadt vergrößerte und

---

10) *Pausan.* VII. 18.
11) *Pausan.* IV. 1.
12) *Pausan.* VIII. 2.
13) *Meursii* Regnum Atticum. I. 6 *Meursius* de Fortuna Athenarum. Cap. II.

in die herumliegende Ebene ausbreitete, den Namen des Schlosses oder der Akropolis beylegte, und den zwey Pelasger, Agrolas und Hyperbius, zuerst sollen mit Mauern umgeben haben.[14]) Einige Zeit darauf theilte Cekrops der Zweyte, der siebende athenienfische König, seine Staaten in zwölf Städte und Kreise ein, die Cekropia, Tetrapolis, Epakria, Decelea, Eleusis, Aphydná, Thorikus, Brauron, Cytherus, Sphettus, Chephissia und Phalerus hießen.[15])

Nachher kam Theseus aus Kreta nach Athen, und machte sich um diese Stadt verdient. Theseus, der Sohn des athenienfischen Königs Angeus, ging bey Gelegenheit des Tributes, den die Athenienser nach Kreta zu geben waren gezwungen worden, und der aus sieben Knaben und sieben Mädchen bestand, die in das Labyrinth eingesperrt und vom Minotaurus verschlungen wurden, mit nach Kreta, wo er den Minotaurus ermordete und sein Vaterland von diesem schändlichen Tribute befreyte. Die Insel Kreta war frühzeitig von Griechen angebaut worden,

---

14) *Pausan.* I. 28. *Plinius* H. N. VII. 56. Er nennt den ersten Euryalus. Potter griech. Archäolog. I. S. 59. deutsche Uebers. Stuart fand den Grund einer alten Mauer, unten an der Akropolis, der vielleicht noch von der Mauer der Pelasger herrührt. The Antiquit. of Athen. Vol. II. pag. 6. Grundriß der Akropolis. r. r. r.

15) *Strabo* IX. pag. 609.

sie erlangte bald einige Cultur und besaß bessere Einrichtungen als andere griechische Länder, so wie ihre Bewohner bessere Sitten hatten, als die übrigen Griechen. Diese Sitten und Einrichtungen brachte **Theseus** mit nach Athen und bemühte sich, sie daselbst einzuführen. Sobald er zum königlichen Scepter gelangt war, baute er die Gegend um den Felsen an, auf welchem Cekropia lag, und machte aus dieser und aus seiner neuen Stadt eine einzige, die erst jetzt den Namen Athen erhielt und die Hauptstadt des Landes wurde. [16])

In Böotien.   **Kadmus**, ein Phönicier, kam nach Böotien, versammelte die zerstreut lebenden Völker in eine Stadt, die er auf einer Anhöhe anlegte und Kadmea nannte. Sie wurde in der nachfolgenden Zeit sehr vergrößert [17]) und berühmt, und erhielt den Namen Thebä. **Kadmus** unterrichtete diese Völker in der Bearbeitung der Metalle und in der Kunst Gebäude aus Steinen zu bauen, überdieses hatte er um ihre Cultur noch das große Verdienst, daß er ihnen die phönicische Buchstabenschrift lernte.

Sparta.   **Lacedämon** gründete die Stadt Sparta, und gab ihr diesen Namen, nach dem Namen seiner Frau. [18]) Sein Sohn **Amiklas** erbaute, ungefähr dreyhundert Jahre vor der Einnahme von Troja, die

---

16) *Pausan.* VIII. 2. *Strabo* IX. p. 609. *Plutarch.* in Vit. Thes. Vol. I. pag. 21. 22.
17) *Pausan.* IX. 5. *Strabo* IX. p. 615.
18) *Pausan.* III. 1.

Stadt Amiklä, die nahe bey Sparta lag, aber bald wieder zerstört wurde. ¹⁹)

Auch mehrere Nationen Griechenlandes errichteten nun in ihrem Bezirke eine Stadt, und so entstanden, Orchomenus in Euboea, Larissa in Thessalien, Delphi in Phocis, Dodona in Epirus, Korinth, welches **Sisyphus**, ein Sohn des Aeolus, erbaute, Aegiale, das hernach Sicyon genannt wurde, und andere Städte, die in den folgenden Zeiten groß und berühmt wurden. *Mehrere griechische Städte.*

Die Vereinigung der Griechen in Städte, waren die erste Stufe zu der Cultur dieser Nation, vorzüglich aber trugen die phönicischen und ägyptischen Colonien sehr viel zu der Verbesserung des ganzen Landes bey. Die Einwohner lebten nicht mehr zerstreut umher, sondern in gesellschaftlichen Verbindungen, sie wohnten nicht mehr, gleich den wilden Thieren, in hohlen Bäumen und Felsenklüften, sondern in Städten. Ihre Wohnungen waren zwar noch immer niedrige und schlechte Hütten, die sie, wenn sie von den Feinden aus ihren Besitzungen vertrieben wurden, ohne Schmerz verlassen, und dergleichen sie sich an jedem Orte leicht wieder errichten konnten; allein sie fingen doch schon hin und wieder an, den Göttern Tempel zu errichten. *Tempel.*

---

19) *Meursius* Miscell. Lacon. IV. 2. *Apollod* III. 10. 3.

Die ersten Tempel der Griechen waren Hütten ob. Höhlen.

Bisher hatten die Pelasger gar keine Tempel gehabt, Berge und Höhlen, Hütten und Haine, wo man sich zum Gottesdienst versammelte, vertraten ihre Stelle. Das Orakel des Apollo zu Delphi wurde dazumal in einer Hütte um Rath befragt, die aus Lorbeerbäumen bestand und mit Lorbeerzweigen gedeckt war.[20]) Zu Dodona wurde **Jupiter** unstreitig in einem Haine angebetet, denn es war daselbst, schon in den ältesten Zeiten, ein berühmtes Orakel, das aus einer Eiche die Antwort gab.[21]) Auch zu Olympia wurde **Jupiter** in einem heiligen Haine verehrt, der Altis hieß.

Alte Höhlen in Griechenland.

Vielleicht sind auch einige von den Höhlen, die man in Griechenland, Kleinasien und auf griechischen Inseln findet, aus diesem Zeitalter. Manche dieser Höhlen hatte die Natur selbst gebildet, und es waren wenig oder gar keine Verbesserungen daran gemacht worden; andere aber hatte man ausgegraben, oder wenigstens erweitert und verschönert. Oft waren solche Höhlen dem Pan, den Nymphen und andern ländlichen Gottheiten geheiligt, wie bey der Stadt Samikon, in der Landschaft Elis,[22]) und in dem Berge Cithäron in Böotien.[23]) In dem attischen Gebiete befindet sich eine Höhle, die Panäum

---

20) *Pausan.* X. 5. **Chandler** Reisen in Griechenl. Kap. 46.
21) *Pausan.* VII. 21. *Herodot.* II. 52.
22) *Pausan.* V. 5.
23) *Pausan.* IX. 3.

Erster Abschnitt.

ober auch) Nymphäum hieß und viel Merkwürdiges hat. [24]) Sie ist mit verschiedenen Inschriften und Basreliefs versehen, deren rohe Arbeit auf das hohe Alter dieser Höhle schließen läßt, und die den Archidamus von Pherä, dessen Bildniß sich auch unter den Basreliefs befindet, als denjenigen nennen, der die Höhle den Nymphen widmete. Die Höhle, die bey Clazomene in Kleinasien in einen Felsen gehauen ist, hat eine viereckige Gestalt, und wird von vier, aus dem nämlichen Felsen gehauenen Pfeilern unterstützt. [25]) Die größte und sehenswürdigste Höhle, die so hell war, daß man größtentheils ohne Fackeln in ihr herumgehen konnte, befand sich in dem Gebirge Parnassus, und war der Nymphe Corycia heilig, daher sie auch die Coryceische Höhle hieß. [26])

Andere Höhlen waren den obern Göttern geheiligt. Eine dem Apollo geweihte Höhle war bey der Stadt Magnesia am Mänader, in welcher ein sehr altes Bild des Apollo stand. [27]) Auf der Insel Chios befindet sich ein aus dem Felsen gehauenes Gebäude von einer länglich runden Gestalt, welches man die Schule Homer's nennt, das aber unstreitig zu einem Tempel der Cybele diente, dessen innerer

---

24) *Chandler Reis. in Griechenl.* Kap. 32.
25) *Pausan.* VII. 5. *Chandler Reis. in Griechenl.* Kap. 24.
26) *Pausan.* X. 32. *Strabo* IX. pag. 638.
27) *Pausan.* X. 32.

Raum ungefähr zwanzig Ellen einnimmt, und ringsherum eine stufenartige Erhöhung hat, die vielleicht zu Sitzen bestimmt war. [28]) Die Arbeit des ganzen Gebäudes ist rauh und zeugt von einem sehr hohen Alterthume. In der Mitte sieht das Bild der Göttinn, der aber der Kopf und ein Arm fehlt. Sie ist auf einem Stuhle, an dem Löwen ausgeschnitzt sind, sitzend vorgestellt. Bey Naupactus in der Landschaft Phocis wurde Venus in einer Höhle verehrt, in welcher vorzüglich die Wittwen, die sich zum zweytenmale verheirathen wollten, der Göttinn opferten. [29])

Einige Höhlen waren zur Ertheilung der Orakelsprüche bestimmt, als eine dem Jupiter geheiligte Höhle auf dem Berge Ida in Kreta, eine bey Lebadea in Böotien, welche die Höhle des Trophonius hieß, [30]) und die schon bemerkte Höhle auf dem Berge Cythäron. Pausanias gedenkt auch eines Tempels auf dem Vorgebirge Tänarum, der einer Höhle soll ähnlich gewesen seyn, in dessen Eingange das Bild des Neptuns aufgestellt war. [31])

---

28) *Chandler* Reis. in Kleinasien, Kap. 16. *Pocock* Beschreib. des Morgenl. III. S. 11. Die Abbildung, die *Pocock* davon giebt, ist, wie *Chandler* bemerkt, ganz falsch.
29) *Pausan.* X. 38.
30) *Pausan.* IX. 39. *Chandler* Reisen in Griechenl. Kap. 32.
31) *Pausan.* III. 25.

Erster Abschnitt.

In dieses Zeitalter gehören auch die La= *Labyrinthe.*
byrinthe der Griechen, die wahrscheinlich wei=
ter nichts als Höhlen waren, deren Bestimmung
aber unbekannt ist. In der Landschaft Argos waren
bey Nauplia dergleichen Höhlen am Meere, welche
die Labyrinthe oder Kammern der Töchter des Prö=
tus genennet werden. [32]) Auf der Insel Lemnos
war auch ein Labyrinth, welches noch zur Zeit des
Plinius zu sehen war, [33]) von dem Pocock aber
nichts entdecken konnte. [34])

Das Labyrinth auf der Insel Kreta war das *Labyrinth*
berühmteste dieser Gebäude, das vorzüglich durch *auf Kreta.*
den Minotaurus und die Geschichte des Theseus und
der Ariadne bekannt wurde. Es soll nicht weit von
der Stadt Cnossus gelegen haben und vom Dädalus
nach dem Muster des ägyptischen Labyrinthes erbaut
worden seyn. [35]) Plinius und einige andre Schrift=
steller beschreiben dieses Labyrinth als ein großes Ge=
bäude, aber sie bedenken nicht, daß die Griechen in
dieser Zeit noch rohe und unwissende Völker waren,
welche die Kenntnisse, die zur Errichtung eines
großen Gebäudes gehören, noch nicht besaßen.
Strabo hingegen zweifelt an der Wahrheit aller

---

32) Chandler Reisen in Griechenl. Kap. 54.
33) *Plinius* H. N. XXXVI. 13.
34) Pocock III. S. 36.
35) *Plinius* H. N. l. c. *Diodor. Sic.* IV. c. 77.
    pag. 320.

Geschichten, die von dem Minotaurus und dem Labyrinthe erzählt werden, [36]) und ein alter Schriftsteller, **Philokorus**, [37]) giebt dieses Labyrinth für ein für Missethäter bestimmtes Gefängniß aus. Es war daher unstreitig eine Höhle, wie auch zwey neuere Reisende, **Tournefort** und **Pocock**, glauben, die zwar bey Cnossus nichts dem Labyrinthe ähnliches fanden, aber bey Gortynia auf eine geräumliche Höhle stießen, die sie für das Labyrinth halten. [38]) Der erste Eingang ist breit, hernach theilt er sich in verschiedene Wege und Gänge, die zehn bis zwanzig Fuß breit und acht Fuß hoch sind. Durch den Hauptgang kommt man in einen andern, der auf zwey oder drey Wege stößt, welche am Ende zusammenkommen und in ein kleines rundes Gemach führen, das ungefähr zwanzig Fuß hoch ist und oben sich wie eine Kuppel endigt. **Pocock** bemerkt, daß man sich beym Zurückgehn in Acht nehmen muß, um den rechten Weg zu treffen und sich wieder herauszufinden. **Tournefort** erwähnt, daß er auf der Insel Kreta noch einige andere große Höhlen gesehen habe.

Schatzkammer des Mynias. Ohne Zweifel ist auch die sogenannte Schatzkammer des **Mynias** zu Orchomenus in Böotien

---

36) *Strabo* X. pag. 730.
37) Goguet Urſp. der Geſetze. Tom. II. S. 185, deutsche Ueberſ.
38) *Tournefort* Voyage du Levant. I. Lett. 2. Pocock II. S. 367.

unter die ältesten Werke der griechischen Baukunst zu rechnen. Pausanias erhebt es als eins der merkwürdigsten Gebäude in Griechenland, und nennet es ein Wunderwerk, das eben so viele Bewunderung verdient, als die ägyptischen Pyramiden. Allein da man in diesem Zeitalter kein schönes Gebäude bey den Griechen suchen darf, und man auch aus der Beschreibung des Pausanias sieht, daß es ein einfaches und rohes Gebäude gewesen sey, so wird es sich vermuthlich nur durch seine besondre Bauart ausgezeichnet haben. Es war nämlich ein rundes Gebäude, dessen Mauern ganz aus Steinen und unstreitig aus sehr großen Steinen bestanden. Es war gewölbt und hatte ein conisches Dach, dessen oberster Stein, als der Schlußstein, das Ganze fest zusammen hielt. [39])

Tempel der obern Götter.

Vielleicht behielten die Griechen die Gewohnheit, die ländlichen Gottheiten in Höhlen zu verehren, noch eine lange Zeit hindurch bey; den Göttern des Olympus aber errichteten sie, nachdem ägyptische und phönicische Colonien in das Land gekommen waren, besondere Gebäude, und weihten ihnen Tempel. So baute Aleus, ein Nachkömmling des Pelas-

---

39) *Pausan.* IX. 36. 38. Amasäus hat die letzten Worte dieser Stelle nicht richtig übersetzt, wenn er sagt: supremum lapidem toti aedificio modulum convenientiae esse dicunt, da Pausanias das Wort ἁρμονια allezeit von der festen Verbindung der Steine braucht, und hier also den Schlußstein meynt, der sehr genau in die andern Steine einpaßte.

gus, einen Tempel der Minerva Alea zu Tegea.⁴⁰) Epopeus, der gleich zu der Zeit, als Corax, der König der Sycioner, gestorben war, aus Thessalien nach Sycion kam, und sich der Regierung anmaßte, errichtete, nach dem Sieg über den Nycteus, daselbst einen Tempel der Minerva, um dadurch den Göttern für den erlangten Sieg zu danken. ⁴¹) Theseus soll, als er aus Kreta zurückkam, zu Trözene der, Diana Sospita, so wie auch der Venus Sponsa, einen Tempel geweiht haben. ⁴²) Die Athenienser haben, wie Pausanias uns berichtet, vor allen Griechen die Götter vorzüglich verehrt, ⁴³) und sie widmeten ihnen daher schon frühzeitig, nicht allein in Athen, sondern auch in ihren übrigen Besitzungen, viele Tempel und Altäre. Deukalion erbaute dem Jupiter Olympius einen Tempel zu Athen, Dodonäus der Minerva Skiras bey Phalerum, und Agamemnon weihte der Diana einen Tempel zu Megara, als er dahin reiste um den Kalchas zu bereden, ihn in den trojanischen Krieg zu begleiten. ⁴⁴) Zu Orchomenus sah man einen sehr alten Tempel der Grazien, ⁴⁵) der unstreitig aus diesem Zeitalter ist, so wie auch der Tempel, welchen

---

40) *Pausan.* VIII. 4.
41) *Pausan.* II. 6.
42) *Pausan.* II. 31. 32.
43) *Pausan.* I. 17. 24.
44) *Pausan.* I. 18. 36. 43.
45) *Pausan.* IX. 38.

der König Saron der Diana am Saronischen Meerbusen erbauen ließ. [46]) Zu Trözene stand ein Tempel des Apollo Thearius, den Pittheus, einige Jahre vor Troja's Zerstörung, erbaut und ausgeschmückt haben soll. [47]) Dieser Tempel ist der älteste von allen, die Pausanias gesehen hat. Denn obgleich, setzt er hinzu, der Tempel der Minerva bey den Phocaensern in Jonien, den ein gewisser Harpagus durch Feuer zerstörte, und der Tempel des Apollo Pythius zu Samos sehr alt sind, so hat doch dieser trözenische Tempel ein viel höheres Alter.

Wenn nun gleich in den meisten griechischen Provinzen Städte angelegt und viele Tempel erbaut wurden, so waren diese Tempel doch gewiß schlechte Gebäude, und die griechische Baukunst befand sich jetzt noch auf der untersten Stufe ihrer nachmaligen Größe, da die Griechen, ob sie schon einige Cultur hatten, dennoch durch beständige Kriege und Unruhen verhindert wurden, in ihrer Bildung zuzunehmen und sich mit den Künsten zu beschäftigen. Die verschiedenen Völker Griechenlandes führten immerwährende kleine Kriege mit einander, eine Nation überfiel die andere und verdrängte sie von ihren Wohnplätzen, und die Bewohner der Küsten hatten mit den Seeräubern zu kämpfen. Ueberdieses verließen auch viele Griechen ihr Land. Dieses geschah theils

Kriege und Auswanderungen der Griechen.

---

46) *Pausan.* II. 30.
47) *Pausan.* II. 31.

freywillig, wenn in einer Gegend die Bevölkerung zu stark und der Raum zu enge war, um sehr viele Menschen zu fassen, theils wurden sie dazu genöthigt und von den Feinden vertrieben, daher sie in andern Ländern eine Zuflucht suchten. Schon frühzeitig, nach Pelasgus dem Ersten, ging Oenotrus mit einigen Schiffen nach Italien, und benannte das Land, wo er sich niederließ, Oenotria. Dieses war die erste Colonie der Griechen.[48] Als Deukalion die Pelasger überwunden und vertrieben hatte, so flohen einige nach Böotien, einige nach Kreta, andere gingen auf die Küste von Kleinasien und auf die herumliegenden Inseln, und noch andere suchten in Italien einen Aufenthalt. Erysichton, ein Sohn Cekrops des Ersten, ging mit einigen Griechen auf die Insel Delos, wo er sich festsetzte und dem Apollo einen Tempel baute, und Cekrops der Zweyte, schickte eine Colonie nach Böotien, welche die Stadt Orchomenus anlegte.[49] Die Nachkommen des Aeolus, eines Enkels des Deukalion, suchten unter andern Ländern auch Sicilien und den untern Theil von Italien auf, der hernach Großgriechenland genannt wurde, und erbauten an der Küste verschiedene Pflanzstädte, wo sich einige Zeit darauf dorische Colonien niederließen und die Oberhand bekamen.[50] Hierdurch legten die Griechen den Grund zu der Cul=

---

48) *Pausan.* VIII. 3. *Dionys. Hal.* I. 18.
49) *Meursius* Regn. Atticum. I. 11. II. 14.
50) *Diodor. Sic.* V, 6.

tur dieſer Länder, in welchen nach einigen Jahrhunderten die Künſte eine große Vollkommenheit erlangten.

Zu dieſen Wanderungen und Unruhen kam nun noch der trojaniſche Krieg, welcher die Griechen wieder in die Barbarey zurück verſetzte, aus der ſie ſich kaum erhoben hatten. Viele Griechen verließen jetzt ihr Vaterland, um vor Troja zu ziehen, und andere Völker, die ſich ihre Abweſenheit zu Nutze machten, fielen in das Land ein, verwüſteten es und zerſtörten die kaum angelegten Städte; diejenigen Gegenden aber, die keinen feindlichen Einfällen ausgeſetzt waren, blieben entweder unangebaut liegen, oder die Einwohner ſelbſt verheerten ſie durch Kriege, die ſie unter einander führten.

Trojaniſcher Krieg.

So viele nachtheilige Folgen nun der trojaniſche Krieg für die Beſitzungen der Griechen hatte, ſo gewährte er ihnen ſelbſt doch einigen Vortheil, weil er einen günſtigen Einfluß auf ihre Bildung hatte. Die Trojaner hatten ſchon viel Cultur und Kenntniſſe in den Künſten erlangt, und ihre Könige ſollen in großen und prächtigen Palläſten gewohnt haben. Hier erwarben ſich ohne Zweifel die Griechen verſchiedene Kenntniſſe, von denen ſie vorher noch nichts gewußt hatten, und brachten ſie mit in ihr Vaterland zurück. Homer giebt uns Nachrichten von der Anlage der königlichen Palläſte der damaligen Zeiten, die ich anführen will, ob es gleich wahrſcheinlich iſt, daß ſeine Beſchreibungen theils idealiſch oder doch ſehr verſchönert, theils von den Gebäuden ſeiner

Folgen des trojaniſchen Kriegs.

Zeit, einige Jahrhunderte nach dem trojanischen Kriege, entlehnt sind. Der Pallast des **Priamus** [51]) war ein weitläuftiges Gebäude, dessen Unterbau aus steinernen Hallen und bedeckten Gängen bestand, und worüber ein Gebäude errichtet war, in dem sich funfzig reich verzierte Zimmer befanden, wo die funfzig Söhne des **Priamus** wohnten. Diesem gegenüber lag, innerhalb des Hofes, ein anderes steinernes Gebäude, in welchem zwölf schöne Zimmer für die Töchter des **Priamus** angelegt waren. Paris, der selbst in der Baukunst erfahren war, ließ verschiedene Baukünstler nach Troja kommen, um sich einen Pallast zu erbauen. [52]) Dieses Gebäude wurde zwischen den Wohnungen des **Priamus** und des **Hector** angelegt, und faßte ebenfalls viele Zimmer in sich. Alle Zimmer der Palläste dieser Zeit waren prächtig mit Gold und Edelsteinen verziert, wie man aus Homer's Beschreibung von dem Pallaste des Alcinous sehen kann. [53]) Auch die Griechen, die auf den Inseln des jonischen Meeres wohnten, besaßen schon viele Kunstkenntnisse, und **Ulysses** hatte auf Ithaka einen prächtigen Pallast. [54])

---

51) *Homer.* Iliad. VI. 243.
52) *Homer.* Iliad. VI. 313.
53) *Homer* Odyss. VIII. 85. 57.
54) Rambach in Potters griech. Archäolog. Th. III. S. 356.

Erster Abschnitt.

Nach der Eroberung und Zerstörung Troja's verließen die Griechen Kleinasien und gingen zurück in ihr Vaterland. Allein die Hoffnung, von den Unbequemlichkeiten des Krieges und von den vielen Heerzügen daselbst auszuruhen, wurde ihnen ganz vereitelt, indem sie das Land voller Unruhen, und die Städte zerstört und verwüstet antrafen. Sie bemühten sich zwar, diese Unruhen zu dämpfen, doch war es unmöglich, alle Feindseligkeiten sogleich beyzulegen, und es kam so weit, daß viele Griechen das Land verließen, und in fremden Gegenden einen neuen Wohnort suchten.

Etlichen Nationen glückte es endlich, die Ruhe in ihren Besitzungen wiederherzustellen. Diese lebten nun einige Zeit hindurch ungestört; sie konnten die Künste des Friedens, die lange darnieder gelegen hatten, wieder ausüben und in ihrer Bildung größere Fortschritte machen. Sie hatten den Luxus, der schon damals in Asien herrschte, mit nach Griechenland gebracht, und dieser beförderte die Ausübung der Künste, die jetzt mit vielem Eifer bearbeitet wurden. Auch auf die Baukunst hatte diese Ruhe keinen geringen Einfluß, indem die verheerten Städte wieder aufgebaut, neue Städte angelegt, und die alten durch Tempel und andere öffentliche Gebäude verschönert wurden. Homer berichtet uns, daß Athen, Mycen, Korinth und andere Städte jetzt wohlhabend und groß geworden waren, [55]) und es

Ausübung der Bauk. nach diesem Kriege.

---

55) **Homer.** Iliad. II. 546. 501. 505. Odyſſ. VII. 80.

wurden unstreitig auch dazumal viele von den Tempeln aufgeführt, die Pausanias als alte Gebäude erwähnt.

Errichtung vieler Tempel. Die Könige der Griechen errichteten, nach vollendetem trojanischen Kriege, nicht allein in ihren Besitzungen, sondern auch in fremden Ländern, durch welche sie zogen, verschiedene Tempel. Man erzählt von zwey Tempeln, die Agamemnon auf seiner Rückreise soll angelegt haben, den einen zu Phygela, nicht weit von Ephesus,[56]) welcher der Diana Munichia gewidmet war, und einen andern an einem See bey Ephesus. Ulysses errichtete in Arkadien der Minerva Sospita und dem Neptun einen Tempel.[57]) Agapenor, ein Nachkömmling des Pelasgus, unter dessen Anführung die Arkadier nach Troja gingen, wurde nach der Eroberung dieser Stadt mit seiner Flotte durch den Sturm nach Cypern verschlagen, wo er nach Paphos ging und der Venus einen Tempel erbaute.[58])

Tempel der Minerva zu Sigeum. In eben dieser Zeit, oder wenigstens nicht lange darauf, wurde der Tempel der Minerva zu Sigeum in Kleinasien erbaut, von dem man noch einige zerstreute Ueberbleibsel antrifft, worunter sich ein Theil eines Pilasters befindet, der acht Fuß, sieben Zoll lang, einen Fuß und etwas mehr als sechs Zoll breit und über zehn Zoll dick ist. Auf diesem Steine steht die berühmte

---

56) *Strabo* XIV. pag. 947.

57) *Pausan.* VIII. 44.

58) *Pausan.* VIII. 5. *Strabo* XIV. pag. 1002.

sigeische Inschrift, welche nach der Art geschrieben ist, die man Bustrophidon nennt, und die von dem hohen Alter dieses Tempels das beste Zeugniß giebt.⁵⁹) Dieser Stein liegt auf der einen Seite der griechischen Kirche, die jetzt an dem Orte erbaut ist, wo sonst der Tempel der **Minerva** stand, auf der andern Seite aber sieht man ein Stück weißen Marmors mit halb erhobener Arbeit, welche die Darbringung junger Kinder vor der **Minerva** mit einigen Geschenken vorstellt.⁶⁰)

Es ist auch sehr wahrscheinlich, daß um diese Zeit folgende Tempel entstanden: Ein Tempel der **Fortuna** nicht weit von Nemea in Argolis;⁶¹) ein Tempel des **Bacchus** zu Athen, der gleich neben dem Theater lag, und eben daselbst ein Tempel der **Venus Urania**, für den nachher **Phidias** eine Statue von weißem Marmor arbeitete;⁶²) ein Tempel der **Hebe** in dem Gebiete der Phliasier;⁶³) ein Tempel des **Apollo**, nicht weit von Messene, den die Messenier für den ältesten Tempel dieses Gottes hielten;⁶⁴) ein Tempel des **Apollo** zu Aegira in

Andere Tempel.

---

59) *Chandler Reisen in Kleinasien. Kap. 12.*
60) *Jonian Antiquit.* Hier findet man eine Abbildung dieses Basreliefs als Leiste über der Vorrede.
61) *Pausan. II. 20.*
62) *Pausan. I. 14. 20.*
63) *Pausan. II. 13.*
64) *Pausan. IV. 34.*

Achaja;[65]) ein Tempel der Venus und des Adonis auf der Insel Cypern, in der Stadt Amanthus.[66]) Pausanias führt noch mehrere alte Tempel an, die unstreitig auch in dieses Zeitalter gehören, deren Erwähnung aber, als ein bloßes Namenverzeichniß, trocken und uninteressant seyn würde.

Rückkehr der Herakliden in den Peloponnes. Zu dieser Zeit ereignete sich ein Zufall, der für die Bildung und Ausbreitung der Baukunst nicht weniger wichtige Folgen hatte, als selbst für die Länder und verschiedenen Besitzungen der Griechen, nämlich die Rückkehr der Herakliden und der Dorier in den Peloponnes, die vor einiger Zeit von dem Eurystheus aus diesem Lande waren vertrieben worden. Hierdurch entstanden im Peloponnes sehr große Veränderungen. Die Einwohner derjenigen Länder, in welche die Herakliden eindrangen, begaben sich in andere Staaten, wo sie sich entweder mit den Einwohnern vereinigten, oder, welches mehrentheils geschah, die Bewohner verscheuchten; einige andere Völker aber flohen ganz aus dem Lande, und gingen in Colonien auf die Küste von Kleinasien und auf die nahen Inseln. Die Aeolier wandten sich erst nach Thracien, bald darauf aber nach Kleinasien, wo sie zwischen Jonien und Mysien eilf Städte anlegten: Cyme, Larissa, Neontichos, Temeus, Cilla, Notion, Aegiroessa, Pitane, Aegää, Myrina, Grynia. Sie setzten sich auch auf den Inseln Tenedos und Lesbos fest

---

65) *Pausan.* VII. 26.

66) *Pausan.* IX. 41.

und errichteten daselbst verschiedene Städte, unter denen Mytilene die vorzüglichste war.⁶⁷) Die Dorier gingen auch nach Kleinasien und erbauten die Städte, Lindus, Jalysus, Kamirus, Knidus, Halikarnaß, und breiteten sich auch auf die Inseln Rhodus, Kos und andere aus.⁶⁸)

Keine dieser Colonien aber ist für uns merkwürdiger, als die Colonie der Jonier, die bey der Ankunft der Herakliden von den Achäern vertrieben wurden und nach Attika geflohen waren, aber bald darauf, nach Kodrus Tode, unter Anführung des Neleus und Androklus, zweyer Söhne des Kodrus, nach Kleinasien gingen.⁶⁹) Sie ließen sich an der See in der Gegend nieder, die zwischen Karien, Lydien und Aeolis lag, sie vertrieben die Bewohner des Landes, oder vereinten sich mit ihnen, und gründeten daselbst zwölf Städte, weil sie im Peloponnes eben so viel Städte bewohnt hatten. Milet, welche Neleus eroberte, war die vorzüglichste dieser Städte, auf sie folgten Myus und Priene, die den Kariern gehört hatten, die übrigen aber waren Ephesus, Kolophon, Lebedus, Teos, Klazomene, Phocäa und Erythrä, nebst Samos und Chios, die sich auf Inseln gleiches Namens befanden.⁷⁰) Die Be-

Zug der Jonier nach Kleinasien.

---

67) *Herodot.* I. c. 149. 151.
68) *Strabo* XIV. pag. 965. *Herod.* I. 144.
69) *Pauf.* VII. 2. *Strabo* VIII. p. 588. XIV. p. 947.
70) *Herodot.* I. 142. *Strabo* VIII. p. 588. XIV. p. 939.

wohner dieser Städte, zu denen in der Folge der Zeit noch Smyrna kam, das bisher den Aeoliern gehört hatte, vereinigten sich fest zusammen und stifteten einen Bund, den sie **Panionium** nannten. Eben denselben Namen bekam auch der Ort, wo die Vornehmsten dieses Bundes sich versammelten, und der in einer Gegend des Gebirges Mykale, an der Seeküste Trogilia, lag. Hier wurde dem Neptunus Helikonius ein Tempel gebaut, wo die Städte zur Zeit ihrer Versammlung gemeinschaftlich opferten,[71] und der deswegen merkwürdig ist, weil er einer der ersten Nationaltempel war.

Wohlstand der Jonier. Die Jonier wurden immer reicher und mächtiger. Mit ihrem Wohlstande nahm auch ihre Bildung zu, und ihre Liebe zu den Künsten, die jetzt mit vielem Eifer getrieben wurden. Zu Branchidä bey Milet stand schon dazumal ein Tempel des Apollo **Didymäus**, und zu Ephesus ein Tempel der **Diana**, als die Jonier in das Land kamen,[72] und sie selbst erbauten jetzt viele Tempel, die in der nach-

---

[71] *Strabo* XIV. p. 947. *Herodot.* I. 148. Strabo erzählt, daß der Tempel des **Neptuns** durch ein Erdbeben zerstört wurde. Die neuern Reisenden konnten das Panionium nicht mit Gewißheit entdecken. **Pocock** III. S. 79. **Chandler** Reisen in Kleinasien, Kap. 46. *Vitruv* IV. 1. gedenkt eines Tempels des **Apollo Panionius**, der zu dieser Zeit soll gebaut worden seyn, den aber keiner der griechischen Schriftsteller erwähnt.

[72] *Pausan.* VII. 2.

folgenden Zeit berühmt wurden. Zu Samos wurde der Juno ein Tempel geweiht, in dem ein altes Bild der Göttinn stand, das Smilis, ein Zeitgenosse des Dädalus, gearbeitet hatte, [73]) und unstreitig errichtete man jetzt auch die Tempel des Herkules zu Erythrä, der Minerva zu Priene und zu Phocäa, und den Tempel des Apollo zu Klaros, der vorzüglich wegen eines Orakels heilig gehalten wurde. [74])

In dem Peloponnes waren unterdessen durch die Herakliden zu Elis, Argos, Messene, Lacedämon und Korinth neue Staaten entstanden, von denen zu Korinth, so wie zu Sicyon, welches an das Gebiete dieses Staates gränzte, die Künste am meisten geschätzt und am besten ausgeübt wurden. [75]) Korinth, das durch einen starken Handel sich großen Reichthum erworben hatte, war eine Stadt von beträchtlichem Umfange und mit schönen Tempeln und andern Gebäuden verziert, Sycion aber, das Korinth an Reichthum und Schönheit gleich kam, hatte das Unglück von einem Erdbeben verschüttet zu wer-

Cultur verschied. griechischer Länder.

---

73) *Pausan.* VII. 4. *Herodot.* III. 60. *Strabo* XIV. p. 944. Die neuern Reisenden, *Tournefort* Voyage etc. I. Lett. 10. Pocock III. S. 41. Riedesel, Bemerkungen auf einer Reise nach der Levante, S. 41, wollen einige Ruinen dieses Tempels gefunden haben; sie sind aber gewiß von einem neuern Tempel.

74) *Pausan.* VII. 3.

75) *Strabo* VIII. p. 585.

ben.[76]) Auch in den benachbarten Städten, als zu Titane, Phlius und andern, befanden sich ansehnliche Tempel,[77]) wie zu Titane ein Tempel des Aeskulap, und nicht weit von dieser Stadt ein Junotempel, zu Phlius ein Tempel der Juventas, der Ceres, und bey einem Orte, der Umbilikus hieß, ein Tempel des Bacchus.

Athen. Athen wurde durch Solon zu einem glücklichen und weisen Staate gebildet, und es übertraf an Cultur und guten Einrichtungen fast alle übrigen Länder der Griechen, in der Kunst aber stand es Korinth, Sicyon und Aegina jetzt noch nach, obgleich auch hier viele Tempel errichtet wurden, unter denen ein Tempel der Minerva auf der Akropolis, der Hekatompedon hieß, weil er hundert Fuß ins Gevierte hatte, und der Tempel des Jupiter Olympius, den Pisistratus in der vierundfunfzigsten Olympiade gründete, die berühmtesten sind.

Die Insel Aegina. Die Insel Aegina, eine der ältesten der von den Griechen angebauten Inseln und die vornehmste zwischen den beyden Vorgebirgen Sunium und Scylläum, war durch den Handel und die Schiffarth so reich und mächtig geworden, daß sie mit den Athieniensern wetteifern konnte. Die Künste blühten da-

---

76) *Pausan.* II. 7. Pausanias führt in den nächstfolgenden citirten Stellen noch viele und mehrere alte Tempel an, die aber wahrscheinlich nicht aus dem jetzigen Zeitalter sind. *Plinius* H. N. XXXV. 40. XXXVI. 4.

77) *Pausan.* II. 11. 12. 13.

selbst schon frühzeitig, und einer ihrer schönsten Tempel war der, der dem Jupiter Panhellenius gewidmet war, und auf einem einsamen hohen Berge lag, der den Namen Panhellenius führte. [78]) Dieses Gebäude war nach dorischer Bauart, und von einem lichtbraunen Steine erbaut. Es hatte an jeder Fronte sechs Säulen, und innerhalb der Zelle befanden sich auch Säulen. [79]) Wenn gleich dieser Tempel nicht das hohe Alter hat, das ihm die Aegineter beylegen, die seine Erbauung dem Acakus zuschreiben, so fällt seine Erbauung doch unstreitig in den jetzigen Zeitraum, in welchem auch in Sicilien und Großgriechenland viele schöne Tempel gebaut wurden.

Die europäischen Griechen hatten verschiedene Inseln des Archipelagus bevölkert, worunter Delos sich wegen eines Tempels des Apollo und der Latona auszeichnete, [80]) und Cythera wegen eines Tem-

Griechische Inseln.

---

78) *Pausan.* II. 30.
79) Chandler Reis. in Griechenl. Kap. 3.
80) *Strabo* X. p. 742. *Le Roy* Monum. de Grece, Part. II. Pl. II. pag. 5. bemerkt einige Ruinen, die er zu Delos fand, und sehr wahrscheinlich für Ueberbleibsel des Apollotempels hält; allein seinen Ausmessungen ist nicht ganz zu trauen, weil er keine einzige Säule ganz fand. Die Ruinen, die Tournefort, Voyage etc. T. I. Lett. 7. zu Delos fand, müssen von einem neuern und ganz andern Tempel seyn.

pels der **Venus Urania**, einer der ältesten, der dieser Göttinn, die hier bewaffnet abgebildet war, [81] in Griechenland erbaut wurde.

<small>Italien u. Sicilien.</small> Auch nach dem untern Theile von Italien, so wie auch nach Sicilien und Afrika waren jetzt Colonien ausgeschickt worden. Die Griechen, die nach Afrika und Thracien gegangen waren, blieben bis jetzt noch unbedeutend; aber die Colonien in Großgriechenland und Sicilien hoben sich sehr empor. In Großgriechenland wurden die Städte Rhegium, Locri, Kroton, Sybaris, Tarent, und in Sicilien Messina, Syrakus, Segesta, Gela, Catana und andere angelegt, von denen einige bald wieder neue Städte gründeten, wie Pästum, das von den Sybariten, und Agrigentum, das von den Bewohnern zu Gela erbaut wurde. [82]

<small>Die Cultur der Griechen wurde vorzügl. durch die Jonier befördert.</small> Die Cultur der Völker in den verschiedenen griechischen Besitzungen, auf dem festen Lande sowohl als auf den Inseln, wurde hauptsächlich durch die asiatischen Griechen, vorzüglich aber durch die Jonier befördert. Die zwölf Städte der Jonier waren nicht allein der Sitz der griechischen Cultur in Asien, sondern man kann sie auch als die Quelle der Aufklärung für ganz Griechenland betrachten, die sich von hier aus nach Attika und in den Peloponnes, nach Italien und Sicilien ausbreitete. Der weit-

---

81) *Pausan.* III. 23.

82) Von diesen und andern Städten Großgriechenlandes und Siciliens redet *Strabo*, VI. p. 413 ff. ausführlich.

läuftige Handel, den die Jonier führten, brachte sie nach Korinth, Attika, Aegina und mehrern griechischen Besitzungen. Hierdurch kamen die Griechen in eine genaue Verbindung, die schon an und für sich vortheilhaft für sie war, die aber auch einen großen Einfluß auf ihre Bildung hatte, indem ein Volk dem andern die Kenntnisse mittheilte, die es besaß. Daß hierunter die Künste vorzüglich mit begriffen gewesen, und daß unter diesen die Baukunst eine der ersten war, die dadurch gewann, wird niemand bezweifeln, weil sie die meiste Gelegenheit gab, den durch den Handel erworbenen Reichthum öffentlich zu zeigen. Die Künstler, die hierdurch Aufmunterung bekamen, bemühten sich in ihrer Kunst vollkommen zu werden, und reisten in andere Länder, um die verschiedenen Gebäude und andere Kunstwerke zu betrachten und zu studieren. Sie kamen, bereichert an Kenntnissen, in ihre Vaterstadt zurück, und waren bereit und geschickt, dieselbe mit bessern Gebäuden auszuschmücken, als man hier bisher errichtet hatte. Und so wurden jetzt die meisten Städte in den verschiedenen und weitausgebreiteten Besitzungen der Griechen blühend, und reich an guten Gebäuden. Dieses macht jene Städte für uns besonders merkwürdig, vorzüglich da sich einige Ueberreste von Gebäuden aus dem gegenwärtigen Zeitraume bis jetzt erhalten haben, die uns, als die ältesten Ueberreste der griechischen Baukunst, heilig sind.

Das älteste dieser Gebäude ist ein Tempel zu Korinth, von dem noch vierzehn Säulen stehen, die *Aelteste Ueberreste grie-*

griech. Bau-kunst. Tempel zu Korinth. stark und niedrig sind, und nur vier Durchmesser zur Höhe haben, wodurch sie ein sehr hohes Alter zu erkennen geben.[83]) Sie sind von dorischer Bauart, geriefelt, und bestehen aus einem braunen Steine. Chandler hält sie für Trümmer des Sisyphejums, dessen Strabo gedenkt.[84])

Tempel in Sicilien. Nach diesem Tempel sind diejenigen zu setzen, von denen man in Sicilien und Großgriechenland ansehnliche Ruinen findet, und die alle nach dorischer Art gebaut sind. Einige von den Tempeln in Agrigent, eine reiche und mächtige Stadt Siciliens, die auch Agragas genannt wurde, sind in der fünfundsiebenzigsten Olympiade erbaut worden.[85]) Von den Tempeln des Herkules und des Aeskulap sieht man nichts mehr, als große Steine.[86]) Ein Tempel der Juno Lacinia, hat sich schon etwas mehr erhalten.[87]) Er hatte sechs Säulen vor jeder Fronte, an jeder Seite aber dreyzehn Säulen, die Ecksäulen

---

83) *Le Roy* Monum. de la Grece Part. I. pag. 42. Pl. XV.

84) *Strabo* VIII. p. 582. Chandler Reif. in Griechenl. Kap. 57.

85) *Diodor. Sic.* XI. 25.

86) Riedesel Reisen durch Sicil. und Großgriechenland, S. 51. *d' Orville* Sicula, pag. 92 ff. *Houel* Voy. Pittor. des Isles de Sicile etc. Tom. IV. pag. 17. Pl. 215. pag. 29. Pl. 225.

87) Riedesel Reise durch Sic. ꝛc. S. 40. *d' Orville* Sic. pag. 100. *Houel,* Voyag. Pitt. Tom. IV. pag. 21. Pl. 128.

zweymal gerechnet. Der Tempel, den man den Tempel der Concordia nennt, hat auch sechs Säulen an jeder Fronte, und dreyzehn an jeder Seite, und dieser ist fast ganz übrig geblieben.⁸⁸) Dieses majestätische Gebäude, sagt Swinburne, steht in dem vortheilhaftesten Gesichtspunkte, der uns denkbar ist, an dem Rande eines Abgrundes, der die Schutzwehr der Stadt längst der ganzen südlichen Gegend ausmachte. Von jedem Theile der Gegend umher erscheint der Tempel der Concordia als die merkwürdigste Figur eines schönen Gemäldes.⁸⁵)

Fast eben so vollständig hat sich der Tempel zu Segesta erhalten, der auf einem Berge in der Mitte einer weiten Ebene steht, und das Auge schon von weiten durch die edle Einfalt seiner Architektur auf sich zieht.⁹⁰) Die helle Farbe und die majestätische Vertheilung so vieler Säulen, auf welchen sich Licht und Schatten in verschiedenen Richtungen brechen, und die einsame Lage eines so großen Gebäudes auf einer kühnen Anhöhe, mitten in einer Wüste, haben

---

88) Riedesel R. d. Sic. 2c. S. 41. *d'Orville*, Sic. pag. 96 ff. *Houel*. Voyag. Pitt. Tom. IV. p. 24. Pl. 221. 222. 223. Die Oeffnungen in den Seitenmauern der Zelle sind in neuern Zeiten hineingebrochen.

89) Swinburne Reis. durch beyde Sicilien. II. S. 349. deutsch. Uebers.

90) Riedesel R. d. Sic. S. 17. *d'Orville*, Sic. pag. 54. *Houel*. Voyag. Pitt. Tom. I. pag. 8 ff. Pl. III — VI.

etwas sehr Feyerliches und Erhabenes, und thun eine außerordentliche Wirkung.⁹¹) Dieser Tempel hatte sechs Säulen an der vordern, und eben so viel an der hintern Fronte, an jeder Seite aber zwölf Säulen. Die alten dorischen Säulen sind fast allemal geriefelt, so wie man sie auch an den jetzt erwähnten Tempeln findet, allein an diesem Tempel sind sie glatt, und sie haben hier überdieses noch viereckige Untersätze.⁹²)

Zu Selinus, einer der reichsten Städte Siciliens, standen viel ansehnliche Tempel, die jetzt in verschiedenen Erstaunen erweckenden Massen, unter denen sich noch viele aufrecht stehende Säulen befinden, darnieder liegen. Von diesen Tempeln ist einer, wegen seiner Größe, vorzüglich merkwürdig. Er hatte acht Säulen vor jeder Fronte, und sechszehn an jeder Seite, und auch innerhalb der Zelle standen ringsherum eine Reihe Säulen.⁹³) Die vordere Halle hatte vier Reihen Säulen, die hintere aber zwey Reihen, und an der vordern waren einige Säulen geriefelt, andere aber, an denen die Aushöhlungen nur vorgezeichnet sind, noch nicht vollendet.

---

91) *Swinburne* Reis. d. beyd. Sic. II. S. 290.
92) *Houel*. Voyag. Pitt. Tom. I. Pl. IV.
93) Riedesel Reis. d. Sic. S. 26 ff. *d' Orville* Sic. pag. 71. d' Orville hat diesen Tempel nicht ganz richtig beschrieben und abgebildet. *Houel*. Voyag. Pitt. Tom. I. p. 28. Pl. XX. XXI.

Erster Abschnitt.

In den Ruinen der Stadt Pästum oder Posidonia, die am Salernitanischen Meerbusen lag, sind außer den Stadtmauern zwey Tempel und ein drittes Gebäude übrig geblieben, das man für eine Basilica, oder ein anderes öffentliches Gebäude hält, von denen der größere Tempel unstreitig auch in der fünfundsiebenzigsten Olympiade gebaut wurde, da seine Bauart, die Verhältnisse und die Form seiner Säulen, den Säulen der Agrigentinischen Tempel völlig gleich sind. [94]) Dieser Tempel hat an jeder Fronte sechs Säulen, auf jeder Seite aber vierzehn, die geriefelt sind und keine Untersätze haben. Innerhalb der Zelle geht mitten hindurch eine Reihe Säulen, die kleinere Säulen über sich hat, und es ist dieses das erste Beyspiel in der griechischen Kunst, wo man zwey Reihen Säulen über einander antrifft, und das einzige dieser Art, das aus dem Alterthum übrig geblieben ist.

Tempel zu Pästum.

---

94) Die Ruinen von Pästum sind verschiedene Mahle herausgegeben worden, am besten und richtigsten aber von Paoli, unter dem Titel: Rovine della Citta di Pesto, detta ancora Posidonia Rom. 1784. if. In der dritten Dissertation wird von diesem größern Tempel gehandelt. Der Verfasser hat die sonderbare Meynung, daß die Gebäude zu Pästum von Etruskern wären angelegt worden; allein man darf sie nur mit gehöriger Aufmerksamkeit betrachten, so erkennt man den Styl der griechischen Architektur und findet, daß sie dem agrigentinischen Tempel völlig ähnlich sind.

Tempel zu Metapont. Die Stadt Metapont, nicht weit von Tarent, war auch mit schönen Tempeln geschmückt. Es sind nur einige Säulen von einem Tempel übrig geblieben, die denen zu Pästum ganz gleichen. [95])

Tempel auf dem Vorgebirge Lacinium und Alice. Die wenigen Ueberreste von dem Tempel der Juno Lacinia, der auf dem Vorgebirge Lacinium, nicht weit von Kroton, stand, bezeugen, daß er auch in dieser Zeit errichtet wurde. [96]) Dieser Tempel war auch von dorischer Bauart, und seine Säulen glichen denen zu Pästum und Agrigent. Er wurde in der folgenden Zeit sehr vergrößert, und so wohl wegen seiner Heiligkeit als wegen seiner Reichthümer berühmt. [97]) Das Vorgebirge Alice war wegen eines Tempels des Apollo Halyus berühmt, von dem aber jetzt nichts mehr anzutreffen ist.

Charakter d. Baukunst dieser Zeit. So hatte die Baukunst jetzt schon einen beträchtlichen Fortgang gemacht. Die Errichtung der vielen Tempel in den verschiedenen Besitzungen der Griechen, und die häufige Beschäftigung mit der Kunst, bahnte ihr die Wege, auf denen sie der Vollkommenheit konnte entgegen geführt werden. Der Charakter der Kunst dieser Zeit ist hohe, edle Einfalt, die sich eben so sehr von dem Rohen entfernt, als sie sich dem Schö=

---

95) Swinburne Reis. durch beyd. Sic. I. S. 337. deutsch. Ueberf.

96) Riedesel Reis. d. Sic. S. 191. Swinburne Reis. d. beyd. Sic. I. S. 400.

97) *Livius* XXIV. 3.

Schönen nähert. Schon jetzt arbeiteten die griechischen Künstler nach Grundsätzen; jetzt bildete sich der Geschmack, und wir finden in allen diesen Tempeln Einheit, Genauigkeit und gute Verhältnisse, die, ob sie gleich noch mehr Ausbildung bedurften, um ganz vollkommen zu seyn, dennoch von dem Gefühl des Schönen zeugen, das allmählig in den Griechen erwachte.

Der älteste Künstler der Griechen, der uns bekannt ist, war Dädalus, der sich nicht allein als Baukünstler, sondern auch als Bildhauer berühmt machte. Er war zu Athen aus einem königlichen Geschlechte entsprungen, und, als Künstler, bey allen Völkern sehr berühmt worden. [98] Er soll in Aegypten, zu Cuma in Italien, in Sicilien, große Tempel und andere Gebäude, und auf der Insel Kreta das Labyrinth angelegt, überdieses auch viele Statuen und Brustbilder der Götter gearbeitet haben. Das Unwahrscheinliche dieser Erzählungen der alten Schriftsteller ist zu auffallend, als daß es einer Widerlegung bedürfte, da es unmöglich ist, daß ein einziger Mann so viele große Gebäude, in so weit von einander liegenden Ländern, angeben und vollenden konnte. [99]

Aelteste Baukünstler d. Griechen. Dädalus.

Nicht weniger berühmt waren die beyden Brüder, Agamedes und Trophonius. Sie waren die Söhne des Erginus, eines Königs zu Orcho-

Agamedes und Trophonius.

---

[98] *Pausan.* VII. 4. *Diodor. Sic.* IV. 76.
[99] Goguet Ursprung der Gesetze ꝛc. Th. II. S. 181 ff.

menus, und beschäftigten sich, sobald sie das männliche Alter erreichten, mit der Erbauung verschiedener Tempel und anderer Gebäude.[100]) Sie errichteten einen hölzernen Tempel des Neptuns zu Mantinea, und einen steinernen Tempel des Apollo zu Delphi, der aber vom Feuer zerstört wurde.[101]) Sie erbauten auch zu Theben ein Wohnhaus für den Amphitruon, als er sich mit der Alkmena vermählte. Ihr berühmtestes Gebäude war die Schatzkammer des Hyrieus, das unstreitig eben so ein Gebäude war, wie die Schatzkammer des Minyas und des Königs Rhamsinitus.[102]) Allein dieses Gebäude machte ihr Unglück,[103]) denn sie hatten an der einen Seite einen Stein angebracht, den sie, ohne daß es bemerkt wurde, herausnehmen und wieder einsetzen konnten, damit sie hineingehn und den daselbst verwahrten Schatz berauben konnten. Der König, der nicht wußte, wo die Schätze hinkamen, und sich darüber verwunderte, weil die Schlösser des Gebäudes stets unversehrt waren, ließ an den Deckel eines jeden Kastens Schlingen legen, um den=

---

100) *Pausan.* IX. 37.

101) *Pausan.* VIII. 10. IX. 5. *Strabo* IX. pag. 644.

102) *Herodot.* II. 121. Die Schatzkammer des Rhamsinitus hatte eben auch einen versteckten Eingang, und die Söhne des Rhamsinitus beraubten sie auf eben die Art, wie jene beyden Brüder die Schatzkammer des Hyrieus.

103) *Pausan.* IX. 37.

jenigen zu fangen, der hineingreifen würde. Dieses traf den Agamedes, der sich aus den Schlingen nicht wieder befreyen konnte. Damit nun die Thäter nicht verrathen werden sollten, so schlug Trophonius seinem Bruder den Kopf ab, er selbst aber entfloh. Einige Zeit darauf wurde Trophonius, in einem Haine bey Lebadea in Böotien, von der Erde verschlungen, an eben dem Orte, wo hernach beyde Brüder, vorzüglich aber Trophonius, in einer Höhle göttlich verehrt wurden, die wegen der Orakel berühmt war. Einen ehrenvollern Tod dieser beyden Brüder giebt Cicero an.[104]) Nachdem sie den Tempel des Apollo zu Delphi vollendet hatten, baten sie den Gott um eine solche Belohnung, die er für sie am vortheilhaftesten hielt. Apollo versprach ihnen dieses, und da er glaubte, sie am rühmlichsten zu belohnen, wenn er sie zu sich nähme, so ließ er sie den dritten Tag darauf sterben.

Wir finden auch noch einige andere alte Künstler erwähnt. Theodorus soll nebst dem Rholus und Zmilus das Labyrinth in Lemnos angelegt haben.[105]) Pteras erbaute den ersten Tempel des Apollo zu Delphi, der vorher nur eine Hütte aus Lorbeerzweigen war.[106]) Rhökus, ein geborner Samier, war der Baumeister des ersten und ältesten

Andere Künstler.

---

104) Tuscul. Quaest I. p. 316. edit. *Ernesti* prima-
105) *Plinius* H. N. XXXVI, 13.
106) *Pausan.* IX. 5.

Tempels der Juno zu Samos.[107]) Unstreitig war dieser Rhökus eben der, der nebst einem andern Samier, Theodorus, die Plastik, so wie auch die Kunst in Erz zu gießen, erfand.[108]) Dieser Theodorus soll auch zu Sparta ein Gebäude angegeben haben, das Skias hieß und zu den Versammlungen des Volkes bestimmt war. Pheax, war ein Baumeister der Agrigentiner, der in ihrer Stadt unterirrdische Canäle anlegte, die daher Pheaces genannt wurden.[109]) Unstreitig hat eben dieser Künstler auch einige der agrigentinischen Tempel erbaut. Bey den Eleern war ein Baumeister Agaptus, der einen Porticus erbaut hatte, welcher den Namen des Künstlers bekam.[110]) Zu Athen zeichneten sich jetzt vier Baumeister aus, Antistates, Kalleschros, Antimachides und Porinos, die den Grund zu dem Tempel des Jupiter Olympius legten.[111]) In dieses Zeitalter gehört wahrscheinlich auch Bupalus, der als Baukünstler und Bildhauer berühmt war, und sehr viele Gebäude angegeben hatte.[112])

---

107) *Herodot.* III. 60.
108) *Pausan.* VIII. 14. X. 38. *Plinius* H. N. XXXV. 12.
109) *Diodor. Sic.* XI. 25.
110) *Pausan.* V. 15.
111) *Vitruv.* VII. praef.
112) *Pausan.* IV. 30.

Zweyter Abschnitt.

Von der Baukunst der Griechen nach den persischen Kriegen bis zu Alexander dem Großen.

In stiller Ruhe und Frieden, der nur bisweilen durch kleine Kriege unterbrochen wurde, beschäftigt mit dem Handel und den Künsten, lebten die aufgeklärtesten Nationen Griechenlandes frey und unabhängig, bis sie, ungefähr in der achtundsechzigsten Olympiade, von den Persern darin gestört wurden. Unter dem König Darius fielen diese Völker in Kleinasien ein, und machten viele Eroberungen, woraus der sechsjährige jonische Krieg entstand, bey dem die Athenienser und andre europäische Griechen den Joniern Beystand leisteten. Durch diese Hülfe wurden die Perser auch gegen die übrigen Griechen aufgebracht, und fielen einige Mahl in Attika und dem Peloponnes ein. Das erste Mahl geschah es unter Darius, wo sie, im dritten Jahre der zweyundsiebzigsten Olympiade, in dem Treffen bey Marathon vom Miltiades zurückgetrieben wurden, das zweyte Mahl aber unter Xerxes mit einem unzählbaren Heere, welches, im zweyten Jahre der fünfundsiebzigsten Olympiade, in zwey Treffen an einem

Persischer Krieg.

Tage, bey Platäa vom Aristides und Pausanias, und bey Mykale vom Leotychides und Xantippus, völlig geschlagen wurde.

Folgen dieses Kriegs. Griechenland war nun zwar von den Persern befreyt, aber überall entdeckte man die traurigen Spuren, die dieses Volk hinterlassen hatte. Die ansehnlichsten Städte waren verwüstet, und die größten und berühmtesten Tempel zerstört. In Jonien hatten die Perser vorzüglich gewüthet; alle berühmte Tempel, der Tempel des Apollo Didymäus bey Milet, der Tempel der Minerva bey Phocäa, der Junotempel zu Samos, und andere, waren ein Raub der Flammen geworden,[1]) nur der ephesische Dianentempel war unversehrt stehen geblieben.[2]) Auch der Peloponnes war nicht verschont worden, und die Stadt Athen hatte, so wie das ganze attische Gebiete, unter dem Mardonius und Xerxes, ein gleiches Schicksal betroffen. Mardonius hatte die Gebäude in Phalerum verbrannt,[3]) und von den Soldaten des Xerxes wurde der Tempel der Minerva und alles übrige verheert, was sich auf dem Schlosse befand.[4]) Viele von den Ruinen der Tempel, die von den Persern waren zerstört worden, ließen die Griechen unaufgebaut liegen, um ein immerwährendes Andenken jener Kriege zu haben, und noch

---

1) *Pausan.* VII. 5.
2) *Strabo,* XIV. pag. 941.
3) *Pausan.* I. 1.
4) *Herodot.* VIII. 53.

zu Pausanias Zeiten waren, um Athen herum und in andern Gegenden Griechenlandes, solche Trümmer zu sehen.⁵)

Diese Verwüstungen, so schrecklich sie für das Land waren, so vielen Vortheil brachten sie nachher der Baukunst, deren Fortgang dadurch merklich befördert wurde. Die meisten Nationen Griechenlandes waren, nachdem sie sich etwas erhohlt hatten, eifrig bemüht, ihren Städten die alte Pracht wieder zu geben und sie zu verschönern. Es wurden jetzt die meisten zerstörten Tempel wieder aufgebaut, und vor allen diejenigen groß und prächtig angelegt, woran ganze Nationen Theil nahmen. Zu dieser Zeit war es, wo der Geist der Griechen sich lebhafter als jemals zeigte, wo er sich völlig entwickelte, und in seiner ganzen Größe erschien. Die Tempel, die man jetzt errichtete, flößten nicht nur Ehrfurcht ein und entsprachen dem hohen Begriffe, den man sich von der Wohnung eines Gottes machte, sondern sie bekamen auch mehr Schönheit und Pracht, als in den vorigen Zeiten. Die Gebäude, die nach der Staatsverfassung der Griechen zu den Zusammenkünften des Volks nöthig waren, die Marktplätze, die bedeckten Gänge, wurden vergrößert und mit Gemälden aus der griechischen Geschichte verziert. Das Volk, welches Abwechselung liebte, verlangte verschiedene Arten von Vergnügungen, und es wur-

Der Geist der Griechen zeigte sich jetzt in seiner ganz. Größe.

---

5) *Pausan.* X. 35.

den Theater und Gymnasien aufgebaut, die zugleich auch zur Erziehung und Bildung der jungen Griechen nöthig waren. Die öffentlichen Pläße wurden, zum Andenken verdienstvoller Männer, mit Statuen und Monumenten geschmückt.

<small>Athen, die Mutter und Pflegerinn der Künste.</small> Vorzüglich erhob sich der Geist der Athenienser, die sich in Absicht des Geschmacks unter den Griechen sehr auszeichneten, so daß jetzt Athen die Mutter und Pflegerinn aller Künste wurde,[6]) und auch zu der Ausbildung der Baukunst das Meiste beytrug. Die Athenienser hatten durch die Beute, die sie in den Kriegen mit den Persern erwarben, vorzüglich aber durch die Schiffahrt und ihren Handel, der sich immer weiter ausbreitete, vielen Reichthum erworben, und sie lebten jetzt in einem Wohlstande, in dem sie sich noch nie befunden hatten. Da sie aber noch sehr mäßig lebten und viele Bedürfnisse nicht kannten, die nur ein übermäßiger Luxus erzeugt, so verwandten sie von diesem Reichthum nur wenig zu ihrem eigenen Vergnügen, sie bemühten sich hingegen das Meiste dem Staate zu widmen, und mit vereinten Kräften den öffentlichen und allgemeinen Ruhm zu befördern. Sie zeigten daher ihre Liebe zur Pracht vorzüglich an öffentlichen Gebäuden, um ihre Stadt zu verschönern und sie zu einer der ersten Städte Griechenlands zu machen.

<small>Themistokles.</small> Gleich nach Endigung der persischen Kriege fing Themistokles an, sich um Athen verdient zu ma-

---

6) *Diodor. Sic.* XII. 1.

chen und sie wieder herzustellen.⁷) Er ließ die Stadmauern wieder bauen,⁸) er legte den Piräus an, und hatte im Sinne, den Hafen, der daselbst war, zu dem größten und schönsten Hafen in Griechenland zu machen.⁹) Vorher hatten die Athenienser sich eines Hafens in Phalerum bedient, der klein war und nicht die beste Lage hatte, der Piräus aber gewährte den Schiffern alle nur mögliche Bequemlichkeit. Dieser Hafen wurde mit einer Mauer eingefaßt, die aus gehauenen Steinen bestand, und er enthielt drey besondere Abtheilungen für die Schiffe. Die erste bekam von einem alten Heros den Namen Kantharus, wo Themistokles ein Arsenal anlegte.¹⁰) Die zweyte hieß Aphrodisium, von einem Tempel der Venus, und die dritte Zea, wo die mit Korn beladenen Schiffe landeten. Der Baumeister, der den Piräus anlegte, hieß Hippodamas, der übrigens als Erfinder vieler Verbesserungen in der Baukunst berühmt war, und auch den Plan zu der Stadt Rhodus soll entworfen haben, daher zwischen dieser und der Anlage des Piräus viel Aehnlichkeit gefunden wurde.¹¹) Nach diesem Baumeister bekam auch ein Marktplatz im Piräus den Namen Hippodamäum.

---

7) *Plutarch.* Themist. Vol. I. p. 267. edit. *Bryan.*
8) *Diodor.* XI. 39. 40.
9) *Diodor.* XI. 41.
10) *Pausan.* I. 1. 2.
11) *Meursii* Piraeus. Cap. II.

In der folgenden Zeit wurde der Piräus mit vielen Tempeln, einem Theater, einem schönen Porticus und andern Gebäuden geschmückt, und so angebaut, daß er eine eigene Stadt zu seyn schien.[12]) Auch errichteten hier die Athenienser dem **Themistokles**, einige Zeit nach seinem Tode, ein Grabmal, weswegen sie von Magnesia am Mäander, wo er gestorben war, seine Gebeine holten.[13])

Zu den wichtigen Gebäuden, die zu **Themistokles** Zeiten in Athen errichtet wurden, ist auch unstreitig das Theater zu rechnen, welches das erste große, steinerne und regelmäßige Gebäude dieser Art in Griechenland war und den Namen des Theaters des **Bacchus** bekam. **Themistokles** verwendete viele Summen auf die Aufführung der Schauspiele,[14]) weil diese Art von Vergnügungen in Athen sehr geliebt wurde, und es ist daher sehr wahrscheinlich, daß man jetzt, da die Stadt mit vielen andern Gebäuden verschönert wurde, auch ein besseres Theater errichtete, nämlich ein steinernes, da man vorher nur ein hölzernes gehabt hatte, das aber einmal, bey einer Vorstellung eines Stückes des **Pratinas**,

---

12) **Chandler** Reis. in Griechenl. Kap. 5. Hier findet man eine genaue Beschreibung der Häfen bey Athen, und auf der zweyten Kupfertafel einen Plan des Piräus. Größere Plane und Abbildungen dieser Häfen sieht man im *le Roy*, Monum. de la Greçe. Part. I. Pl. IX. XVI. XVII. XVIII.

13) *Pausan.* I. 1.

14) *Plutarch*, Themist. Vol. I. pag. 251.

einstürzte. Die Scena dieses Theaters wurde vom Agatharchus, nach der Angabe des Dichters Aeschylus, angelegt und verziert.¹⁵) Von diesem Theater haben sich einige wenige Ueberbleibsel bis jetzt erhalten, mit denen uns le Roy und vorzüglich Stuart bekannt machen.¹⁶)

Eben so sehr bemühte sich Cimon, Miltiadis Sohn, die Stadt zu verschönern. Er legte nicht nur den Grund zu den sogenannten langen Mauern, die den Piräus mit der Stadt verbanden, sondern ließ auch die südliche Mauer um die Akropolis aufführen.¹⁷) Er verzierte den Marktplatz ringsherum mit Platanenbäumen, und erbaute, nicht lange nach der Schlacht bey Marathon, dem Theseus, der um Athen so viele Verdienste hatte, einen Tempel, nachdem er vorher den Tod dieses Königs und Helden an der Insel Skyros, auf welcher derselbe von dem König Lykomedes war umgebracht worden, durch Verwüstung der Insel gerochen, und die Gebeine des Theseus nach Athen gebracht hatte.¹⁸) Dieser Tempel ist von dorischer Bauart, und hat vor jeder Halle sechs Säulen, auf den Seiten aber

Cimon.

---

15) *Vitruv.* VII. praef. *Horat.* Art. Poet. v. 278 ff.
16) The Antiquit. of Athens, Vol. II. Chap. III. *le Roy* Monum. de la Grèce, Part. I. Pl. VII. pag. 13.
17) *Plutarch* in Cimone. Vol. III. pag. 125. *Pausan.* I. 28.
18) *Pausan.* I. 17. *Plutarch* Cimon. Tom. III. pag. 117.

dreyzehn Säulen, die geriefelt sind. [19]) Die Metopen sind mit erhobner Bildhauerarbeit verziert, welche die Thaten des **Theseus** und des **Herkules** vorstellen. [20]) Dieses Schnitzwerk ist meisterhaft gearbeitet, die Architektur ist groß und edel, und unstreitig von einem der Baumeister, die hernach **Perikles** zu seinem Bauen gebrauchte. Dieser Tempel hat sich bis jetzt fast ganz erhalten, und man hat nur ein neues Dach darüber gewölbt, weil die Griechen ihn zu einer Kirche brauchen, die dem heiligen Georg gewidmet ist. [21])

Gymnasien zu Athen. Die drey berühmten Gymnasien, die außerhalb der Stadt lagen, die Akademie, das Lyceum, und Kynosarges, wurden jetzt sehr verschönert. [22]) Die Akademie hatte ihren Namen von einem gewissen Akademus erhalten, dessen Eigenthum sie war und der sie dem Volke schenkte. [23]) Sie war im Anfange ein sumpfiger und ungesunder Ort, den aber **Cimon** dadurch verbesserte, daß er die Sümpfe austrocknen und ringsherum Platanen-Alleen pflanzen ließ, die das Gymnasium durch ihre schattigen Gänge

---

19) *Le Roy* Monum. de la Greçe. Part. I. Pl. XI. pag. 21. Part. II. Pl. IV. V. VI. pag. 6.

20) **Chandler** Reisen in Griechenland. Kap. 14.

21) **Chandler** am ang. Orte.

22) **Chandler** Reis. in Griechenl. Kap. 22. 23. bestimmt die Lage dieser Gymnasien.

23) *Pausan.* I. 29.

angenehm machten.[24]) Das Lyceum, das an den Ufern des Ilyssus lag, war dem Apollo Lycius geheiliget, und wurde auch von Platanen beschattet.[25]) Die Anlage dieses Ortes wird von einigen dem Pisistratus, von andern dem Perikles, und bisweilen auch dem Lykurgus, Lykophrons Sohne, zugeschrieben, wahrscheinlich aber haben sich alle drey um das Lyceum verdient gemacht, indem es der erste anlegte, die beyden andern aber verschönerten.[26]) Kynosarges lag nicht weit vom Lyceum, und es befand sich dabey ein Tempel des Herkules, der daher den Zunamen Kynosarges bekam.[27])

Schon diese Verschönerungen Athens beförderten den Wachsthum der Künste ungemein; ihre schönste Blüthe aber erreichten sie unter Perikles, der nach Cimons Tode, welcher im vierten Jahre der zweyundachtzigsten Olympiade erfolgte, das Staatsruder führte. Perikles vorzügliches Bestreben ging dahin, sich bey den Atheniensern beliebt zu machen; dabey war er aber auch bemüht, sie zu beschäftigen, um ihre Aufmerksamkeit von der Staatsverwaltung abzuwenden. Diese Absichten konnte er nicht besser erreichen, als durch Anlegung neuer und großer Gebäude, wodurch er die Prachtliebe der Athe-

Perikles.

---

24) *Meursius* in Ceramico gemino, Cap. 20. *Plutarch.* Cimon. Vol. III. p. 125.
25) *Pausan.* I. 19. 29.
26) *Meursius* Athen. Att. Lib. II. c. 3.
27) *Pausan.* I. 19. *Meursius* l. c. Lib. II. c. 2.

nienſer ganz auf die Verſchönerung der Stadt lenkte, und überdieſes auch ſeiner eigenen Liebe zur Pracht und zu den Künſten Genüge that.

<small>Blüthe der Baukunſt zu Athen.</small> Die Griechen hatten einen hohen Grad von Cultur erlangt, ſie waren in der Kunſt bis zum Schönen fortgegangen, und ihr erhabener Geiſt, ihre ſanften Sitten, ihre einfache Lebensart, verurſachte, daß dieſes Gefühl fürs Schöne jetzt vollends ausgebildet wurde, und daß jetzt die größten Künſtler unter ihnen entſtanden, weil ſie durch Perikles, der ſelbſt Geſchmack beſaß und ihren Geſchmack leiten konnte, Aufmunterung und Belohnung erhielten. So wie dieſe Künſtler bey der Abbildung der Götter und Helden die höchſte Vollkommenheit der Kunſt zu erreichen ſuchten, ſo beſtrebten ſie ſich auch bey den Werken der Baukunſt alles mit Geſchmack auszuführen. Jetzt war die Zeit, wo man alles, was bey einem Gebäude nothwendig verlangt wird, mit dem Schönen angenehm und geſchickt zu vereinigen wußte, jetzt war die Zeit, wo der reinſte und beſte Geſchmack in der Baukunſt herrſchte, und wo ſie darin die größte Vollkommenheit erlangte, deren ſie fähig iſt.

<small>Odeum.</small> Schon als Privatmann machte Perikles ſich um Athen verdient, und ließ das Odeum errichten, das erſte Gebäude dieſer Art in ganz Griechenland,[28]) in welchem bey den Panathenäiſchen Feſten muſikaliſche Wettſtreite ſollten gehalten werden. Es hatte

---

28) Martini von den Odeen der Alten. S. 10. 26.

Zweyter Abschnitt.

die Form eines Theaters, so daß auf der einen Seite, in einem halben Zirkel, Sitze für die Zuhörer stufenweise über einander angelegt waren, und diesen gegen über, auf der andern Seite, sich eine Bühne befand, wo die Musik gegeben wurde. Das Dach dieses Gebäudes war aus den Masten und Segelstangen der persischen Schiffe zusammengesetzt, wodurch es eine Aehnlichkeit mit dem Zelte des Xerxes erhielt. [29])

Sobald Perikles aber das Staatsruder erlangt hatte, ließ er sich die Ausschmückung der Stadt durch öffentliche und prächtige Werke mit allem Eifer angelegen seyn. Die Baumeister, deren er sich bediente, waren Leute von großen Kunstkenntnissen, und einer der größten Künstler der Alten, Phidias, hatte die Aufsicht über sie. Die ansehnlichen Baue, die Perikles unternahm, wurden mit außerordentlicher Schnelligkeit ausgeführt, und gewiß sind noch nie so viel wichtige Werke in einem so kurzen Zeitraume vollendet worden. Kaum zwanzig Jahre brauchte man zu der Erbauung des Parthenon, der Propyläen und anderer großen Gebäude, die demungeachtet eine lange Reihe von Jahren hindurch ihr Ansehn und ihre eigenthümliche Schönheit unverdorben erhielten, noch zu Plutarchs Zeiten so vollkommen waren, als besäßen sie einen nie welkenden Geist und eine für das Alter unempfindliche

Vortreflichkeit der Gebäude unter Perikles Regierung.

---

29) *Pausan.* I. 20. *Vitruv.* V. 9.

Seele,[30]) und die auch noch jetzt in ihren Ruinen Erstaunen und Ehrfurcht erwecken.

Parthenon. Keinen Theil der Stadt ließ Perikles mit schönern Gebäuden versehen, als die Akropolis.[31]) Hier wurden die Propyläen und das Parthenon angelegt, zwey Gebäude, welche die größten Meisterstücke der Kunst genennt zu werden verdienen. Das Parthenon, oder der Tempel der Minerva, wurde ungefähr zwischen der dreyundachtzigsten und fünfundachtzigsten Olympiade in zehn Jahren gebaut,[32]) und war die vornehmste Zierde der ganzen Stadt. Dieses edle und erhabene Gebäude war ein Peripteros, von weißem Marmor und von dorischer Bauart. Acht kannelirte Säulen standen an der vordern und eben so viel an der hintern Fronte, auf jeder Seite aber siebzehn, und innerhalb dieses Porticus standen vor jeder Halle sechs Säulen, die etwas kleiner waren, als die Säulen des Porticus. Drey Stufen umgaben den Tempel, die ihn von dem Fußboden erhoben.

---

30) *Plutarch.* Pericles. pag. 353. Vol. I.
31) *Meursius* Cecropia.
32) Heyne, antiquar. Aufsätze. I. 200. Chandler Reisen in Griechenl. Kap. 10. Hier findet man eine Geschichte dieses Tempels. Wheler und Spon sahen ihn im Jahre 1676 noch ganz, aber in dem folgenden Jahre wurde er von den Venetianern zerstört, die eine Bombe hineinwarfen, weil die Türken daselbst ihre Munition verwahrten. The Antiquit. of Athens. II. pag. 3.

erhoben und worauf der Porticus ruhte, zwey andere Stufen aber gingen innerhalb deſſelben um die Zelle herum. Seine Länge beträgt nach franzöſiſchem Maasſtabe etwas über zwenhundertundſiebzehn Fuß, und ſeine Breite etwas über achtundneunzig Fuß, nach dem engliſchen Maasſtabe aber iſt er hundertundzwey Fuß, zwey Zoll breit, und zweyhundert und fünfundzwanzig Fuß, zehn Zoll lang.³³) Er war unſtreitig ein Hypäthros, und hatte innerhalb der Zelle ringsherum eine Säulenſtellung von zwey Reihen Säulen über einander, die das Dach trugen.³⁴) Seine Verzierungen waren einfach und beſtanden aus vortreflich gearbeiteter erhobener Sculptur. In dem Felde des vordern Giebels war die Geburt der Minerva, und in dem hintern Giebelfelde der Streit der Minerva mit dem Neptun,³⁵) in dem Metopen aber der Kampf der

---

33) The Antiquit. of Athens, Vol. II. Chap. I. *le Roy* Monum. de la Grece. Part. I. p. 9. Pl. IV. Part. II. p. 8. Pl. VI—X. Pocock III. Taf. 67. Die Abbildungen des Parthenon und auch der Propyläen beym Pocock III. Taf. 66, ſind unrichtig. Die Propyläen ſieht er für einen Tempel an.

34) The Antiquit. of Athens. Vol. II. Chap. I. pag. 5. 9. Pl. II.

35) *Pauſan*. I. 24. Hiervon iſt nichts übrig geblieben. The Antiquit. of Athens, II. Chap. I. pag. 11.

Centauren und Lapithen abgebildet.³⁶) Es geht auch oben an der Mauer der Zelle ein Frieß herum, in welchem ein feyerlicher Aufzug bey dem panathenäischen Feste vorgestellt ist.³⁷) Die Baumeister dieses Tempels waren Kallikrates und Iktinus, von denen der letztere mit dem Karpion eine Abhandlung über den Tempel schrieb.³⁸)

Propyläen. Nicht weniger als das Parthenon zeichnete sich ein anderes Gebäude aus, nämlich die Propyläen, die sogleich nach Vollendung des Parthenon, unter dem Archon Euthymenes angefangen, und fünf Jahre darauf, zu Ende der sechsundachtzigsten Olympiade, geendigt wurden. Dieses Gebäude war aus weißem Marmor gebaut und zierte den Eingang der Akropolis. Eine große freye Treppe, die so breit als das ganze Gebäude war, und neben der auf jeder Seite ein hohes Postament angebracht war, worauf eine Statue zu Pferde stand, führte hinauf zu den Propyläen. War man diese Treppe hinaufgegangen, so kam man auf einen freyen Platz, an dessen Ende wieder einige Stufen lagen. Hierauf folgte ein Porticus von sechs dorischen geriefelten Säulen, durch den man in einen großen Saal kam, dessen Decke

---

36) The Antiquit. of Athens. Vol. II. Chap. I. p. 11. Pl. X. XI. XII.

37) The Antiquit. of Athens. Vol. II. Chap. I. Pl. IV. XIII—XXX. *le Roy* Monum. de la Grèce. Part. I. Pl. IV.

38) *Vitruv.* VII. Praef.

auf sechs jonischen Säulen ruhte. An dem Ende dieses Saales, dem Eingange gegenüber, lagen noch einige Stufen, auf denen man zu fünf Thüren kam, die einen Porticus von sechs dorischen Säulen vor sich hatten, aus dem man in die Akropolis trat.[39]) Auf jeder Seite dieses Gebäudes war ein Flügel angebaut, davon der auf der rechten ein Tempel der **Victoria Apteros**, oder der Göttinn des Sieges ohne Flügel, der auf der linken Seite aber ein Saal war, den **Polygnotus** mit vielen Gemälden aus der griechischen Geschichte verziert hatte.[40]) Die Decke dieses Gebäudes bestand aus großen Tafeln von weißem Marmor. **Pausanias** bewundert dieselbe wegen der Größe der Steine, und wegen der Schönheit ihrer Verzierungen. **Mnesikles** war der Architekt der Propyläen. Er wurde, während des Baues, durch einen Fall beschädigt, aber durch eine Pflanze wieder hergestellt, die hernach den Namen Parthenium erhielt, weil sie **Minerva** selbst dem **Perikles** als ein Mittel zur Heilung des Künstlers soll angegeben haben.[41]) Wahrscheinlich waren die Propyläen das letzte Werk des **Perikles**, weil bald darauf der peloponnesische Krieg seinen Anfang nahm.

---

39) The Antiquit. of Athens. Vol. II. Chap. V. *le Roy* Monum. de la Grece. Part. I. pag. 11. Pl. VI. Part. II. pag. 11. Pl XI—XIII.
40) *Paufan.* I. 22. Chandler Reis. in Griechenl. Kap. 9.
41) *Plutarch.* Pericles, pag. 353. Vol. I.

Andere Gebäude dieser Zeit.

Außer diesen beyden wichtigen Gebäuden ließ Perikles die langen Mauern vollenden, die vom Piräus bis an die Stadt gingen, deren Bau Cimon angefangen hatte. Ihre Absicht war die Vereinigung zwischen der Stadt und dem Hafen immer offen und ungestört zu erhalten, damit man, besonders in Kriegszeiten, sicher und ohne von den Feinden beunruhigt zu werden, von einem zu dem andern kommen konnte. Der Baumeister, der den Bau dieser Mauern besorgte, war Kallikrates. [42]) Unstreitig wurde jetzt auch die Stoa, oder die Halle, angelegt oder doch verschönert, die wegen ihrer vielen und verschiedenen Gemälde den Namen Pöcile bekam, [43]) da nebst dem Polygnotus und Mycon, Panäus, ein Bruder des Phidias, diese Gemälde verfertigte. [44]) Diese Halle wurde in nachfolgenden Zeiten durch Zeno berühmt, der seine Philosophie daselbst lehrte, die daher den Namen der stoischen bekam.

Jonischer Tempel am Ilissus.

Zu dieser Zeit wurde gewiß auch der kleine jonische Tempel am Ilissus gebaut. [45]) Seine Bauart war einfach, aber schön. Alle Glieder waren glatt und ohne Verzierungen, aber mit Eleganz angeordnet, und mit der größten Genauigkeit ausgeführt. Er stand auf drey Stufen, war Amphiprostylos und hatte an jeder Fronte vier Säulen.

---

42) *Plutarch.* l. c.
43) *Pausan.* I. 15.
44) *Pausan.* V. 11. Heyne antiquar. Auff. I. 216.
45) The Antiquit. of Athens. Vol. I. Chap. II. p. 7.

Die Kunst breitete sich auch in dem übrigen Gebiete der Athenienser aus, auch hier wurden viele schöne Tempel errichtet, von denen einige auf Perikles Befehl gebaut wurden. Unter diese gehört der mystische Tempel der Ceres und Proserpina zu Eleusis, dessen Zelle eine ansehnliche Größe hatte, weil diejenigen, die in die eleusinischen Geheimnisse eingeweihet waren, sich hier versammelten. Den Bau dieses Tempels fing Iktinus, der Baumeister des Parthenon, an,[46]) und nachher wurde er von andern Künstlern vollendet. Korábus setzte die Säulen innerhalb der Zelle, Metagenes aber fügte die Architraven und die Säulen darüber hinzu, welche die Decke unterstützten, und Xenokles erbaute das Dach.[47]) Dieser Tempel hatte das Eigne und zeichnete sich vor andern Tempeln dadurch aus, daß er von außen gar keine Säulen hatte.[48]) *Tempel der Ceres zu Eleusis.*

Bey Megara, die, eben so wie der Piräus, mit Athen durch Mauern verbunden war, stand in einem Haine ein schöner Tempel des Jupiter, der aber wegen des einbrechenden peloponnesischen Krieges nicht ganz vollendet wurde.[49]) Auch erwähnt Pausanias noch anderer Tempel, die zu Megara standen. Zwischen Athen und dem Vorgebirge Su- *Mehrere Tempel in Attika.*

---

46) *Strabo*, IX. p. 605.
47) *Plutarch*. Pericles. p. 352. Vol. I.
48) *Vitruv*. VII. praef.
49) *Pausan*. I. 40.

nium lagen noch verschiedene Städte, als Alinus, Anagyrus, Prasiä, Lampra,⁵⁰) Thorikus ⁵¹) und andere, die berühmte Tempel hatten, deren Zeitalter nicht genau kann bestimmt werden. Der Tempel aber, der auf dem Vorgebirge Sunium an der See stand, und der **Minerva Sunias** geheiliget war,⁵²) wurde, nach seiner Bauart zu urtheilen, unstreitig mit dem Parthenon zu gleicher Zeit gebaut. Er war von weißem Marmor nach dorischer Art gebaut, und rings herum mit geriefelten Säulen umgeben, von denen vor jeder Fronte sechs, und neun an jeder Seite standen. Es haben sich von diesem Tempel noch einige Ruinen erhalten, aus denen man sieht, daß er ein Gebäude von ungemeiner Schönheit muß gewesen seyn. ⁵³)

Tod des Perikles.

Auf diese Art wurde die Baukunst, so lange **Perikles** den Künstlern Beschäftigung gab, und so lange Athen von keinen Feinden beunruhigt wurde, daselbst und in den herumliegenden Gegenden mit dem größten Eifer betrieben. Als aber im ersten Jahre der siebenundachtzigsten Olympiade der peloponnesische Krieg ausbrach, so wurden die Künste des Friedens auf einige Zeit verscheucht, und es mußten jetzt, an-

---

50) *Pausan.* I. 31.
51) *le Roy* Monum. de la Grece. Part. I. pag. 4. Pl. II.
52) *Pausan.* I. 1.
53) *le Roy* Monum de la Grece. Part. I. pag. 27. Pl. XV. **Chandler** Reis. in Griechenl. Kap. 2. **Riedesel** Bemerk. einer Reis. nach der Levante. S. 83.

statt Künstler zu belohnen, die Truppen unterhalten werden, die den Feinden, welche aus dem Peloponnes nach Attika kamen, entgegen gehen sollten. Ueberdieses starb Perikles [54]) im Anfange des Krieges, und mit ihm verlor die Kunst ihren größten und in seiner Art einzigen Beschützer.

Auch andere aufgeklärte Nationen Griechenlandes bemühten sich nach den persischen Kriegen ihre zerstörten Städte wieder herzustellen, und sie mit neuen und schönen Gebäuden zu verzieren. Ueberall erhob sich die Baukunst, überall fanden die Künstler Belohnung und Aufmunterung, und ob dieses gleich nirgends so geschah, wie zu Athen, weil nirgends ein solcher Mann, wie Perikles, den Staatsgeschäften vorstand, so wurden doch an vielen Orten Tempel und andere Gebäude errichtet, die als schöne und große Werke und als Muster der Kunst merkwürdig sind. Wir wollen nur einige dieser Gebäude näher betrachten, und uns nur auf die vorzüglichsten einschränken, da theils ihre Anzahl sehr ansehnlich ist, theils auch die alten Schriftsteller sie nicht immer so deutlich beschrieben haben, daß wir uns eine genaue und richtige Vorstellung davon machen können.

Auch in andern Gegend. Griechenlandes erhob sich d. Baukunst.

Die Insel Aegina war immer reicher und mächtiger geworden, und prangte jetzt mit den schönsten

Gebäude auf der Insel Aegina.

---

54) Er starb mit dem Ausgange des dritten Jahres des peloponnesischen Krieges. Olymp. 87. 4.

Gebäuden.⁵⁵) An dem Hafen und in der Stadt Aegina sah man die Tempel der Venus, der Diana, des Apollo, des Bacchus und des Aeskulap, ein Stadium, ein Theater, das seiner Größe und Schönheit wegen sehr sehenswerth war, und das Aeacikum. Dieses war ein viereckiger Raum, den eine Mauer aus weißen Steinen umgab, wo etliche alte Olivenbäume, ein niedriger Altar, und einige Grabmäler standen. An dem Eingange dieses Platzes waren die Statuen der Griechen aufgestellt, die aus dem Peloponnes zu einer Zeit, als es daselbst lange nicht geregnet hatte, zu dem Aeakus waren geschickt worden, um ihn zu bitten, daß er den Jupiter für sie um Regen anflehen möchte, der auch die Gebete und Opfer des Aeakus erhörte.

Jupitertempel zu Nemea. Zu Nemea stand ein vortreflicher Tempel des Jupiter Nemeus, von einem Zypressenhaine umgeben,⁵⁶) in welchem alle drey Jahre die nemeischen Spiele gehalten wurden. Der Tempel war von dorischer Bauart, und hatte am Pronao sechs Säulen.⁵⁷) Zu Argos zeichnete sich vorzüglich ein Tempel des Apollo Lycius aus.⁵⁸)

Tempel des Aeskulap zu Epidaurus. Theater daselbst. Epidaurus war mit vielen schönen Gebäuden versehen. Unter den Tempeln, die sich daselbst befanden, war ein Tempel des Aeskulap der berühm-

---

55) *Pausan.* II. 29. 30.
56) *Pausan.* II. 15.
57) Chandler Reis. in Griechenl. Kap. 56.
58) *Pausan.* II. 19.

teste, der in einem von Bergen umringten Thale in einem Haine lag. Diesem Gott wurde hier nicht allein von den Epidauriern, sondern auch von vielen Fremden geopfert.⁵⁹) Neben diesem Tempel stand ein schönes rundes Gebäude von weißem Marmor, welches von seiner Gestalt den Namen **Tholus** erhalten hatte, und zum nächtlichen Aufenthalte derjenigen diente, die hierher gekommen waren, um den **Aeskulap** in Krankheiten um Hülfe anzurufen, und ihn zu verehren. Besonders war zu Epidaurus das Theater sehenswürdig, das, nach Pausanias Meynung, alle große griechische und auch die reichverzierten römischen Theater sowohl in Absicht der Bauart und der angenehmen Verhältnisse, als auch an Schönheit weit übertraf. Dieses Gebäude, so wie der Tholus, war von dem großen Künstler **Polyklet**, der gegen die fünfundneunzigste Olympiade lebte.

Bey Mycena, nicht weit von Argos, wurde ein berühmter Tempel der **Juno**, der Heräum hieß, vom **Eupolemus**, einem Argiver, erbaut.⁶⁰) Dieser Tempel war nicht nur mit vortreflicher Bildhauerarbeit verziert, die theils den Streit der Götter mit den Giganten, theils den trojanischen Krieg und die Eroberung von Ilium vorstellte, sondern auch mit vielen Statuen, unter denen sich das Bildniß der

Tempel der Juno bey Mycena.

---

59) *Strabo* VIII. pag. 575. *Pausan.* II. 27.
60) *Pausan.* II. 17.

Göttinn, vom Polyklet aus Gold und Elfenbein gearbeitet, auszeichnete.

<small>Jupiter-tempel zu Olympia.</small>

Zu Olympia sah man einen heiligen Hain, Altis, der von einer Mauer umgeben war, und nicht nur eine große Anzahl Statuen derjenigen, die in den olympischen Spielen gesiegt hatten, sondern auch drey schöne Tempel in sich faßte, einen Tempel der Juno, das Metroum oder den Tempel der Cybele, ein sehr großes Gebäude nach dorischer Bauart,[61]) und den Tempel des olympischen Jupiters, der wegen seiner schönen Bauart, seines heiligen Schatzes und wegen der Statue des Gottes, vom Phidias gearbeitet, für einen der berühmtesten Tempel Griechenlandes gehalten wurde.[62]) Dieser Tempel war von Libon, einem Eleer, gebaut, und zweyhundertunddreyßig Fuß lang, fünfundneunzig breit und achtundsechszig Fuß, bis an die Spitze des Giebels, hoch. Die Zelle umgab ein Porticus von dorischen Säulen, und innerhalb der Zelle stand eine doppelte Reihe Säulen, durch die man gehen mußte, wenn man sich der Statue des Gottes nahen wollte. Der ganze Tempel war von Steinen gebaut, die an dem Orte selbst gefunden wurden, das Dach aber bestand aus pentelischem Marmor, der wie Ziegel geschnitten war; eine Erfindung des Byza von Naxos. Die Giebel waren mit erhobener Sculptur verziert. Die Eleer erbauten diesen Tempel ungefähr in der ein-

---

61) *Pausan.* V. 20.

62) *Pausan.* V. 10. Strabo VIII. pag. 542.

Zweyter Abschnitt.

unbachtzigsten Olympiade ⁶³) von der Beute, welche sie in dem Kriege mit den Pisäern eroberten, die sich, nebst einigen angränzenden Völkern, der eleischen Botmäßigkeit entziehen wollten.

Einer der schönsten Tempel des Peloponnes stand nahe bey Phigalia in Arkadien, an einem Orte, der Baßä hieß. ⁶⁴) Er war dem Apollo Epikurius gewidmet, ein Zuname, den dieser Gott deswegen erhielt, weil er bey einer Pest, die in dieser Gegend wüthete, den Kranken große Hülfe leistete. Er war vom Iktinus, dem Baumeister des Parthenon, angegeben, und nach dorischer Bauart, aus einem grauen Steine mit röthlichen Adern, erbaut worden. Sechs Säulen standen an jeder Fronte, und rund um die Zelle herum achtunddreyßig. Dieser Tempel wurde wegen seiner schönen Materialien, wegen seiner vortreflichen Verhältnisse und der Genauigkeit in der Ausführung der Arbeit von den Peloponnesern sehr geachtet, und noch jetzt sind seine Ueberbleibsel deutliche Merkmale seiner vorigen Schönheit. ⁶⁵)

Apollotempel bey Phigalia.

Ein Gebäude, das diesen und alle andere Tempel im Peloponnes an Schönheit und Schmuck weit übertraf, war der Tempel der Minerva Alea zu Tegea. ⁶⁶) Die Tegeater verehrten diese Göttinn

Tempel der Minerva Alea zu Tegea.

---

63) Heyne antiquar. Auff. I. 202.
64) *Pausan.* VIII. 41.
65) Chandler Reis. in Griechenl. Kap. 77.
66) *Pausan.* VIII. 45.

schon seit langen Zeiten, und Aleus soll ihr zuerst einen Tempel errichtet haben. Als dieser aber abbrannte, so wurde in der sechsundneunzigsten Olympiade dieser neue Tempel aufgebaut, und durch Skopas von Paros angegeben, der sich sowohl in dem europäischen Griechenlande, als auch in Jonien und Karien, als Meister in den bildenden Künsten sehr berühmt gemacht hatte. Der Tempel war mit einem Porticus von jonischen Säulen umgeben, innerhalb der Zelle aber wurde das Dach von zwey über einander gestellten Säulenreihen getragen, von denen die untere aus dorischen, die obere aber aus korinthischen Säulen bestand.[67]) Die Giebel über beyden Hallen waren mit vieler Bildhauerarbeit verziert, wovon die über der vordern die Jagd des kalydonischen Ebers, die über der hintern Halle aber den Streit des Achilles und Telephus vorstellte.

Zeitalter des Skopas. Die Bestimmung des Zeitalters des Baumeisters dieses Tempels, des Skopas, ist mit einigen Schwierigkeiten verbunden und hat zu vielen ge-

---

[67]) Der lateinische Uebersetzer des Pausanias hat dieser Stelle durch den Zusatz der Worte: triplex columnarum attollit ordo, eine falsche Bedeutung gegeben, so daß man verstehen könnte, daß diese drey Säulenarten über einander gestanden hätten. Der griechische Text giebt deutlich zu verstehen, daß der Tempel von außen mit Säulen umgeben war, und daß man innerhalb der Zelle zweyerley Säulen fand, die unstreitig über einander standen, wie man dieses auch bey einigen andern alten Tempeln findet.

lehrten Untersuchungen Anlaß gegeben,⁶⁸) weil Plinius sagt,⁶⁹) daß Skopas in der siebenundachtzigsten Olympiade geblühet, und hernach das Mausoleum in Karien, welches nach der hundertundsechsten Olympiade errichtet wurde, nebst andern Künstlern mit Basreliefs soll verziert haben. Es ist gewiß, daß Skopas, wenn er, welches wohl außer allem Zweifel ist, an dem Mausoleum arbeitete, in der siebenundachtzigsten Olympiade kaum gelebt haben, geschweige denn als Künstler berühmt gewesen seyn kann, und man hat daher die erste Stelle des Plinius als fehlerhaft angenommen, weil daselbst nur der bloße Name des Künstlers genannt, in der andern aber ein Werk von ihm angegeben wird. Könnte es aber nicht möglich seyn, daß es zwey verschiedene Künstler dieses Namens gegeben hätte? Vielleicht verwechselte Plinius beyde, er fand in den verschiedenen Schriften, aus denen er sein Werk, oft ohne die gehörige Genauigkeit, zusammentrug, zwey Skopas, einen ältern und einen jüngern, die er vielleicht für eine Person angesehen, oder nur nicht bestimmt genug unterschieden hat. Denn es lassen sich für beyde Skopas historische Data angeben, nämlich Arbeiten, die ihnen beygelegt werden, wobey die Zeit bemerkt ist, in der sie verfertigt wurden.

---

68) Winkelmann Geschichte der Kunst. S. 220. Dresdn. Ausg. Winkelmann Anm. üb. die Bauk. der Alten. S. 28. Martini von den Sonnenuhren der Alten. S. 87 f. Heyne antiquar. Aufs. I. 230 f.

69) *Plinius* H. N. XXXIV. 8. XXXVI. 5.

Für den ältern Skopas findet man beym **Pausanias**, daß er in der sechsundneunzigsten Olympiade den Tempel zu Tegea baute; für den jüngern aber, beym **Plinius**, daß er in der hundertundsechsten Olympiade das Mausoleum verzieren half. Wenn wir nun annehmen, daß der ältere Skopas in der siebenundachtzigsten Olympiade ungefähr zwanzig Jahr alt war, welches er wenigstens seyn mußte, um Arbeiten zu verfertigen, die ihn als Künstler berühmt machten, so war er in der sechsundneunzigsten Olympiade sechszig Jahr alt, und konnte daher noch immer einem Baue vorstehen und zu Tegea den Tempel angeben. Was aber die Säule an dem Tempel der Diana zu Ephesus anbetrifft, die ein Skopas soll verfertigt haben,[70] so ist sie wahrscheinlich dem ältern Künstler dieses Namens zuzuschreiben. Der ephesische Tempel wurde verschiedene Mahle aufgebaut und verschönert, es kann also wohl Skopas bey einer frühern Erbauung, als die war, die in die hundertundsechste Olympiade fällt, geholfen haben. Schon einmal, im dritten Jahr der fünfundneunzigsten Olympiade, brannte dieser Tempel ab, da denn Skopas, bey seiner Wiedererbauung, erst hier eine Säule verfertigte, die vielleicht ein Muster seyn sollte, wonach die übrigen gearbeitet wurden, und hierauf den Tempel zu Tegea angab. Hierzu kömmt noch, daß, nach **Plinius** Erzählung, die Säule des Skopas bey demjenigen

---

70) *Plinius* H. N. XXXVI. 14.

Tempelbaue gebraucht wurde, über den Chersiphron die Aufsicht hatte, und daß dieser Künstler, wie Strabo uns berichtet, einen der ältesten Tempel der Diana zu Ephesus erbauet hat.[71]

Zu Platää in Böotien wurde ein Tempel der Minerva Area gebaut, wozu die Bewohner dieser Stadt die Beute anwandten, die sie in dem Treffen bey Marathon den Persern abgenommen hatte.[72] Die Statue der Minerva verfertigte Phidias, und sie war eben so groß als die Minerva dieses Künstlers zu Athen; Polygnotus aber und Onatas schmückten den Tempel mit Gemälden.

Tempel der Minerva Area zu Platää.

Unter die berühmtesten Tempel der Griechen gehört auch der Tempel des Apollo zu Delphi in Phocis. Die Stadt lag fast im Mittelpunkte von Griechenland, und daher für die Griechen sehr bequem, die häufig aus allen Theilen ihrer Besitzungen hieher kamen, um dem Gotte Opfer zu bringen, und um das hier befindliche Orakel um Rath zu fragen. Hierdurch erlangte Apollo einen sehr ansehnlichen Reichthum, der schon vor dem trojanischen Kriege zum Sprichworte geworden war, und noch unter den ersten römischen Kaisern bewundert wurde. Als aber die Perser, hernach die Phozenser, in der nachfolgenden Zeit Sulla, und endlich auch Nero den heiligen Schatz beraubten, so verschwand dieser Reichthum nach und nach, und Apollo befand sich,

Tempel des Apollo zu Delphi.

---

71) *Strabo* XIV. p. 949.

72) *Pausan.* IX. 4.

zu Strabo's Zeiten, in der größten Armuth.[73] In den ältesten Zeiten verehrte man hier den Apollo in einer Hütte von Lorbeerzweigen. Nachher errichteten Trophonius und Agamedes ein steinernes Gebäude, und als dieses im ersten Jahre der achtundfunfzigsten Olympiade vom Feuer zerstört wurde, errichtete man bald darauf einen neuen Tempel.[74] Diesen ließen die Amphicktyonen von dem Gelde des Schatzes durch einen Korinthier, Spintharus, erbauen, eine reiche Familie aber, die Alkmäoniden, die aus Athen kamen, nahmen diesen Bau über sich, und ließen ihn schöner aufführen als sie versprachen. Der ganze Tempel sollte von Tufstein erbaut werden, sie errichteten aber die vordere Seite aus parischem Marmor.[75] Die Giebel wurden mit Sculptur geschmückt, welche die Diana und Latona, Apollo nebst den Musen, den Bacchus, die untergehende Sonne und die Thyaden vorstellte, und von einem Athenienser, Praxias, gearbeitet waren. An den Knäufen der Säulen hingen die im marathonischen Treffen von den Persern erbeuteten goldenen Waffen.[76] Der Tempel war von andern Gebäuden umgeben, in welchen die Geschenke aufgehoben wurden, die dem Gotte aus ganz Griechenland dargebracht

---

73) *Strabo* IX. p. 641. 644.
74) *Pausan*. X. 5.
75) *Herodot*. V. 62.
76) *Pausan*. X. 19.

bracht wurden, von denen Pausanias die vorzüglichsten anzeigt. ⁷⁷)

Dieses sind einige der schönsten Tempel, die in dem jetzigen Zeitraume in den europäischen Besitzungen der Griechen waren erbaut worden. Wir wenden uns nun nach Kleinasien, vorzüglich zu den Joniern, wo die Perser eben auch alles verwüstet und die größten Tempel zerstört hatten. Diese Tempel wurden jetzt mit aller möglichen Pracht und Schönheit wieder hergestellt, und wenn auch jetzt nicht alle geendigt wurden, so trifft doch der Anfang ihrer Erbauung in diesen Zeitraum.

Baukunst in Kleinasien.

Eins der berühmtesten Gebäude in Jonien war der Tempel des **Bacchus** zu Teos, der Vaterstadt Anakreons. Er war nach jonischer Bauart, von grauem Marmor, gebaut, und mit einer doppelten Reihe geriefelter Säulen umgeben, von denen acht vor jeder Halle standen. ⁷⁸) Jetzt liegt dieser Tempel ganz darnieder und ist mit so vielen Büschen bewachsen, daß man ihn kaum findet; wahrscheinlich aber wird er bald ganz verschwinden, weil die Türken aus den Steinen des Tempels ihre Grabmäler verfertigen. ⁷⁹) Der Baumeister dieses schönen Tempels war der berühmte Hermogenes. ⁸⁰)

Tempel des Bacchus zu Teos.

---

77) *Pausan.* IX. 9 ff.
78) Ionian Antiquit. Chap. I. p. 1 ff. Pl. II—VI.
79) Pocock Beschreib. des Morgenl. III. S. 63. Ion. Ant. Chap. I. p. 4. und das Kupfer über diesem Kapitel.
80) *Vitruv.* III. 2. VII. Praef.

Dianatempel zu Magnesia.

Eben dieser Künstler hatte auch den Tempel der Diana Leukophryne zu Magnesia am Mäander erbaut, der, die Tempel zu Ephesus und Branchidä ausgenommen, an Größe alle Tempel Asiens übertraf, und den ephesischen auch in Absicht der Regelmäßigkeit und Schönheit weit hinter sich ließ.[81]) Dieser Tempel hatte acht jonische Säulen an jeder Fronte, und funfzehn an den Seiten. Er war ein Pseudodipteros, welche Form Hermogenes erfand, der auch über dieses Gebäude eine Abhandlung schrieb.[82])

Tempel des Apollo Didymäus bey Milet.

Nicht weit von Miletus, zu Branchidä, stand ein Tempel des Apollo Didymäus, der schon in den ältesten Zeiten hier verehrt wurde. Nach den persischen Kriegen erbauten ihn die Milesier aufs neue, und führten ihn mit einer solchen Pracht und Größe auf, daß wenig Tempel ihm gleich kamen.[83]) Er war ein Dipteros von jonischer Bauart, und hatte zehn Säulen vor jeder Halle. Er wurde von zwey Künstlern, dem Peonius von Ephesus und dem Daphnis von Milet erbaut.[84]) Vitruv hält ihn für einen der schönsten Tempel in Griechenland, und noch jetzt bezeugen seine Ruinen, daß

---

81) *Strabo* XIV. p. 958.

82) *Vitruv.* III. 1. VII. Praef. Die Ruinen, die Pocock III. 82. zu Magnesia fand, sind nicht von diesem Tempel, sondern von einem viel neuern.

83) *Strabo* XIV. pag. 941. *Pausan.* VII. 5. Die Geschichte dieses Tempels findet man ausführlich in den Jonian Antiquit. Chap. III. p. 27 ff.

84) *Vitruv.* VII. Praef.

Zweyter Abschnitt.

dieses Urtheil nicht übertrieben ist. „Nicht bald und nicht leicht," spricht Chandler,[85]) „wird sich das Andenken des Vergnügens aus meinem Gedächtnisse verlieren, das mir der Anblick dieses Tempels gewährte. Die noch ganzen Säulen sind so ungemein schön, die Marmormasse so groß und edel, daß es vielleicht unmöglich ist, sich größere Schönheit und Majestät in Trümmern zu denken."

Ein nicht weniger schöner Tempel war der, der jetzt zu Priene der Minerva Polias zu erbauen angefangen, aber erst in dem folgenden Zeitraume vollendet wurde.[86]) Pytheus war der Baumeister dieses Tempels.[87]) Er war nach jonischen Verhältnissen gebaut und mit einer Reihe jonischer Säulen umgeben, von denen sechs vor jeder Halle standen. Rings um das ganze Gebäude ging eine Mauer oder ein Peribolus herum, der auch mit einem Säulengange geschmückt war.[68])

Tempel der Minerva Polias zu Priene.

Die Stadt Mylasa war reich an schönen Tempeln, und hatte drey Tempel des Jupiter.[89]) Der

Jupiterstempel zu Mylasa.

---

85) Reisen in Kleinasien. Kap. 43. In den Jonian Antiquit. Chap. III. Pl. II. findet man eine Abbildung eines Theils dieser prächtigen Ruinen.

86) Jonian Antiquit. Chap. II. pag. 15.

87) *Vitruv.* l. 1.

88) Jonian Antiquit. Chap. II. p. 16. Die Aussicht von den Ruinen dieses Tempels ist auf der ersten Kupfertafel vorgestellt.

89) *Strabo* XIV. p. 973 ff. Pocock III. S. 83.

eine war dem Jupiter Hosogo oder Hogoas, und der andere dem Jupiter von Labranda geheiligt, die in der Stadt lagen; der dritte aber, den man vor der Stadt sah, gehörte dem Jupiter, mit dem Beynamen Karius. Dieser letzte war allen Kariern gemein, wozu auch die Lydier und Mysier gehörten. Ein anderer solcher Tempel, den die Karier in Gemeinschaft hatten, stand zu Stratonicea und war dem Jupiter Chrysaoreus, oder mit dem goldenen Schwerte, gewidmet, wo die Karier zu gewissen Zeiten sich versammelten, um gemeinschaftlich über die Angelegenheiten der Nation zu berathschlagen. Diese Versammlung hieß der Chrysaoreische Bund.

Dianatempel zu Ephesus. Ephesus, eine der berühmtesten von den zwölf jonischen Städten, die mit einem Stadium, Gymnasium, Odeum, Theater und andern schönen Gebäuden geschmückt war, erlangte ihren Ruhm vorzüglich durch den Tempel der Diana, der sowohl an Größe, als auch an Reichthum alle Tempel Joniens übertraf, und in einem solchen Ruf der Heiligkeit stand, daß selbst Xerxes und seine Perser ihn verschonten.[90] Diana soll hier schon in den ältesten Zeiten seyn verehrt worden. Die Amazonen hatten auf ihrem Zuge nach Attika, wider Theseus, das Bild der Diana in die Höhlung eines Ulmenbaumes aufgestellt, und hernach erbauten zwey Eingebohrne, Kresus und Ephesus, der Göttinn einen Tempel.[91] Dieses

---

90) *Pausan.* IV. 31. VII. 5.
91) *Pausan.* IV. 31. VII. 2.

Bild war aus Weinholz gemacht, und wurde beständig beybehalten, wenn gleich der Tempel sieben Mahl anders gebaut und immer mehr verschönert wurde. Jener erste Tempel war aber unstreitig nur eine Hütte, oder doch ein schlechtes Gebäude, das aber von den Einwohnern bald verbessert wurde. Dieses fanden die Jonier, als sie aus Attika kamen und sich in Kleinasien niederließen, und sie verschönerten es, weil der Ruhm dieses Tempels sich immer weiter und weiter ausbreitete. Die persischen Kriege störten sie zwar in dieser Arbeit, allein sie fingen dieselbe nach Endigung der Kriege mit neuem Muthe wieder an. Ktesiphon, oder wie er auch genannt wird, Chersiphron, und sein Sohn Metagenes, fingen diesen Bau an; Peonius aber, der Baumeister des Tempels des Apollo Didymäus bey Milet, und Demetrius vollendeten ihn,[92]) nachdem die Jonier zweyhundert Jahre daran gebaut hatten.[93]) Der Tempel war nach jonischer Bauart angelegt und mit einer doppelten Reihe jonischer Säulen umgeben, von denen vor jeder Halle acht standen.[94]) So wurde dieser Tempel einer der vorzüglichsten in Jonien.[95]) Allein Herostrat, der

---

92) *Vitruv.* VII. praef. *Strabo* XIV. pag. 949. *Plinius* H. N. VII. 37. *Livius* I. 45.
93) *Plinius* H. N. XXXVI. 14.
94) *Vitruv.* III. 1.
95) Plinius XXXVI. 14. vermengt die verschiedenen Zeiten und Baue dieses Tempels. Er will von dem

für die Göttinn weniger Ehrfurcht und Achtung hatte, als Xerxes, verbrannte ihn im ersten Jahre der hundertundsechsten Olympiade. Und nach dieser Zeit wurde der Tempel zwar mit mehr Pracht, aber mit weniger Geschmack aufgeführt.

Baukunst in Großgriechenland u. Sicilien.

Jupiterstempel zu Agrigent.

Auch in Großgriechenland und Sicilien that die Baukunst die nämlichen Fortschritte, und sie fand besonders in dem reichen Sicilien die größte Wartung. Die meisten Städte Siciliens waren mächtig und wohlhabend geworden, ihre Bewohner hatten noch mehr Liebe zur Pracht, als die Athenienser, und es herrschte hier der größte Luxus. Vor allen zeichnete sich Agrigent aus, die jetzt eine der reichsten Städte der Griechen war.⁹⁶) Dieses beweist der Tempel des Jupiter Olympius, der, wie Diodor versichert, an Größe alle Tempel Siciliens übertraf und mit jedem andern berühmten Tempel eine Vergleichung aushielt.⁹⁷) Er war dreyhundert und sechzig Fuß lang, sechzig Fuß breit, und nach dorischer Bauart gebaut. Alle Theile dieses Tempels hatten eine außerordentliche Größe, und die Pracht

---

Tempel reden, den *Chersiphron* erbaute: allein seine Beschreibung, besonders die *columnae caelatae*, passen nicht auf diese Zeiten, da der Geschmack noch zu rein war, als daß man die Säulenschäfte mit Bildhauerarbeit hätte verzieren sollen. Diese Beschreibung muß daher auf einen spätern Bau, oder auf eine spätere Verschönerung des Tempels gehen.

96) *Diodor.* XIII. 90.
97) *Diodor.* XIII. 82.

der Hallen war bewundernswürdig. Der untere Durchmesser der Säulen betrug dreyzehn Fuß, der obere aber zehn Fuß, sechs Zoll, und ein Triglyph war neun Fuß, eilf Zoll hoch.⁹⁸) Jede Kannelirung der Säulen war so weit, daß ein Mensch bequem darin stehen konnte. Die Säulen dieses Tempels hatten, nach Diodors Erzählung, das Eigene, daß sie von außen rund, an der inwendigen Seite aber viereckig waren. Da solche übelgestaltete Säulen in jener Zeit, wo der Tempel gebaut wurde, und wo noch ein guter, reiner Geschmack herrschte, sich nicht denken lassen, so ist es wahrscheinlich, daß die Säulen noch unvollendet aufgestellt wurden, und daß man ihnen, wie es die griechischen Künstler oft machten, erst nach geendigtem Baue ihre gehörige Gestalt würde gegeben haben. Die Agrigentiner waren mit der Erbauung dieses Tempels in der dreyundneunzigsten Olympiade beschäftigt; aber sie konnten ihn nicht vollenden, weil sie durch einen Krieg mit den Carthagenienserm darin unterbrochen wurden. Und dieser Krieg hatte für die Kunst in Sicilien traurige Folgen. Die Carthageniener verwüsteten nicht nur Agrigent, sondern auch mehrere große Städte der Griechen in Sicilien,⁹⁹) die schönsten Werke der Baukunst wurden zerstört, und die Künste ganz aus

---

98) Riedesel Reis. durch Großgriech. und Sic. S. 51. *d' Orville* Sic. pag. 92. *Houel* Voyages pittoresq. Tom. IV. pag. 32. Pl. 227. 228.

99) *Pausan.* I. 12.

vielen Orten vertrieben, wo sie in ihrer schönsten Blüthe standen.

Privatwoh-nungen. So schön, mit so vieler Erhabenheit und Glorie jetzt die öffentlichen Gebäude in allen Theilen Griechenlandes aufgeführt wurden, so elend waren hingegen die Privatwohnungen der Bürger, und selbst der Vornehmsten des Volkts. Auch zu Athen waren die Wohnhäuser klein, unansehnlich und den Hütten ähnlich. Einige standen in den Straßen in einer auffallenden Unregelmäßigkeit,[100] andere aber lagen hinter den Tempeln und den übrigen ansehnlichen Gebäuden versteckt. Die Wohnungen eines **Themistokles, Aristides** und anderer Großen waren von den Häusern ihrer geringen Nachbarn durch nichts unterschieden. Die Bürger Athens verwandten wenig auf die Verbesserung ihrer Wohnungen, und brauchten von dem erworbenen Reichthume nur wenig zu ihrer eigenen Bequemlichkeit, theils weil sie es für Pflicht hielten so viel als möglich zum allmeinen Besten und zur Verschönerung der öffentlichen Gebäude beyzutragen, theils weil sie nur kurze Zeit in der Stadt wohnten und sich vorzüglich auf dem Lande aufhielten. Das meiste, was sie ihrem Vergnügen widmeten, bezog sich aufs Landleben, das die Athenienser leidenschaftlich liebten. Sie verwalteten ihre Landgüter selbst, und sie gingen nur dann in die Stadt, wenn sie durch Geschäfte dazu genöthigt wurden, oder wenn kriegerische Unruhen sie vom

---

100) *Dicæarch.* de stat. Graec. Cap. I.

Zweyter Abschnitt.

Lande vertrieben. Daher zeichneten sich ihre Landhäuser vor den Häusern in der Stadt sehr aus, die ein besseres Ansehn, eine bequemere Einrichtung erhielten, und mit artigen Gärten umringt wurden. Ein solches Landhaus besaß Aristides, das bey Phalerum lag.

In Sicilien herrschte in diesem Zeitalter, gegen die dreyundneunzigste Olympiade, schon mehr Luxus, der sich auch auf die Wohnungen der Bürger erstreckte. Unter allen Städten des Landes fand man dieses besonders zu Agrigent.¹⁰¹) Hier waren sehr viele Häuser ansehnliche und mit allen Bequemlichkeiten des Lebens versehene Gebäude, wozu das Beyspiel eines der reichsten Agrigentiner, des Gellias, vorzüglich Gelegenheit gab. Dieser Gellias hatte sein Haus so groß angelegt, daß er nicht nur selbst bequem darin wohnen konnte, sondern daß es auch noch vielen Raum für Fremde in sich faßte, die er durch die Thorwärter einladen ließ, bey ihm einzukehren.¹⁰²)

Häuser zu Agrigent.

So wurde die Baukunst in den meisten Ländern der Griechen mit dem größten Eifer betrieben, sie stand überall in ihrer schönsten Blüthe, und sie erreichte in diesem Zeitraume eine Erhabenheit und eine Genauigkeit, in welcher sie nachmals nie wieder ausgeführt wurde. Der hohe, einfache Styl des vorigen Zeitraumes ging jetzt in den schönen Styl

Charakter der Bauk. dieser Zeit.

Q 5

---

101) *Diodor. Sic.* XIII. 84.
102) *Diodor.* XIII. 83.

über. Edle Einfalt, majestätische Größe, verbunden mit Schönheit, ist der Charakter der Baukunst dieser Zeit. Uebrigens breitete sich die Baukunst jetzt auf mehr Gegenstände aus. Sonst erstreckte sie sich nur auf Tempel, jetzt aber wurde sie auch auf andere Arten von Gebäuden angewandt, die zum Nutzen und Vergnügen des Volkes nöthig waren, und es wurden Theater, Odeen, weitläuftige Säulengänge, schöne Marktplätze, Gymnasien errichtet. Sonst bediente man sich nur einer einzigen Säulenart, jetzt wurden noch zwey andere erfunden, die zusammen alles Schöne in sich fassen, was in dieser Kunst sich nur denken läßt.

Entstehung der drey Säulenarten. Dorische Säule. Die älteste Art der Säulen ist diejenige, die hernach die Dorische genannt wurde, vielleicht weil man in denen Besitzungen der Griechen, die ihre Bevölkerung und Anbauung den Dóriern zu danken hatten, zuerst sich dieser Säule bediente, und sie hier zuerst ausbildete. Diese Säulenart ist die einzige, die man in den ältesten Zeiten gebrauchte. Schon darin zeichneten sich die Griechen in Absicht des guten Geschmacks frühzeitig vor andern Nationen, und vorzüglich vor den Aegyptern aus, die so viele verschiedene Säulen und Capitäler hatten, daß fast zu jedem neuen Gebäude eine besondere Art erfunden wurde. Und wenn auch die Griechen im Anfange verschiedene Säulen und Knäufe gehabt hätten, so sehen wir doch, daß, sobald die dorische Säule erfunden war, diese allgemeinen Beyfall erhielt und überall gebraucht wurde. Daß diese Säule ein hohes Alter hat, ist nicht zu bezweifeln, weil wir sie an den ältesten Tempeln finden.¹⁰³) Die alte dorische Säulenart hat ein feyerliches und erhabenes Ansehn, das sich zu der Würde eines Tempels vortreflich schickt, und mit Ehrfurcht erfüllt, welches aber der neuern dorischen Säulenart, der wir uns auch noch jetzt bedienen, gänzlich mangelt, da man sie theils leichter gemacht, theils reicher verziert hat.

Hierauf wurde die jonische Bauart erfunden. Man gab den Säulen eine schlankere Form, und um ihnen ein noch gefälligeres Ansehn zu geben, stellte man sie auf eine Base, und verwandelte den viereckigen Untersatz, der bisweilen bey der dorischen Säule war gebraucht worden, in ein mit Gliedern schön verziertes Schaftgesimse. Zu dieser neuen Bauart paßte das einfache dorische Capital nicht gut, und man mußte daher auch ihm ein schöneres Ansehn geben. Erst wurde vielleicht nur der Echinus verziert und mit Eyern besetzt, bald aber hielt man auch dieses für zu wenigen Zierrath, und that die Voluten hinzu, und bildete auf diese Art nach und nach die jonische Säule. Sie war schon in der dreyunddreyßigsten Olympiade gebräuchlich, denn Pausanias erwähnt eines Thalamus, oder eines Zimmers in dem Schatzhause zu Olympia, aus dieser Zeit, die nach jonischer Bauart angelegt war.¹⁰⁴) In der zweyundachtzigsten Olympiade war sie schon sehr ausgebildet, und sie wurde in dieser Zeit an einem klei-

Jonische Säule.

---

103) *Pausan.* V. 16.
104) *Pausan.* VI. 19.

nen Tempel am Jlyssus ¹⁰⁵) und in dem Innern der Propyläen gebraucht.¹⁰⁶) Vielleicht bediente man sich jetzt dieser Säulenart vorzüglich in Jonien, und gab ihr daher den Namen der jonischen, vielleicht bekam sie ihn aber auch deswegen, weil sie in Jonien ihre völlige Ausbildung erhielt. Hermogenes gab ihr daselbst die größte Vollkommenheit, und brachte sie bey dem Bacchustempel zu Teos und bey dem Tempel der Diana zu Magnesia in ihrer ganzen Schönheit an. Dieser Baukünstler und, nach ihm, Tarchesius und Pytheus wollten die dorische Bauart nicht mehr bey den Tempeln brauchen, nicht als ob sie dieselbe für weniger schön und schicklich gehalten, oder die Würde ihres Ansehns verkannt hätten, sondern weil die Eintheilung der Triglyphen und Metopen mit vielen Schwierigkeiten verbunden war.¹⁰⁷) Hermogenes baute daher, um diese Schwierigkeiten zu vermeiden, den Bacchustempel zu Teos nach jonischer Art, und ob er gleich den dazu nöthigen Marmor schon zur dorischen Bauart eingerichtet hatte, so veränderte er doch alles, um jonische Säulen anbringen zu können.

Corinthische Säule. Ungefähr um eben diese Zeit fing man an, sich einer dritten Säulenart zu bedienen, nämlich der korinthischen, die aus der jonischen und dorischen zusam-

---

105) The Antiquit. of Athens. Vol. I. Chap. II.
106) The Antiquit. of Athens. Vol. II. Chap. V. Pl. 4. *le Roy* Monum. de la Grece. P. II. pag. 11. 12.
107) *Vitruv.* IV. 3.

mengeſetzt, und nur mit einem neuen Capital verſehen wurde,[108] wodurch ſie an Reichthum, Pracht und Zierlichkeit dieſe beyden Säulenarten weit übertraf. Schon in der ſechsundneunzigſten Olympiade brauchte **Skopas**, in der Zelle des Tempels der **Minerva** zu Tegea, korinthiſche Säulen,[109] und da Pauſanias keiner ältern Tempel erwähnt, wobey dieſe Säulenart vorkommt, ſo iſt es wahrſcheinlich, daß ſie jetzt, oder doch kurz vorher, war erfunden worden. Es ſcheint aber als ob die Griechen in dieſem Zeitraume der korinthiſchen Bauart ſich wenig bedient hätten, weil man ſie weder von den alten Schriftſtellern, bey Gebäuden dieſer Zeit, erwähnt findet, noch auch in den Ruinen alter griechiſcher Gebäude einige Ueberbleibſel von korinthiſchen Säulen entdeckt. Ihr Capital bekam im Anfange nur eine Reihe Blätter.[110] Zu den Zeiten **Alexanders des Großen** wurden ihre Verhältniſſe näher beſtimmt, und erſt unter den Römern erhielt ſie ihre völlige Ausbildung.

Die Erzählungen **Vitruv's**[111] von der Entſtehung und Erfindung der drey griechiſchen Säulenarten ſind ſchon längſt für Mährchen gehalten worden,[112] und ſie haben ſo wenig Wahrſcheinlichkeit, daß es zu verwundern iſt, wie ſie noch zuweilen

Vitruv's Erzählung von der Entſtehung dieſer Säulen.

---

108) *Vitruv.* IV. 1. im Anfange.
109) *Pauſan.* VIII. 45.
110) Jonian Antiquit. Chap. III. pag. 52. Pl. IX. X.
111) IV. 1.
112) Goguet Urſp. der Geſetze. ꝛc. II. S. 188.

haben können als Wahrheiten angenommen werden. Was er von der dorischen Säulenart sagt, verliert dadurch alle Glaubwürdigkeit, daß er ihre Entstehung und Ausbildung in ein Zeitalter setzt, wo die Kunst noch in ihrer Kindheit war, und wo die Griechen ihre Götter noch in Höhlen oder Hütten verehrten. Auch der jonischen Säule giebt er ein viel zu hohes Alter, und die Geschichte von der Entstehung des korinthischen Capitals scheint ein schönes Epigramm zu seyn, das auf diese Erfindung gedichtet wurde. Der Jesuit Villalpandus will beweisen, daß die Säulen an dem Tempel Salomo's in den Hauptverzierungen und Verhältnissen der korinthischen Säule gleich gekommen sey, und andere finden mit Pocock den Ursprung dieses Capitals schon bey den Aegyptern."[113]) Aber alle diese Muthmaßungen haben nicht den geringsten Grund, im Gegentheil ist es völlig gewiß, daß die Erfindung der korinthischen Säule das Eigenthum griechischer Künstler ist, da die Griechen, wenn sie auch im Anfange die Baukunst von den Aegyptern lernten, doch zu der Zeit, in der man die ältesten korinthischen Säulen entdeckt, und in der sie unstreitig auch erfunden wurden, nämlich in der sechsundneunzigsten Olympiade, nichts mehr von den Aegyptern entlehnten. Uebrigens war auch damals die Kunst in ihrem höchsten Flor, und die Künstler bekamen die

---

113) Pocock Beschreib. des Morgenl. I. S. 230. *Rosso* Ricerche sull' architettura Egiziana. pag. 213.

größte Aufmunterung, um auf neue Erfindungen und auf Erweiterung der Kunst denken zu können.

Bisher war die Baukunst nur praktisch ausgeübt worden, und man hatte nach und nach durch viele Versuche die schönsten Verhältnisse entdeckt, jetzt aber fingen die Künstler an, tiefer über die Kunst nachzudenken, wodurch sie auf mancherley Verbesserungen geleitet wurden. Sie schrieben über die Werke, die sie erbaut hatten, sie zeichneten die Regeln und die Verhältnisse auf, nach denen sie gearbeitet hatten, und sie beschrieben ihre neuen Erfindungen und Verbesserungen, und gaben die Gründe derselben an. Vitruv hat uns die Titel verschiedener Abhandlungen über Gebäude dieses Zeitraums und über einzelne Theile der Kunst hinterlassen, deren Verlust sehr zu bedauern ist, da wir aus ihnen, als aus der reinsten Quelle, die besten Nachrichten von der Kunst der Griechen hätten schöpfen können.[114]) Agatarchus schrieb eine Abhandlung über die Scena des Theaters zu Athen, die er nach Anweisung des Aeschylus erbaute, Iktinus und Karpion über das Parthenon zu Athen, Theodorus über ein rundes Gebäude zu Delphi; Theodorikus über den dorischen Tempel der Juno zu Samos; Ktesiphon und Metagenes über den jonischen Tempel der Diana zu Ephesus: Phileos, oder wie er auch genannt wird, Pitheus, über den Tempel der

Schriften der Baukünstler.

---

114) *Vitruv.* VII. Praef.

Minerva zu Priene; Hermogenes über den Bacchustempel zu Teos und über den Tempel der Diana zu Magnesia; Silenus über die Verhältnisse der dorischen Bauart und Argelius über die korinthische Bauart.

Der peloponnesische Krieg, und dessen Folgen.

Der peloponnesische Krieg war für Athen höchst nachtheilig. Diese Stadt nahm zwar, während dieses Krieges, an Volksmenge zu, indem sich die Landbewohner, um für die Feinde geschützt zu seyn, häufig in die Stadt drängten, so daß nicht nur die Thürme der langen Mauern und viele Tempel bewohnt wurden, sondern auch das Pelasgikon, eine Gegend der Stadt, die man bisher, auf den Rath des delphischen Orakels, wüste und leer gelassen hatte, angebaut wurde,[115] allein sie sank nach Endigung des Krieges um vieles von jener Größe herab, die sie unter Perikles Staatsverwaltung erhielt. Dieser Krieg dauerte, fast ununterbrochen, siebenundzwanzig Jahre, bis in das erste Jahr der vierundneunzigsten Olympiade, fort, und zog am Ende den Verlust der Freyheit Athens

---

115) Das Pelasgikon wird von Einigen fälschlich für einen Tempel gehalten. Es war eine freye Gegend der Stadt, die den Namen von den Pelasgern erhalten hatte, die daselbst wohnten, von den Atheniensern aber aus Attika vertrieben wurden, weil sie in den Verdacht einer Verschwörung kamen, worauf es bey Strafe verboten wurde, diese Stelle wieder zu besehen und zu bebauen. Von der Lage des Pelasgikon s. the Antiquit. of Athens. II. S. VII. t. t. t.

Athens nach sich). Lysander, der Heerführer der Spartaner, eroberte Athen. Die Athenienser mußten die langen Mauern niederreißen, die den Piräus mit der Stadt verbanden, und es würde sogar die ganze Stadt zerstört, und die umliegende Gegend seyn verwüstet worden, wenn nicht selbst Lysander sich diesem Vorhaben widersetzt hätte. Endlich, im zweyten Jahre der vierundneunzigsten Olympiade, wurden die Athenienser durch den **Thrasibulus** von der Herrschaft der Spartaner wieder befreyt, durch den **Conon** aber erlangten sie, nach einem entscheidenden Siege über die spartanische Flotte bey Cnidus, nicht nur alle ihre alten Vorrechte aufs neue, sondern auch die Herrschaft auf dem Meere.

Hierdurch wurden die Athenienser wieder so mächtig und wohlhabend, daß sie sich vornahmen, der Stadt Athen allen ihren vorigen Glanz wieder zu geben. Es wurden viele der zerstörten Gebäude wieder hergestellt, unter andern die langen Mauern von **Conon**, der auch in dem Piräus einen Tempel der Venus errichtete. [116]) In diesem Ansehn erhielt sich Athen einige Zeit, bis in der hundertundersten Olympiade die Thebaner, unter der Anführung des **Epaminondas**, ihr die Oberherrschaft streitig machten. Aber auch von diesen Unruhen erholten sich die Athenienser bald wieder, als Epaminondas nach dem Treffen bey Mantinea, in welchem er eine tödliche Wunde bekam, starb, wodurch das Glück

Zustand Athens zu und nach Conons Zeiten.

---

116) *Pausan.* I. 1. 2.

von den Thebanern wich, und ihre Macht sich endigte.

Philipp von Macedonien. Der Friede und die Ruhe, worin die Athenienser jetzt lebten, wurde bald die Quelle ihres Unglücks. Sie glaubten sich auf den höchsten Gipfel des Glücks erhoben, und verfielen in Trägheit und Ueppigkeit; sie sahen sich nur nach Vergnügen um, und verwendeten die Staatseinkünfte nur zu öffentlichen Festen und Schauspielen; sie vernachläßigten alle kriegerischen und männlichen Uebungen, und sorgten wenig für die Unterhaltung eines Kriegsheeres, das zum Schutze des Staates nöthig war. Auch viele der übrigen Griechen folgten den Atheniensern, sie glaubten von den benachbarten Nationen nichts befürchten zu dürfen, und verfielen in eben dieselbe Sicherheit. Hierdurch wurde Philipp von Macedonien ermuntert, diese Völker seinem Joche zu unterwerfen. Unvermuthet zog er mit einer starken Kriegsmacht wider die Griechen, und besonders wider die Athenienser, und fand zwar im Anfange einigen Widerstand, besiegte aber endlich, im dritten Jahre der hundertundzehnten Olympiade, in dem Treffen bey Chäronea, diese Völker, wodurch sie ihre Freyheit fast ganz verloren.

Dritter Abschnitt.
Von der Baukunst der Griechen von Alexander dem Großen an bis zu den Römern.

Griechenland bemühte sich zwar, das Joch wieder abzuschütteln, das Philipp ihm aufgelegt hatte, demungeachtet aber führte Alexander der Große den Plan seines Vaters, Griechenland und Asien der macedonischen Herrschaft zu unterwerfen, mit vielem Muth und Tapferkeit aus. Nachdem Alexander dieses Geschäft geendigt hatte, richtete er sein Augenmerk in die entferntern Gegenden Asiens. Sein erster Feldzug ging nach Persien, wo er, nach Verlauf einiger Jahre, in der hundertundzwölften Olympiade, über den König der Perser, Darius den Dritten, mit dem Zunamen Codomannus, einen vollkommenen Sieg erhielt, Persepolis zerstörte, und ganz Persien eroberte. Während dieser Zeit hatte er auch Phönicien und Aegypten besucht, er zog hierauf nach Indien, und machte sich überall durch Eroberungen berühmt. Allein er erhob sich auch über andere Helden und Eroberer dadurch, daß er seine Schritte nicht überall durch Verwüstungen bezeichnete, sondern an vielen

Alexander der Große.

Orten Andenken seiner Freygebigkeit und Denkmäler seiner Anwesenheit hinterließ.

Zustand der Bauk. unter Alexander. Alexander legte in allen Ländern, die er durchzog, neue Städte an, er verschönerte die alten, erbaute Tempel, und machte Plane zu dem Wohlstande dieser Städte. In Indien erbaute er die Städte Nicäa, Bucephala und zwey Alexandrien. In den Besitzungen der Griechen in Kleinasien waren wenig Städte, die er nicht mit Tempeln und andern Gebäuden verzierte, als Sardes, Smyrna, Alexandria Troas und mehrere. Oft ließ er schon angefangene Tempel auf seine Unkosten vollenden, wie zu Priene den Tempel der Minerva Polias,[1]) nur um das Recht zu haben, seinen Namen darauf setzen zu können, und überall wurden seine Geschenke dieser Art angenommen. Doch machten die Ephesier hiervon eine Ausnahme. Sie waren eben beschäftigt, den Tempel der Diana, den Herostrat verbrannt hatte, wieder herzustellen, als Alexander dahin kam und sich erbot, die Kosten des Baues zu tragen. Allein die Ephesier ließen sich den Ruhm der Erbauung dieses Tempels nicht nehmen, und schlugen das Anerbieten Alexanders aus, unter dem Vorwande, daß es nicht schicklich seyn würde, wenn ein Gott dem andern Geschenke darbringen wollte.[2])

---

1) Jonian Antiquit. pag. 15.
2) *Strabo* XIV. pag. 949.

Dritter Abschnitt.

Unter allen Städten, die Alexander der Große anlegte, war Alexandria in Aegypten die berühmteste.³) Er gründete diese Stadt im zweyten Jahre der hundertundzwölften Olympiade, in einer Gegend, wo ein Flecken, Rhakotis, lag, weil sie ihm vorzüglich wohlgefiel, und wegen des Hafens zur Handlung sehr bequem schien. Der Baumeister, den Alexander dabey brauchte, war Dinokrates,⁴) den er bey dem Baue des Dianentempels zu Ephesus hatte kennen lernen, und der den kühnen Einfall gehabt hatte, daß man den Berg Athos in eine Statue Alexanders verwandeln könne.⁵)

Alexandria in Aegypt.

Die beste Zeit der Baukunst, die Zeit des großen und schönen Styls, war nun vorüber, und man fing jetzt schon an, von der edeln Einfalt abzuweichen und mehr auf das Zierliche zu denken. Der Charakter der Baukunst zu Alexanders Zeiten war daher Zierlichkeit, die aber immer noch mit aller Regelmäßigkeit und strenger Genauigkeit vereint wurde. Es entstanden noch jetzt in Griechenland, und hauptsächlich in den asiatischen Besitzungen der Griechen, viele und wichtige Werke der Baukunst,

Charakter der Bauk. dieser Zeit.

---

3) *Strabo* XVII. p. 1142. *Diodor. Sic.* XVII. 52. *Plinius* H. N. V. 10.

4) *Vitruv.* II. praef. *Plinius* H. N. VII. 37. Plinius V. 10. nennt ihn auch Dinochares, und *Strabo* XIV. p. 949. Chiromokrates.

5) *Strabo* l. c.

unter denen sich vorzüglich das Mausoleum, das Grabmal des Königs Mausolus in Karien, das ihm seine Gemahlinn, Artemisia, in der hundert und siebenten Olympiade, durch die Künstler Satyrus und Pytheus erbauen ließ, die auch eine Abhandlung darüber schrieben; [6]) allein die meisten dieser Gebäude waren mehr, als es bisher gebräuchlich gewesen, mit Zierrathen besetzt, und die Reinigkeit, das Eigenthum der Kunst der vorigen Zeiten, wurde jetzt sehr vernachlässigt.

Choragisch. Monument des Lysikrates zu Athen. Dieses beweiset besonders das choragische Monument des Lysikrates zu Athen, das gemeiniglich die Laterne des Demosthenes genannt wird, welches um diese Zeit herum errichtet wurde; ein Gebäude, an dem alle Pracht der Kunst verschwendet ist.[7]) Es besteht aus einem hohen viereckigen Unterbau, auf welchem sich eine runde Colonnade, von sechs korinthischen geriefelten Säulen, erhebt. Der Raum zwischen den Säulen ist mit Tafeln von grossen weißen Marmorplatten ausgefüllt, die genau an die Säulen anpassen, so, daß diese nicht frey stehn, sondern zu Wandsäulen werden. Der Frieß des Gebälkes ist mit erhobner Sculptur verziert, welche die Geschichte des Bacchus und der tyrrhenischen Pyraten vorstellt, und vortreflich gearbeitet ist, der

---

6) *Plinius* H. N. XXXVI. 5. *Vitruv.* II. 5. VII. Praef.

7) The Antiq. of Athens. Vol. I. Chap. IV. p. 27 f. Die Vorstellung des *le Roy* Monum. de la Greçe, Part. I. pag. 24. Part. II. pag. 21. ist unrichtig.

Unterbalken aber ist mit einer Inschrift versehen, welche die Bestimmung dieses Gebäudes zu erkennen giebt, und woraus man sieht, daß Lysikrates ein musikalisches Spiel gab und Choragus war. Das Ganze wird von einer Kuppel bedeckt, deren Außenseite mit Lorbeerblättern verziert ist, und aus deren Mitte sich eine Zierrath erhebt, die aus Blumen und Blättern besteht, worauf vermuthlich ein Dreyfuß stand, der vorzüglichste und am meisten geschätzte Preiß in den musikalischen Wettstreiten und andern Spielen der Griechen.

Alexander der Große genoß das Glück, das er in Eroberungen und in der Ausbreitung seiner Macht fand, nicht lange, er starb in Persien, bald nach der Rückkehr aus Indien, in dem ersten Jahre der hundertundvierzehnten Olympiade, und einige Zeit darauf wurde sein Leichnam, auf einem prächtigen besonders dazu erbauten Wagen, von hier nach Alexandrien in Aegypten gebracht.⁸) Sein Tod war die Ursache einer allgemeinen Unruhe, sowohl in Griechenland, als auch in den neu eroberten Provinzen. Alexander hatte keinen rechtmäßigen Nachfolger hinterlassen, und auch keinen ernannt, der nach ihm Herr seiner weitläuftigen Besitzungen seyn sollte. Diese Provinzen wurden daher unter gewisse Statthalter vertheilt, und da Alexander selbst schon verschiedene Statthalter gesetzt hatte, so behielten zwar jetzt einige ihre Stellen, einige aber

Zustand Griechenl. nach Alexanders Tode.

―――――――――――

8) *Diodor. Sic.* XVIII. 26.

wurden von andern verdrängt. Dieses gab zu immerwährenden Feindseligkeiten und Kriegen Anlaß, einer vertrieb den andern, und der neue Besitzer wurde seiner Eroberungen bald wieder beraubt, bis endlich die mächtigsten und glücklichsten in den ruhigen Besitz ihrer Länder kamen, und sich in der hundertundachtzehnten Olympiade für unabhängig erklärten. Hierdurch entstanden in Asien, Syrien, Aegypten, Macedonien, Thracien und andern Orten neue Reiche, von denen aber einige nur eine kurze Dauer hatten, und bald von andern verschlungen wurden.

Schicksale der Bauk. nach Alexanders Tode. Die Griechen, sobald sie Alexanders Tod erfuhren, wollten sich von den Fesseln der macedonischen Monarchie befreyen, und fingen einen Krieg wider die Macedonier an, der aber von übeln Erfolge war, da sie vom Antipater besiegt wurden. Kassander, der nach Antipaters Tode in Macedonien, einige Zeit lang, die Herrschaft erhielt, gab den Atheniensern den Demetrius Phalereus zu einem Befehlshaber. Dieser Mann regierte sehr gelinde, und erzeigte sich gegen Athen sehr freygebig, er verschönerte diese Stadt mit Gebäuden, und suchte ihren vorigen Glanz wieder herzustellen. Philo war sein Baumeister, der unter andern auch den Tempel der Ceres und Proserpina zu Eleusis verzierte und an der vordersten Halle Säulen anbrachte, so daß dieser Tempel, dem Iktinus von außen gar keine Säulen gegeben hatte, jetzt ein Prostylon wurde.⁹) Philo hinterließ auch verschiedene Ab-

---

9) *Vitruv.* VII. Praef.

Handlungen über die Kunst, über die Erbauung der Tempel und über das Zeughaus in dem Piräus zu Athen.

Nach dieser Zeit machten die Griechen noch einige Versuche, ihre Freyheit und ihre vorige Macht wieder zu erhalten, aber es gelang ihnen jetzt um desto weniger, da unter ihnen selbst Streitigkeiten entstanden. Diese Kriege gereichten der Kunst zum größten Nachtheil. Es wurden viele Städte verwüstet, und die alten schönen Tempel und übrigen großen Gebäude zerstört, und die wenigen, die nachher wieder aufgebaut wurden, bekamen doch ihre vorige Schönheit nicht wieder. Die Aetolier eroberten viele Städte in Epirus und Macedonien, und verbrannten die Tempel, worunter auch der berühmte Tempel des Jupiters zu Dodona war.[10]) Die Macedonier, und hernach auch die Achäer, verwüsteten alle Tempel und öffentlichen Gebäude in den Städten der Aetolier. Auch Athen blieb nicht verschont. Der König von Macedonien, **Philipp der Dritte**, plünderte die Gegend um diese Stadt, er zerstörte die Tempel, die Gymnasien, und auch die Grabmäler. Er ließ sogar die Steine der Tempel zertrümmern, damit sie nicht wieder erbaut werden sollten,[11]) und Athen selbst würde ein gleiches Schicksal erfahren haben, wenn die Römer sie nicht gerettet hätten.

Viele Städte und Tempel wurden zerstört.

---

10) *Polyb.* IV. p. 326. 331. edit. *Casaub.*
11) *Livius* XXXI. 24. 26. 30.

Zweyter Theil.

Zustand der Baukunst in Großgriech. u. Sicilien.

So traurig die Aussichten für die Baukunst jetzt in Griechenland waren, eben so wenig günstig waren sie auch in Großgriechenland und Sicilien. In Großgriechenland hatten die Römer viele Städte zerstört, und ihre Waffen, ihre rohen und kriegerischen Sitten vertrieben die Künste. In Sicilien fanden sie zwar noch zu Syrakus, während des ersten punischen Krieges, unter den Königen Agathokles und Hiero dem Zweyten einigen Schutz, denn Hiero ließ viele große Gebäude errichten und unter andern auch das berühmte Schiff bauen, welches Tempel, Bäder und Gärten in sich faßte; aber auch dieses Land wurde ein Schauplatz der Kriege, auch hier wurden die schönsten Tempel und Städte verheert.

Die Kunst wurde aus Griechenl. verscheucht.

Die Baukunst wurde daher aus dem Lande, das sie gebildet und genähret hatte, verscheucht, und sie floh aus Griechenland vorzüglich nach Aegypten und Syrien, wo sie an den Höfen der Lagiden und Seleuciden sehr geschätzt wurde, endlich aber zu den Römern, die sie, nebst andern Künsten, in Griechenland kennen lernten und in ihr Reich aufnahmen.

Zustand der Baukunst unter den Seleuciden.

Seleucus Nicator gründete Antiochien, die unter den folgenden syrischen Königen sehr verschönert wurde.[12] Antiochus der Vierte, Epiphanes, baute daselbst einen großen Tempel des Apollo, der mit einem prächtigen Säulengange umgeben war,[13] und ließ die Decke und die Seitenwände des Tem-

---

12) *Strabo* XVI. p. 1087.
13) *Ammian. Marcellinus*, XXII. 13.

pels des Jupiter vergolden.¹⁴) Eben dieser König ließ auch in Griechenland viele Gebäude errichten. Unter ihm wurde zu Athen der Tempel des **Jupiter Olympius** von einem römischen Künstler, **Cossutius**, ausgebaut,¹⁵) und die Stadt Tegea bekam von ihm ein prächtiges marmornes Theater.¹⁶) Die Könige von Syrien zierten auch die Stadt Stratonicea mit vielen Gebäuden. Diese Stadt hatte ihren Namen von der **Stratonice**, der Gemahlinn des **Antiochus Soter**, erhalten, so wie Laodicea nach der **Laodice**, der Gemahlinn Antiochus des Zweyten, benannt wurde.

Auch die Könige anderer Reiche wurden Beförderer der Baukunst. Ein König von Kappadocien, **Ariobarzanes Philopator**, machte sich um Athen verdient, und ließ das Odeum wieder erbauen, das vom **Aristion**, als **Sulla** die Akropolis belagern wollte, war verbrannt worden.¹⁷) Eben so fand die Kunst in dem Pergamenischen Reiche, an dem Hofe des **Eumenes** eine günstige Aufnahme. Er verschönerte nicht nur Pergamus durch viele Gebäude und legte daselbst Bibliotheken an,¹⁸) sondern beschenkte auch die Tempel seiner Länder, und viele griechische Städte mit Kunstwerken.

Auch die Könige anderer Reiche waren Beförderer der Baukunst.

---

14) *Livius* XLI. 20.
15) *Vitruv.* VII. Praef.
16) *Livius* l. c.
17) *Vitruv.* V. 9. *Pausan.* I. 20. Martini von den Odeen der Alten. S. 78. 168.
18) *Strabo* XIII. p. 926.

Zustand der Bauk. unter den Lagiden.

Ein weit glänzenderes Schicksal aber hatte die Kunst unter den Lagiden oder Ptolemäern in Aegypten, und vorzüglich unter den drey ersten Königen dieses Namens. Ptolemäus Lagi, der Stifter des alexandrischen Reiches, verehrte und schätzte die Künste und Wissenschaften außerordentlich, er nahm so viele Künstler und Gelehrte an seinem Hofe auf, daß Alexandria der Hauptsitz der Gelehrsamkeit wurde, und er that alles, um diese Stadt zu verschönern, und sie bis zu dem höchsten Gipfel des Ruhmes und des Glückes zu erheben. [19]) Unter allen Gebäuden zeichnete sich der königliche Pallast aus, der in der Gegend der Stadt lag, die Bruchium genannt wurde und eine außerordentlich weitläuftige Anlage hatte. [20]) Dieser Pallast enthielt nicht nur die Wohnung für die Könige, sondern auch das Museum, in welchem die Gelehrten wohnten, und worin die Bibliothek stand; [21]) ferner einen Platz, der Soma hieß und die Gräber der Könige in sich faßte, [22]) und noch andere Gebäude, worunter sich auch eins befand, in dem verschiedene Thiere unterhalten wurden. [23]) Ptolemäus der Zweyte,

---

19) *Strabo.* XVII. p. 1143. *Tacitus* Hist. IV. c. 83.
20) *Bonamici* descript. Alexandriae, in dem T. IX. der Mem. de l'Acad. de Inf.
21) *Gronov.* de Museo Alexandrino. L. *Neocorus* de Mus. Alex. in *Gronov.* Thes. Vol. VIII.
22) *Strabo* XVII. p. 1144.
23) *Athenaeus* Deipnosoph. XIV. p. 654. edit. *Dalecamp.*

Philadelphus, war ein gelehrter und prachtliebender Fürst. Er legte in einigen Gegenden seines Reiches verschiedene Städte an, und nahm sich vor, Alexandrien so glänzend wie Athen zu machen, als es in seinem besten Flor war. Der dritte Ptolemäus, Evergeta, war ein eben so großer Liebhaber der Künste, als die beyden vorigen Könige, und brachte, nachdem er in Asien große Eroberungen gemacht hatte, viele kostbare Gefäße und Statuen nach Alexandrien.

Die folgenden Könige des alexandrinischen Reiches liebten die Künste und Wissenschaften nicht weniger. Und obgleich unter ihnen nicht mehr so viele Gebäude errichtet wurden, als unter ihren Vorfahren, so mußte es doch zu dem Tone der Höfe dieser Zeit gehören, viele Künstler an den Höfen zu haben, da Ptolemäus Philopator der Stadt Rhodus, die durch ein Erdbeben viel gelitten hatte, hundert Baukünstler überschickte.[24])

Die Macht der Römer, die nach dem zweyten punischen Kriege immer größer wurde, breitete sich bald auch bis nach Griechenland aus. Die Römer hatten schon in Macedonien und andern griechischen Besitzungen viele Eroberungen gemacht, als sie endlich auch in den Peloponnes eindrangen und, unter Anführung des Mummius, Korinth zerstörten.[25]) Auch Sulla kam in dem Mithridatischen Kriege nach Griechenland, verwüstete viele Gegenden des Landes, plün-

Griechenland kam in die Gewalt der Römer.

---

24) *Polyb.* V. p. 429. Edit. Casaub.
25) *Pausan.* II. 1.

berte die Tempel des Apollo zu Delphi, des Aeskulap zu Epidaurus, und des Jupiter zu Olympia,[26]) und ging endlich nach Athen. Hier zerstörte er viele Gebäude, das Odeum, die langen Mauern, den Tempel des Jupiter Olympius, dessen Säulen er nach Rom schickte, und er verwüstete auch den Piräus.[27])

Die Römer nahmen die Kunst auf.

Griechenland gewährte jetzt den traurigsten Anblick. Die schönsten Städte waren verwüstet, und anstatt der großen und prächtigen Tempel sah man nichts als Trümmer, nichts als Ueberreste ihrer ehemaligen Pracht und Größe. Die Römer hatten Griechenland zu einer römischen Provinz gemacht, sie nahmen Statuen, Säulen und andere Kunstwerke mit sich nach Rom, und die Künstler, die jetzt in Griechenland keinen Schutz und keine Arbeit mehr fanden, verließen ihr Vaterland und das Vaterland der Kunst, und wandten sich nach Rom, wo man jetzt anfing, die Kunst zu schätzen und die Künstler zu belohnen.

Geschmack an den Höfen der Ptolemäer.

Der übermäßige Luxus und die ausschweifende Liebe zur Pracht, die an dem Hofe der Ptolemäer herrschten, hatten auf den Geschmack dieser Zeit, auf die Ausführung der Künste und auf die Bearbeitung der Wissenschaften den größten Einfluß. So wie die Gelehrsamkeit jetzt nichts Großes, nichts Erhabenes hatte, indem die Beredsamkeit der vorigen Zeiten in Sophisterey und bloße Declamation ausartete, die Geschichtschreiber keine Erzählungen wirk-

---

26) *Pausan.* IX. 7.
27) *Strabo* VI. p. 606. *Livius* epit. L. LXXXI.

lich geschehener Dinge, nicht die Geschichte ihrer Zeit, sondern lauter wunderbare Begebenheiten zum Gegenstande ihrer Schriften wählten, und die Dichter zwar angenehm und lieblich sangen, aber sich nie über eine gewisse Mittelmäßigkeit erhoben;[28]) so wurde auch die Baukunst in einem Style ausgeführt, der vom geschmackvollen und wahren Schönen sehr weit entfernt war, so wurde auch die Baukunst, gleich den übrigen Künsten, vorzüglich als ein Gegenstand des Luxus betrachtet, und man erkannte kein Gebäude für schön, das nicht reich und prächtig verziert war.

Die Baukunst sank daher jetzt um viele Grade von der Höhe herab, zu der sie zu Perikles Zeiten war erhoben worden. Die einfache Lebensart, die sanften Sitten, der hohe Geist der Griechen, bildeten damals die Baukunst und gaben ihr den Charakter einer edeln Einfalt und Größe; jetzt aber, verscheucht durch den übertriebenen Luxus der Höfe, entfloh der große Geist und der Adel der griechischen Kunst, und Leichtigkeit, Prunk und wollüstige Pracht nahm seine Stelle ein.

Charakter d. Baukunst dieser Zeit.

Dieser Luxus breitete sich auch auf die ganze Nation aus. Der Reichthum der Griechen vergrößerte ihre Liebe zur Pracht immer mehr und mehr, und es wünschte jeder begüterte Bürger einer Stadt, eine Wohnung zu besitzen, die alle Bequemlichkeiten des Lebens in sich faßte. Schon bald nach dem pe-

Die Privatwohnungen wurden jetzt sehr verschönert.

---

[28]) *Heyne* de Genio Saeculi Ptolemaeorum, in seinen Opusc. Acad. Vol. I. pag. 76 seq.

loponnesischen Kriege fing man an die Privatwohnungen größer anzulegen, sie bequemer einzurichten und ihr Inneres schön zu verzieren. Nach Alexanders Zeiten wurden die großen Wohnhäuser allgemeiner, und vorzüglich zeigte sich die Prachtliebe an den Landhäusern, die inwendig reich und prächtig verziert und mit allem versehen wurden, was zu dem gemächlichen Leben eines reichen Mannes gehörte, überdieses aber auch noch schönere Außenseiten, als die Wohnungen in der Stadt, erhielten. Und so wie sich die Baukünstler bemühten, ihren Gebäuden Zierlichkeit und ein leichtes, gefälliges Ansehn zu geben, so wurden auch die Hausgeräthe und alle Gefäße, auf die sich ihre Kunst jetzt nicht minder erstreckte, veredelt und bekamen schönere Gestalten.

Vierter Abschnitt.
Von der Bauart der Griechen.

Bey der Betrachtung über das Praktische der Kunst, über die Art, wie die Griechen ihre Gebäude errichteten, müssen wir erst unser Augenmerk auf die Materialien richten, auf ihre Zusammensetzung und auf die einzelnen Theile der Gebäude, als Mauern, Säulen und dergleichen, so wie nicht weniger auf das, was zur Zierlichkeit der Baukunst gehört, ehe wir die verschiedenen Arten der griechischen Gebäude, ihre Form und ihre Einrichtung untersuchen. Ob sich gleich von den ältesten Gebäuden der Griechen bis auf unsere Zeiten keine Ueberbleibsel erhalten haben, und wir daher von der ersten und ältesten Bauart dieser Nation keine Kenntniß erlangen können, so finden sich doch in einigen Gegenden Griechenlandes verschiedene Ruinen, an denen wir den eigentlichen Anfang der Kunst bemerken, und andere, die uns die Ausbildung der Kunst zeigen. Die Griechen hatten in den ersten Zeiten gewiß eben die Bauart, welcher sich die Aegypter und andere Völker im Anfange bedienten, und sie zeichneten sich hierin ganz unstreitig, so lange sie noch

Die älteste Bauart der Griech. war der Bauart anderer alten Völker gleich.

S

roh und ungebildet waren, vor andern auf keine Weise aus; aber sie erhoben sich bald, und bildeten eine Kunst, die den nachfolgenden Nationen zum Muster diente.

<small>Materialien. Holz.</small> So wie die ersten Statuen der Griechen aus Holz geschnitzt wurden, so war auch bey ihnen das Holz das erste Material, woraus man Tempel baute. Dieses wird dadurch sehr wahrscheinlich, daß die meisten Gegenden Griechenlandes Waldungen haben, welche das Holz, als die nächsten Materialien zur Errichtung der Gebäude, und als die, welche am leichtesten zu bearbeiten waren, ihnen im Ueberfluß darreichte. Diese Muthmaßung bekommt durch die Nachrichten des Pausanias einige Gewißheit. Er gedenkt eines hölzernen Tempels des Neptuns in Arkadien, dessen Erbauer Agamedes und Trophonius waren,[1]) und zu Elis stand ein Tempel, der für ein Grabmal gehalten wurde, dessen Dach auf hölzernen Säulen ruhte.[2]) Auch erwähnt Pausanias einen Tempel der Juno zu Olympia, von dorischer Bauart, an dessen hintern Halle sich eine Säule befand, die aus einer Eiche gearbeitet war,[3]) und an eben dem Orte einen kleinen Tempel des Jupiter, wo man eine Säule von Holz sah, die wegen ihres hohen Alters mit eisernen Klammern zusammen verbunden werden mußte, und die Säule des Oenomaus hieß, weil sie sonst an dem Hause

---

1) *Pausan.* VIII. 10.
2) *Pausan.* VI. 24.
3) *Pausan.* V. 16.

des Oenomaus gestanden hatte, und als dieses abbrannte, von dem Feuer soll verschont geblieben seyn.⁴)

Die Griechen bedienten sich aber auch der Zie= Ziegel. gel. Die Mauern der Stadt Mantinea in Arkadien, und der Stadt Bion am Flusse Strymon, waren aus Ziegeln gebaut;⁵) ingleichen auch einige Tempel, als ein Tempel bey der Stadt Panopeum,⁶) ein Tempel der Ceres zu Stiris,⁷) beyde in der Landschaft Phocis; ein Tempel der Ceres zu Lepreos, im Eleischen Gebiete;⁸) ein Porticus zu Epidaurus, der Cotyos genannt wurde,⁹) und ein kleiner Tempel bey Argos, in welchem die Statuen der Proserpina, der Ceres und des Pluto, aus Holz geschnitzt, standen,¹⁰) so wie auch ein Stück von der Stadtmauer zu Athen.¹¹) Diese Ziegel waren im Anfange ungebrannt und nur an der Luft getrocknet, daher sie auch wenig Festigkeit hatten. Pausanias erzählt von den Mauern zu Mantinea, daß endlich das Wasser des Flusses, an dessen Ufer sie standen, die Ziegel aufgelöst hätte.

S 2

- 4) *Pausan.* V. 20.
- 5) *Pausan.* VIII. 8.
- 6) *Pausan.* X. 4.
- 7) *Pausan.* X. 35.
- 8) *Pausan.* V. 5.
- 9) *Pausan.* II. 26.
- 10) *Pausan.* II. 18.
- 11) *Vitruv.* II. 8.

Steine.

In den nachfolgenden Zeiten brauchten die Griechen nur selten Ziegel, und sie errichteten ihre Gebäude meistens aus Steinen oder aus Marmor.[12] **Pausanias** gedenkt eines einzigen neuern Gebäudes aus Ziegeln, eines Grabmals zu Elis, das Philippus, der Vater Alexanders, errichten ließ.[13] Demungeachtet aber mußten die Griechen wohl bisweilen mit Ziegeln bauen, da Vitruv die verschiedenen Arten dieser Ziegel anführt,[14] die sie aber vielleicht nur zum Ausfüttern der Mauern nahmen.

Tufstein u. Marmor.

Einige griechische Nationen fingen aber auch schon frühzeitig an mit Steinen zu bauen, denn wir finden, daß schon **Agamedes** und **Trophonius** einen Tempel des **Apollo** zu Delphi aus Steinen bauten,[15] und daß auch die Mauern der Stadt Tirynth und die Schatzkammer des Minyas aus Steinen bestanden. Im Anfange bedienten sich die Griechen eines weichen Steines, nämlich des Tufsteins, wie bey einem Tempel zu Agrigent, bey den Tempeln zu Pästum [16] und andern. Auch der Tempel des Apollo zu Delphi, den die Amphictyonen bauten, bestand aus Tufstein.[17] Weiter hin lernten sie den Marmor bearbeiten, und brauchten ihn alsdenn vor-

---

12) *Plinius* H. N. XXXVI. 22.
13) *Pausan.* V. 20.
14) *Vitruv.* II. 3.
15) *Pausan.* X. 5.
16) Winkelmann Anmerk. über die Bauk. der Alten. S. 3.
17) *Herodot.* V. 62.

Vierter Abschnitt.

züglich, und mehr als andre Steine, zu den Tempeln und andern großen Werken der Baukunst.

Es wurden in vielen Gegenden Griechenlandes die schönsten Marmorbrüche gefunden. Die Athenienser errichteten, unter dem **Perikles**, ihre Gebäude aus dem Marmor von Pentele und vom Berge Hymettus, der wegen seiner vortreflichen Weiße und guten Bearbeitung von den Künstlern sehr geschätzt wurde. Die Marmorbrüche in Phrygien gaben einen weißen mit verschiedenen Farben durchsprengten Marmor. Bey Megara wurde ein Muschelmarmor gefunden, den man auch zu Gebäuden brauchte, der aber keine große Festigkeit hatte, daher man daselbst keine Ruinen findet. Bey Phigalia in Arkadien fand man einen grauen Marmor mit röthlichen Adern, woraus der Apollotempel zu Phigalia gebaut war. Zu Nisa in Kleinasien wurde ein blaugeaderter Marmor gebrochen, und es stehen noch jetzt Ueberbleibsel eines Theaters daselbst, dessen Sitze aus solchem Marmor gearbeitet sind. Fast alle Inseln des Archipelagus brachten Marmor hervor, worunter vorzüglich der Marmor von der Insel Paros berühmt war, der aber mehr zu Statuen als zu Gebäuden gebraucht wurde. [18]) Die Ephesier bekamen ihren Marmor von dem nahe bey der Stadt liegenden Berge Prion. Die Bewohner von Tejos bedienten sich zu ihren großen

Marmorbrüche in Griechenl.

---

18) *Strabo* X. p. 746.

Gebäuden eines grauen Marmors, der nicht weit von der Stadt gebrochen wurde. Zu Mylasa fand man einen feinen weißen Marmor.[19] Die Insel Profonnesus, nicht weit vom Vorgebirge Sigeum in Kleinasien, war wegen der Marmorbrüche bekannt und nicht weit von Alexandria Troas wurde ein weißer Marmor gegraben.[20]

Gebäude aus Erz. In den ganz alten Zeiten sollen auch einige Gebäude aus Erz seyn gemacht worden. Bey Argos war ein unterirrdisches Gebäude, in welchem sich ein Zimmer aus Erz befand, das **Akrisius** zur Verwahrung seiner Tochter soll verfertigt haben.[21] Einer der ersten Tempel des **Apollo** zu Delphi soll gleichfalls aus Erz gewesen seyn,[22] und noch zu Pausanias Zeiten stand zu Lacedämon ein kleiner Tempel der **Minerva** aus Erz, der deswegen **Chalciökus** genannt wurde, und der nebst der Statue der Göttinn von einem Lacedämonier, **Gitiadas**, gearbeitet war.[23] Auch sah Pausanias in dem Schatzhause zu Olympia zwey Zimmer aus Erz.[24]

---

19) *Strabo.* XIII. pag. 881.
20) *Strabo* l. c. Die verschiedenen Arten des griechischen Marmors findet man ausführlich angegeben in *Blaſ. Caryophilus* de antiquis Marmoribus. Traj. ad Rh. 1743.
21) *Pauſan.* II. 23.
22) *Pauſan.* X. 5.
23) *Pauſan.* III. 17.
24) *Pauſan.* VI. 19.

Vierter Abschnitt.

Was die Bauart der Griechen anbetrifft, so nahmen sie im Anfange, so wie die Aegypter und andere alte Völker, rohe Steine von einer außerordentlichen Größe zu ihren Gebäuden, und hieraus entstand in den nachfolgenden Zeiten die Sage, daß jene Gebäude Werke der Cyklopen wären.[25] Die Burg des **Prötus** zu Mycene,[25] und die Mauern zu Tyrinth wurden für Gebäude der Cyklopen angesehn. Das letztere bestand aus so großen unbearbeiteten Steinen, daß ein einziger kaum auf einem zweyspännigen Wagen konnte fortgeschafft werden.[27] Die Ruinen des großen Jupitertempels zu Agrigent werden noch jetzt, von den dasigen Einwohnern, der Pallast der Riesen genannt.

Mauern von großen Steinen.

In der Folge der Zeit baute man mit kleinen Steinen, die aber nicht rechtwinklich behauen wurden, sondern eine ungleiche Form von drey, vier oder sechs Seiten hatten, aber so in einander gesetzt wurden, daß sie genau zusammenpaßten. Vitruv nennt eine solche Mauer Incertum.[28] Chandler fand in Griechenland und in Kleinasien an verschiedenen Orten dergleichen Mauern, als bey Trözene, bey Epidauria, bey Ephesus und in andern Gegenden, und Pocock sah auf der Insel Mytilene, das alte

Mauern von viereckigen Steinen.

---

25) *Virgil.* Aeneid. VI. 630.
26) *Pausan.* II. 16.
27) *Pausan.* II. 25.
28) *Vitruv.* II. 8. edit. *Galiani.* p. 66. Tab. III.

Lesbos, Mauern, die aus fünf- und sechseckigen Steinen zusammen gesetzt waren.²⁹)

Mauern aus Quadersteinen. Endlich wurden die Steine winkelrecht behauen und bekamen eine länglich viereckige Form. Bisweilen wurden die Steine bey dieser Bauart an der äußern Seiten rautenförmig zugehauen, wie man an der Stadtmauer zu Pästum, und an alten Mauern auf der Insel Syra und Samos, findet.³⁰) Es gab zweyerley Arten, die Mauern aus Quadersteinen aufzuführen.³¹) Die eine Art hieß Jsidomum, wenn die Steine, in den verschiedenen Lagen über einander, einerley Höhe bekamen, die andere aber Pseudisidomum, wenn die Steine abwechselnd ungleich waren, und einige Lagen aus höhern, einige aus niedrigern Steinen bestanden. Bey großen Tempeln, die aus Marmor gebaut wurden, gebrauchte man allezeit das Jsidomum, weil diese Bauart ein schöneres Ansehn gab, als die andere. Gemeiniglich wurden diese Mauern durchaus von Quadersteinen errichtet; bisweilen aber machte man nur die beyden äußern Seiten einer Mauer, oder die sogenannten Stirnmauern, aus Quadersteinen, und der Raum dazwischen wurde mit rohen, unbearbeiteten Steinen ausgefüllt. Diese Bauart hieß Emplekton. Um

---

29) *Chandler* Reisen in Griechenland. Kap. 50. 52. Reisen in Kleinasien. Kap. 36. *Pocock* III. S. 29.
30) *Winkelmann* Anmerk. üb. d. Bauk. der Alten. Vorrede. *Tournefort* Voyage etc. Tom. II. Lett. 8. 10.
31) *Vitruv.* II. 8. *Plinius* H. N. XXXVI. 22.

ihr mehr Festigkeit zu geben, wurden die Stirnmauern in gewissen Entfernungen durch Bindesteine verbunden, die queer durch die Mauer gingen und die beyden äußern Seiten zusammenhielten. **Vitruv** nennt diese Bindesteine **Diatonos**. ³²) Das Emplekton wurde meistentheils nur bey sehr starken Mauern gebraucht, und auf solche Art waren die Stadtmauern von Agrigent gebaut. ³³) Erst in spätern Zeiten kam eine andre Bauart auf, da man die Mauern von Ziegeln erbaute, und sie auf der äußern Seite mit marmornen Platten belegte. So war das berühmte Mausoleum in Karien gebaut, welches, wie **Plinius** sagt, das erste Gebäude dieser Art soll gewesen seyn. ³⁴)

Bey diesen Mauern wurden die Steine ohne Mörtel, oder eine andere Verbindungsmaterie, zusammengesetzt, weil sie wegen ihrer Größe und Schwere von selbst fest auf einander lagen. Auch die Steine der Gewölbbogen wurden ohne Mörtel zusammengesetzt, wie man an den Thoren der Stadt Pästum sieht. ³⁵) Die Seiten der Steine wurden so glatt gemacht, daß man gar keine Fugen bemerkte, und dieses genaue Zusammenpassen wird vom Pau-

Die Griechen bedienten sich keines Mörtels.

---

32) *Vitruv.* l. c.
33) Riedesel Reis. durch Sic. und Großgr. S. 43.
34) *Plinius* H. N. XXXVI. 6. *Vitruv.* II. 8.
35) Rovine della Citta di Pesto etc. di *Paoli*. Diss. III. §. 19. 20.

fanias ἁρμονία genannt.[36]) Bisweilen befestigte man die Steine durch Zapfen oder Dobel an einander, und diese Dobel waren gemeiniglich von Holz, wie man an einem Tempel im attischen Gebiete,[37]) und an den Tempeln zu Agrigent bemerkt hat.[38])

Mechanische Hülfsmittel. Die mechanischen Hülfsmittel, welche die Griechen anwandten, um die großen Steine fortzuschaffen und in die Höhe zu bringen, waren ohne Zweifel sehr einfach. An den Steinen der Gebälke einiger Tempel in Agrigent findet man an den Seiten, wo sie an einander stoßen, Aushöhlungen, welche die Gestalt eines Hufeisens haben,[39]) und die unstreitig dazu bestimmt waren, die Steine hier zu fassen. Es wurde in jede Aushöhlung, auf beyden Seiten des Steines, ein Strick oder eine Kette gespannt, und diese alsdenn oben zusammen genommen, wodurch man den Stein in die Höhe ziehen und so lange rücken konnte, bis er seine gehörige Lage hatte. Man zog hernach den Strick heraus, und verwahrte die Löcher mit Holz oder mit Steinen, damit keine Feuchtigkeit zwischen die Steine eindringen konnte.[40])

---

36) Winkelmann Anm. üb. d. Bauk. der Alten. S. 11.
37) *le Roy* Monum. de la Grece. Part. I. pag. 4.
38) Borch Briefe üb. Sicil. I. S. 16.
39) *Houel.* Voyag. Pitt. Tom. IV. Pl. CCXVIII. pag. 21. Pl. CCXXVIII.
40) Winkelmann Anmerk. über die Baukunst der alten Tempel zu Girgenti in Sicilien, in der Bibl. der schön. Wissensch. Band 5. S. 223.

Ktesiphon erfand bey dem Bau des Tempels der Diana zu Ephesus eine besondere Maschine, um die Schäfte der Säulen aus den Steinbrüchen fortzuschaffen, und sein Sohn Metagenes wandte diese Erfindung auch dazu an, um die Steine des Gebälkes bequem fortzubringen.[41]) Ktesiphon befürchtete, daß, wenn er die Steine der Säulenschäfte auf Wagen fortfahren wollte, die Räder, wegen der Schwere der Steine, zu tief in den Boden einsinken würden, und er machte daher einen länglich viereckigen Rahmen, in den er einen Säulenschaft legte und ihn, oben und unten, an der schmalen Seite des Rahmes befestigte, so, daß er sich wie eine Walze herumdrehte. Um nun die Steine des Gebälkes eben so fortzubringen, ließ Metagenes an den beyden Enden jedes großen und langen Steines runde hölzerne Scheiben befestigen, und sie alsdenn, eben so wie man es mit den Säulenschäften gemacht hatte, auf beyden Seiten in den Rahmen einlegen. Auf diese Art konnten die schwersten Steine leicht fortgebracht werden. Allein um diese Steine auf die Säulen hinanzubringen, mußte, wegen ihrer Größe und ungeheuern Last ein eigenes Mittel erdacht werden.[42]) Man machte einen schrägen, allmählig in die Höhe gehenden Damm von Körben, die mit Sand angefüllt wurden und bis über die Säulen hinausgingen. Auf diesen Damm wurden die

---

41) *Vitruv.* X. 6. edit. *Galiani* pag. 396. Tab. XXV. fig. 2. 3.
42) *Plinius* H. N. XXXVI, 14.

Steine hinaufgerollt, bis sie über den Säulen lagen, alsdenn ließ man die Körbe, die unter ihnen waren, ausleeren, wodurch sich die Steine nach und nach auf ihre Stelle herabsenkten.

Säulen. Das, was bey der Bauart der Griechen das vorzüglichste ist und die größte Aufmerksamkeit verdient, sind die Säulen, die ein wesentliches Stück ihrer Tempel, Theater, Marktpläße und anderer großen Gebäude waren, die aber zugleich auch ihre vornehmste und schönste Verzierung ausmachten.

Dreyerley Säulenarten. Es waren in Griechenland drey Säulenarten gebräuchlich, davon jede ihre eigenen Verhältnisse, ihre eigenen Verzierungen hatte, und die sich vorzüglich durch die Capitäler von einander unterschieden. Die dorische war die erste und älteste, und ihr Charakter war edle Einfalt und erhabene Größe. Hierdurch unterschied sie sich von den beyden Säulenarten, die nach ihr erfunden wurden, von denen die jonische den Charakter einer ernsten und männlichen Schönheit hatte, die korinthische aber mit allem Reize der Kunst geschmückt war, und an Zierlichkeit, Reichthum und geschmackvoller Pracht die andern weit übertraf. Diese drey Säulenarten fassen alles mögliche Schöne in sich, und es ist, so viele Mühe man sich auch gegeben hat, nach ihnen keine andre erfunden worden, die ihnen an die Seite gesetzt zu werden verdient.

Die Griech. gaben den Säulen eine edle Gestalt. Die Griechen sind unstreitig, so wie auch andere Völker, durch die Nothwendigkeit, den Decken und Dächern eine Unterstützung zu geben, auf die

Vierter Abschnitt.

Erfindung der Säulen geführt worden;[43]) es ist aber auch möglich, daß die ägyptischen und phönicischen Colonien, die nach Griechenland kamen, ihnen den Gebrauch der Säulen lehrten. Allein sie zeichneten sich auch hierin frühzeitig vor andern Völkern aus, und gaben ihren Säulen eine einfache und edle Gestalt, die in der Folge durch schöne Verhältnisse das gefälligste Ansehen bekam.

Im Anfange wurden in Griechenland die Säulen aus Holz gemacht;[44]) sobald aber die Griechen Steine und Marmor zu ihren Gebäuden gebrauchten, so arbeitete man auch die Säulen aus diesem Material. Sie bestanden nie aus einem einzigen und ganzen Steine, sondern waren allezeit aus vier, fünf, bisweilen auch mehrern Steinblöcken zusammengesetzt, die durch hölzerne Dobel mit einander verbunden wurden. Diese Verbindung war, wie bey den steinernen Mauern, so genau gemacht, daß man keine Fugen bemerkte, und daß die Säulen aus einem einzigen Steine zu seyn schienen. An einigen Säulen des Tempels des Jupiter Panhellenius, auf der Insel Aegina,[45]) und an dem Tempel der Concordia zu Agrigent,[46]) hat sich diese Zusammen-

Die Säulen bestanden aus verschiedenen Steinblöcken.

---

43) *Plinius* H. N. XXXVI. 6. Columnis utebantur in templis nec lautitiae caufa, (nondum enim ista intelligebantur) sed quia firmiores aliter statui non poterant.
44) *Pausan.* V. 16. 20. VI. 24.
45) Chandler Reis. in Griechenl. Kap. 3.
46) *d'Orville* Sic. p. 97.

fügung noch bis jetzt völlig gut erhalten. Bisweilen war bey den dorischen Säulen das Capitäl nicht besonders, sondern aus einem Stücke mit dem obersten Steine des Schaftes gearbeitet, bisweilen aber war der Abacus ein besonderer Stein, wie an den Säulen des Tempels der Concordia zu Agrigent.[47] Erst in spätern Zeiten wurden manchmal die Säulenschäfte aus einem einzigen Steine gemacht, wie man zu Ephesus an einem Tempel von korinthischer Bauart findet.[48]

Bearbeitung der Säulen. Die Blöcke zu den Säulen wurden in den Steinbrüchen bearbeitet, und zwar so, daß sie aus den Felsen herausgearbeitet, und dann erst von demselben losgesprengt wurden. Dieses bezeugen die Steinbrüche zu Selinus in Sicilien, in welchen man Stücken zu Säulen antrifft, die noch halb auf dem Felsen fest stehen.[49] Vollendet wurden die Säulen aber erst alsdenn, wenn sie aufgerichtet waren, so wie es auch wahrscheinlich ist, daß die Basreliefs und die meisten Zierrathen erst dann völlig ausgearbeitet wurden, wenn die Gebäude standen. An dem großen Tempel zu Selinus sind einige Säulen gerieselt, bey andern aber sind die Streifen nur vorgezeichnet, und man sieht deutlich, daß ihre völlige

---

47) Houel. Voyages Pitt. Tom. IV. p. 24.
48) Chandler Reisen in Kleinasien. Kap. 35.
49) Riedesel Reis. durch Sic. und Großgr. S. 29. Houel, Voyag. Pittor. Tom. I. p. 28. Tab. XII.

Vollendung noch fehlt.⁵⁰) An dem Tempel des Apollo Didymäus bey Milet, der ein Dipteros ist, sind die Säulen der innern Reihe ganz gerieſelt, die Säulen der äußern Reihe aber nur oben unter dem Capitäl, bis an zwey Fuß herab, und unten über dem Schaftgesinse einige Zoll hoch, der übrige Theil des Schaftes ist glatt und unausgearbeitet.⁵¹) Auch in spätern Zeiten behielt man diese Gewohnheit bey, und man findet sie noch an einem Tempel bey Mylasa, der unter den römischen Kaisern gebaut wurde.⁵²)

Die älteſten Säulen waren ſtark, niedrig und so verjüngt, daß sie einem abgeſtumpften Kegel glichen. Man gab ihnen diese Form der Feſtigkeit wegen, damit sie der Schwere der Gebälke und des Daches besser widerstehen, und ihre Last bequemer tragen konnten. An dem älteſten Denkmale der griechischen Kunſt, von dem sich bis auf unsere Zeiten Ueberbleibsel erhalten haben, an dem Tempel zu Korinth, finden wir, daß die Säulen mit dem Capitäl nur sieben und zwey Drittheil Model, also nicht völlig vier Durchmeſſer, zur Höhe haben.⁵³) Als die Kunſt weitere Fortschritte that, bekamen die Säulen mehr Höhe und wurden etwas über vier untere Durchmeſſer hoch gemacht, aber immer noch coniſch

Verhältniß der doriſch. Säule.

---

50) *Houel* Voyag. Pitt. Tom. I. p. 28.
51) Jonian Antiquit. Chap. III. p. 48.
52) Jonian Antiquit. Chap. IV. p. 60.
53) *le Roy* Monum. de la Grèce. Part. II. pag. 5. Pl. III.

verjüngt. Die Säulen an dem großen Tempel zu Pästum sind acht Model und neun Modeltheilchen hoch,⁵⁴) die Säulen an den Tempeln der **Juno Lucina**, der **Concordia** zu Agrigent, die Säulen des Tempels zu Segestum, haben vier und einen halben Durchmesser zur Höhe,⁵⁵) und die Höhe der Säulen zu Thoritus beträgt etwas weniges über vier Durchmesser.⁵⁶) Endlich erhielten die dorischen Säulen eine Höhe von beynah sechs Durchmessern. Dieses geschah kurz vor und zu der Zeit des **Perikles**, und die Säulen am Tempel des **Theseus**, am Parthenon, an den Propyläen, und an dem Tempel auf dem Vorgebirge Sunium,⁵⁷) haben dieses Verhältniß.

So wurde die dorische Säule zu ihrer Vollkommenheit gebracht, und sie behielt dieses Verhältniß, so lange die Kunst in einem guten Style ausgeführt wurde.⁵⁸) Erst in spätern Zeiten, als die Römer sich

---

54) Rovine della Citta di Pesto, di *Paoli*, Diss. III. Tab. XVIII.
55) *Houel* Voyages Pittor. Tom. I. p. 8. Tom. IV. p. 21. 24.
56) *Le Roy* Monum. de la Greçe. Part. II. p. 2.
57) *le Roy* Monum. de la Greçe. Part. II. pag. 7.
58) Die drey verschiedenen Zeiten der dorischen Säulenart, die le Roy im zweyten Theile seiner Beschreibung der griechischen Monumente festsetzt, sind unrichtig, weil er die Zeit ganz übergeht, wo die

Vierter Abschnitt.

sich mit der Kunst beschäftigten, bekam die dorische Säule sieben untere Durchmesser zur Höhe.⁵⁹)

Jetzt, da die Säulen nicht mehr so niedrig wie sonst gemacht wurden, verloren sie das kegelförmige Ansehen und erhielten ein mehr gefälliges. Dieses bemerkt man vorzüglich an der jonischen Säule, die fast acht Durchmesser zur Höhe bekam, wie man an dem Tempel am Jlissus bey Athen sieht.⁶⁰) Eben diese Höhe und dasselbe schlanke Ansehn bekam auch die korinthische Säule. *Verhältniß der jonisch. u. korinthischen Säule.*

Diese Höhen und Verhältnisse erhielten die Säulen vorzüglich bey Tempeln, allein bey Theatern, Marktplätzen und andern Gebäuden, wo sich Säulengänge befanden, bekamen sie mehr Höhe und wurden schmächtiger gemacht, wodurch sie ein gefälligeres Ansehn erlangten, das zu diesen Gebäuden sehr gut paßte.⁶¹) Es ist auch ein Beyspiel dieser Regel aus dem Alterthume übrig, nämlich ein dorischer Porticus zu Athen, ein Eingang zu einem Marktplatze, dessen Säulen sechs Durchmesser zur Höhe haben.⁶²) Die Griechen hatten daher bey *Die Griech. hatten beym Gebrauch der Säulen kein gewisses System.*

Tempel zu Pästum, zu Segest und Agrigent gebaut wurden, deren Säulen höher als die zu Korinth, und niedriger als die zu Athen sind.

59) *Vitruv.* IV. 3.
60) The Antiquit. of Athens. Vol. I. Chap. II. Pl. III.
61) *Vitruv.* V. 9.
62) The Antiquit. of Athens. Vol. I. Chap. I. Das Gebäude ist ohne Zweifel alt, und wenn es auch nicht

ihren Säulen kein gewisses System, wie unsere neuen Künstler, sondern sie richteten dieselben allezeit nach dem Verhältnisse des Ganzen, nach der Bestimmung und dem Charakter des Gebäudes ein, ob sie gleich die verschiedenen Säulenarten nie mit einander vermischten, und einer jeden ihr Eigenthümliches gaben.

Verjüngung der Säulen. Die Säulen wurden allezeit nach einer geraden Linie verjüngt, so daß der obere Durchmesser des Schaftes ungefähr um den sechsten Theil kleiner war, als der untere. Diese Verjüngung war auch noch unter den Römern gebräuchlich, und obgleich Vitruv eine andere Art der Verjüngung vorschrieb, nach der die Säule in der Mitte einen Ansatz bekommen sollte, den er Entasis nennt,[63]) so wurde doch gemeiniglich die alte Art beybehalten, und wir finden jene nur selten und an den wenigsten römischen Gebäuden. Die neuern Baukünstler folgen hierin den Lehren Vitruv's und dem Beyspiele derjenigen, die bey der Wiederherstellung der Baukunst, aus den Trümmern der alten römischen Werke der Baukunst, diese Art von Verjüngung aufnahmen, weil sie dieselbe an einigen alten Gebäuden fanden, die sie aus Mangel anderer und schönerer Gebäude als Muster der Kunst betrachteten. Sie verjüngen die Säulen nach

---

aus dem Zeitalter des Perikles ist, so wurde es doch gewiß nicht lange nachher gebaut; die Inschriften aber wurden erst in spätern Zeiten, unter dem Kaiser Augustus, daran gesetzt.

63) *Vitruv.* III. 2. IV. 3.

einer krummen etwas auswärts gebogenen Linie, die von der Base an, bis ein Drittheil der Säule hinauf, lothrecht in die Höhe geht, und erst von da an verjüngt wird. Da aber hierdurch die Säulen das schöne, schlanke Ansehn, das der griechischen Säule eigen war, verlieren und etwas Schwerfälliges bekommen, so sollten Künstler, die Anspruch auf Geschmack machen, diesen Gebrauch, der so sehr wider den guten Geschmack ist, verlassen und ihn ganz aus der Kunst verbannen.

Die Säulenschäfte wurden gemeiniglich durch Kannelirungen genannt. lothrechte ausgehöhlte Streifen oder Kannelirungen verziert. Diese Verzierung ist sehr alt, man findet sie schon an den persepolitanischen Säulen, und auch die Griechen brauchten sie frühzeitig, welches die Säulen des alten Tempels zu Korinth beweisen. Doch findet man auch bisweilen ganz glatte Säulenschäfte, wie an dem Tempel zu Segestus und an einem Tempel zu Selinus. Le Roy [64]) hält die glatten Säulen für älter als die gestreiften; allein diese Meynung ist ohne allen Grund, weil schon ältere Völker als die Griechen kannelirte Säulen hatten, und weil der Tempel zu Korinth, dessen Säulen auch kannelirt sind, viel älter ist, als die beyden jetzt angeführten Tempel.

---

64) Monum. de la Grece, Part. II. p. 6. Die Höhe der Säulen ist das einzige richtige Merkmal, nach dem das Alter einer Säule zu bestimmen ist, so daß die kürzesten Säulen die ältesten sind.

Kannelirung der dorisch. Säule.

Die Kannelirungen der dorischen Säule sind allezeit nach einem flachen Zirkelstück ausgehöhlt und ganz nahe an einander gestellt, so daß sie unter einer scharfen Ecke oder einem spitzigen Winkel zusammenstoßen. Jede Säule bekam zwanzig Streifen.[65]) Die meisten dorischen Säulen, die sich aus dem Alterthum bis jetzt erhalten haben, stimmen hierin mit der Lehre Vitruv's überein, und nur wenig weichen davon ab, wie die Säulen eines Tempels zu Selinus, die nur sechszehn Streifen haben,[66]) und die Säulen am großen Tempel zu Pästum, die mit vierundzwanzig Streifen versehen sind.[67])

Kannelirung der jonischen und korinthisch. Säule.

Die Kannelirungen der jonischen Säule wurden nach einem halben Zirkel ausgehöhlt, und es kam zwischen zwey ausgehöhlten Streifen allemal ein glatter Streifen zu stehen.[68]) Jede Säule erhielt vierundzwanzig Streifen. Auf eben diese Art wurden

---

65) *Vitruv.* IV. 3. p. 144. Edit. *Galiani.* Riedesel, Reis. durch Sicil. und Großgriech. S. 26 ff. 41., giebt den Tempeln zu Selinus und Agrigent einundzwanzig Streifen, Houel aber zwanzig. Voyages Pittor. Tom. I. p. 24. Tom. IV. p. 21 ff. Von beyden scheint mir der letztere mehr Glaubwürdigkeit zu verdienen, weil er mit mehr Genauigkeit beobachtet, und sorgfältige Beschreibungen und Abzeichnungen von diesen Tempeln gegeben hat.

66) *Houel.* Voyag. Pitt. Tom. I. p. 24.

67) Rovine della Citta di Pesto etc. di *Paoli.* Diss. III. Tab. XXI.

68) *Vitruv.* III. 3.

die korinthischen Säulen gestreift.⁶⁹) Die jonische Kannelirung findet sich bisweilen auch an dorischen Säulen, wie an denen, die man zu Priene nicht weit vom Tempel der Minerva Polias entdeckt hat,⁷⁰) an den Säulen des Vulkantempels und des Tempels des Castor und Pollux zu Agrigent,⁷¹) und an den Säulen, die inwendig in dem Thurm des Andronikus Cyrrhestes zu Athen stehen.⁷²).

Diese Kannelirungen gehen bey den Säulen, die keine Base haben, bis auf den Fußböden oder bis auf den Untersatz herab, oben aber gehen sie bis unter den Knauf, wo sie sich durch einen Ablauf mit demselben vereinigen, wie man an den athenensischen Gebäuden findet.⁷³) Bey den Säulen mit Basen schließen sie sich gleich über der Base in einer halb zirkelrunden Linie, und nach einer eben solchen Linie endigen sie sich gewöhnlich auch oben unter dem Capital. Bisweilen schließen sie sich aber auch daselbst in einer geraden Linie, wie bey der erwähnten nicht weit von dem Tempel der Minerva zu Priene gefundenen dorischen Säule, oder sie gehen

---

69) *Vitruv.* IV. 1.
70) *Jonian* Antiq. Chap. II. Pl. 11. 12. p. 24.
71) *Houel.* Voyages Pittor. Tom. IV. p. 35. 36. Pl. 229. 230.
72) The Antiquit. of Athens. Tom. I. Chap. III. Pl. IX. fig. 4.
73) The Antiquit. of Athens. Tom. I. Chap. I. Pl. II. Tom. II. Chap. I. Pl. VIII. Chap. V. Pl. VI.

wohl auch oben in Gestalt von Blättern über den Schaft hinaus, wie an den korinthischen Säulen des choragischen Monumentes des **Lysikrates** zu Athen. [74])

Capitäl der dorischen Säule.

Die größte Zierde der Säulen ist der Knauf, so wie er auch das vornehmste Unterscheidungszeichen der drey Säulenarten ausmacht. Der Knauf der dorischen Säule ist, so wie die Säule selbst, sehr einfach, und zeichnet sich vor den übrigen durch eine edle Würde aus. In den ältesten Zeiten, an den Tempeln zu Korinth, zu Agrigent und an dem größern Tempel zu Pästum, bekam er noch keinen ganzen Model zur Höhe, und selbst in den schönsten Zeiten der Kunst wurde er an den Propyläen und am Parthenon zu Athen [75]) nicht höher gemacht. Dieser Knauf besteht aus einem Abacus und einem Echinus, der unter sich gemeiniglich drey bis fünf Riemchen hat und eben so viel kleine Hohlkehlen, welche zwischen den Riemchen liegen. Der Abacus, der fast die Hälfte des ganzen Knaufes zur Höhe hat, springt weit hervor, und ist allezeit breiter als der untere Durchmesser der Säule. Der Echinus hat gemeiniglich ein länglichrundes Profil, das bey einigen Säulen mehr, bey einigen weniger gerundet ist. An den Säulen des Tempels zu Thorikus besteht dieses Profil, wenn man le Roy's Zeichnung trauen darf,

---

74) The Antiquit. of Athens. Tom. I. Chap. IV. Pl. VI.

75) The Antiquit. of Athens. Tom. II. Chap. I. Pl. VI. VII. VIII.

aus einer geraden Linie.[76]) An den Säulen des Parthenon und der Propyläen zu Athen ist es ganz flach gerundet, [77]) an den Säulen des dorischen Porticus zu Athen aber hat es eine größere Rundung. [78]) Die Riemchen unter dem Echinus sind gemeiniglich so angeordnet, daß die obern über die untern etwas vorspringen, und nur selten haben sie eine gleiche Ausladung, wie an dem dorischen Porticus zu Athen. Durch diesen weiten Vorsprung des Knaufes erhält die Säule ein großes und ehrwürdiges Ansehn, welches noch dadurch vermehrt wird, daß der Knauf gleich auf den Schaft der Säule aufsteht, ohne durch einen Hals oder durch Glieder von ihm getrennt zu werden. Die Capitäler der Säulen zu Thorikus und des Apollotempels zu Delos scheinen zwar einen Hals zu haben,[79]) da gleich unter dem Capitäl Kannelirungen angebracht sind, die dasselbe vom Schafte trennen; allein diese Säulen haben unstreitig ganz kannelirt werden sollen, sie wurden aber nicht vollendet, wie man dieses auch an mehrern alten Tempeln findet. Ohne Zweifel waren auch die Säulen des Tempels zu Segestus noch nicht vollen-

---

76) *le Roy* Monum. de la Greçe. Part. II. Pl. I.

77) The Antiquit. of Athens, Tom. II. Chap. I. Pl. VIII. Chap. V. Pl. VII.

78) The Antiquit. of Athens. Tom. I. Chap. I. Pl. II.

79) *le Roy* Part. II. Pl. I. II.

det,⁸⁰) da sie unter dem Capital einen glatten Streifen haben, der etwas mehr eingezogen ist, als der obere Theil des Schaftes, und der ein Hals könnte genennet werden, der aber vielleicht nur eine Vorbereitung zu Kannelirungen war. In den nachfolgenden spätern Zeiten wurden mit diesem Knaufe verschiedene Veränderungen vorgenommen.⁸¹) Er bekam mehr Höhe, nämlich einen ganzen Model. Der Abacus sprang nicht mehr so weit vor, auch wurde er niedriger gemacht, und bekam noch ein Glied, eine Kehlleiste, über sich. Der Echinus wurde ebenfalls niedriger gemacht, und der Knauf von dem Schafte durch einen Hals abgesondert. Allein durch diese Veränderungen verlor das dorische Capital ganz sein großes, feyerliches Ansehn, und es ist den Künstlern unserer Zeiten aufgehoben, ihm dieses Ansehn wiederzugeben, wenn sie hier von den durch Vitruv eingeführten Verhältnissen abgehen und die schönern Verhältnisse der Griechen nachahmen.

Capital der jonischen Säule. Mehr Verzierung bekam der Knauf der jonischen Säule, nämlich auf jeder Seite eine große Volute. Diese Voluten oder Schnecken stehen in gerader Horizontallinie, so daß man an der vordern und hintern Ansicht des Knaufes die Wendungen und den Gang der Schneckenlinie bemerkt, die sich in einem Punkt endet, der das Auge der Schnecke heißt, auf den Seiten des Knaufes aber nur die zu-

---

80) *Houel* Voyages Pittor. Tom. I. pag. 8. Pl. IV.
81) *Vitruv.* IV. 3.

sammengerollte Volute sieht. Dadurch erhielt dieses Capitäl ein doppeltes Ansehn, ein anderes von vorn und ein anderes von der Seite, an den Säulen aber, die an den Ecken standen, wurden die Schnecken herausgedreht. Schon die jonische Säule an dem kleinen Tempel am Ilissus bey Athen,[82] das älteste jonische Gebäude, das bis auf unsere Zeiten gekommen ist, hat ein solches Eckcapitäl. Bey diesem Knaufe stehen die beyden Voluten so enge bey einander, daß ihre Augen sich in eins vereinigen, welches in der folgenden Zeit abgeändert und so gemacht wurde, daß jede Volute ganz und ihre Wendungen vollständig zu sehen sind, wie man es an dem Tempel der Minerva Polias zu Priene findet.[83] Erst unter den Römern fingen die Künstler an, alle Voluten herauszudrehen, und sie bildeten auf diese Art das jonische Capitäl, das noch jetzt gebräuchlich ist. Die Höhe des jonischen Knaufes mit den Voluten war bey den Griechen ungefähr zwey Drittheile der untern Säulenstärke, und dieses Maaß bestimmt auch *Vitruv*.[84] Allein in der folgenden Zeit wurde dieser Knauf höher gemacht, und er bekam einen Hals, wie man am Tempel des Erechtheus und der Minerva Polias zu Athen

---

[82] The Antiquit. of Athens. Tom. I. Chap. II. Pl. VII. p. 11.

[83] Jonian Antiq. Chap. II. p. 13.

[84] *Vitruv.* III. 3. IV. 1.

sieht,⁸⁵) und auch die neuern Künstler geben ihm gemeiniglich einen Hals. Der alte Knauf mit den horizontalliegenden Schnecken hat etwas Großes und Edles, und daher unstreitig viele Vorzüge vor dem neuen, an dem die Schnecken herausgedreht sind. Man bedient sich aber vorzüglich des neuern Capitäls nur deswegen häufiger, weil es auf allen vier Seiten ein gleiches Ansehn hat. Die schönsten Ueberbleibsel der griechischen jonischen Capitäler, die unsere Künstler sich zum Muster wählen sollten, sind die an dem Tempel am Jissus, an den Tempeln des *Bacchus* zu Teos, des *Apollo Didymäus* bey Milet, an dem Tempel der *Minerva* zu *Priene*, ⁸⁶) und die

---

85) The Antiquit. of Athens. Tom. II. Chap. II. Pl. V. VIII. XI. *le Roy*, Monum. de la Grece. Part. II. pag. 18. Pl. XIX. Der Tempel des *Erechtheus* und der *Minerva Polias* stand schon in den ältesten Zeiten, das Gebäude aber, dessen Ruinen noch bis jetzt übrig geblieben sind, ist unstreitig erst unter den Römern gebaut worden. Der älteste Tempel brannte während des persischen Krieges ab. Er wurde wieder erbaut, und der Anfang dieses Baues fällt ohne Zweifel in die letzten Jahre der Staatsverwaltung des *Perikles*. Allein vierundzwanzig Jahre nach *Perikles* Tode wurde er aufs neue ein Raub der Flammen. Nachher wurde er wahrscheinlich nach und nach wieder aufgebaut, und zu den Zeiten der Römer erst vollendet.

86) The Antiquit. of Athens, Tom. I. Chap. II. Pl. VI. Jonian Antiquit. Chap. I. Pl. III. Chap. II. Pl. II. Chap. III. Pl. III.

Vierter Abschnitt.

an dem Tempel des Erechtheus und der Minerva Polias. [87])

Das prächtigste und reichste Capitäl ist das korinthische. Dasjenige, das man in den Ruinen des Apollotempels bey Milet gefunden hat, ist unstreitig das älteste dieser Säulenart, das sich bis auf unsere Zeiten erhalten hat. [88]) Es hat den untern Säulendurchmesser zu seiner Höhe, und besteht aus einer Reihe Acanthusblätter, über welche sich abwechselnd eben solche Blätter und Blumenstengel erheben, die sich in Schnecken endigen. Das korinthische Capitäl bekam auch außer seiner Höhe und Verzierungen noch viel Eigenes, wodurch es sich von den Capitälen anderer Säulenarten auszeichnete. Bey dem dorischen und jonischen Capitäl wurde der Abacus wie eine viereckige Tafel gemacht, und hatte auf allen vier Seiten eine gerade Linie, bey dem korinthischen Capitäl aber erhielt er eine einwärts ausgeschweifte Linie. Bey den andern Säulenarten waren die Capitäle unmittelbar mit den Säulen verbunden, hier aber wurde der Schaft oben mit einem Ringe bekränzt, der ihn und das Capitäl von einander trennte. In seiner ganzen Pracht erscheint dieses Capitäl an dem choragischen Monumente des Lysikrates zu Athen, [89]) das zu Alexanders des Großen Zeiten gebaut wurde. Hier ist es fast

Capitäl der korinthisch. Säule.

---

87) The Antiquit. of Athens. Tom. II. a. a. Orte.
88) Jonian Antiquit. Chap. III. p. 52. Pl. IX. X.
89) The Antiquit. of Athens. Vol. I. Chap. IV. Pl. VI.

drey Model hoch, und hat erst eine Reihe glatte Blätter, dann eine Reihe zackige Acanthusblätter, zwischen welchen Rosen hervorwachsen, und darüber erhebt sich ein großer Strauß von Blättern und Schnörkeln, der sich um die Vase des Knaufes herum ausbreitet. Es scheint überhaupt, daß die Griechen bey der Verzierung dieses Capitäls keine gewissen und bestimmten Vorschriften gehabt haben, und daß jeder Künstler sich bemühete es so reich und schön als möglich zu machen, weil man verschiedene Arten davon antrifft. Eine ganz eigene Art dieses Knaufes sieht man an dem Thurme des Andronikus Cyrrhestes zu Athen.⁹⁰) Hier hat es zwey Model zur Höhe, und weder Blumenstiengel noch Schnörkel. Es besteht aus zwey Reihen Blättern über einander, davon die untern Acanthusblätter, die obern aber ganz glatte Blätter sind, die bis an den Abacus hinan gehen. Dieser hat das Besondere, daß er nach einer geraden Linie gebildet ist.⁹¹) Diese Art des korinthischen Knaufes findet man noch mehrmals zu Athen, so wie auch an einigen andern Orten in Griechenland.

---

90) Dieses Gebäude muß nach der Zeit des Ptolemäus Evergetes seyn gebaut worden, weil es eine Waßeruhr in sich faßte, eine Erfindung des Ctesibius, (*Vitruv.* IX. 9.) der, wie Martini in der Abhandl. über die Sonnenuhren der Alten S. 127, bemerkt, unter diesem König lebte.

91) The Antiquit. of Athens, Vol. I. Chap. III. Pl. VII.

In spätern Zeiten wurden noch mehr Veränderungen mit dem korinthischen Capitál vorgenommen, und man bemühte sich, verschiedene neue Arten zu erfinden, die aber, wie Vitruv sagt, weder eigene und neue Verhältnisse hatten, noch auch eine besondere Säulenart konnten genennt werden, sondern nur Abweichungen von dem bisherigen Knaufe und besonders verziert waren.⁹²) So findet man in den Ruinen zu Magnesia am Mäander an einem Pilaster ein eigenes korinthisches Capitál, welches nur an den vier Ecken drey Reihen Acanthusblätter hat, in dem Raume dazwischen aber mit einem Strauß von Blumen und Kornähren verziert ist.⁹³) Unter dem Capitál ist der Schaft mit Widderköpfen besetzt, zwischen denen Blumengehänge angebracht sind. Zu Mylasa sieht man an einem Thore wieder ein anderes korinthisches Capitál, von welchem Pocock bemerkt, daß es in Karien häufig angetroffen wird.⁹⁴) Es besteht aus einer Reihe Blätter, die fast die untere Hälfte des Capitáls einnehmen, dessen obere Hälfte bis an den Abacus hinan ausgekehlt und kannelirt ist.

Veränderung des korinthischen Capitáls.

Erst unter den Römern erhielt dieses Capitál die Verhältnisse und die bestimmte Gestalt, die es noch jetzt hat. Vitruv giebt ihm den untern Durch-

---

92) *Vitruv.* IV. 1. p. 132. Edit. *Galiani.*
93) Pocock Beschreib. des Morgenl. III. S. 82. Taf. LI. fig. C.
94) Pocock III. S. 88. Taf. LIV.

messer der Säulen zur Höhe. ⁹⁵) Der siebente Theil von dieser Höhe war die Höhe des Abacus, das übrige des Capitäls aber wurde in drey Theile getheilt, davon man die zwey untern mit zwey Reihen Blättern besetzte, den obersten Theil aber mit Blumenstengeln verzierte, die sich in Schnörkel oder kleinen Voluten endigten, von denen zwey auf jeder Seite des Capitäls bis unter die Ecken des Abacus reichten, zwey kleinere aber unter der Mitte des Abacus, der daselbst mit einer Blume geschmückt wurde, zusammen kamen. Nicht immer wurden die Ecken des Abacus abgestumpft. An dem choragischen Monumente des Lysikrates sind sie auf diese Art, allein an ältern Säulen, wie an denen, die in den Ruinen des Tempels des Apollo Didymäus gefunden wurden, und auch bisweilen an einigen Säulen aus den Zeiten der Römer, endigt sich der Abacus mit spitzigen, scharfen Ecken.

Dreyeckige Capitäle. Hier muß ich noch eine besondere Art von Capitälen erwähnen, nämlich der dreyeckigen, die man zu Athen findet. Die Säulen, die damit verziert sind, gehören nicht zu Gebäuden, sondern sie hatten eine eigene Bestimmung und waren choragische Monumente. Diese Capitäle sind mit Blättern und Voluten verziert, sie haben aber weder eine gute Anordnung, noch eine schöne Bearbeitung. ⁹⁶) Es haben sich zu Athen zwey solche Säulen erhalten, die

---

95) *Vitruv.* IV. 1.
96) The Antiquit. of Athens. Vol. II. Chap. IV. p. 31.

an der Südseite des Felsen der Akropolis, über dem choragischen Monumente des Thrasillus und Thrasikles stehen. Sie stehen einzeln und sind von ungleicher Höhe und Stärke. Auf ihrer obern Fläche befindet sich an jeder Ecke ein Loch, worin ohne Zweifel der Tripos befestigt war, der Preiß in den musikalischen Spielen, der hier zum Andenken des Choragus, welcher den Sieg davon getragen hatte, öffentlich aufgestellt wurde.

Die ältesten griechischen Säulen hatten keine Basen, sondern sie standen unmittelbar auf den Stufen der Tempel, oder auf ganz einfachen viereckigen Untersätzen. Der Tempel zu Segestus, und ein Tempel zu Selinus, haben dergleichen Untersätze; an dem alten Tempel zu Korinth aber, an den Tempeln zu Agrigent, an dem größern Tempel zu Pästum und an den athenicnsischen Tempeln fehlen sie. Von den Untersätzen an dem Tempel zu Segestus haben die, welche an der vordern Halle stehen, das Besondere, daß vorn drey kleine viereckige Vorsprünge angebracht sind, die ohne Zweifel zu einer Verzierung dienten.[97]) Der Mangel der Base war der dorischen Säule eigenthümlich, da sie auch noch zu den Zeiten des Perikles kein Schaftgesimse bekam, obschen dazumal die jonischen Säulen Basen erhielten. Doch ist hiervon an dem kleinern Tempel zu Pästum eine Ausnahme zu finden, an dem die Säulen, die innerhalb

Die ältesten Säulen hatten keine Basen.

---

[97] *Houel* Voyages Pittor. etc. Tom. I. pag. 8. Pl. IV.

des Porticus vor dem Eingange in die Zelle stehen, mit toskanischen Basen versehen sind.⁹⁸)

Attische Base. Die jonische Säulenart hatte unstreitig gleich von ihrem ersten Ursprunge an Basen bekommen. Sie wurden gemeiniglich einen Model hoch gemacht und aus verschiedenen Gliedern zusammengesetzt. Schon in den Propyläen finden wir unter den jonischen Säulen, die innerhalb dieses Gebäudes stehen, diejenige Base, die in den nachfolgenden Zeiten den Namen der attischen erhielt,⁹⁹) weil sie vielleicht in Athen erfunden wurde. Auch an dem kleinen Tempel am Ilissus zu Athen trifft man eben diese Base an,¹⁰⁰) nur daß sie hier einige Abänderungen bekommen hat. Hermogenes bediente sich der attischen Base an seinen schönen Tempel des Bacchus zu Teos,¹⁰¹) und sie war auch an der Mauer des Peribolus des Tempels der Minerva Polias zu Priene angebracht, die aber später als der Tempel erbaut wurde.¹⁰²) Die Alten gaben dieser Base keinen besondern Plinthus, sondern

---

98) Rovine della Citta di Pesto, di *Paoli*. Diss. IV. §. 15. Tab. XXVIII. XXX.

99) The Antiq. of Athens. Vol. II. Chap. V. Pl. IV. *le Roy* Monum. de la Grèce, Part. II. Pl. XII.

100) The Antiquit. of Athens. Vol. I. Chap. II. Pl. VI.

101) Jonian Antiquit. Chap. I. Pl. III. IV.

102) Jonian Antiquit. Chap. II. pag. 17. Pl. VIII. fig. 8.

Vierter Abschnitt.

dern es machte allezeit die oberste der Stufen, worauf der Tempel stand, den Plinthus aus.[103])

Diese Base ist mit so vieler Feinheit und mit so vielem Geschmacke zusammengesetzt, daß es zu verwundern ist, daß sie nicht allgemein angenommen und überall gebraucht wurde. So geschmackvoll auch sonst alles an den Gebäuden dieser Zeit war, so wenig schön fielen die neu erfundenen jonischen Säulenfüße aus. Die Basen an den Säulen der Tempel des Apollo Didymäus bey Milet,[104]) und der Minerva Polias zu Priene,[105]) die in Absicht der Zusammensetzung der Glieder sehr von einander unterschieden sind, haben so wenig Angenehmes, daß man weder die eine noch die andere zum Muster wählen würde. Sie wurden aber auch unstreitig nicht häufig nachgeahmt, sondern man bediente sich vorzüglich der attischen Base. Auch zu der korinthischen Säule, die keinen eigenen Säulenfuß erhielt, wurde der attische genommen, nur daß er hier gemeiniglich einen besondern Plinthus bekam. Eine sonderbare Ausnahme hiervon, die bemerkt zu werden verdient, zeigt sich am Thurme des Andronikus Cyrrhestes zu Athen, wo die korinthischen Säulen gar keine Basen haben.[106]) Ob nun gleich

Jonische Basen.

---

103) Jonian Antiquit. pag. 7.
104) Jonian Antiquit. Chap. III. Pl III. IV.
105) Jonian Antiquit. Chap. II. Pl. II. III.
106) The Antiquit. of Athens. Vol. I. Chap. III. Pl. VII.

die attische Base allgemein angenommen war, so hat doch Vitruv, der auch selbst dieser Base, unter dem Namen Atticurges, gedenkt, eine eigene jonische beschrieben, die wieder von jenen abweicht, die wir an den bemerkten alten griechischen Tempeln finden,[107]) aber eben auch keine angenehme Zusammensetzung der Glieder hat.

<small>Die griechischen Säulen hatten keine Postamente.</small>

Bey den Griechen hatten die Säulen keine Postamente, sondern sie standen, ohne irgend eine Erhöhung, gleich auf den Stufen des Tempels auf, und nur die dorischen Säulen hatten, wie wir gesehen haben, bisweilen niedrige Untersätze. Hiervon findet man eine einzige Ausnahme, nämlich in den Propyläen zu Athen, wo die jonischen Säulen innerhalb dieses Gebäudes auf Würfeln ruhen, die auf niedrigen Zocken stehen,[108]) die aber le Roy fälschlich in Postamente verwandelt hat.[109])

<small>Gebälke.</small>

Auf den Säulen ruht das Gebälke, welches aus drey Theilen besteht, aus dem Unterbalken, der unmittelbar auf den Säulen liegt, aus dem Friese und dem Kranze. Dieses Gebälke machten die griechischen Künstler allezeit groß und prächtig, und höher als es von den neuern Baumeistern angegeben wird. Durch diese Höhe, und durch den weiten Vorsprung seiner Glieder, erlangte es das majestätische und ehrwürdige Ansehn, wodurch es sich vor

---

107) *Vitruv.* III. 3. pag. 114. Edit. *Galiani.*
108) The Antiquit. of Athens. Vol. II. Chap. V. Pl. IV.
109) Monum. de la Greçe. Part. II. Pl. XII.

dem Gebälke aus spätern Zeiten vortheilhaft auszeichnet.

Das Gebälke der dorischen Säule hatte gemeiniglich den dritten Theil der Säule zu seiner Höhe, bisweilen etwas mehr, bisweilen etwas weniger. So wie dieses an den alten Tempeln zu Pästum und in Sicilien gebräuchlich war, so finden wir auch an den athieniensischen Tempeln eben dasselbe Verhältniß. Das dorische Gebälke hatte in seiner Zusammensetzung und Anordnung die größte Simplicität, und es bekam nur wenige aber große Glieder. Der Unterbalken erhielt eine ansehnliche Höhe, der ungefähr der obern Stärke der Säule gleich war. Er ist ganz glatt, und nur oben mit einem Riemchen versehen, worauf die Triglyphen stehen. Der Frieß wurde noch höher gemacht und mit Triglyphen verziert, die wahrscheinlich den Köpfen der Balken, die auf dem Unterbalken lagen, ihren Ursprung zu danken haben.[110] Sie stehen in gleichen Entfernungen aus einander, über den Mitteln der Säulen und der Säulenweiten, so daß allemal zwischen zwey Triglyphen ein viereckiges Feld übrig bleibt, welches Metope heißt. Nur über den Säulen an den Ecken kamen die Triglyphen nicht in die Mitte zu stehen, sondern sie wurden bis auf die Ecke des Frießes herausgerückt, wodurch man die halben Metopen vermied, die bey den neuern dorischen Gebälken zu se-

<small>Gebälke der dorischen Säule.</small>

---

110) *Vitruv.* IV. 2.

hen sind. Damit die Metopen aber ihr richtiges Verhältniß behielten, so mußten die Ecksäulen etwas näher an die benachbarten Säulen gerückt, und die Säulenweiten hier etwas weniges enger gemacht werden, als bey den übrigen Säulen. Diese Zusammenrückung, die man an allen alten Tempeln, von dem Tempel zu Korinth an bis zu den Gebäuden aus Perikles Zeiten, findet, ist so gering, daß sie das Auge kaum gewahr wird. Die richtige Eintheilung der Triglyphen ist mit vielen Schwierigkeiten verbunden, weil die Metopen allezeit ein Viereck ausmachen sollen. Diese Schwierigkeiten fühlten schon die alten Künstler; [111]) die neuern Baumeister aber vermehren sie sich noch durch die mannichfaltigen Vorlagen und Verkröpfungen, die sie in dem Gebälke anbringen. Die Triglyphen wurden nicht immer an dem Frieße selbst ausgearbeitet, denn bisweilen, wie an dem Tempel der Concordia zu Agrigent, an den Tempeln zu Pästum und an andern, sind es besondere Steine, die in den Frieß eingesetzt wurden. Die Zäpfchen oder Tropfen an den Triglyphen waren unstreitig schon in den ältesten Zeiten gebräuchlich, da man sie schon an dem Tempel zu Korinth findet. Sie wurden bisweilen länglich viereckig und abgerundet, bisweilen dreyeckig gemacht. Diejenigen, die sich am Parthenon und an den Propyläen zu Athen befinden, sind nach der ersten Art gemacht. [112])

---

111) *Vitruv.* IV. 3. im Anfange.
112) The Antiquit. of Athens. Vol. II. Chap. I. Pl. VI. Chap. V. Pl. VI. IX.

Metopen. Die Metopen stellen den leeren Raum vor, der zwischen den Balkenköpfen blieb, und sie scheinen in den ältesten Zeiten offen gestanden zu haben, wie Winkelmann [113]) aus einer Stelle des Euripides muthmaßt. Als man hierauf die Metopen ausmauerte, wurden sie im Anfange glatt gelassen, wie an den Tempeln zu Pästum, zu Agrigent, Segestus und Selinus, in den nachfolgenden Zeiten aber wurden sie mit erhobener Bildhauerarbeit verziert. Vielleicht gaben hierzu die goldenen Waffen Gelegenheit, die in den Metopen des Apollotempels zu Delphi hingen, unter denen auch Schilder waren, welche die Athenienser in dem Treffen bey Marathon erbeutet und dem Apollo geschenkt hatten. [114]) Es wurden die Metopen bald mit Schilden, bald mit Opfergeräthe, bald mit Widderköpfen verziert, meistens aber bezogen sich ihre Zierrathen auf den Gott oder Helden, dem der Tempel geweiht war, und stellten entweder seine eigenen Thaten oder die Siege vor, die durch seine Hülfe waren errungen worden. Am Tempel des **Theseus** zu Athen sind die Thaten des **Theseus** und des Herkules abgebildet, und am Parthenon der Streit der Centauren und Lapithen. [115])

---

[113]) Anmerk. über die Bauk. der Alten. S. 24.
[114]) *Pausan.* X. 19.
[115]) The Antiquit. of Athens. Vol. II. Chap. I. pag. 11. Pl. X. XI. XII.

Der Kranz.

Der dritte Theil des Gebälkes, der Kranz, krönte und bedeckte dasselbe. Er wurde niedriger als der Unterbalken und als der Frieß, den fünften, bisweilen auch nur den siebenten Theil des ganzen Gebälkes hoch gemacht, und bekam über die untern Theile einen weiten und mächtigen Vorsprung, der dem Ganzen ein ehrwürdiges Ansehn gab, und ungefähr den vierten Theil der Höhe des Gebälkes betrug. Bey den ältesten Tempeln, wie an denen zu Pästum und in Sicilien, besteht der Kranz aus sehr wenig Gliedern, man sieht hier weder Karnieße noch halbrunde Glieder, sondern es sind lauter geradlinigte Leisten, die mit schmalen Riemchen abwechseln, und nur selten sind zwey dieser Glieder durch Hohlkehlen mit einander verbunden. Uebrigens sind alle diese Glieder glatt und mit keinen Zierrathen besetzt. Auch noch an dem Tempel des Theseus sieht man diese Einfalt, aber zu den Zeiten des Perikles fing man an den Kranz zu verschönern. Der Kranz am Parthenon ist höher, als an den ältern Tempeln, und hat auch einige runde Glieder, nämlich ein kleines Stäbchen über den Kranzleisten, und einen flach gerundeten Viertelstab, der mit einem Riemchen, das er über sich hat, das oberste Glied des Kranzes ist. [116] Dieser Viertelstab ist in bestimmten Entfernungen mit Löwenköpfen verziert, die zum Ablauf des Wassers dienten. Die vornehmste Zierde des

---

[116] The Antiquit. of Athens. Vol. II. Chap. I. Pl. VI. *le Roy* Monum. de la Grece. Part. II. Pl. XI.

Vierter Abschnitt.

Kranzes sind die Sparrenköpfe, oder wie sie jetzt genannt werden, die Dielenköpfe, die unter den Kranzleisten über jeder Triglyphe und jeder Metope stehen. Diese Dielenköpfe sind niemals in dem Kranze des Giebels angebracht.

Auf diese Art erhielt das Gebälke der dorischen Säule durch eine edle und einfache Zusammensetzung und Anordnung seiner Theile und Glieder, ein Ansehn von Größe und Würde, welches dem neuern Gebälke, das in spätern Zeiten gebräuchlich wurde, gänzlich mangelt. Nach und nach fing man an, die alte Simplicität zu verlassen, und es wurde diese Bauart nicht mehr nach den schönen griechischen Verhältnissen ausgeführt. Vitruv weicht in vielen Stücken davon ab.[117] Er giebt dem Unterbalken nicht mehr die ansehnliche Höhe, sondern macht ihn nur den halben Durchmesser der Säule hoch. Dem Kranze, aus dem er die schöne und bedeutende Verzierung der Dielenköpfe wegläßt,[118] giebt er nicht mehr den weiten Vorsprung, und ob er gleich die griechische Art, die letzten Triglyphen bis an die Ecke des Frieses herauszurücken, erwähnt, so scheint er sie doch zu mißbilligen, da er diese Triglyphen über

Dorisches Gebälke der neuern Zeiten.

---

117) *Vitruv.* IV. 3. pag. 140. Edit. *Galiani.*

118) Vitruv erwähnt zwar an einem andern Orte, IV. 2. diese Dielenköpfe, wo er nur von ihrem Ursprunge redet; allein da er hier nichts davon sagt, so scheint es, als ob er sie in dem dorischen Gebälke nicht angebracht wissen will.

das Mittel der Ecksäule setzt und an beyden Enden halbe Metopen zu machen vorschreibt.

Gebälke der jonischen Säule. Das Gebälke der jonischen Säulen zeichnete sich gleich im Anfange in verschiedenen Stücken vor dem dorischen aus, vorzüglich dadurch, daß es ohne Triglyphen und ohne Dielenköpfe war, ob es gleich, was seine Verhältnisse anbetrifft, einige Aehnlichkeit mit dem dorischen hatte. Das älteste jonische Gebälke, das wir kennen, nämlich das an dem kleinen Tempel am Jlissus,[119]) hat einen hohen Unterbalken, einen noch höhern Frieß und einen niedrigen, weit vorspringenden Kranz. Der Unterbalken ist ganz glatt und ohne Streifen, aber oben, wo der Frieß angeht, ist er mit drey kleinen Gliedern gekrönt. Der Frieß war mit Basreliefs verziert. Der Kranz besteht aus wenig Gliedern, aus einem Kranzleisten, einem Viertelstab und einem Karnieß, der über und unter sich ein schmales Riemchen hat. Alle diese Glieder sind glatt und ohne alle Verzierungen, und es fehlen hier sogar die Zahnschnitte, die hernach eine unterscheidende Zierrath des jonischen Gebälkes wurden. In den nachfolgenden Zeiten bekam dieses Gebälke mehr Verzierung. Der Unterbalken erhielt drey Streifen, der Kranz wurde höher gemacht, und unter dem Kranzleisten wurden die Zahnschnitte angebracht, die man aber, so wenig wie die Dielenköpfe des dorischen Gebälkes, in den Kranz des Giebels

---

119) The Antiquit. of Athens. Tom. I. Chap. II. Pl. III.

setzte.[120] Uebrigens wurden verschiedene Glieder dieses Gebälkes mit Blättern, Eyern und Schnörkeln verziert, als die obern Glieder des Unterbalkens, einige Glieder unter den Zahnschnitten und der Karnieß des Kranzes. Auf diese Art machte Hermogenes das Gebälke seines **Bacchustempels** zu Teos,[121] und andere jonische Tempel dieser Zeit erhielten ein ähnliches Gebälke. Nur in Nebendingen fanden einige Abweichungen statt; es wurden mehr oder weniger Glieder verziert, und diese Verzierungen waren von verschiedener Art, der Unterbalken erhielt bisweilen nur zwey Streifen, wie an dem Tempel des **Apollo Didymäus** bey Milet,[122] oder es bekamen die Streifen bald eine gleiche, bald eine verschiedene Höhe.

Die korinthische Säule hatte unstreitig im Anfange kein eigenes Gebälke, sondern sie bekam das Gebälke der jonischen Säule, wie man an dem choragischen Monumente des **Lysikrates** zu Athen sieht.[123] In den folgenden Zeiten wurde für die korinthische Säule ein eigenes Gebälke aus dem dorischen und jonischen zusammengesetzt.[124] Unter den Römern aber, zur Zeit **Augusts** und der folgenden

Gebälke der korinthisch. Säule.

---

120) *Vitruv.* IV. 2. Jonian Antiquit. p. 8.
121) Jonian Antiquit. Chap. I. Pl. III. IV. V.
122) Jonian Antiquit. Chap. III. Pl. III.
123) The Antiquit. of Athens. Tom. I. Chap. IV. Pl. VI.
124) *Vitruv.* IV. 1.

Kaiser, erhielt es eigene Verhältnisse, und eine Anordnung, die es von den Gebälken der übrigen Säulenarten völlig unterscheidet.

Säulenstellung. Die Stellung der Säulen war bey den Griechen ganz einfach. Sie hatten gleiche Zwischenweiten, und standen in gleichen Entfernungen neben einander. Bey den alten Tempeln zu Korinth, Pästum und in Sicilien sind die Zwischenweiten so breit, als die untere Säulenstärke; eine Stellung, die der Einfalt der alten Kunst sehr angemessen war, und die sehr angenehm in die Augen fällt. Da die Säulen unten sehr stark waren, so bekamen bey dieser Anordnung die Zwischenweiten genug Breite, und man konnte bequem hindurch gehen; allein da in der Folge die untere Säulenstärke vermindert wurde, so mußten die Säulen auch etwas weiter aus einander gesetzt werden. Am Theseustempel und am Parthenon betragen die Zwischenweiten fast drey halbe Durchmesser der Säule. Und diese engen Säulenweiten waren nicht allein bey Tempeln, sondern auch bey den Säulengängen um die Marktplätze herum gebräuchlich.[125] Es wurde aber auch bisweilen die mittelste Säulenweite eines Porticus breiter als die übrigen gemacht, wie an den Propyläen auf der Akropolis zu Athen,[126] und bey dem dorischen

---

125) *Vitruv.* V. 1.
126) The Antiquit. of Athens. Tom. II. Chap. V. Pl. II. III. *le Roy* Monum. de la Grèce. P. II. Pl. XI.

Porticus daselbst.[127] Dieses geschah hier unstreitig deswegen, weil beyde Gebäude Eingänge waren, wovon das erste auf die Burg zu Athen, das zweyte auf einen Marktplatz führte, an welchen Orten beständig ein großer Zufluß von Menschen und folglich ein großer Raum nöthig war.

Nachdem die jonische Säule erfunden war, machte man die Zwischenweiten breiter, nämlich etwas über zwey Durchmesser der Säule, wie an dem Tempel am Jlissus bey Athen;[128] hernach aber bestimmte Hermogenes, bey Erbauung des Bacchustempels zu Teos, diese Weite zu zwey und einem Viertel Durchmesser; ein Verhältniß, das sich zu dem Charakter dieser Säulenart sehr gut schickt, und das unstreitig hernach vorzüglich nur bey ihr gebraucht wurde.

Vitruv giebt fünf verschiedene Säulenweiten an.[129] Pyknostylos, wo die Säulen einen und einen halben Durchmesser aus einander stehen; Systylos, wo die Zwischenweite zwey Säulen Durchmesser beträgt; Diastylos, wo die Zwischenweite drey Durchmesser der Säule ausmacht; Aräostylos, wo der Raum zwischen zwey Säulen vier ihrer Durchmesser einnimmt, und Eustylos, die schönste unter allen, die zwey und einen Viertheil Durch-

Fünf verschiedene Säulenweiten.

---

127) The Antiquit. of Athens. Tom. I. Chap. I. Pl. III.
128) The Antiquit. of Athens. Tom. I. Chap. II. Pl. II.
129) *Vitruv.* III. 2. pag. 102. Edit. *Galiani.*

messer der Säule weit ist. Diese letzte erfand Hermogenes, und brachte sie an dem Tempel des Bacchus zu Teos an.[130]) In den ältesten Zeiten kannten die griechischen Künstler diese Eintheilung und Bestimmung der Zwischenweiten noch nicht, denn weder die Tempel zu Korinth, Großgriechenland und Sicilien, noch auch die zu Athen treffen damit überein, und auch in spätern Zeiten wurden sie nicht immer beobachtet, denn die Säulenweiten an dem Tempel des Apollo Didymäus bey Milet sind zwischen Pyknostylos und Systylos.[131]) Ohne Zweifel hatten die Griechen eine andere Regel für die Zwischenweiten, sie bestimmten dieselben allezeit nach der Höhe der Säulen. Hiernach vergrößerten sich die Zwischenweiten, wenn die Säulen kurz und stark waren, und sie wurden enger gemacht, wenn die Säulen an Höhe zunahmen und schwächer ausfielen. Und wenn ja einige dieser vitruvianischen Zwischenweiten in Griechenland gebraucht wurden, so waren es wahrscheinlich nur die zwey ersten und die letzte, die beyden übrigen aber gewiß nie, weil die Griechen ihre Säulen niemals so weit aus einander setzten. Diese kamen unstreitig erst unter den Römern oder in Griechenland in den neuesten Zeiten auf. Uebrigens ist auch noch zu bemerken, daß diese Zwischenweiten vorzüglich bey der jonischen Bauart angewendet wurden, da die meisten, wegen der Ein-

---

130) *Vitruv.* l. c. pag. 106.
131) Jonian Antiquit. p. 47.

theilung der Triglyphen und Metopen, bey der dorischen Bauart nicht können gebraucht werden. Bey dieser können nur Diastylos und Pyknostylos eine Stelle finden,¹³²) so daß bey der ersten zwey Triglyphen und drey Metopen, bey der andern aber ein Triglyph und zwey Metopen statt haben.

So stellten die griechischen Künstler ihre Säulen einfach und in geringen Entfernungen neben einander hin, sie machten sie allezeit groß und so hoch, daß sie bis unter das Dach hinanreichten, zu dessen Unterstützung sie dienten. Bisweilen aber wichen sie von dieser Simplicität ab und setzten zwey Reihen Säulen über einander. Doch geschah dieses nie an den äußern Seiten der Gebäude, sondern inwendig, innerhalb der Zellen der Tempel. Es sind uns vier Beyspiele dieser Art aus dem Alterthume bekannt, nämlich der große Tempel zu Pästum, in dem zwey Reihen dorischer Säulen über einander stehen, der Tempel der Minerva Alea zu Tegea, wo die untere Reihe aus dorischen, die obere aus korinthischen Säulen bestand,¹³³) der Tempel der Ceres und Proserpina zu Eleusis,¹³⁴) und das Parthenon zu Athen.¹³⁵) Der Tempel zu Pästum ist der einzige, in welchem sich über einander gestellte Säulen bis auf unsere Zeiten erhalten haben. Die Griechen setzten

Uebereinanderstellung der Säulen.

---

132) *Vitruv.* IV. 3. pag. 142.
133) *Pausan.* VIII. 45.
134) *Plutarch* Pericles, Tom. I. pag. 352. Edit. *Bryan.*
135) The Antiquit. of Athens. Tom. II. pag. 5.

hierbey auf die unterſten Säulen nicht das ganze Gebälke, ſondern nur einen Unterbalken,[136]) der hinlänglich war, für die untern Säulen zur Bedeckung und feſten Verbindung, und für die obern zur mehrern Unterſtützung zu dienen. Unſtreitig bediente man ſich dieſer Bauart deswegen, um die ſehr großen Säulen zu vermeiden, die man hätte haben müſſen, wenn man nur eine Reihe Säulen, die bis an die Decke des Tempels reichten, anbringen wollte, weil dieſe, wegen ihrer Stärke, zu vielen Platz eingenommen und die Zelle zu ſehr würden angefüllt haben.

Wandſäulen. Die Säulen ſtanden nicht nur einfach neben einander, ſondern auch allezeit frey, und die Griechen wußten in den guten Zeiten der Kunſt nichts von Wandſäulen. Doch müſſen ſie ſchon gegen die Zeiten **Alexanders des Großen** in Gebrauch gekommen ſeyn, da ſich in den Ruinen des Tempels des **Apollo Didymäus** bey Milet, innerhalb der Zelle, ein korinthiſches Capitäl findet, das zu einer Wandſäule gehörte.[137]) Eine eigene Art von Wandſäulen ſieht man an dem choragiſchen Monumente des **Lyſikrates** zu Athen.[138]) Die Säulen dieſes Gebäudes ſind ganz ausgearbeitet, aber ſie ſtehen nicht frey, ſondern der Raum zwiſchen ihnen iſt mit Fül-

---

136) Rovine della Citta di Peſto, di *Paoli*. Diſſ. III. Tab. XX. XXII.

137) Jonian Antiquit. Chap. III. Pl. IX. pag. 52.

138) The Antiquit. of Athens. Tom. I. Chap. IV. pag. 28. Pl. II. III. IV.

lungen von großen Marmortafeln besetzt, die hinten um die Säulen herumgehen, die hinterste Seite der Säulen einschließen und nur ihre vordere Hälfte sehen lassen. Nur diese vordere Hälfte ist vollendet, sie ist mit Kannelirungen verziert, und die Capitäle sind fein und fleißig ausgearbeitet, da an der hintern Hälfte der Schaft glatt gelassen ist und die Blätter der Capitäle nur angelegt sind.

An den Ecken der Zellen der Tempel wurden Pilaster angelegt, theils um dem Gebäude hier mehr Festigkeit zu geben, theils als eine Zierde. Und diese war hier sehr gut und sehr schicklich, weil die Mauern der Zelle ganz glatt waren, und zu einfach würden gewesen seyn, wenn ihre beyden Ecken sich nicht durch etwas ausgezeichnet hätten. Die Pilaster wurden nie verjüngt, sie waren oben eben so stark als unten, und erhielten allezeit eigene Capitäle, die von den Capitälen der Säulen verschieden waren, so wie auch gemeiniglich eine eigene Base. Die Pilaster entstanden daher für sich und waren keine Nachahmung der Säulen. Dieses wurden sie erst unter den Römern, die sie den Säulen ganz ähnlich machten, ihnen eben dieselben Capitäle und Basen gaben, und sie, wenn sie hinter Säulen standen, auch verjüngten.

Die Griechen gebrauchten auch, anstatt der Säulen, eine eigene Art von Stützen, nämlich weibliche oder männliche Figuren, die Caryatiden und persische Bildsäulen genannt wurden. Sie entstanden, wie Vitruv erzählt, auf folgende

Art.¹³⁹) Die Bürger der Stadt Carya im Peloponnes verbanden sich mit den Persern wider die übrigen Völker Griechenlandes. Als diese nun die Perser besiegt hatten, so kündigten sie vereint den Caryaten den Krieg an. Carya wurde erobert, man ermordete alle Männer, die Weiber aber nahm man gefangen, und sie wurden, um für das Vergehen der Stadt zu büßen, in ihrem gewöhnlichen Anzuge und weiblichen Schmucke im Triumph aufgeführt. Dieses benutzten die Baukünstler der damaligen Zeit, sie brachten an öffentlichen Gebäuden, zur Unterstützung der Gebälke, Statuen an, welche die Gestalt dieser Weiber hatten und den Namen Caryatiden erhielten. Ein ähnlicher Vorfall gab den Lacedämoniern Gelegenheit zu Erfindung der persischen Bildsäulen. Sie hatten, unter der Anführung des Pausanias, in dem Plataensischen Treffen die Perser überwunden, und sie erbauten nachher von der in diesem Treffen eroberten Beute einen Porticus, der aus Bildsäulen in Gestalt der gefangenen Perser bestand.¹⁴⁰)

Unstreitig bedienten sich die Griechen dieser Caryatiden und persischen Bildsäulen sehr selten. Von den letzten hat sich auch nicht ein einziges Ueberbleibsel aus dem Alterthume erhalten, Caryatiden aber finden wir an dem Pandroseum zu Athen.¹⁴¹)

---

139) *Vitruv.* I. 1.
140) *Pausan.* III. 11.
141) The Antiquit. of Athens. Tom. II. Chap. II. Pl. XVI—XX.

Vierter Abschnitt.

Bisher haben wir von dem Wesentlichen in der Baukunst gesprochen, jetzt wollen wir uns zu dem wenden, was zur Zierlichkeit gehört. Ein Gebäude ohne Zierde ist, wie Winkelmann richtig bemerkt,[142] wie die Gesundheit in Dürftigkeit, die Niemand allein für glücklich hält, und das Einerley, oder die Monotonie, kann in der Baukunst, so wie in der Schreibart und in andern Werken der Kunst tadelhaft werden. Es ist zwar wahr, ein Gebäude, wenn alle seine Theile nach einer schönen Ordnung einfach angelegt und verbunden sind, wenn es gute Verhältnisse und ein richtiges Ebenmaß hat, verdient schon ein Werk der Kunst genannt zu werden; allein vollkommen ist es darum noch nicht, indem es nichts Gefälliges haben, und keinen angenehmen Eindruck auf die Sinne machen wird, wenn ihm die Zierlichkeit fehlt. Ohne diese werden meistentheils nur rohe Massen hervorgebracht, das Ganze bekommt ein kahles Ansehn, es scheint nicht vollendet zu seyn, und gleicht nur einem Entwurfe zu einem schönen Gebäude. Dieses haben die Künstler der Griechen sehr wohl eingesehen, sie haben ihre großen und erhabenen Tempel und andere Gebäude durch Verzierungen noch verschönert, und sie dadurch zu Mustern und zu ganz vollkommenen Werken der Baukunst gemacht.

Verzierungen.

Schon die ältesten uns bekannten Völker der Erde, die Indier, Aegypter, Perser und andere verzierten meistentheils ihre Gebäude. Dieses ge-

Auch in der Zierlichkeit übertrafen die Griechen and. Völker.

---

142) Anm. üb. d. Bauk. der Alten. S. 50.

schah auf verschiedene Art, mit menschlichen oder thierischen Figuren, mit Hieroglyphen, Inschriften, oder mit Blumen und Laubwerk; allein sie brachten diese Verzierungen ohne Geschmack an, indem sie dieselben theils zu sehr überhäuften, theils in einem schlechten Style bearbeiteten. Auch hierin, so wie in andern die Kunst betreffenden Dingen, erhoben sich die Griechen bald über diese Nationen, sie beobachteten bey den Verzierungen ihrer Gebäude Einfalt und Schicklichkeit, und so wie sie bey der ganzen Anlage eines Gebäudes außerordentliche Genauigkeit und Regelmäßigkeit anwandten, so erstreckte sich dieselbe auch auf die Zierrathen. Sorgfältig sahen sie jedesmal auf den Charakter eines jeden Gebäudes, auf die Bauart, nach der es angelegt war, und richteten danach die Verzierungen ein.

Jede Bauart bekam ihre eigenen Verzierungen. Bey der dorischen Bauart waren die vorzüglichsten Zierrathen, die schon in den ältesten Zeiten gebraucht wurden, die Triglyphen in dem Frieß, und die Sparrenköpfe oder Dielenköpfe in dem Kranze. In den nachfolgenden Zeiten wurden die Metopen mit erhobenen Arbeiten besetzt, die gemeiniglich Beziehung auf den Gott oder Held hatten, dem der Tempel geweiht war, wie man noch am Tempel des Theseus und am Parthenon zu Athen findet,[143]) und in dem obersten Gliede des Kranzes wurden Löwenköpfe angebracht, die zum Ablauf des Wassers

---

143) *le Roy* Monum. de la Grece, Part. I. pag. 21. Part. II. Pl. VI. The Antiquit. of Athens. Vol. II. Chap. I. Pl. X. XI. XII. pag. 11.

Vierter Abschnitt.

bestimmt waren.[144]) Bisweilen mußte es auch gebräuchlich seyn, den Unterbalken zu verzieren, denn man findet an der Ostseite des Parthenons zu Athen, in diesem Theil des Gebälkes, Löcher, die in gleichen Entfernungen angebracht sind und unstreitig zur Befestigung einiger Verzierungen gedient haben.[145]) Es ist aber wohl möglich, daß erst in spätern Zeiten, vielleicht unter Hadrian, hier Verzierungen angebracht wurden. Die jonische Bauart, die zierlicher als die dorische ist, verlangte auch schon mehr Schmuck. Hier wurden die in dem obersten Gliede des Kranzes befindlichen Löwenköpfe mit Zierrathen verbunden, die aus verschiedenen Blättern und Schnörkeln bestanden;[146]) hier wurden die untersten Glieder des Kranzes und die obersten Glieder des Unterbalkens mit Blättern, Eyern, Schlangenzungen und Perlen verziert,[147]) und der Kranz erhielt die Zahnschnitte. Bisweilen wurden die Capitäler der Pilaster an den Ecken der Tempelzellen, mit Blumen, Blättern und Blumenstielen, die sich in

---

144) The Antiquit. of Athens. Vol. II. Chap. I. Pl. VI.

145) The Antiquit. of Athens. Vol. II. Chap. I. Pl. I. p. 10.

146) Jonian Antiquit. Chap. I. Pl. IV. Chap. II. Pl. VIII. IX. X.

147) Jonian Antiquit. Chap. I. Pl. IV. Chap. II. Pl. X. Chap. III. Pl. IV.

Schnörkel endigen, besetzt,[148]) bisweilen mit Figuren, die aus Kräutern hervorwachsen.[149]) Auch erhielt der Frieß meistentheils Verzierungen, die in Basreliefs bestanden, welche eben auch, so wie bey den dorischen Tempeln, Beziehung auf die Gottheit des Tempels hatten. Oft finden wir aber auch daselbst verschiedene Thiere als Zierrathen angebracht, als Greife, die gegen einander stehen, zwischen denen eine Pflanze in die Höhe wächst, und eine andere Art Greife, mit Löwenköpfen, die eine Leyer zwischen sich haben.[150]) Der meiste Schmuck wurde für die korinthische Bauart aufbehalten, damit das Ganze mit dem schönen und reich verzierten Capitäl übereinstimmte. Hiervon hat sich bis auf unsere Zeiten ein einziges griechisches Denkmal erhalten, welches mit aller Pracht der Kunst versehen ist, nämlich das choragische Monument des Lysikrates zu Athen.[151])

Die Außenseiten der Gebäude erhielten wenig Verzierung.

Uebrigens bekamen die Außenseiten der Gebäude wenig Verzierungen. Bey den Tempeln wurde bisweilen das Giebelfeld mit Basreliefs besetzt, und die Mauer der Zelle war, außer dem, daß sie an den Ecken Pilaster, und bisweilen oben herum einen verzierten Frieß, so wie unten einen aus etlichen Glie=

---

148) Jonian Antiquit. Chap. III. Pl. VIII. p. 53.
149) Jonian Antiq. p. 29.
150) Jonian Antiquit. Chap. II. Pl. IX. Chap. III Pl. VIII. X.
151) The Antiquit. of Athens. Vol. I. Chap. IV. p. 27.

dern bestehenden Fuß hatte, ganz glatt, welches auch keine Abänderung litt, wenn der Tempel Prostylos oder Amphiprostylos war, und an den Seiten keine Säulen hatte. An andern Gebäuden, als an Theatern, Odeen, Gymnasien, brachte man unstreitig ebenfalls wenig Verzierungen an, ausgenommen die offenen Porticus um die Agora oder an andern Orten, die bisweilen mit Gemälden verziert wurden, wie zu Athen und zu Olympia die Porticus waren, die wegen ihrer mannigfaltigen Gemälde den Namen Pöcile bekamen.[152])

Was die Verzierungen innerhalb der griechischen Gebäude anbetrifft, so wissen wir wenig davon, weil die Zeit alles zerstört hat. Unstreitig erhielten die Tempel inwendig sehr wenig Schmuck, weil in ihnen, da sie nur durch die Thüröffnung einiges Licht bekamen, immer ein heiliges Dunkel herrschte, das nur bey großen Festen durch eine prächtige Erleuchtung von Lampen daraus verbannt wurde. Doch waren einige Tempel, wie Pausanias uns berichtet, inwendig mit Gemälden verziert, wie der Tempel der Minerva Area zu Plataä in Böotien, den Polygnot und Onatas mit Gemälden schmückten.[153]) Die Decken wurden meistentheils in vertiefte Felder abgetheilt, und die Fußböden oft mit Musaik belegt.

Verzierungen innerhalb der Gebäude.

---

152) *Pausan.* V. 21.
153) *Pausan.* IX. 4.

Einige solche Fußboden haben sich noch zu Athen erhalten, die von vorzüglicher Schönheit sind.[154])

Von den innern Verzierungen der Wohngebäude der Griechen ist uns eben so wenig bekannt, unstreitig aber wurden die Wände gemalt und die Fußboden mit Marmor und andern Steinen ausgelegt.

Oeffentliche Gebäude. Das zweyte Stück dieses Abschnittes beschäftigt sich mit den verschiedenen Gebäuden der Griechen, und wird von ihrer Form, von ihrer Bauart und Einrichtung handeln. Ich will daher erst von den öffentlichen Gebäuden der Griechen, von ihren Tempeln, Theatern, Odeen, Gymnasien und Marktplätzen reden, alsdenn ihre Privatgebäude betrachten.

Tempel. Die Tempel waren die ersten und vorzüglichsten öffentlichen Gebäude der Griechen, auf welche sie alle mögliche Pracht und allen Reichthum verwandten, um sie für andern Gebäuden auszuzeichnen. In und um jeder großen Stadt herum befanden sich eine beträchtliche Anzahl, und auch auf dem Lande waren hin und wieder Tempel errichtet. Der Gott, in dessen Schutz die Stadt stand, erhielt gemeiniglich den schönsten und größten Tempel, wie Minerva zu Athen, Ceres zu Eleusis, Diana zu Ephesus, Apollo zu Delphi, Jupiter zu Olympia, Venus zu Paphos und Cythera. Auf dem Lande standen die Tempel der ländlichen Gottheiten, und bisweilen

---

154) The Antiquit. of Athens. Tom. I. Chap. II. pag. 10.

auch die Tempel, die ganzen Nationen gemeinschaftlich gehörten, wie zu Panionium ein Tempel des **Neptunus Helikonius,** den die jonischen Colonien, die aus Attika nach Kleinasien gekommen waren, gemeinschaftlich erbaut hatten; bey Mylasa ein Tempel des **Jupiter Karius,** der den Kariern, Lydiern und Mysiern gemein war, in dem Gebiete der Stratoniceer ein Tempel des **Jupiter Chrysaoreus,** der den Kariern gehörte, die hier zu gewissen Zeiten zusammen kamen, um über gemeinschaftliche Angelegenheiten zu berathschlagen und dem Gotte zu opfern.

Vitruv [155]) bestimmt die Lagen der Tempel nach den verschiedenen Gottheiten, denen sie geweiht waren, die ich hier anführen will, ob es gleich nicht wahrscheinlich ist, daß diese Vorschriften bey den Griechen genau befolgt wurden, weil man in Griechenland sehr viele Ausnahmen findet. Dem Jupiter, der Juno, der Minerva, als Göttern, denen man vorzüglich den Schutz der Städte anempfahl, sollen die Tempel auf dem höchsten Orte errichtet werden, von dem man die ganze Stadt übersehen kann. Die Tempel **Merkurs** gehören auf die Marktplätze oder in die Gegend der Börsen, und die Tempel des **Bacchus** neben die Theater, so wie zu Athen ein alter Tempel dieses Gottes nahe beym Theater stand.[156]) Die Tempel des **Herkules** müssen

Lagen der Tempel.

---

155) I. 7.
156) *Pausan.* l. 20.

neben den Circus oder die Gymnasia gesetzt werden, die Tempel des Mars aber, der **Venus**, des Vulcans, in die Vorstadt oder auf das Feld, und die Tempel der **Ceres** vor die Stadt an einen einsamen, stillen Ort, wo, diejenigen ausgenommen, die der Göttinn opfern wollen, wenig Menschen hinkommen. Zu Syrakus und zu Enna in Sicilien waren die Tempel der **Ceres** in der Stadt. Die Tempel der Vesta wurden bey den Griechen niemals, oder doch selten, vor der Stadt erbauet, sondern sie erhielten allezeit den schönsten Platz in der Stadt. [157]

Stufen um die Tempel. Die Tempel waren meistentheils auf einem freyen, erhobenen Ort angelegt und standen, damit sie vor andern Gebäuden hervorragten, allezeit auf einigen Stufen. Meistentheils hatten sie drey Stufen, wie zu Päsium, [158] zu Segest, [159] und wie das Parthenon zu Athen, [160] bisweilen sechs oder acht Stufen, wie zu Agrigent, [161] und selten nur zwey, wie der Theseustempel zu Athen. [162] Diese Stufen waren sehr hoch, gemeiniglich einen Fuß und noch etwas darüber. Sie bekamen diese Höhe unstreitig des-

---

[157] *Dionys. Halic.* II. c. 65.

[158] Rovine della Citta di Pesto, di *Paoli*, Diss. III. Tab. XVIII. Diss. IV. Tab. XXIX.

[159] *Houel* Voyages Pitt. Tom. I. p. 9.

[160] The Antiquit. of Athens. Tom. II. Chap. I. Pl. II. III. p. 3.

[161] *Houel* Voyag. Pittor. Tom. IV. p. 21. Riedesel Reis. durch Sic. und Großgr. S. 41.

[162] Jonian Antiquit. p. 6.

Vierter Abschnitt.

wegen, damit sie dem Volke, das sich bey den Opfern um die Tempel herum versammelte, zu gleicher Zeit zu Sitzen dienen konnten. [163])

Was die Gestalt der Tempel anbetrifft, so waren sie gemeiniglich länglich viereckig gebaut. Die Anordnung eines Tempels war sehr einfach. Er hatte ungefähr die doppelte Breite zu seiner Länge, so, daß wenn vor der Halle sechs oder acht Säulen standen, an den Seiten dreyzehn oder siebzehn waren, wobey die Ecksäulen zweymal gerechnet werden. Man findet aber auch hierin viele Ausnahmen. Zu Selinus in Sicilien hatten einige Tempel sechs Säulen am Pronao, und einer von ihnen hatte zwölf, ein andrer sechszehn Säulen an den Seiten. Ebendaselbst standen bey einem Tempel acht Säulen vor dem Pronao und an den Seiten nur sechszehn. [164]) Der größere Tempel zu Pästum hat sechs Säulen am Pronao und vierzehn auf den Seiten.[165]) Nach den Regeln Vitruv's sollten an den Seiten des Tempels doppelt so viel Säulenweiten seyn, als am Pronao, und es mußte daher ein Tempel, vor dessen Halle sechs oder acht Säulen standen, an den Seiten eilf oder funfzehn Säulen haben,[166]) welches man aber

Gestalt der Tempel.

---

163) Winkelmann Anm. üb. d. Bauk. d. Alten. S. 46.
164) *Houel* Voyages Pittor. Tom. I. p. 24. 25.
165) Rovine della Citta di Pesto etc. di *Paoli*. Diss. III. §. 44.
166) *Vitruv.* III. 1. pag. 100. III. 3. pag. 112. Edit. Galiani.

an den alten griechischen Tempeln gar nicht, oder doch nur selten findet.

Erechtheum. Eine besondere Form hat das Erechtheum zu Athen. Dieses Gebäude faßt drey Tempel in sich, die Tempel des Erechtheus, der Minerva Polias und das Pandroseum,[167]) die, ob sie gleich zusammen ein Ganzes ausmachen, dennoch nicht auf einer gleichen Ebene liegen, indem der Fußboden des Erechtheustempels um acht Fuß höher ist, als der übrige Theil des Gebäudes.[168]) Die beyden ersten Tempel schließen ein längliches Viereck ein, davon jeder die Hälfte einnimmt. Der Tempel des Erechtheus hat einen Porticus von sechs jonischen Säulen vor seinem Eingange, der Eingang des Tempels der Minerva Polias aber ist nicht an der hintersten Fronte des Gebäudes angebracht, sondern an der Seite, und hat ebenfalls einen Porticus von sechs jonischen Säulen vor sich, der aber tetrastylos ist. Auf der andern Seite, dem Eingange des Minerventempels gegenüber, befindet sich das Pandroseum, ein kleines Gebäude, dessen Gebälke von Caryatiden getragen wird, von denen vier an der Fronte und an jeder Seite eine steht. Es ist wahrscheinlich, daß man dieses Gebäude nicht zu einer und eben derselben Zeit erbaute, sondern die verschiedenen Tempel zu verschiedenen Zeiten errichtete und einen an den andern setzte, daher es denn diese eigene Gestalt bekam.

---

167) *Pausan.* I. 26. 27.
168) The Antiquit. of Athens. Vol. II. Chap. II.

Vierter Abschnitt.

Die Zelle der Tempel war fast immer aus großen Steinen nach der Art gebaut, welche die Alten Ifidomum nannten, und ihre Außenseiten hatten wenig Verzierung. An den vier Ecken waren Pilaster angebracht, und oben war die Mauer mit einigen Gliedern bekränzt, so wie sie unten herum einen Fuß hatte, der bisweilen dem Fuß der Pilaster gleich war, bisweilen aber aus wenigern Gliedern bestand. Die übrige Mauer blieb ganz glatt, und es war jetzt noch nicht gebräuchlich hinter den Säulen Pilaster anzubringen. Einige Tempelzellen bekamen noch eine besondere Zierde, nämlich oben einen breiten Frieß oder Streifen, der mit Basreliefs besetzt war. Dieses finden wir am Parthenon und am Theseustempel zu Athen. Die Basreliefs an dem Minervatempel stellen Opfer und Aufzüge der Athenienser vor;[169] diejenigen aber, die bey dem Tempel des Theseus angebracht sind, den Streit der Centauren.[170]

Bauart der Zelle.

Diese Zelle stand entweder frey, oder sie war mit Säulen umgeben. Vitruv führt sieben verschiedene Arten an, nach denen die Tempel angelegt wurden.[171] Ein Tempel in Antis ist derjenige, wo vorn an den Seitenmauern der Zelle, die weit

Verschiedene Arten der Tempel.

---

[169] The Antiquit. of Athens. Vol. II. Chap. I. Pl. XIII—XXXIII. pag. 12. *Le Roy* Monum. de la Grèce. Part. I. p. 9.

[170] *le Roy* Monum. de la Grèce. Part. I. pag. 22. Part. II. Pl. VI.

[171] *Vitruv.* III. 1. p. 98. Edit. *Galiani.*

hervortreten und die Halle oder den Vordertempel bilden, Pilaster angebracht sind, die Antäe heißen, und zwischen denen zwey Säulen stehen. Wenn ein Tempel nur vor der vordersten Fronte Säulen hatte, so hieß er **Prostylos**, **Amphiprostylos** aber, wenn auch vor der hintern Fronte Säulen standen. War ein Tempel rings herum mit einer einfachen Reihe von Säulen umgeben, so daß er vor jeder Fronte sechs, an jeder Seite aber eilf Säulen hatte, so wurde er **Peripteros** genannt. Hatte ein Tempel acht Säulen vor jeder Fronte, und war mit einer doppelten Säulenreihe umgeben, so erhielt er den Namen **Dipteros**. Ein **Pseudodipteros** war ein Dipteros, bey dem die innere Reihe der Säulen weggenommen, und bey dem daher der Raum zwischen der Mauer der Zelle und den Säulen noch einmal so groß war als bey dem Dipteros. Diese Bauart hatte Hermogenes erfunden.[172] **Hypäthros** hieß der Tempel, den eine doppelte Reihe Säulen umringte, und der vor jeder Fronte zehn Säulen hatte, überdieses auch innerhalb der Zelle mit einem Porticus versehen, und wegen seiner breiten Spannung nicht bedeckt war. Doch wurden diese Einrichtungen der Tempel nicht allemal so genau befolgt, wie sie **Vitruv** hier vorschreibt. Ein Tempel in Antis soll nur zwey Säulen zwischen den Pfeilern haben; allein in den Ruinen von Ephesus wurde ein solcher Tempel nach korinthischer Bauart,

---

172) *Vitruv.* III. 2.

Vierter Abschnitt.

der aber unstreitig aus den Zeiten der Römer ist, gefunden, der vier Säulen zwischen den Pilastern hatte. [173]) Dem Dipteros giebt Vitruv acht Säulen vor jede Fronte, und doch hatte der Tempel des **Apollo Didymäus** bey Milet, der ein Dipteros war, zehn Säulen. [174]) An dem Peripteros bringt **Vitruv** sechs Säulen vor jeder Fronte an, viele Tempel dieser Art aber hatten acht Säulen. Der Hypäthros soll zehn Säulen vor jeder Fronte haben, und doch führt **Vitruv** selbst ein solches Gebäude zu Athen an, das nur octastylos war, worunter er ohne Zweifel das Parthenon versteht. [175]) Und solche Abweichungen und Ausnahmen von diesen Regeln gab es unstreitig mehr. Ohne alle Säulen an den Aussenseiten wurden die Tempel sehr selten gelassen, und es ist mir nur ein einziges Beyspiel dieser Art bekannt, nämlich der Tempel der **Ceres** und **Proserpina** zu Eleusis, den **Iktinus** baute, der aber in der folgenden Zeit, unter **Demetrius Phalereus**, ein Prostylos wurde. [176])

Ueberdieses ist hier noch zu bemerken, daß die Tempel auch nach der vordern Ansicht und nach der Anzahl der Säulen, die vor den Fronten standen, benennt wurden, und nachdem sie vier, sechs, acht

---

173) Chandler Reisen in Kleinasien. Kap. 35.
174) Jonian Antiquit. p. 47.
175) The Antiquit. of Athens. Tom. II. Chap. I. pag. 5.
176) *Vitruv.* VII. Praef.

oder zehn Säulen daselbst hatten, tetrastylos, hexastylos, octastylos, dekastylos hießen.

Runde Tempel. Die runden Tempel waren bey den Griechen nicht sehr gewöhnlich, und Pausanias erwähnt nur ein einziges solches Gebäude zu Sparta, in welchem die Bildsäulen Jupiters und der Venus standen.[177] Die andern runden Gebäude, die dieser Schriftsteller anführt, als das Schatzhaus des Minyas zu Orchomenus, das runde Gebäude zu Epidaurus, das Polyklet gebaut hatte,[178] und einige andere, waren keine Tempel. Die zweyerley Arten der runden Tempel, die man beym Vitruv findet,[179] Peripteron, dessen Zelle mit Säulen umgeben war, und Monopteron, der gar keine Zelle hatte, sondern nur aus Säulen bestand, wurden unstreitig in spätern Zeiten von griechischen Künstlern erfunden.

Peribolus. Große Tempel, die an freyen Plätzen standen, hatten bisweilen einen Peribolus, oder einen weitläuftigen Raum, um sich herum, der mit einer Mauer eingefaßt war. Innerhalb dieses Peribolus war oft ein heiliger Hain angelegt, und es standen daselbst viele Statuen und Monumente, wie bey dem Tempel des Jupiter Olympius zu Athen.[180]

---

177) *Pausan.* III. 12.
178) *Pausan.* II. 27. IX. 36.
179) *Vitruv.* IV. 7.
180) *Pausan.* I. 18. The Antiquit. of Athens. Tom. II. Chap. I. Pl. XXXI. p. 15.

Vierter Abschnitt.

Auch der Tempel des Apollo Didymäus bey Milet hatte einen Peribolus.[181])

Durch das flach in die Höhe steigende Dach eines Tempels entstand über der vordern und hintern Halle der Giebel, der eine eigene und vorzügliche Zierde der Tempel war. Diese Giebel waren in den ältesten Zeiten ganz glatt und ohne alle Zierrathen, hernach aber wurden sie mit erhobener Bildhauerarbeit verziert, welche allezeit auf den Gott, dem der Tempel geweiht war, Bezug hatte. An dem Tempel der Minerva zu Athen war an dem vordern Giebel die Geburt der Minerva, an dem hintern aber der Streit der Minerva mit dem Neptun vorgestellt.[182]) In dem vordern Giebelfelde des Jupitertempels zu Olympia war der Wettlauf der Pferde des Pelops und Oenomaus, und in dem hintern Giebelfelde Pirithous und Theseus abgebildet.[183]) Der Giebel des Herkulestempels zu Theben war mit den zwölf Thaten dieses Helden verziert. Diese Basreliefs hatte Praxiteles gearbeitet.[184]) An dem Tempel der Minerva Alea zu Tegea stand in dem vordern Giebel die Jagd des kalydonischen Ebers, in dem hintern aber der Kampf des Telephus und Achilles.[185]) Die Sculptur

Giebel.

---

181) Jonian Antiquit. Chap. III. p. 45.
182) *Pausan.* I. 24. The Antiquit. of Athens. Vol. II. Chap. I. pag. 11.
183) *Pausan.* V. 10.
184) *Pausan.* IX. 11.
185) *Pausan.* VIII. 45.

in den Giebeln des Apollotempels zu Delphi stellte die Diana, Latona, Apollo nebst den Musen, den Bacchus und die Thyaden vor.[186] Die Giebel waren nicht sehr hoch, und viel niedriger als jetzt, wo sie den fünften Theil ihrer vordern Breite zur Höhe bekommen. Bey dem Tempel des Theseus zu Athen[187] und bey dem Parthenon[188] war der Giebel ungefähr den achten Theil seiner vordern Breite hoch. Der größere Tempel zu Pästum hat ungefähr eben dieses Verhältniß,[189] und dasselbe findet sich auch an den alten sicilianischen Tempeln. Der Giebel des kleinern jonischen Tempels am Ilissus bey Athen hat den sechsten Theil der Breite zur Höhe.[190] Vielleicht richtete man sich bey der Anlage der Giebel nach der Größe der Tempel, und gab dem größern nach Verhältniß flachere Giebel als dem kleinern, weil sie sonst an diesem zu flach würden ausgefallen seyn.

Decken der Tempel.

Die Decken der Tempel waren gerade, und in den ältesten Zeiten, auch bey steinernen Mauern, aus Holz gemacht, und zwar vorzüglich aus Zedernholz.

---

186) *Pausan.* X. 19.
187) *le Roy* Monum. de la Grece. Part. II. Pl. IV.
188) The Antiquit. of Athens. Vol. II. Chap. I. Pl. III.
189) Rovine della Citta di Pesto etc. di *Paoli.* Diss. III. Tab. XVIII.
190) The Antiquit. of Athens. Vol. I. Chap. II. Pl. III.

Vierter Abschnitt.

holz,[191]) in der Folge aber nahm man große steinerne Platten dazu. Sie wurden gemeiniglich mit vertieften Feldern verziert. Die Decke des Säulenganges um den Tempel des **Theseus** zu Athen ist von Marmor und mit besonderm Fleiße gearbeitet.[192]) Von der Mauer der Zelle bis herüber auf das Gebälke der Säulen, liegen lange marmorne Klötze oder Balken, die so gelegt sind, daß ihre Köpfe auf die Triglyphen passen. Darauf liegen marmorne Tafeln, die den Raum zwischen den Balken zudecken, und mit kleinen viereckigen Löchern versehen sind, die wieder mit besondern Steinen zugedeckt sind und an der innern Ansicht vertiefte Felder bilden.

Die Tempel der Griechen hatten gar keine Fenster, und sie bekamen das Licht nur durch die geöffnete Thüre. Der Tempel des **Erechtheus** und der **Minerva Polias** zu Athen ist der einzige aus dem Alterthume, an dem man Fenster findet, die daselbst zur Erleuchtung der Halle angebracht sind, durch welche man in den Minerventempel und in das Pandroseum gehet.[193]) Es befinden sich zwar auch an dem sogenannten Tempel der Concordia zu Agrigent in den Seitenmauern einige Oeffnungen,

Fenster.

---

191) *Vitruv.* II. 9.
192) *le Roy* Monum. de la Grece. Part. II. Pl. V. pag. 7.
193) The Antiquit. of Athens. Vol. II. Chap. II. Pl. III. X. XIII.

allein diese sind erst in neuern Zeiten hineingebrochen worden. [194])

Eingang. Die Tempel in Antis und die Prostylos hatten nur einen Eingang, die übrigen Arten aber bekamen gemeiniglich zwey, einen bey der vordern und den andern bey der hintern Halle. Es werden hiervon nur wenige Ausnahmen angetroffen, und man findet selten einen Amphiprostylos, Peripteros, Dipteros, Pseudodipteros und Hypäthros, die nur mit einem Eingange versehen wären. Unter diese Ausnahmen gehören der Tempel am Jlissus bey Athen, der Tempel des **Jupiter Nemeus** in Achaja, der Tempel des **Apollo Didymäus** bey Milet, und ein Tempel bey Mylasa. [195])

Form der Thüren. Was die Form der Thüren anbetrifft, so machten sie bey allen alten dorischen und jonischen Tempeln ein längliches Viereck aus, und sie waren nicht oben enger als unten, wie *Vitruv* von den Thüren der dorischen Tempel verlangt. [196]) Diese Form, die nichts Angenehmes und Schönes hat, entstand unstreitig erst in den neuern Zeiten. Vielleicht kam sie unter den Ptolemäern auf, wo sie die Künstler an den ägyptischen Tempeln kennen lernten, und wegen ihres Ansehens von Festigkeit für die Tempel nach dorischer Bauart sehr schicklich hielten. Eine ähnliche Form haben die Fenster in dem Tempel des

---

194) Riedesel Reis. durch Sic. und Großgr. S. 41.
195) Jonian Antiquit. pag. 47.
196) *Vitruv.* IV. 6.

Vierter Abschnitt.

Erechtheus und der Minerva Polias zu Athen. [197])

Nach den Tempeln waren die Theater die vornehmsten Gebäude, und jede Stadt prangte mit einem Theater, weil die theatralischen Spiele nicht allein zum Vergnügen des Volks dienten, sondern auch eine Art von Gottesdienst waren, und oft zu Ehren der Götter aufgeführt wurden. Sie waren im Anfange nichts als kunstlose Dithyramben, die zur Ehre des Bacchus abgesungen und mit Tänzen begleitet wurden. Aus ihnen entstanden nach und nach die Schauspiele. Thespis war einer der ersten, der dem Drama einige Ausbildung gab, indem er einen Zwischenredner einführte, der allein sprach, wenn der Chor ruhete,[198]) so daß der Chor und der Zwischenredner immer mit einander abwechselten. Nach ihm brachte erst Aeschylus das Trauerspiel zu einer gewissen Vollkommenheit, denn er legte demselben eine Fabel und eine Handlung unter, und führte den Dialog ein. Man hatte keinen bestimmten Ort, wo die Dithyramben abgesungen wurden, Thespis aber soll mit einem Wagen herumgezogen seyn, und darauf seine rohen Schauspiele gegeben haben. Hernach fing man an hölzerne Bühnen zu errichten. Dieses geschah noch zu Athen zur Zeit des Schau-

Theater.

---

197) The Antiquit. of Athens. Vol. II. Chap. II. Pl. XIII. XV.

198) *Diog. Laert.* III. 36.

spieldichters Pratinas, der in der siebzigsten Olympiade lebte. Als aber einsmals das Theater während der Vorstellung eines der dramatischen Werke des Pratinas einstürzte, so ließen die Athenienser nach dieser Zeit ein steinernes errichten. Unstreitig geschah dieses erst zur Zeit des **Themistokles**, wo das Theater des **Bacchus** erbaut wurde, dessen Scena **Agatharchus** nach **Aeschylus** Angabe einrichtete und verzierte. [199]) Dieses Theater war das erste Gebäude dieser Art, und ein Muster, wonach andere Städte ihre Theater anlegten.

Lage der Theater. Man brachte diese Gebäude allemal, wenn es möglich war, an dem Abhange eines Berges an, damit die Sitze für die Zuschauer mit Bequemlichkeit stufenweise über einander konnten angelegt werden. Dieses bezeugen die vielen griechischen Theater, von denen man noch Ueberbleibsel findet, und auch Vitruv giebt es als eine Regel an. [200]) Weil aber die Theater nicht bedeckt, sondern oben offen und frey waren, so wählte man meistentheils die Mitternachtsseite des Berges zu ihrer Lage, damit die Hitze der Sonne den Zuschauern keine Beschwerden verursachen möchte.

Gestalt der Theater. Die Gestalt eines Schauspielhauses war ein halber Zirkel, dessen beyde Enden nach einer geraden Linie etwas verlängert und durch eine Queerlinie zu-

---

199) *Vitruv.* VII. Praef.
200) *Vitruv.* V. 3.

sammen verbunden waren.²⁰¹) Ein Schauspielhaus hatte drey Haupttheile: den Ort, wo die Zuschauer saßen, der eigentlich das Theater genennt wurde, die Orchestra und die Scena. Die Sitze der Zuschauer waren in dem runden Theile des Gebäudes in einigen Absätzen oder Stockwerken, bisweilen auch in einem fort, stufenweise über einander angelegt, so daß wenn man von der untersten bis zu der obersten Stufe eines Absatzes eine Linie zog, dieselbe allemal die äußersten Ecken der Stufen berühren mußte. Durch diese Einrichtung konnten die Zuschauer in dem ganzen Theater alles bequem sehen, da nichts vorgebaut war, was die Aussicht hinderte, und alles deutlich hören, weil die Stimme des Schauspielers oder Sängers nirgends anstieß, sondern überall sich gleich ausbreitete. Um diese Ausbreitung der Stimme noch mehr zu befördern, bedienten sich die Griechen einer besondern Einrichtung. Es wurden kleine eherne, oder bisweilen auch thönerne Gefäße, welche die Gestalt der Glocken hatten, hin und wieder unter den Sitzen in Nischen angebracht und so aufgestellt, daß ihre Oeffnung unten war, und sie auf der einen Seite auf dem Boden der Nische, auf der andern Seite, gegen die Scena zu, auf kleinen Keilen standen, übrigens aber rings herum frey waren und nirgends anstießen.²⁰²) Diese Gefäße waren

---

201) *Vitruv.* V. 8. pag. 194. Tab. XVII. Edit. *Galiani.*

202) *Vitruv.* V. 5. p. 182. Edit. *Galiani.*

harmonisch gestimmt und fingen daher den Schall von den Stimmen der Schauspieler und der Töne der musikalischen Instrumente auf, und halfen ihn weiter verbreiten. Solche Gefäße befanden sich, wie Vitruv berichtet, in dem Theater zu Korinth. Jedes Stockwerk der Sitze hatte seine eigenen und verschiedenen Zugänge, damit das Volk, nach Endigung des Schauspiels, ohne sich zu drängen, das Theater verlassen, und aus den verschiedenen Theilen desselben leicht und bequem herauskommen konnte.

Orchestra. Der ebene Platz, der sich unten befand, wo die Sitze der Zuschauer aufhörten, und sich von hier bis an die Scena erstreckte, hieß Orchestra.[203]) Sie hatte drey Theile. Der erste gehörte den Mimen und Tänzern, die hier in den Zwischenakten ihre Vorstellungen gaben. Der zweyte war etwas erhoben und für die Chöre und Thymelici bestimmt, und hieß Logion. Den dritten Theil, der, da wo bey uns das Orchester steht, am Fuß der Scena lag und daher Hyposcenion hieß, nahm die Musik ein.

Scena. Hierauf folgte die Scena, welche den größten Theil der Breite des Gebäudes, dem Theater gegenüber, einnahm.[204]) Sie hatte ebenfalls drey Theile, die eigentliche Scena, einen Platz, der vor

---

203) The Antiquit. of Athens. Vol. II. Chap. III. Pl II. E. F. G.

204) The Antiquit. of Athens, a. a. Orte. Stuarts Vorstellung ist nicht ganz richtig, indem er das Parascenion vor das Proscenion setzt, da doch gewiß der Platz H. H. mit zum Proscenion gehörte.

Vierter Abschnitt.

der Scena lag und Proscenion hieß, wo die Schauspiele aufgeführt wurden, und das Parascenion, oder den Raum hinter der Scena, der für die Schauspieler bestimmt war, die sich daselbst aufhielten und ankleideten, und wo die Veränderungen der Scena gemacht wurden.[205]) Die Scena selbst war eine Wand oder Mauer, in dem Hintergrunde und an den Seiten des Gebäudes, an der die verschiedenen Vorstellungen und Decorationen angebracht waren. Diese Decorationen waren unstreitig so eingerichtet, daß sie vor der Wand im Hintergrunde aufgezogen und niedergelassen, an den Seitenwänden aber herumgedreht wurden. Diese letztern hießen daher Periactoi. Die Griechen hatten drey verschiedene Scenen, eine tragische, eine comische und eine satyrische.[206]) Auf den tragischen Scenen, die man bey Trauerspielen brauchte, wurden Tempel und Palläste abgebildet, die comischen Scenen, die nur bey Lustspielen vorkamen, stellten Wohngebäude und ganze Straßen vor, und die satyrischen oder ländlichen Scenen, waren mit Wäldern, Bergen und Höhlen und ganzen Landschaften verziert, um eine ländliche Gegend nachzubilden.

Die Scena war unstreitig meistentheils mit einem Dache versehen, das Theater aber war frey und offen, und es mußten daher gewisse Orte vorhanden

Porticus der Theater.

---

205) *Vitruv.* V. 7. am Ende.
206) *Vitruv.* V. 8.

seyn, wohin die Zuschauer gehen konnten, wenn es zu regnen anfing. Hierzu waren die bedeckten Gänge bestimmt, die sich oben auf dem Theater befanden, da wo sich die Sitze der Zuschauer endigten,[207]) vorzüglich aber die Säulengänge hinter der Scena,[208]) die außerdem auch noch zu einem angenehmen Spaßiergange dienten.

<small>Berühmte Theater.</small> Die Griechen wendeten auf ihre Theater nicht weniger, als auf ihre großen Tempel, und zeigten bey diesen Gebäuden auf gleiche Weise ihre Liebe zur Pracht. Das Theater zu Athen, das unstreitig zu den Zeiten des **Themistokles** erbauet wurde, war das erste steinerne Gebäude dieser Art in Griechenland, es wurde aber in der folgenden Zeit sehr verschönert und mit Statuen der tragischen und comischen Schauspieldichter verziert.[209]) Man findet noch jetzt einige Ueberbleibsel davon, woraus man sieht, daß die Mauern von weißem Marmor waren.[210]) Zu Korinth stand ein sehr schönes Theater, wie es sich von einer so reichen und mächtigen Stadt nicht anders erwarten läßt.[211]) Dieses Gebäude wurde vom **Mummius**, als er Korinth einnahm, mit den übrigen Gebäuden der Stadt zer-

---

207) *Vitruv.* V. 7. im Anf.
208) *Vitruv.* V. 9.
209) *Pausan.* I. 21.
210) le *Roy* Monum. de la Grece. Part. I. Pl. VII. pag. 13. The Antiquit. of Athens. Vol. II. Chap. III.
211) *Pausan.* II. 1.

Vierter Abschnitt.

stört.²¹²) Auch zu Sparta, wo doch die Künste nicht sehr geschätzt wurden, war ein sehenswürdiges Theater,²¹³) aus einem grauen Marmor gebaut, wovon noch jetzt einige Ruinen übrig sind.²¹⁴) Die vorzüglichsten unter allen Theatern waren, nach Pausanias Meynung, diejenigen, die sich auf der Insel Aegina, zu Epidaurus und zu Megalopolis befanden. Das Theater zu Epidaurus, dessen Baumeister Polyklet war, übertraf in Absicht der Bauart und der schönen Verhältnisse, die in allen seinen Theilen herrschten, alle andere Gebäude dieser Art in Griechenland,²¹⁵) ausgenommen das auf der Insel Aegina, das ihm an Größe und Schönheit gleich kam.²¹⁶) So wie diese Theater sich durch ihre Schönheit auszeichneten, so wurde das zu Megalopolis in Arkadien durch seine Größe berühmt, da es das größte in Griechenland war.²¹⁷) Von den Theatern in den Städten Kleinasiens, die hier unstreitig auch groß und prächtig waren, fehlen uns bestimmte Nachrichten, aus denen wir urtheilen können, ob sie den jetzt erwähnten Theatern in Griechenland an die Seite zu setzen sind, oder ob sie ihnen

---

212) *Vitruv.* V. 5.
213) *Pausan.* III. 14.
214) *le Roy* Monum. de la Greçe. Part. I. p. 47. Pl. XXVII.
215) *Pausan.* II. 27.
216) *Pausan.* II. 29.
217) *Pausan.* VIII. 32.

nicht gleich kommen. Und obgleich Pausanias die Tempel Joniens als sehr vorzüglich beschreibt, so schweigt er doch ganz von den Theatern dieses Landes, die neuern Reisenden aber fanden nur wenige Ueberbleibsel solcher Gebäude an einigen Orten, wie zu Teos,[218] zu Ephesus,[219] zu Alabanda,[220] zu Smyrna[221] und zu Milet,[222] welches letztere ein sehr weitläuftiges Gebäude war.

Odeen. Eine den Theatern ähnliche Art von Gebäuden sind die Odeen, die zu musikalischen Uebungen und Wettstreiten bestimmt waren. Sie waren, eben so wie die steinernen Schauspielhäuser, eine Erfindung der Athenienser, und Perikles ließ zu Athen das erste Odeum anlegen.[223] Dieses Gebäude hatte auf der einen Seite eine länglich runde Figur, und war mit einer Mauer von großen Steinen umgeben, auf der andern Seite aber, wo es in den Felsen eingehauen war, machte es nicht ganz vollkommen den übrigen Theil des Ovals aus, sondern endigte sich in drey Wänden, die unter stumpfen Winkeln an einander stießen.[224] Das Ganze wurde von Säulen

---

218) Pocock Beschreib. des Morgenl. III. S. 63.
219) Pocock III. S. 74. Chandler Reisen in Kleinasien. Kap. 35.
220) Pocock III. S. 85.
221) Chandler Reis. in Kleinasien. Kap. 18.
222) Chandler Reis. in Kleinasien. Kap. 42.
223) *Plutarch.* Pericles. Tom. I. p. 353. Martini, von den Odeen der Alten. S. 25.
224) *le Roy* Monum. de la Grèce. Part. I. pag. 22. Tab. XII.

Vierter Abschnitt.

umgeben, die vielleicht auf der Umfassungsmauer standen, und das Dach, das aus den Masten und Segeln bestand, die man den Persern abgenommen hatte, war spitzig. [225] An der mittägigen Seite, wo das Gebäude an den Felsen anstieß, war ein ungefähr sechs Fuß hoch erhobner Ort, wo wahrscheinlich die Sänger und Musici standen, die sich hören ließen, in dem ovalen Theile des Gebäudes aber waren Sitze für die Zuhörer. [226]

Auch andere Städte Griechenlandes folgten dem Beyspiele Athens, und errichteten Odeen. Wahrscheinlich aber haben nicht alle Odeen die Gestalt des athenischen gehabt, sondern sie bekamen meistentheils die Figur der Theater, wie man aus einigen Grundrissen beym Pocock sieht. So sorgfältig Pausanias sonst in der Anführung großer und vorzüglicher Gebäude ist, so wenig ist er es in der Erwähnung der Odeen, indem er nur zwey Städte nennt, Korinth [227] und Paträ in Achaja, [228] deren Odeen er rühmt, im übrigen aber, bey Gelegenheit des letztern, zu erkennen giebt, daß in Griechenland mehr Odeen anzutreffen waren. Das Odeum

---

225) *Vitruv.* V. 9.
226) *Plutarch.* a. a. Orte. Eine weitläuftige Beschreibung dieses Gebäudes findet man in Martini's Abhandl. von den Odeen der Alten.
227) *Pausan.* II. 3.
228) *Pausan.* VII. 20. Von dem Alter dieser beyden Odeen s. Martini von den Odeen der Alten, S. 93. 98.

zu Patrá war das prächtigste, das athenienfische ausgenommen, nachdem es **Herodes Attikus** verschönert hatte. In Kleinasien findet man noch zu Teos,[229]) zu Ephesus[230]) und zu Laodicea[231]) Ueberbleibsel solcher Gebäude, von welchen aber das letzte wahrscheinlich die Römer erbaut hatten, denn der Styl, in dem es gebaut war, zeigte, wie **Chandler** bemerkt, mehr von römischer Pracht als griechischem Geschmacke.

Gymnasia. Zu den öffentlichen Gebäuden der Griechen gehörten auch die Gymnasia. Die ersten Gebäude dieser Art waren in Lacedämon aufgekommen, hernach aber wurden in den meisten großen Städten welche errichtet.[232]) Die Gymnasien nahmen einen beträchtlichen Raum ein, und bestanden aus verschiedenen Gebäuden, in welchen theils die Philosophen und die Lehrer der Beredsamkeit und der schönen Wissenschaften Vorlesungen hielten, theils auch die jungen Griechen im Kämpfen, Ringen, Tanzen und dergleichen, Unterricht bekamen oder sich darin übten. Uebrigens befanden sich auch in den Gymnasien die Bäder, wo nicht allein die Jünglinge nach vollendeten Leibesübungen, sondern auch andere, der Ge-

---

229) Pocock III. S. 64.
230) Pocock III. S. 71. **Chandler** Reis. in Kleinasien. Kap. 35.
231) Pocock III. S. 107. **Chandler** Reis. in Kleinasien. Kap. 67.
232) Potters griech. Archäolog. I. S. 84. deutsche Uebers.

sundheit wegen oder zum Vergnügen, sich des Bades bedienten. Die Römer ahmten diese Gebäude auch nach; es nahmen aber bey ihnen die Bäder den größten Raum derselben ein, daher sie den Namen **Thermä** bekamen.

Wir können die Einrichtung der Gymnasien genau aus der Beschreibung kennen lernen, die Vitruv davon giebt. [233]) Ein viereckiger Raum, ungefähr so groß, daß er zwey Stadien im Umkreiße hatte, wurde ringsherum von einem Säulengange umgeben, der an drey Seiten einfach, an der vierten aber, die gegen Mittag log, doppelt war. Um diese Säulengänge herum waren verschiedene Gebäude angelegt, von welchen diejenigen, die hinter den drey einfachen Säulengängen standen, zu Sälen und Zimmern bestimmt waren, worin die Philosophen und Redner die Jünglinge unterrichteten und gelehrte Unterredungen hielten, das aber, das hinter dem doppelten Säulengange stand, enthielt verschiedene Arten von Behältnissen. In der Mitte befand sich das **Ephebeum**, worin sich die Jünglinge in der Gymnastik übten. Auf der rechten Seite dieses Saales war das **Coriceum**, wo diejenigen, welche ringen wollten, sich entkleideten, ferner das **Conisterium**, wo man den Staub oder die Asche für die Ringer aufbewahrte, und endlich ein Zimmer mit einem kalten Bade. Zur linken Seite des Ephebeums sah

Einrichtung der Gymnasien.

---

233) *Vitruv.* V. 11. Edit. *Galiani.* p. 206. Tab. XVIII.

man das Eläothesium, wo die Ringer und die, welche sich gebadet hatten, gesalbet wurden, und daneben das Frigidarium, wo die, welche das warme Bad gebraucht hatten, sich abkühlten, worauf die Zimmer folgten, die zum warmen Bade gehörten. Hier war auch bisweilen noch ein Saal angebracht, dessen Vitruv aber nicht gedenkt, das Sphäristerium, das zu verschiedenen Uebungen, vorzüglich aber zum Ballspielen, bestimmt war.[234] Diese Zimmer und Säle machten die eine Hälfte des Gymnasiums aus. Die andere Hälfte nahm einen länglich viereckigen Raum ein, der eben auch auf drey Seiten mit einem einfachen, auf der vierten Seite aber, gegen Mitternacht, mit einem doppelten Säulengange eingefaßt war. Hier befanden sich, ringsherum unter dem Porticus, Xystus oder bedeckte Spaziergänge, und innerhalb des viereckigen Raumes, der mit Bäumen besetzt und mit Alleen, Lauben und Lusthäusern verziert war, Xysta oder freye Spaziergänge, und überdieses noch ein Stadium, wo die Athleten sich im Laufen übten, das auf der einen Seite verschiedene Sitze für diejenigen hatte, die den Wettrennern zusehen wollten.

Eine so große und weitläuftige Anlage bekamen die Gymnasien, ob sie aber allezeit diese Einrichtung hatten, läßt sich nicht bestimmen, da uns die alten Schriftsteller keine ausführliche Nachricht davon hin-

---

234) Potters griech. Archäolog. I. S. 85.

terlassen haben. Zu Athen waren drey berühmte Gymnasien, die Akademie, das Lyceum [235]) und Kynosarges. Zu Olympia war ein sehr schönes Gymnasium, [236]) und das, welches sich zu Elis befand, war deswegen merkwürdig, weil die Athleten, die in den olympischen Spielen auftreten wollten, sich hier erst dazu vorbereiteten und einweihen ließen. [237]) Dieses Gymnasium hatte einen Xystus von Platanen und war mit vielen Statuen geschmückt. Bisweilen waren die Stadia eigene und von den Gymnasien abgesonderte Gebäude, wie zu Korinth, [238]) zu Phocis, [239]) zu Elis, [240]) dessen Einfassung nur aus aufgeworfener Erde bestand, zu Sparta, wo es den Namen Dromos führte, [241]) und zu Theben, neben dem ein Hippodromos lag, der zum Pferderennen bestimmt war. [242]) Zu Athen befand sich das schönste und prächtigste Stadium, das aber erst unter den Römern vom Herodes Attikus angelegt wurde. [243]) Bisweilen war auch das Ephebeum auf einem besondern Platze angelegt, wie zu Lacedämon, [244]) wo es

---

235) Pausan. I. 29.
236) Pausan. VI. 21.
237) Pausan. VI. 23.
238) Pausan. II. 1.
239) Pausan. X. 32.
240) Pausan. VI. 20.
241) Pausan. III. 14.
242) Pausan. IX. 33.
243) Pausan. I. 19.
244) Pausan. III. 14.

eine Insel ausmachte, die mit einem Graben umringt, mit Platanen umgeben und mit Statuen verziert war.

<small>Gebäude zur Versammlung des Volkes.</small> Ich will hier noch einige Gebäude erwähnen, die zur Versammlung des Volkes, oder der Edelsten im Volke, dienten, deren Einrichtung und Anlage aber uns nicht hinlänglich bekannt ist. Der Pnix zu Athen war ein Ort der öffentlichen Versammlung, und hatte eine sehr einfache Form. Es war ein halb zirkelförmiger Raum, der mit einer Mauer aus großen Steinen umgeben war. Die Gebäude oder Säle, in welchen sich die Prytanen oder der Senat versammelte, wurden Prytaneen genannt, und man fand dergleichen Gebäude in den größten Städten Griechenlandes.[245] Zu Sparta war ein Versammlungshaus, das Skias hieß.[246] Das Phocikum, das bey Daulis, einer Stadt in dem Gebiete der Phocenser, lag, war ein Gebäude, das zu der Versammlung der Bevollmächtigten der phocensischen Städte bestimmt war.[247] Es war von einer außerordentlichen Größe, und ringsherum mit Säulengängen umgeben, unter welchen für diejenigen, die hier zusammen kamen, sehr viele Sitze stufenweise über einander angebracht waren.

Eine

---

245) *Potters* griech. Archäolog. I. S. 202.
246) *Pausan.* III. 12.
247) *Pausan.* X. 5.

Vierter Abschnitt. 353

Eine besondere Art von öffentlichen Gebäuden waren die Leschen, wo diejenigen hingingen und zusammenkamen, die Lust hatten, ihre müßigen Stunden in Gesellschaft zuzubringen und sie zu verschwatzen.[248] In großen Städten befanden sich viele dergleichen Gebäude, und jeder Bezirk hatte seine eigenen, wo die benachbarten Einwohner zusammen kamen. In Athen sollen auf dreyhundert und sechszig solche Leschen gewesen seyn.[249] Sie bestanden unstreitig aus Säulengängen, und waren gemeiniglich mit vielen historischen Gemälden verziert, daher sie auch bisweilen ποικίλη genannt wurden, wie dasjenige, das zu Sparta stand.[250] Vielleicht waren auch der Porticus zu Athen und zu Olympia, die eben diesen Namen führten, ähnliche Gebäude und zu eben der Absicht bestimmt.

Leschen.

Unter den Anlagen, die zur Versammlung des Volkes dienten, waren die Agora oder die Marktplätze die vorzüglichsten, wo die Bürger ihre Geschäfte betrieben, wo die Magistratspersonen zusammen kamen und die gerichtlichen Streitigkeiten abgethan, überdieses auch verschiedene Waaren zum Verkauf ausgestellt wurden. Diese Plätze wurden gemeiniglich in der Mitte der ganzen Stadt, oder wenn mehrere daselbst vorhanden waren, in der Mitte ver-

Marktplätze.

---

248) *Pausan.* X. 25. Martini von den Odeen der Alten. S. 7.
249) *Meursius* Athen. Att. III. 6.
250) *Pausan.* III. 15.

Z

schiedener Bezirke, bey Städten aber, die an der See oder an einem schiffbaren Flusse lagen, nicht weit von dem Hafen oder nahe am Flusse angelegt. [251] Die Griechen wählten zur Agora einen viereckigen Platz, und umgaben sie ringsherum mit doppelten Säulengängen, die ein gerades Dach hatten. [252]. Unter den bedeckten Gängen wurden Waaren verkauft; sie dienten aber auch zum Aufenthalte des Volkes bey regenhaften Tagen und zum Schutz für die Hitze der Sonne. Hinter dem Porticus standen auf einer Seite die Gebäude, wo sich der Senat oder das Volk versammelte, und das Aerarium, auf der andern Seite aber verschiedene Tempel, wie zu Trözene, Sparta, [253] Elis und andern Orten, und überdieses war die Agora oft mit Statuen der Götter und berühmter Helden verziert, wie zu Tegea in Arkadien. [254] Athen hatte zwey Marktplätze, den alten, der sich in dem Ceramikus innerhalb der Stadt befand, und den neuen, der in dem Theile der Stadt lag, der Eretria hieß. [255] Der Marktplatz zu Sparta war wegen eines Säulenganges berühmt, welcher der persische hieß, weil er von der persischen Beute war erbaut worden. [256] Die Agora zu Elis

---

251) *Vitruv.* I. 7.
252) *Vitruv.* V. 1.
253) *Pausan.* II. 31. III. 11.
254) *Pausan.* VIII. 48.
255) Potters griech. Archäolog. I. S. 81. The Antiquit. of Athens. Vol. I. pag. 3. 52.
256) *Pausan.* III. 11.

Vierter Abschnitt.

zeichnete sich durch ihr Alter aus, und hatte daher eine eigene und wahrscheinlich unsymmetrische Anlage, wodurch sie sich von den Marktplätzen der jonischen Städte sehr unterschied, indem auf der einen Seite ein Porticus von drey Reihen Säulen stand, ein anderer Porticus aber nur zwey Reihen Säulen hatte, zwischen denen eine Mauer errichtet war, so daß die eine Säulenreihe in dem Marktplatze, die andere aber außerhalb demselben stand. [257])

Eine eigene Art von Gebäuden, die man überdieses nur zu Athen findet, waren die **choragischen Monumente**, welche denjenigen zu Ehren errichtet wurden, die als Choragus den Preiß davon getragen hatten. Die Griechen hatten zweyerley Spiele, die gymnastischen, die in den Gymnasien und Stadien gefeyert wurden, und die theatralischen und musikalischen, für welche die Theater und Odeen bestimmt waren. Bey den musikalischen Spielen war es in Athen gebräuchlich, daß eine jede von den zehn Zünften der Stadt einen Choragus erwählte, der auf seine Unkosten die Anordnung und die Aufsicht dieser Spiele übernahm. Die Choragen bemühten sich, einander zu übertreffen, und derjenige, der hier als Sieger erkannt wurde, erhielt zur Belohnung einen Tripos; ein Preiß, der unter allen am vorzüglichsten geschätzt wurde, und dessen Erwerbung für das ganze Geschlecht des Siegers ehrenvoll war. Der Sieger

Choragische Monumente.

---

257) *Pausan.* VI. 24.

war verpflichtet, den errungenen Preiß öffentlich auszustellen, wozu gewöhnlich ein kleines tempelartiges Gebäude errichtet wurde, das den Namen eines choragischen Monumentes erhielt, und dessen Inschriften den Choragus und die Zeit nannten, wenn die musikalischen Spiele waren gehalten worden.

Ueberbleibsel davon. Dergleichen Monumente müssen in Athen sehr viel gewesen seyn, denn man fand daselbst eine ganze Straße, die von ihnen den Namen Tripodes bekommen hatte.[258] Einige davon haben sich noch bis jetzt erhalten, worunter vorzüglich zwey merkwürdig sind. Das erste und prächtigste ist das choragische Monument des Lysikrates, das einem kleinen runden Tempel gleicht, der aus sechs korinthischen Säulen besteht, mit einer reich verzierten Kuppel bedeckt und auf einen hohen viereckigen Unterbau erhoben ist.[259] Das zweyte, das choragische Monument des Thrasyllus und Thrasykles, ist an der Südseite des Felsen angebaut, auf dem die Akropolis steht, und wird jetzt zu einer christlichen Kirche gebraucht.[260] Es besteht aus drey Pfeilern, zwischen welchen zwey große Oeffnungen waren, die aber jetzt, bis auf eine kleine Thüre, zugemauert sind. Diese Pfeiler tragen ein Gebälke, dessen Frieß mit Lorbeerkränzen verziert ist. Auf diesem Gebälke ste-

---

[258] *Pausan.* I. 20. The Antiquit. of Athens. Vol. II. pag. VII. Grundriß der Akropolis, l. L. M.
[259] The Antiquit. of Athens. Vol. I. Chap. IV.
[260] The Antiquit. of Athens. Vol. II. Chap. IV.

hen auf beyden Ecken hohe mit einem Kranze bedeckte Zocken, an welchen, so wie auch an dem Unterbalken, Inschriften stehen, in der Mitte aber erheben sich drey Stufen, auf denen eine sitzende Statue angebracht ist, die von vorzüglicher Schönheit war, jetzt aber sehr verstümmelt ist.

Auf dem Felsen über diesem letzten Monumente stehen zwey einzelne Säulen, von verschiedener Größe und Stärke, die daher zu keinem Gebäude gehört haben können, sondern unstreitig choragische Monumente und bestimmt waren, Tripoden zu tragen.[261] Ihre Capitäle sind dreyeckig, wie die Blume auf der Kuppel des choragischen Monumentes des Lysikrates,[262] und sie haben auch, so wie diese, auf ihrer obersten Fläche, an jeder Ecke ein Loch, worin vermuthlich der Tripos befestigt war.

Dieses sind die öffentlichen Gebäude der Griechen. Grabmäler. Ehe wir uns aber zu ihren Privatwohnungen wenden, müssen wir noch ihre Grabmäler und die Denkmäler auf den Gräbern betrachten, wodurch sie das Andenken ihrer Könige, Helden, Staatsmänner und anderer, die sich um den Staat verdient gemacht hatten, zu verewigen suchten. So wie dieses bey allen alten Völkern gebräuchlich war, so machten es auch die Griechen sich zur Pflicht, und Pausanias er-

---

261) The Antiquit. of Athens. Vol. II. Chap. IV. Pl. I. pag. 31.
262) The Antiquit. of Athens. Vol. I. Chap. IV. Pl. IX.

wähnt eine große Anzahl merkwürdiger Grabmäler, die man in den verschiedenen Provinzen Griechenlandes fand. Diese Grabmäler waren von zweyerley Art; entweder lagen die Verstorbenen an der Stelle selbst begraben, wo ihnen ein Denkmal errichtet wurde, oder man erbaute nur bloße Monumente, ohne daß sich die Asche der Verstorbenen darunter befand, und diese wurden Kenotaphia genannt.

Grabmäler in den Städten. Oft wurden die Grabmäler in den Städten errichtet, und man brauchte sie hier bisweilen zur Verzierung der öffentlichen Plätze. Zu Athen sah man unten an der Akropolis das Grabmal des Hippolytus,[253]) in Korinth das Grab des Mermerus und Pheres, der Söhne der Medea,[254]) zu Mycene das Grabmal des Atreus, und ein Denkmal derer, die mit dem Agamemnon aus dem trojanischen Kriege zurückgekehrt und vom Aegisthus bey einem Gastmale waren ermordet worden, nicht weniger das Denkmal Agamemnons selbst, der Elektra und anderer.[255]) Auch zu Sparta war ein Denkmal Agamemnons, so wie auch das Grabmal des Orestes, dessen Gebeine man aus Tegea hieher gebracht hatte.[256]) Zu Magnesia stand, mitten auf dem Markte, das Grabmal des Themistokles.

---

263) *Pausan.* I. 22.
264) *Pausan.* II. 3.
265) *Pausan.* II. 16.
266) *Pausan.* III. 11.

Zu Pilos, einer Stadt im Gebiete der Messenier, sah man ein Denkmal Nestors.[267]

Auch vor den Städten fand man viele Grabmäler: bey Athen, nicht weit von der Akademie, ein Denkmal des **Plato**,[268] so wie auch die Gräber des **Perikles**, des **Chabrias**, des **Phormio** und die Gräber der Krieger, die in einem Kriege mit den Aeginetern geblieben waren;[269] bey Argos das Grab des **Danaus** und ein Denkmal derer, die bey Ilium geblieben waren;[270] vor Korinth das Grabmal des **Diogenes** von **Sinope**;[271] vor Argos, nicht weit vom Gymnasium, ein gemeinschaftliches Denkmal der Argiver, die mit den Atheniensern nach Sicilien gezogen waren, um Syrakus zu unterjochen.[272] Bey Sparta waren sehr viele Grabmäler.[273] Bey Theben stand auf dem Hippodromus das Monument des **Pindars**,[274] so wie sich auch bey dieser Stadt noch viele andere Grabmäler befanden.[275]

Grabmäler vor den Städten

---

267) *Pausan.* IV. 36.
268) *Pausan.* I. 30.
269) *Pausan.* I. 29.
270) *Pausan.* II. 20.
271) *Pausan.* II. 2.
272) *Pausan.* II. 22.
273) *Pausan.* III. 15.
274) *Pausan.* IX. 23.
275) *Pausan.* IX. 25.

An den Landstraßen. Bisweilen fand man auch an den Seiten der Landstraßen Grabmäler berühmter Männer. Wie unterhaltend muß nicht eine Reise auf diesen Wegen gewesen seyn, da man daselbst immer Gegenstände fand, die wichtige Vorfälle in der Geschichte des Landes in das Gedächtniß zurückruften, die an die großen Männer erinnerten, die sich um den Staat verdient gemacht hatten, oder die durch ein besonderes Schicksal merkwürdig geworden waren. Solche Grabmäler sah man auf dem Wege von Athen nach Eleusis, der den Namen des heiligen Weges führte;[275] auf einem Wege bey Korinth, worunter sich das Grabmal der Lais befand;[277] an dem Wege von Korinth nach Sicyon;[278] auf der Straße von Mycene nach Argos;[279] an dem Wege, der von Mantinea nach Tegea führte,[280] und an mehrern Straßen.

Erdhügel. In den ältesten Zeiten waren die Grabmäler der Griechen nichts als aufgeworfene Erdhügel, die bisweilen ringsherum mit Steinen eingefaßt wurden, wie der Grabhügel des Oenomaus bey Elis[231] und einige solche Hügel bey Phöze und Pheneos in Arkadien.[282] Bey Gelegenheit des letztern sagt

---

276) *Pausan.* I. 36.
277) *Pausan.* II. 2.
278) *Pausan.* II. 17.
279) *Pausan.* II. 18.
280) *Pausan.* VIII. 11.
281) *Pausan.* VI. 21.
282) *Pausan.* VIII. 11. 16.

Vierter Abschnitt.

Pausanias, daß er sehr aufmerksam darauf gewesen wäre, weil Homer mit vieler Bewunderung davon spräche, daß er aber nichts als einen Erdhügel gefunden hätte, den aber dieser Dichter leicht hätte erheben können, weil er kein schöneres Grabmal würde gesehen haben. Bey Megara fand man das Grabmal des Korobus, das aus einem Hügel bestand, der mit einem Steine bedeckt und mit einer Inschrift versehen war.²⁸³) Und dieses war das älteste Monument dieser Art und der griechischen Bildhauerkunst, das sich bis auf die Zeiten des Pausanias erhalten hatte. Bey Theben befand sich ein Denkmal der Söhne des Oedipus, das aus einem steinernen Kegel bestand, der mit einem Schilde verziert war.²⁸⁴) Auf eine ähnliche Art hatte man den Grabhügel des Epaminondas verziert, und auf dem Steine einen Schild mit einer Schlange vorgestellt.²⁸⁵) Dieser Hügel lag in Arkadien, an dem Wege, der von Mantinea nach Pallantium führt, an eben dem Orte, wo das Treffen zwischen den Athenienfern, Mantinenfern und Böotiern vorfiel, und wo Epaminondas die tödtliche Wunde erhielt.

In der folgenden Zeit bekamen die Grabmäler mehr Verzierung, und es wurden oft kleine Gebäude darauf aufgeführt, welche die Gestalt eines Tempels

Kleine Gebäude.

---

283) *Pausan.* I. 43.
284) *Pausan.* IX. 25.
285) *Pausan.* VIII. 11.

hatten. Man errichtete auf einem steinernen Grunde zwey kleine Säulen und bedeckte sie mit einem Giebel, den Raum dazwischen aber verzierte man mit den Bildnissen der Verstorbenen, und gemeiniglich auch mit Inschriften. Solche Grabmäler hatten die Sicyoner, nur daß es bey ihnen nicht gewöhnlich war, Inschriften darauf zu setzen.[236]) Bisweilen hatten diese Grabmäler zwey Gemächer oder Stockwerke über einander, und bekamen daher den Namen Dystäga. Bisweilen verzierte man sie mit Statuen, wie ein Grabmal in dem Gebiete der Eleer, auf welchem eine Statue aus pentelischem Marmor stand.[237]) Oft wurden die Gemächer in den Grabmälern ausgemalt, wie in einem Grabmale bey Tritia, einer Stadt der Achäer. Dieses Grabmal war ein schönes Gebäude, das aber vorzüglich wegen der Gemälde des Nicias geschätzt wurde.[238])

Pracht der Grabmäler. Bisweilen wurden die Grabmäler mit vieler Pracht und Verschwendung aufgeführt. Schon zu Solons Zeiten soll dieses gebräuchlich gewesen seyn, und man schreibt ihm das Gesetz zu, das die Athenienser verpflichtete, ein Grabmal nur so groß zu machen, daß es innerhalb drey Tagen von zehn Menschen konnte vollendet werden. Demungeachtet verlor sich die Kraft dieses Gesetzes nach und nach, und man verfiel wieder in die vorige Verschwendung.

---

286) *Pausan.* II. 7.
287) *Pausan.* V. 6.
288) *Pausan.* VII. 22.

Vierter Abschnitt.

Lange nach dieser Zeit gab Demetrius Phalereus ein ähnliches Gesetz, daß jedes Grabmal nur mit einem Pfeiler oder Kegel sollte verziert werden, der nicht höher als drey Palmen hoch gemacht werden durfte. [289]

Das prächtigste und größte unter allen Grab- mälern der Griechen ist das Mausoleum, welches Artemisia, die Königinn in Karien, ihrem Gemahle, Mausolus, errichten ließ. [290] Es war ein läng- lich viereckiges Gebäude mit sechsunddreyßig Säulen umgeben und reich mit Bildhauerarbeit geschmückt. Es hatte vierhundert eilf Fuß im Umfange, und die Höhe des Ganzen betrug hundertundvierzig Fuß. Ueber den viereckigen Unterbau erhob sich ein ande- rer, in Gestalt einer Pyramide, mit vierundzwanzig Absätzen, worauf eine Quadriga stand. Die größ- ten Künstler dieser Zeit arbeiteten daran: Skopas, Bryaxes, Timotheus und Leochares verfertig- ten die Bildhauerarbeit, und zwar Jeder eine Seite, Pythis arbeitete die Quadriga, und Satyrus und Pytheus waren die Baumeister dieses Gebäu- des. [291]

Mausoleum.

Die Privatgebäude der Griechen waren, wie ich schon bemerkt habe, selbst noch in den schönsten

Privat- gebäude.

---

289) *Cicero* de Leg. II. c. 25.
290) *Plinius* H. N. XXXVI. 5. *Caylus*, über das Mausoleum, deutsch in seinen Abhandl. zur Ge- schichte und Kunst. Th. II. S. 1 ff. *Aulisius*, de Mausolei Architectura, in *Sallengre* Thes. Vol. II.
291) *Vitruv.* VII. Praef.

Zeiten der Kunst, schlecht und unansehnlich, und in den größten Städten Griechenlandes, die mit den prächtigsten Tempeln, Theatern und Säulengängen prangten, waren die Wohnungen der Bürger, so wie die Wohnungen der Vornehmsten im Volke, niedrige Hütten, nur die Häuser auf den Landgütern der Griechen hatten eine bequemere Einrichtung und ein zierlicheres Ansehn. Als aber endlich der Luxus zunahm und die Griechen ihren Reichthum mehr für sich als zum Vortheile des Staates anwandten, so brachten sie auch in ihren Wohnungen mehr Bequemlichkeit an und vergrößerten dieselben. Diese Gebäude nahmen, nach der Beschreibung, die uns **Vitruv** [292]) davon giebt, einen beträchtlichen Raum ein, und wenn es auch gleich nicht wahrscheinlich ist, daß alle Stadtgebäude eine so weitläuftige Anlage hatten, so waren doch gewiß die Wohnungen der reichen und vornehmen Griechen auf diese Weise eingerichtet.

Gynäkonitis. Die Griechen hatten die Gewohnheit, daß die Wohnungen der Männer von den Wohnungen der Weiber abgesondert waren, und daß jedes eine Hälfte des Gebäudes für sich hatte, davon die größte, die den Männern gehörte, **Andronitis**, die kleinere aber, wo die Weiber wohnten, **Gynäkonitis** hieß. Die Wohnung der Weiber war durch eine Thüre verschlossen, durch die man, von der Straße her, in das Haus eintrat, und der gegenüber wieder eine

---

292) VI. 10. Edit. *Galiani.* pag. 244. Tab. XX.

Vierter Abschnitt.

Thüre war, die in den Hof des Gebäudes führte. Beyläufig ist hier zu bemerken, daß die Hausthüren der griechischen Gebäude nicht, wie die unsrigen, einwärts, sondern auswärts, gegen die Gasse zu, geöffnet wurden.[293]) Zwischen diesen beyden Thüren befand sich ein kleiner schmaler Platz oder Gang, der **Thyrorion** hieß, auf dessen einer Seite die Wohnung für den Pförtner, auf der andern aber ein Pferdestall war. Der Hof, in den man aus dem schmalen Gange trat, hatte auf drey Seiten Säulengänge, an der vierten aber stand die Mauer des Gebäudes frey, und sie hatte eine große Oeffnung, die eine Art von Halle bildete, durch die man in verschiedene Zimmer kommen konnte. Das erste, der Oeffnung gegenüber, war ein großer Oecus oder Saal, wo die Hausfrau ihre Gesellschaften annahm und sie bewirthete, auf beyden Seiten aber lagen die Wohnzimmer. Hinter den Säulengängen in dem Hofe waren die täglichen Speisezimmer und die Wohnungen für die Kinder und die Sklaven angebracht.

Die Wohnung für die Männer war nicht allein Andronitis. größer als das Gynäceum, sondern auch in allen ihren Theilen schöner und prächtiger verziert. Der Eingang, von der Straße her, war mit einer Halle versehn, und der Hof ringsherum mit Säulengängen

---

293) *Sagittarius* de Januis Veterum. Cap. 22. **Winkelmann** Anmerk. über die Bauk. der Alten. S. 37.

umgeben, von denen der Porticus, der gegen Mittag lag, aus höhern Säulen bestand als die übrigen, und der Rhodische genannt wurde. Hinter diesen Säulengängen waren verschiedene Zimmer angebracht, gegen Mitternacht der cyzicenische Speisesaal [294]) und die Gemäldesammlung, gegen Morgen die Bibliothek, gegen Abend die Gesprächzimmer, gegen Mittag aber ein großer viereckiger Speisesaal, wo der Hausherr seine Gesellschaften und Gastmale für sich gab, da es bey den Griechen nicht sittlich war, daß die Hausfrauen diesen Gesellschaften beywohnten.

Wohnungen f. Fremde. Ueberdieses gehörten gemeiniglich noch zu jedem Hause einige kleine Gebäude, die aber von dem Hauptgebäude durch kleine Gäßchen abgesondert wurden, und für die Fremden bestimmt waren. Diese Gebäude hatten zwar nur einen geringen Umfang, allein sie waren mit allem versehen, was man nur zur Bequemlichkeit fordern konnte.

Wahrscheinlich hatten die Wohngebäude der Griechen nur ein Stockwerk und gerade Dächer, die mit Brüstungen umgeben waren, damit man sich daselbst bey schönem Wetter aufhalten konnte. Die Fenster waren in der Höhe angebracht, [295]) die Seiten aber gegen die Straße zu hatten gemeiniglich gar keine Fenster.

---

294) *Vitruv.* VI. 6.
295) Winkelmann Anm. üb. d. Bauk. d. Alten. S. 41.

Fünfter Abschnitt.

Von der Baukunst bey den Römern.

Die Leidenschaft zu herrschen, die der römischen Nation von ihrem Ursprunge an eigen, und der sie, bis zu dem Untergange ihres Reiches, fest ergeben war, verursachte, daß sie sich bald über andere Nationen erhob, und endlich die Herrschaft über den größten Theil der damals bekannten Welt erhielt. Da aber diese Leidenschaft alle andere Neigungen unterdrückte, da Krieg und Eroberungen das vorzüglichste Erwerbungsmittel der Römer wurde, so behielten sie lange Zeit ein rohes Wesen, sie schätzten weder Künste noch Wissenschaften, und achteten nur allein diejenigen, die auf den Krieg Bezug hatten; als sie aber endlich die Kunst durch die Griechen näher kennen lernten, so nahmen sie dieselbe zwar auf, nicht aber aus einem wahren Gefühl fürs Schöne, sondern aus Liebe zur Pracht, Weichlichkeit und Ueppigkeit, der sie sich, nach der Eroberung von Asien und Griechenland ausschweifend überließen.

Die Römer schätzten die Künste nur aus Liebe zum Luxus.

Epochen der Bauk. bey den Römern.

Die ersten Begriffe der Kunst erhielten die Römer von den Etruskern, gegen das Ende der freyen Republik aber wurden sie mit der griechischen Baukunst bekannt. Diese Kunst stand nun unter Augusts Regierung in ihrer schönsten Blüthe, aber sie wurde schon unter den ersten Nachfolgern dieses Kaisers vernachlässigt. Sie erhob sich zwar unter den Flaviern wieder, doch wurde sie zu dieser Zeit in einem minder guten Style ausgeführt. So erhielt sie sich bis auf Marc Aurel, nach dessen Regierung sie sich ihrem gänzlichen Falle nahte.

Verdienste der Römer um die Baukunst.

Wir werden bey den Römern keine so ganz vollkommenen und vortreflichen Werke der Baukunst finden, als bey den Griechen, und so wie wir bey dieser Nation die Baukunst von Stufe zu Stufe bis zu ihrer höchsten Ausbildung emporsteigen sahen, so erblicken wir jetzt ihren allmähligen Verfall, ihren endlichen Untergang. Allein obgleich die Römer in Absicht des Geschmacks den alten Griechen weit nachstanden, so muß man ihnen doch die Gerechtigkeit wiederfahren lassen, daß sie auch einige Verdienste um die Baukunst haben, indem sie vorzüglich die Verzierungskunst vervollkommten, überdieses aber auch ein anderes Fach der Baukunst ausbildeten und auf verschiedene Dinge aufmerksam waren, welche die Griechen vernachläßigten, auf den Bau der Heerstraßen, der Wasserleitungen und Cloaken.¹)

---

1) *Strabo* V. pag. 360.

Fünfter Abschnitt.

Eine Colonie der Albaner, die unter Romulus und Remus in einer Gegend des mittlern Italiens, nicht weit von dem Ausflusse der Tiber in das tyrrhenische Meer, wo schon eine Stadt gestanden hatte, eine neue anlegte und sie bevölkerte, war der erste Grund des römischen Staates. ²) Diese Stadt wurde auf einem Berge oder Hügel gebaut, der Palatinus hieß, und sie erhielt, nach dem Tode des Remus, von ihrem Stifter Romulus den Namen Rom. ³) Romulus umgab die Stadt mit einer Mauer, über deren Bau ein gewisser Celer die Aufsicht hatte. ⁴) Einige Zeit darauf, nachdem die Römer sich mit den Sabinern in einen Staat vereinigt hatten, wurden noch zwey nahe liegende Hügel, der Aventinus und Capitolinus, angebaut. ⁵) Die Ebene zwischen dem palatinischen und capitolinischen Berge wurde zu dem Marktplatz bestimmt, wo das Volk zusammen kam, um sich über die Angelegenheiten des Staates zu besprechen. ⁶) Den ersten Tempel, den Romulus in seiner Stadt erbaute, weihete er dem Jupiter, dem er den Namen Feretrius gab, weil er darin die Waffen des Königs der Cäninenser aufhing, die er ihm mit eigener Hand abgenommen hatte. ⁷) Nach dem Siege

Zustand der Baukunst unter den Königen. Romulus.

---

2) *Dionyf. Hal.* I. 1—75.
3) *Livius,* l. 7.
4) *Dionyf. Hal.* I. 87.
5) *Dionyf. Hal.* II. 37. *Livius,* I. 7. 13.
6) *Dionyf. Hal.*, II. 50.
7) *Dionyf. Hal.* II. 34. *Livius,* I. 10.

über die Sabiner ließ er dem Jupiter Stator einen Tempel errichten, an dem Orte, wo dieser Gott seine Bitten erhört und sein fliehendes Heer zum Stehen gebracht hatte.[8] Auch Tatius, der König der Sabiner, errichtete verschiedene Tempel, als die Tempel der **Sonne** und des **Mondes**, des **Saturn** und der **Rhea**, der **Vesta**, des **Vulcans**, der **Diana**, des **Mars** und andere.[9]

Numa.   Der friedliebende Numa machte sich um die Cultur der Römer sehr verdient, indem er ihren Ackerbau verbesserte und ihre Religion bildete. Er erbaute viele Tempel, sowohl für die Götter, welche die Römer schon bisher verehrt hatten, als auch für neue Götter, mit denen er erst sein Volk bekannt machte. Er errichtete die Tempel der **Vesta**, der Göttinn **Fides**, des **Romulus**, der unter dem Namen **Quirinus** verehrt wurde,[10] und den Tempel des **Janus**, als dem Gott des Friedens, den Numa vorzüglich verehrte.[11]

Tullus Hostilius.   Der dritte König der Römer, Tullus Hostilius, verband den Berg Cölius mit der Stadt, wo diejenigen sich anbauten, die bisher keine eigenen

---

8) *Livius*, I. 12. *Dionyſ. Hal.* II. 50.
9) *Dionyſ. Hal.* a. a. Orte.
10) *Dionyſ. Hal.* II. 63. 65. 75.
11) *Livius*, I. 19. Dieser Tempel soll da gestanden haben, wo hernach das Theater des Marcellus erbaut wurde.

Häuser gehabt hatten, und wo der König selbst sich eine Wohnung anlegen ließ.[12])

Ancus Marcius vergrößerte die Stadt noch mehr, indem er den **Aventinus** hinzufügte,[13]) wo er einen Tempel der **Diana** anlegte, und den **Janiculus**, der jenseits der Tiber lag, auch mit einer Mauer umgab und ihn durch eine Brücke mit der Stadt vereinigte, die ganz von Holz war und daher den Namen, **Pons Sublicius**, erhielt.[14]) Uebrigens vergrößerte er auch den Tempel des **Jupiter Feretrius**, und legte, um den Handel zu befördern und zu sichern, bey dem Ausflusse der Tiber in die See die Stadt **Ostia** und einen Hafen an.[15])

Ancus Martius.

Durch die nützlichen Einrichtungen, die **Tarquinius Priscus** veranstaltete, erhielt die Stadt Rom große Verbesserungen.[16]) Er legte zwischen den aventischen und palatinischen Bergen den Circus an, der hernach einer der schönsten Plätze der Stadt wurde und den Zunamen **Maximus** bekam, da noch mehr solche Plätze entstanden, vor denen er sich durch

Tarquinius Priscus.

---

12) *Livius*, I. 30.   *Dionys. Hal.* III. 1.
13) *Strabo*, V. p. 358.
14) *Dionys. Hal.* III. 43. 44.
15) *Livius*, I. 33.   *Strabo*, V. p. 354.
16) *Dionys. Hal.* III. 67. 68.   *Livius*, I. 35. 37. 38.

seine Größe auszeichnete.¹⁷) Er ließ rings um das Forum herum bedeckte Gänge errichten, unter welchen das sich hier versammelnde Volk bey schlechtem Wetter Schutz fand, und wo auch Behältnisse für die Kaufleute angelegt waren. Die Stadtmauer, die bisher sehr schlecht gewesen war, wurde jetzt aus großen viereckig gehauenen Steinen erbaut. Das vorzüglichste Werk dieses Königs waren die Cloaken oder Schleußen, die unter den Gassen der Stadt angelegt wurden, um allen Unrath abzuführen,¹⁸) und die sich zuletzt in eine Schleuße vereinigten, die bis an die Tiber ging und wegen ihrer Größe Cloaka Maxima genannt wurde, von der sich noch bis jetzt einige Ueberreste erhalten haben.¹⁹) Er legte ferner auf dem capitolinischen Berge den Grund zu dem nachmals so berühmten capitolinischen Jupiterstempel, der dem Jupiter, der Juno und der Minerva sollte geheiligt werden. Hierzu mußte die eine Seite des Berges, an deren Abhange der Tempel stehen sollte, mit einer Futtermauer umgeben werden, deren Vollendung dieser König aber nicht erlebte. Tarquinius Superbus setzte den Bau fort; allein auch damals konnte man den Tempel nicht endigen, sondern

---

17) *Miniana*, de Circi Antiquitate: in Poleni Thes. Tom. V. *Bulengerus*, de Circ. Rom. Cap. IV. *Onuph. Panvinius*, de ludis circens. I. 5.

18) *Plinius*, H. N. XXXVI. 15.

19) Volkmanns histor. kritisch. Nachr. von Italien. II. S. 629.

er wurde erst nachher in den ersten Zeiten der freyen Republik. ausgebaut. [20])

Servius Tullius vergrößerte die Stadt durch drey nahe gelegene Hügel, den **Viminalis**, **Quirinalis** und **Esquilinus**, und ließ sich auf dem letztern eine Wohnung erbauen, auch erweiterte er die Ringmauer der Stadt, so daß nun alle sieben Hügel aus denen jetzt die Stadt bestand, mit einer Mauer umgeben wurden. [21]) Unter der Regierung dieses Königs wurde auf dem aventinischen Hügel ein Tempel der **Diana** gebaut, der den Lateinern und Römern gemeinschaftlich gehörte. Hier wurde jährlich ein Fest gefeyert, wo diese Völker zusammen kamen, um vereint der Göttinn zu opfern und Handelsgeschäfte zu treiben. [22])

<small>Servius Tullius.</small>

Der letzte König, **Tarquinius Superbus**, setzte die angefangenen Werke seines Großvaters fort, die Cloaka maxima, die er bis an die Tiber führte, den Circus, den er mit bedeckten Säulengängen umgab, und den Tempel des capitolinischen **Jupiters**, den er aber, weil er von den Römern vertrieben wurde, nicht vollenden konnte. [23])

<small>Tarquinius Superbus.</small>

---

20) *Dionys. Hal.* III. 69. IV. 62.
21) *Dionys. Hal.* IV. 13. 14. *Livius*, I. 44. *Strabo*, V. 358.
22) *Dionys. Hal.* IV. 26. *Livius*, I. 45.
23) *Dionys. Hal.* IV. 44. 62. *Livius*, I. 53. 55. 56. *Rycquius*, de Capitol. Cap. X. XI.

Roher Zustand der ältesten Baukunst der Römer.

Einen so weitläuftigen Umfang nun auch die Stadt Rom nach und nach von ihren Königen erhalten hatte, so zeichnete sie sich doch, in Absicht ihres Ansehns, vor andern großen und berühmten Städten dieser Zeit nicht im geringsten aus. Die Römer waren zu sehr mit Kriegen beschäftigt und auf Eroberungen bedacht, um den Künsten einige Aufmerksamkeit zu schenken, um auch sie in ihrem Reiche aufzunehmen und durch sie ihre Stadt zu verschönern. Die Baukunst war zwar die einzige, die jetzt ausgeübt wurde, aber sie befand sich noch in einem sehr rohen Zustande. Die ersten römischen Tempel waren kleine und einfache viereckige mit Schindeln bedeckte Gebäude,[24] an denen man nichts als glatte Mauern sah, und die oft nur so groß waren, daß kaum etwas mehr als die Bildsäule des Gottes, dem sie geweiht waren, darin Platz hatte. Die eigenen Wohnungen der Römer waren schlechte Hütten.[25] Die Säulen der bedeckten Gänge um das Forum und den Circus waren unausgebildet und ohne schöne Verhältnisse. Auch selbst die Cloaken können für kein Werk der schönen Baukunst angesehen werden, und sie sind nur wegen ihrer Größe und Bauart merkwürdig, so wie sie wegen ihrer nützlichen Bestimmung alles Lob verdienen.

---

24) *Plinius*, H. N. XVI. 10.
25) *Donatus*, Roma Vet. et Rec. I. 25. *Minutolus*, Differt. hist. crit. rom. ant. illustr. Diff. IV. Sect. I.

Fünfter Abschnitt.

Uebrigens beschäftigten sich die Römer selbst nicht mit der Baukunst, sondern sie bedienten sich dabey der Hülfe der benachbarten Etrusker. Im Anfange war es den Römern nur an Vergrößerung ihrer Stadt gelegen, und sie dachten nie an die Verschönerung derselben; aber schon **Ancus Marcius** bemühte sich, der Stadt ein besseres Ansehn zu geben, und die folgenden Könige folgten seinem Beyspiele. Die beyden Tarquinier beriefen Künstler aus Hetrurien nach Rom, welche die Statuen der Götter verfertigten und die Tempel und andere Werke aufführten. [26])

Die Römer bedienten sich etruskischer Künstler.

Ein so wenig glänzendes Schicksal hatte die Baukunst in Rom zu den Zeiten der Könige; aber sie würde vielleicht daselbst bald Wurzel geschlagen haben, wenn Rom mehr solche kunstliebende Regenten erhalten hätte, als ihre letzten Könige waren, und wenn sie nicht durch Unruhen wieder wäre verscheucht worden. Die Quellen dieser Unruhen waren die Vertreibung des Königs **Tarquinius** und die Einführung einer neuen Regierungsform, wovon die letztere immer neuen Stoff zu Streitigkeiten gab, während welchen man an nichts weniger als an die Künste und an die Verschönerung der Stadt dachte. Und wenn auch einmal in der Stadt die Ruhe in etwas wieder hergestellt war, so beschäftigten doch die Kriege mit den benachbarten Völkern, die Erweite-

Die Römer schätzten die Künste wenig.

---

26) Livius, I. 56.

rung ihres Reiches und die Vergrößerung ihrer Macht die Römer so sehr, daß sie die Ausbildung ihrer Sitten gänzlich vernachläßigten, und sich wenig mit den Künsten des Friedens abgaben. Was sich noch von Werken der Kunst in ihrer Stadt befand, wurde als Beute dahin gebracht, und die Gebäude, die man daselbst errichtete, wurden von etruffischen Künstlern angegeben. Und in eben diesem Zustande erhielt sich die Baukunst bey ihnen bis gegen das Ende der freyen Republik.

Verschiedene Tempel im Anfange der freyen Republik.

Eins der ersten Werke zur Verzierung der Stadt, nach Vertilgung der königlichen Macht, war der Campus Martius, ein Feld, welches dem letzten Tarquinius gehört hatte, jetzt aber dem Mars gewidmet und zu den athletischen Uebungen der jungen Römer bestimmt wurde.[27] Bald nachher erbaute man verschiedene Tempel. Es wurde der Tempel des Jupiters auf dem Capitol vollendet,[28] die Consulen A. Sempronius und M. Minucius weihten dem Saturn einen Tempel, der ebenfalls auf dem capitolinischen Berge errichtet wurde, wobey sie zu gleicher Zeit jährliche Opfer und das heilige Fest anordneten, welches den Namen Saturnalia bekam.[29] Das folgende Jahr darauf wurde ein Tempel des Mercur angefangen. Unter der Dictatur des A. Postumius entstanden zwey neue

---

[27] *Dionys. Hal.* V. 13. *Livius,* II. 5.
[28] *Livius,* II. 8.
[29] *Dionys. Hal.* VI. 1. *Livius,* II. 21.

Fünfter Abschnitt.

Tempel, der eine war dem Castor und Pollux, der andere der Ceres und dem Bacchus gewidmet. Castor und Pollux hatten sich um Römer verdient gemacht, als sie mit den Lateinern in einen Krieg verwickelt waren, weswegen man ihnen aus Dankbarkeit einen Tempel errichtete. Diese beyden Brüder erschienen den Römern in dem Treffen, und fochten vor ihrem Heere mit den Feinden, nach erlangtem Siege aber eilten sie zur Stadt und verkündigten auf dem Markte den Sieg, den die Römer davon getragen hatten.[30]) Der Tempel der Ceres wurde vom Postumius nach dem Siege über die Lateiner zu bauen angefangen, aber erst einige Jahre darauf vollendet und eingeweiht.[31]) Der Tempel der Fortuna Muliebris ist ein Beweis, daß die Römer nicht allein die Götter eifrig verehrten, sondern auch die Tugend ihrer Bürger schätzten. Er wurde zum Andenken der römischen Matronen, vorzüglich der Veturia und Volumnia, der Mutter und der Gemahlinn des M. Coriolanus, auf öffentliche Unkosten erbaut, weil diese Weiber dem Coriolan, der, vertrieben von den Römern, jetzt als Heerführer der Volsker die Stadt bekriegte, entgegen gingen, und ihn wieder mit seiner Vaterstadt aussöhnten, wodurch sie dieselbe von einem gewissen Untergange retteten.[32])

---

30) *Dionyf. Hal.* VI. 13. *Livius,* II. 42.
31) *Dionyf. Hal.* VI. 17. 94.
32) *Dionyf. Hal.* VIII. 55. *Livius,* II. 40.

Eroberung von Vejos. Einer der glänzendsten Siege der Römer war der, den M. Furius Camillus über die Vejer erhielt; der erste, nach welchem ein Feldherr triumphirend in Rom einzog. Für einen solchen Sieg konnte den Göttern nicht würdiger gedankt werden, als durch Errichtung eines Tempels. Camillus widmete der Juno Regina einen Tempel auf dem aventinischen Berge, der aber erst einige Zeit nachher eingeweihet wurde. [33] Diese Eroberung von Vejos hätte für Rom bald nachtheilige Folgen haben können, da die Römer ihre Stadt verlassen wollten, und sie mit Vejos, einer großen und gut angebauten Stadt, zu vertauschen wünschten, welches Camillus aber noch abzuwenden wußte. [34] Rom mußte daher jetzt noch eine unansehnliche und schlecht angebaute Stadt seyn, obgleich schon viele Tempel daselbst errichtet waren.

Krieg mit den Galliern und dessen Folgen. Kurz nach diesem Siege waren die Römer genöthigt, wider die Gallier zu Felde zu ziehen; ein Krieg, in welchem ihr bisheriges Glück sie verließ, und der für sie und ihre Stadt einen traurigen Ausgang hatte. Sie wurden geschlagen und von den Galliern verfolgt, die bis in die Stadt drangen und den größten Theil derselben verbrannten. [35] Allein sie erholten sich bald wieder. Man that alles, um die Bürger aufzumuntern, die Stadt sobald als mög-

---

33) *Livius*, V. 23. 31.
34) *Livius*, V. 50. 51.
35) *Livius*, V. 37—40.

lich wiederherzustellen, und sie erhielten alle Materialien frey, um binnen einem Jahre die zerstörten Gebäude wieder aufbauen zu können. Dieses konnte auch leicht geschehen, weil die Wohnungen der Bürger klein, schlecht und den Hütten ähnlich waren, und daher bald wieder aufgebaut werden konnten, die meisten Tempel aber der Wuth der Gallier entgangen waren.[36]) Doch war diese Eilfertigkeit auch mit einem Nachtheile begleitet, weil die Stadt nicht nach dem alten Plane, sondern ohne alle Ordnung aufgebaut wurde. Die Bürger, viel zu eilig, als daß sie erst den Schutt der eingefallenen Häuser wegräumen sollten, bauten, wo sie einen leeren Platz fanden, und daher kam es, daß die Straßen krumm und enge wurden,[37]) und daß die Cloaken, die man bey ihrer Erbauung unter den Straßen angelegt hatte, jetzt unter den Häusern und Höfen der Bürger weggingen.[38])

Ob nun gleich die Römer nach dieser Zeit nie einen anhaltenden Frieden genossen, sondern beständig in Kriege verwickelt wurden, und daher sich nie mit Künsten und Wissenschaften beschäftigten:[39]) so war doch die Baukunst die einzige, die sie aufnahmen, und es wurden jetzt einige alte Gebäude ver-

Die Feldherrn erbaueten viele Tempel.

---

36) *Sveton.* Nero, 38 — deorumque aedes ab regibus dedicatae.
37) *Diodor. Sic.* XIV. 116.
38) *Livius,* V. 45.
39) *Strabo,* IX. pag. 615.

bessert und verschiedene neue angelgt. Vorzüglich entstanden viele neue Tempel, da die Feldherrn die Gewohnheit hatten, in der Schlacht, oder nach einem erhaltenen Siege, dem Gott einen Tempel anzugeloben, der ihnen beygestanden hatte. Und diese Gewohnheit wurde jetzt immer allgemeiner.

Die Mauer des Capitols, die bisher sehr schlecht gewesen war, wurde nun aus großen viereckig gehauenen Steinen erbaut, und in der folgenden Zeit errichtete man verschiedene Tempel. Einen Tempel des Mars, den T. Quintius diesem Gotte in dem gallischen Kriege versprochen hatte; [40]) die Tempel der Juno Moneta, auf dem capitolinischen Berge, [41]) des Gottes Salus, [42]) der Concordia; [43]) ein Tempel des Quirinus, den L. Papirius Cursor nach dem Siege über die Samniter angelobte, an welchem der erste Sonnenweiser in Rom aufgestellt wurde, [44]) und mehrere.

Appius Claudius. Vorzüglich machte sich jetzt der Censor Appius Claudius um die Stadt verdient, der die erste Wasserleitung und gepflasterte Heerstraße anlegte, die beyde nach seinem Namen genannt wurden. [45]) Die Wasserleitung kam eilf Meilen weit von Prä-

---

40) *Livius*, VI. 4. 5.
41) *Livius*, VII. 28.
42) *Livius*, IX. 43.
43) *Livius*, IX. 46.
44) *Livius*, X. 46. *Plinius*, H. N. VII. 60.
45) *Livius*, IX. 29.

neſte nach Rom, [46]) und die Straße ging von dieſer Stadt bis nach Capua, ſie wurde aber in der Folge bis nach Brundusium geführt. Dieſes waren zwey ſehr koſtbare Gebäude, vorzüglich aber die Straße; da ihrentwegen Hügel abgetragen und Thäler ausgefüllt werden mußten.

Auch während der beyden erſten puniſchen Kriege wurden verſchiedene Tempel erbaut: die Tempel der **Venus Erycina**,[47]) der **Concordia**;[48]) ein Tempel, den M. Marcellus der Virtus errichtete,[49]) und andere. Auch wurde jetzt durch den Cenſor Flaminius eine neue Heerſtraße gebaut, die nach ihm Flaminia hieß.[50]) Sie ging bis nach Rimini, und wurde hernach vom Aemilius bis nach Placenz verlängert. Eben dieſer Flaminius legte den **Circus Flaminius** an.[51])

Tempel während der zwey erſten puniſchen Kriege.

Seit dem Ende des zweyten puniſchen Krieges wurden in Rom noch folgende neue Tempel erbaut: die Tempel der **Juno Soſpita**, des **Faunus**, der **Fortuna Primigenia**, des **Jupiters** auf der Tiberinſel, und mehrere.[52]) Nach vollendetem Kriege mit dem König Antiochus entſtand der Tempel der

Tempel nach d. zweyten puniſch. Kriege.

---

46) *Frontinus* de Aquaeduct. Lib. I.
47) *Livius*, XXII. 10. 30.
48) *Livius*, XXII. 33.
49) *Livius*, XXIX. 11.
50) *Livius*, ep. l. XX.
51) *Livius*, l. c.
52) *Livius*, XXXIV. 53. XXXV. 41.

Mater Magna Idäa, deren Bildniß P. Cornelius Scipio aus Asien nach Rom gebracht hatte, ferner wurden die Tempel der Juventas, auf dem Circus Maximus,⁵³) der Venus Erycina, der Pietas, der Juno, der Diana ⁵⁴) und der Fortuna Equestris angelegt. ⁵⁵) Den letzten dieser Tempel hatte Q. Fulvius Flaccus in dem Kriege mit den Celtiberiern angelobt, und er wird vom Livius als der größte und beste Tempel dieser Zeit in Rom gerühmt. Flaccus wollte den Tempel, um ihm eine besondere Zierde zu geben, mit marmornen Ziegeln decken; da aber in Rom jetzt noch kein Marmor vorhanden war, so reiste er nach Kroton, um die marmornen Ziegel des daselbst befindlichen berühmten Tempels der Juno Lacinia zu holen. Er führte zwar sein Vornehmen aus, allein nicht mit dem besten Erfolge, weil die Römer unwillig darüber waren, daß einer ihrer Bürger, dem noch dazu als Censor die Aufsicht über die Erhaltung der Gebäude oblag, den heiligen Tempel, den weder Pyrrhus noch Hannibal entweihet und geplündert hatten, zerstören wollte. Flaccus mußte daher die Ziegel, die er schon nach Rom hatte bringen lassen, wieder nach Kroton zurückschicken und den Tempel wieder herstellen. ⁵⁶) Da Flaccus nur die Hälfte der Ziegel des Junotempels, der nicht außeror-

---

53) *Livius*, XXXVI. 36.
54) *Livius*. XL. 34. 52.
55) *Livius*, XL. 40. XLII. 10.
56) *Livius*, XLII. 3.

dentlich groß war, zu seinem Tempel brauchte, so konnte dieser Tempel keine so vorzügliche Größe haben; da er sich doch aber hierdurch vor andern Tempeln in Rom auszeichnete, so müssen diese, und selbst der capitolinische Jupiterstempel, zu der jetzigen Zeit, noch von sehr geringem Umfange gewesen seyn.

Die Macht der Römer hatte jetzt schon eine sehr hohe Stufe erreicht, und sie erstreckte sich auf den größten Theil der damals bekannten Welt. Die vielen Fremden, die nach Rom kamen, machten, daß das Leben daselbst angenehmer und für die Bürger einträglicher wurde, weswegen viele Römer, die sonst auf ihren Landgütern gelebt hatten, in die Stadt zogen, und sich jetzt hier mehr aufhielten, als sonst. Sie waren daher nicht nur auf die Verbesserung ihrer Wohnungen bedacht, sondern sie bemühten sich auch, die Stadt mit öffentlichen Gebäuden zu verschönern. Cato errichtete eine Basilica, die Porcia genannt wurde;[57] T. Sempronius baute eine Basilica, die nach ihm den Namen Sempronia bekam,[58] und M. Fulvius ließ ebenfalls eine Basilica, und überdieses einen Markt für die Fischer und verschiedene andere Gebäude, anlegen.[59] Unter den Censoren Fulvius Flaccus und A. Postumius Albinus wurde die Stadt auf verschiedene

Andere öffentliche Gebäude.

---

57) *Livius*, XXXIX. 44.
58) *Livius*, XLIV. 16.
59) *Livius*, XL. 51.

Art verbessert, sie wurde gepflastert und mit einigen Säulengängen verziert, man verschönerte den Circus, und vor der Stadt legte man Wege und Brücken an. ⁶⁰)

Die Römer werden auf die Künste des Friedens aufmerksam. Die Römer wurden nun nach und nach auf die Künste des Friedens aufmerksam, sie lernten nach dem Siege über die Tarentiner den Gebrauch des Geldes kennen, ⁶¹) und es wurden Gesetze gegeben, die zur Unterstützung des Handels und der Manufakturen dienten. Jetzt wurde auch das Vergnügen an theatralischen Spielen, welche die Römer schon seit langer Zeit kannten, allgemeiner, ⁶²) sie hatten aber noch immer kein Theater in ihrer Stadt, sondern man errichtete allezeit zu jeder neuen Vorstellung eine Scena, die Zuschauer aber mußten auf der Gasse stehend zusehen. Und diese Gewohnheit ließen die römischen Senatoren, von denen die meisten streng auf die alten Sitten hielten, noch nicht abkommen. Denn obgleich M. Aemilius Lepidus eine Scena baute, mit der er ein Theater verband, ⁶³) so wurde doch, als einige Zeit nachher, kurz vor dem Ausbruche des dritten punischen Krieges, die Censores Messala und Cassius ein gleiches Gebäude errichten wollten, dieser Bau auf Anrathen des P. Cornelius Nasica, von dem Senate untersagt, weil man

---

60) *Livius*, XLI. 27.
61) *Livius*, ep. l. XV.
62) *Livius*, VII. 22. XXXVI. 36.
63) *Livius*, XL. 51.

man ihn als etwas unnützes und als eine Sache betrachtete, die der Nation nachtheilig werden und sie weichlich machen könnte. ⁶⁴)

Allmählig fingen sich auch die Sitten der Römer, die bisher noch immer sehr roh waren, an zu verbessern. Sicilien war das Land, das den ersten Grund zu ihrer Verfeinerung legte, Griechenland und Asien aber vollendete dieselbe. Mit den Schätzen dieser Länder wurde asiatische Weichlichkeit und griechischer Luxus in Rom eingeführt,⁶⁵) wodurch die Verfeinerung der Sitten daselbst sehr geschwind zunahm und bald einen sehr hohen Grad erreichte. Claudius Marcellus eroberte Syrakus, und brachte eine Menge Gemälde, Statuen und andere Kunstwerke nach Rom, wodurch die Römer die griechische Kunst zuerst kennen lernten. ⁶⁶) Während der glücklichen Kriege wider Philipp den Dritten und Antiochus den Dritten wurden die Römer mit den Sitten und der Lebensart der Griechen und Asiaten bekannt, und diese Eroberungen, besonders aber die Siege des Aemilius Paulus über Perseus, den König der Macedonier, und des L. Anicius über den König von Illyrien, Gentius, bereicherten Rom außerordentlich. ⁶⁷) Die Feldherrn brachten aus den eroberten Ländern unermeßliche

Ihre Sitten werden verfeinert.

---

64) *Livius,* ep. l. XLVIII.   *Vellej. Paterc.* I. 15.
65) *Livius,* XXXIX. 6.
66) *Livius,* XXV. 41.
67) *Vell. Paterc.* I. 9.

Schätze, die nicht allein in Gold, Silber und Edelsteinen, sondern auch in Statuen, schönen Gefäßen und dergleichen bestanden. Mit diesen erbeuteten Kostbarkeiten schmückten sie ihre Triumphaufzüge, unter denen der Triumph des Aemilius Paulus und der des Anicius sich vorzüglich auszeichnete. [68])

Aber die Baukunst erhielt noch keine Verbesserungen. Durch die vielen und schönen Kunstwerke, welche die Römer jetzt besaßen, wurde in ihnen eine Kunstliebhaberey erweckt, die bald auf das äußerste stieg. Sie liebten und schätzten aber diese Statuen, diese Gemälde und schönen Gefäße nicht als Kunstwerke, denn hierzu fehlte ihnen das Gefühl für das Schöne, sondern sie waren ihnen nur deswegen interessant, weil sie zur Vergrößerung der Pracht dienten. Man darf sich daher nicht verwundern, daß die Römer sich noch jetzt wenig mit der Kunst beschäftigten, und sich nicht bemühten, die Griechen darin nachzuahmen. Auch die Baukunst blieb noch dieselbe, man baute noch immer nach etruskischer Art, als dem einmal gebräuchlichen Styl, und man that nichts weiter zu der Verschönerung der Tempel und anderer öffentlichen Gebäude, als daß man sie ohne allen Geschmack mit den erbeuteten Kostbarkeiten auszierte, sie inwendig und auswendig damit behing, und mit einer Menge Statuen besetzte. Und wenn auch gleich die Römer so viele Kenntnisse gehabt hätten, ihre Gebäude schöner aufzuführen und ihre Baukunst zu verbessern, so würde man es doch nicht zu-

---

[68] *Livius*, XLV. 39. 43.

gelassen haben, die öffentlichen Gebäude anders als bisher anzulegen, da viele Große des Staates, vorzüglich Cato, die Abweichung von der Simplicität der alten Sitten für den Staat als sehr gefährlich ansahen, und diese Aengstlichkeit so weit trieben, daß sie alle Neigung zu der Kunst und Gelehrsamkeit der Griechen verdammten, und sie, als eine Ausartung, verabscheuten.

Nach Endigung des dritten punischen Krieges nahm die Prachtliebe in Rom immer mehr und mehr zu. Carthago war zerstört, diese Nebenbuhlerinn Roms, auf die sie beständig aufmerksam war, die sie unaufhörlich fürchtete, und um derentwillen sie immer die Waffen bereit hielt. Jetzt da die Römer Carthago nicht mehr zu fürchten hatten, fingen sie an nachläßig zu werden; anstatt sich in den Waffen zu üben, eilten sie zu Vergnügungen, ein Leben voller Geschäfte wurde ihnen zur Last, und sie wollten ihre Reichthümer lieber in Ruhe und Muße geniessen.[69]) Obgleich dieses für den Staat selbst nicht die besten Folgen hatte, so zog es doch den Vortheil nach sich, daß die Cultur sich immer mehr ausbreitete und die Römer gesitteter wurden. Bisher war die Bildung des Geistes sehr vernachläßigt worden, jetzt aber fingen viele von den Senatoren und andere vornehme Römer an, die Wissenschaften der Grie-

Zunehmende Cultur in Rom nach dem dritten punischen Kriege.

---

69) *Vell. Paterc.* II. 1. *Kobierzycki*, de luxu Rom. in Graev. Thes. Tom. VIII.

chen und ihre gelehrten Werke zu studieren. Scipio Aemilianus, der Sieger Carthago's, war einer der ersten, der sich darin Kenntnisse erwarb, und ein so großer Liebhaber der Wissenschaften, daß er sowohl zu Hause, als auch in Kriegszeiten auf den Märschen, immer einige gelehrte Griechen bey sich hatte. [70])

Griechische Kunstwerke in Rom. So wie die Römer in den Besitzungen der Griechen ihre Macht immer weiter ausbreiteten, so nahm auch ihre Liebhaberey an den Werken der Kunst zu, so wurde der Wunsch, griechische Statuen, Bilder und Gefäße zu besitzen, immer heftiger, und man bediente sich aller möglichen Mittel, diesen Wunsch auf das geschwindeste erfüllt zu sehen. Die Städte Griechenlandes wurden fast aller ihrer Kunstwerke beraubt; man plünderte die Tempel, die öffentlichen Plätze, und man nahm nicht allein Statuen und Gemälde mit, sondern auch marmorne Säulen und sogar gemalte Wände, deren Bewurf man von den Steinen zu trennen wußte, [71]) welches Muräna und Varro zu Lacedämon thaten. [72]) Mummius eroberte und zerstörte eine der schönsten Städte Griechenlandes, Korinth, und führte die daselbst beraubten Kunstwerke nach Rom, [73]) wobey er sich aber als einen schlechten Kenner der Kunst

---

70) *Vell. Paterc.* I. 13.
71) *Vitruv.* VII. 3.
72) *Plinius,* H. N. XXXV. 14.
73) *Livius,* epit. l. LII. *Plinius,* H. N. XXXIV. 7.

Fünfter Abschnitt.

zeigte.[74] Nach dieser Zeit brachte M. Scaurus eine große Anzahl Gemälde aus der Stadt Sicyon nach Rom, womit er sein prächtiges Theater schmückte. Sulla nahm in dem mithridatischen Kriege viele Städte in Griechenland ein, und plünderte viele Tempel.

Zu den Zeiten des Sulla wurden die Römer zuerst auf die Baukunst der Griechen aufmerksam, und bemühten sich, ihnen hierin nachzuahmen. Unter den Königen hatten sie, so wie die Etrusker, mit sehr großen Steinen gebaut, und sie bedienten sich hierzu des Tuffsteins, der in ihren Besitzungen gefunden wurde, und wegen seiner Weiche leicht zu bearbeiten war.[75] Diese Steine wurden ohne Mörtel auf einander gelegt. Hierauf fing man an Ziegel zu gebrauchen, und sie waren in den Zeiten der freyen Republik das vorzüglichste Material.[76] Vitruv handelt ausführlich von der Zubereitung dieser Ziegel und von ihren verschiedenen Arten.[77] Man hatte

Die Römer lernen die Baukunst d. Griech. kennen.

---

74) *Vell Paterc.* I. 13. *Mummius* tam rudis fuit, ut capta Corintho, cum maximorum artificum perfectas manibus tabulas ac statuas, in Italiam portandas locaret, juberet praedici conducentibus, si eas perdidissent, novas eos reddituros.

75) Winkelmann Anmerk. über die Baukunst der Alten. S. 3. 4. 5.

76) Weinlig Briefe über Rom. II. S. 66. *Minutolus* Diss. hist. crit. etc. Diss. IV. im Anf.

77) *Vitruv.* II. 3. Edit. *Galiani.* p. 54. Tab. III.

mit den Ziegeln eine eigene Bauart, die von der unsrigen sehr unterschieden ist, indem die Ziegel nicht gerade und horizontal, sondern schief, nach einer Diagonallinie, auf einander gelegt wurden, wodurch die Mauer ein netzförmiges Ansehn bekam. Daher hieß diese Bauart Opus reticulatum. [78] Sie war aber, wie Vitruv bemerkt, nicht sehr dauerhaft, und obgleich noch verschiedene Gebäude von dieser Bauart übrig geblieben sind,[79] so ist es doch wahrscheinlich, daß noch mehrere sich bis auf unsere Zeiten würden erhalten haben, wenn sie anders wären gemauert gewesen.

Der erste Tempel von Marmor in Rom. Erst in den letzten Zeiten der freyen Republik lernten die Römer den Marmor kennen, und brachten ihn aus Griechenland und Asien nach Rom. Metellus Macedonicus, ein Zeitverwandter des Mummius, der Korinth eroberte, war der Erste, der in Rom einen Tempel aus Marmor erbauen ließ.[80] Nach dieser Zeit wurden die meisten großen Gebäude, und vorzüglich Tempel, aus Marmor gebaut, oder wenigstens mit Marmor bekleidet. Und ob man gleich immer noch häufig mit Ziegeln baute, so wurden sie doch nur meistentheils zur Ausfüllung starker Mauern und zu Gewölbbogen gebraucht. Die Mauern aber, wozu man keinen Marmor gebrauchen wollte, wurden aus Quader-

---

78) *Vitruv.* II. 8. Edit. *Galiani.* p. 66.

79) Winckelmann Anmerk. über die Baukunst der Alten. S. 13.

80) *Vell. Paterc.* I. 11.

Fünfter Abschnitt.

steinen gebaut, die hauptsächlich in der Gegend von Tivoli und Präneste gebrochen wurden.⁸¹)

Da die Römer jetzt die Bauart der Etrusker ganz verließen, und den Griechen in allem nachahmten, selbst aber keine Künstler hatten, die griechische Säulen angeben und arbeiten konnten, so plünderten sie die Gebäude in Griechenland, und brachten die Säulen nach Rom. Sulla raubte die Säulen des Tempels des Jupiter Olympius zu Athen, von dem er übrigens auch die ehernen Thürschwellen nahm, um den Tempel des capitolinischen Jupiters damit zu zieren. Bisweilen ließen die Römer die Säulen für ihre Gebäude in Griechenland arbeiten, so wie sie auch daselbst Statuen bestellten.

Griechische Säulen werden nach Rom gebracht.

Ungeachtet dieser Liebe zur griechischen Baukunst entstanden doch unter den Römern nur wenig Künstler, sondern sie bedienten sich vorzüglich der griechischen Künstler, die jetzt nach Rom kamen, so wie vorher der etruskischen. Es sind uns nur wenige Römer bekannt, die sich auf die Baukunst legten und sie in Griechenland studierten. Zur Zeit des Antiochus Epiphanes befand sich ein Römer, Cossutius, in Athen, dem dieser König den Bau des Tempels des Jupiter Olympius übertrug, und der als ein geschickter Mann gerühmt wird.⁸²) Mutius, der den Tempel der Honos und Virtus an-

Römische Baukünstler.

---

81) *Strabo*, V. p. 363. 364.
82) *Vitruv.* VII. Praef.

gab, den Marius erbauen ließ, war unstreitig auch ein Römer, und konnte in der griechischen Baukunst nicht unerfahren seyn; [83]) die beyden Brüder Cajus und Marcus Stallius bauten auf Befehl des Königs von Cappadocien, Ariobarzanes, das Odeum zu Athen, das während der Belagerung des Sulla von Aristion war verbrannt worden. [84])

Verschiedene Gebäude dieser Zeit. Die Stadt nahm nun an Gebäuden zu, die sich vor den aus den vorigen Zeiten vortheilhaft auszeichneten. Schon kurz nach dem dritten punischen Kriege, um die Zeit, da Korinth erobert wurde, ließ Lucullus einen Tempel der Bona Fortuna erbauen, [85]) Metellus Macedonicus legte zwey Tempel an, worunter der eine der erste marmorne in Rom war, und einen Porticus, den er mit Statuen zierte, die er aus Macedonien gebracht hatte. [86]) In den unruhigen Zeiten des Marius und Sulla errichteten diese Feldherrn verschiedene Tempel, Marius den Tempel der Honos und Virtus, und Sulla den Tempel des capitolinischen Jupiters, der ein Raub der Flammen geworden war. Dieser Tempel erhielt jetzt zwar die alte Einrichtung wieder, und wurde nicht größer gemacht, als er vorher gewesen war, allein er erhielt mehr Pracht. Q. Catulus vollendete ihn, und ließ ihn mit kupfernen

---

83) *Vitruv.* III. 1.
84) Martini von den Odeen der Alten. S. 79.
85) *Strabo,* VIII. p. 585.
86) *Vell. Paterc.* I. 11.

vergoldeten Blechen decken. ⁸⁷) Auch bey Präneste erbaute Sulla einen Tempel, den er der Fortuna widmete. Dieses war der erste Tempel der Römer, dessen Fußboden mit Mosaik verziert wurde. ⁸⁸)

In dieser Zeit hinderten zwar innerliche und äußerliche Unruhen den schnellen Fortgang der Baukunst; allein sie erhielt doch sehr viele Unterstützung, weil die vornehmen Römer wetteiferten, ihren Reichthum und ihre Prachtliebe in prächtigen und großen Anlagen zu zeigen. Vorzüglich zeichneten sich M. Scaurus und C. Curio durch Erbauung zweyer Schauspielhäuser aus, und da jetzt die Sitten gebildeter waren, und man nicht mehr zu befürchten brauchte, daß der Senat sich, wie vormals, der Erbauung eines solchen Hauses widersetzen würde, so wurden diese Gebäude mit aller möglichen Pracht und Verschwendung ausgeführt.

Unter diesen zeichnen sich zwey Theater aus.

M. Scaurus, der zur Zeit des Sulla lebte, errichtete sein Theater als Aedilis. ⁸⁹) Es war so groß, daß es achtzigtausend Zuschauer in sich faßte und die Scena war mit dreytausend ehernen Statuen und mit hundertundsechszig Säulen verziert. Der unterste Theil der Scena war von Marmor. In dem mittelsten Theile waren die Mauern mit Glas

Theater d. Scaurus.

---

87) *Dionys. Hal.* IV. 62.   *Livius*, epit. l. XCVIII. *Tacitus* Hist. III. 72.   *Plinius*, H. N. XXXIII. 4. *Rycquius* de Capitol. Cap. 11.
88) *Plinius*, H. N. XXXVI. 25.
89) *Plinius*, H. N. XXXVI. 15.

belegt, in dem oberſten aber ſtanden vergoldete Säulen. Und eben ſo prächtig waren auch die übrigen Verzierungen der Scena.

Theater des Curio. Curio, der in dem bürgerlichen Kriege von der Parthey Cäſars war, zeichnete ſich, da er an Pracht den Scaurus nicht übertreffen konnte, auf eine andere Art aus, indem er ein Amphitheater errichtete, eine ganz neue Gattung von Gebäuden, die weder den Griechen bekannt, noch auch vor dieſer Zeit in Rom gebräuchlich geweſen war.⁹⁰) Dieſes Gebäude richtete er alſo ein: Es wurden zwey hölzerne Theater neben und hinter einander gebaut, und ein jedes in der Mitte auf einen Zapfen geſtellt, ſo daß ſie im Gleichgewichte ſtanden und herumgedreht werden konnten. Nachdem man nun verſchiedene Schauſpiele aufgeführt hatte, ſo wurden die Scenen weggenommen und die Theater auf einmal herumgedreht, wodurch ſie gegen einander zu ſtehen kamen und ein Amphitheater bildeten.

Theater des Pompejus. Unterſchied der römiſch. u. griechiſch. Theater. Eine ſo weitläuftige Anlage und große Pracht dieſe Gebäude auch hatten, ſo waren ſie doch nur zu einigen Vorſtellungen beſtimmt und blieben nur eine kurze Zeit ſtehen.⁹¹) Endlich aber ließ Pompejus ein Theater bauen, welches das erſte ſteinerne und

---

90) *Plinius,* H. N. l. c. Caylus Abhandl. zur Geſchichte und Kunſt ꝛc. Th. I. S. 281. *Maffei* de Amphitheatro. I. 2.

91) Das Theater des Scaurus blieb noch keinen Monat ſtehen; *Plinius,* H. N. XXXVI. 2.

Fünfter Abschnitt.

stehenbleibende Gebäude dieser Art in Rom war. [92]) Die römischen Theater waren, im Ganzen genommen, eine Nachahmung der griechischen, aber sie wichen doch in einigen Dingen von ihnen ab. Die Orchestra war bey den Römern in der geraden Linie eingeschlossen, die von einem Ende des Halbzirkels des Theaters bis zu dem andern gezogen wird, bey den Griechen aber lief dieser Raum über den Halbzirkel hinaus. Die griechische Orchestra war daher größer als die römische. Jene war für die Mimen, die Tänzer, das Chor und die Musik bestimmt, diese aber für die Sitze der Senatoren und Vestalinnen, und sie hatte gleich vor der Scena eine Abtheilung, die Podium hieß, wo die Vornehmsten saßen. Es mußte auch in den römischen Theatern das Proscenium, oder, wie es auch die Römer nannten, das Pulpitum, größer seyn, als in den griechischen Schauspielhäusern, weil daselbst nicht allein die Schauspieler, sondern auch die Mimen und Tänzer ihre Kunst ausübten. [93]) Uebrigens mußte auch das Proscenium bey den Römern etwas niedriger seyn, als bey den Griechen, damit diejenigen, die in der Orchestra saßen, die Schauspiele bequem sehen konnten.

---

92) *Tacitus* Annal. XIV. 19. *Dio Cassius* XXXIX. p. 107. 108. Edit. *Leunclav.*

93) *Vitruv.* V. 6. p. 188. Edit. *Galiani.* Ita latius factum fuerit pulpitum, quam Graecorum, quod omnes artifices in scenam dant operam.

Gebäude des Pompejus u. Cäsar.

Auch andere Gebäude wurden jetzt in Rom mit mehr Pracht aufgeführt, als in der vorigen Zeit.[94] Hierunter gehören die verschiedenen Gebäude des Pompejus, ein Tempel der **Venus Victrix**, der nahe bey seinem Theater stand, ein Tempel der Minerva und andere, die Basilica des Paulus Aemilius, deren Säulen aus phrygischem Marmor waren,[95] vorzüglich aber die Werke der Baukunst, die auf Cäsars Befehl entstanden. Er ließ das Capitolium verschönern,[96] und erbaute etliche prächtige Tempel, einen Tempel des Mars,[97] des Apollo,[98] und den Tempel der **Venus Genetrix**, den er dieser Göttinn nach dem Siege in der pharsalischen Schlacht weihete, und die er Genetrix nannte, weil er sie als die Stammmutter seines Geschlechtes verehrte,[99] weswegen er auch diesen Tempel mit vielen Kostbarkeiten beschenkte.[100] Vorzüglich zeichnete sich unter seinen Werken das neue Forum aus, das er in Rom anlegen ließ,[101] wo der Tempel der Venus und eine schöne Basilica stand. Dieser Platz

---

[94] *Strabo,* V. p. 360 seq.
[95] *Dio Cass.* XLXI. pag. 416. *Plinius,* H. N. XXXVI. 15.
[96] *Sveton.* Caes. 10.
[97] *Sveton.* Caes. 44.
[98] *Vell. Paterc.* II. 82.
[99] *Dio Cass.* XLIII. p. 224.
[100] *Plinius,* H. N. VII. 38. IX. 35. XXXVII. 1.
[101] *Sveton.* Caes. 26. *Plinius,* H. N. XXXVI. 15.

wurde durch feyerliche Spiele eingeweiht, wozu Cäsar ein hölzernes Amphitheater errichten ließ, welches dadurch merkwürdig wird, weil jetzt diese Art von Gebäuden ihren Namen erhielt. [102] Uebrigens wurde auch unter dem Cäsar der Anfang zur Austrocknung der pomptinischen Sümpfe gemacht, und eine Straße über die apenninischen Gebirge angelegt. [103]

Da nun die Römer die schöne Baukunst zu schätzen wußten, so beförderten sie dieselbe nicht nur in Rom, sondern auch in ihren eroberten Provinzen. Die Feldherrn legten bisweilen Städte an, oder stellten alte zerstörte Städte wieder her. Cäsar erweckte Korinth, wegen der vortreflichen Lage dieses Ortes, wieder aus seinen Ruinen, [104] und ließ Carthago aufs neue erbauen. Auch in Gallien, Spanien und Britannien, wohin sich die Macht der Römer jetzt ausbreitete, wurden von ihnen viele Straßen, Wasserleitungen und Städte angelegt, von denen einige noch stehen, obgleich in einer veränderten Gestalt, andere aber nur der Lage nach bekannt sind. Die Proconsul's und Prätor's ließen in ihren Statthalterschaften von den Einwohnern, sich und ihrem Namen zu Ehren, Tempel erbauen. Pompejus genoß

Auch in den römischen Provinzen wurde viel gebaut.

---

102) *Dio Cass.* XLIII. pag. 224. *Maffei de Amphit.* I. 3.

103) *Sveton.* Caes. 44.

104) *Strabo*, VIII. p. 586.

diese Ehre sehr oft,¹⁰⁵) und Cäsar hatte bey dem Hafen zu Alexandrien und an mehrern Orten Tempel,¹⁰⁶) und wurde wie ein Gott verehrt.¹⁰⁷)

<small>Verbesserung d. Privatgebäude.</small> Die Prachtliebe der Römer zeigte sich nicht nur an öffentlichen Gebäuden, sondern sie erstreckte sich jetzt auch auf die Privatwohnungen, und man fing jetzt an, auch an die Verbesserung dieser Gebäude zu denken.¹⁰⁸) Im Anfange wohnten die Römer in Hütten aus Weiden geflochten, die mit Lehm überschmiert und mit Stroh bedeckt waren,¹⁰⁹) und selbst ihre Könige hatten keine bessern Wohnungen. Das Haus des Romulus war eine solche Hütte,¹¹⁰) die sehr heilig gehalten, und als ein immerwährendes Andenken aufbewahrt wurde. Man besserte sie daher oft aus, wodurch sie sich bis in die Zeiten der ersten Kaiser erhielt.¹¹¹) Ob man sich nun gleich hernach der Ziegel zu den Häusern zu bedienen anfing, so wurden sie doch immer noch klein und niedrig gemacht. Erst gegen das Ende der freyen Republik bekamen die Wohnhäuser ein anderes Ansehn. Die

---

105) Winkelmann Gesch. d. K. S. 378. D. A.
106) *Plinius*, H. N. XXXVI. 9.
107) *Sveton*. Caef. 76.
108) *Vell. Paterc.* II. 1. publicam magnificentiam secuta eft privata luxuria.
109) *Ovid*. Faft. I. 203. III. 183. VI. 261. *Juvenal*. 8. 272.
110) *Vitruv*. II. 1.
111) *Rycquius* de Capitol. Cap. 44.

reichen und vornehmen Römer verbesserten ihre Wohnungen, sie erbauten dieselben von Steinen und gaben ihnen einen großen Umfang.

Bey diesen Gebäuden nahmen die Römer die Griechen nicht ganz zum Muster, wovon die verschiedenen Sitten beyder Nationen die Ursache war. Die Griechen schlossen ihre Weiber ein, und lebten abgesondert von ihnen, daher sie auch den Weibern eigene Wohnungen gaben, die neben den ihrigen angelegt waren. Die Römer aber, die ihre Weiber besser zu schätzen wußten, lebten und wohnten gemeinschaftlich mit ihnen zusammen, und brauchten nur ein Haus.[112]) Daher war auch die innere Eintheilung und Anlage der römischen und griechischen Wohngebäude etwas verschieden. Der Vorhof,[113]) in den man durch die Hausthüre, vor der eine kleine Halle[114]) angelegt war, hineintrat, fehlte den griechischen Häusern ganz, die Römer aber hatten ihn von den Etruskern angenommen, deren Erfindung er war. Dieser Vorhof war gemeiniglich länglich viereckig, er wurde aber nach verschiedenen Verhältnissen angelegt und auf fünf verschiedene Arten verziert.[115]) Der Tosca-

Unterschied der römisch. und griechischen Wohngebäude.

---

112) *Vitruv.* VI. 3. 4. 5. 7. 8. Edit. *Galiani.* Tab. XIX.
113) *Atrium, Cavum aedium, Vitruv.* Edit. *Galiani.* p. 230. not. 3.
114) *Vestibulum, Vitruv.* VI. 8.
115) *Vitruv.* VI. 3. 4. Edit. *Galiani.* pag. 228. Tab. XXI. XXII. *Varro de lig. lat.* Lib. IV. pag. 38.

nische war der einfachste, und hatte nur ein Wetterdach; in dem Tetrastylos wurde das Wetterdach an den vier Ecken von vier Säulen unterstützt; der Displuviatus war oben ganz frey und hatte gar kein Wetterdach; der Testudinatus hingegen war bedeckt; der korinthische war der prächtigste und hatte ringsherum einen Säulengang. An den beyden langen Seiten dieses Vorhofes lagen die Wohnzimmer, der Hausthüre gegenüber aber war das Tablinum, oder das Archiv, durch welches man in den Hof kam, der mit einem Säulengange umgeben war.[116] An den vier Seiten des Hofes lagen verschiedene Speisezimmer, die Besuchzimmer, einige Säle, die Bibliothek, die Gemäldesammlung und die Badezimmer.[117] Auf diese Art waren gemeiniglich die Wohnhäuser der Römer angeordnet, sie bekamen aber allemal nach dem Stande und den Geschäften ihrer Bewohner eine eigene und von einander verschiedene Einrichtung.[118]

Pracht dieser Gebäude. Viele der reichen Römer bestrebten sich in der Anlage und Einrichtung ihrer Wohngebäude einander zu übertreffen und sie nicht nur durch Größe und Weitläuftigkeit vor andern auszuzeichnen, sondern auch alle mögliche Pracht und Verschwendung daran glänzen zu lassen. Lucullus war einer der ersten, der

---

116) *Vitruv.* VI. 4.
117) *Vitruv.* VI. 5.
118) *Vitruv.* VI. 8.

Fünfter Abschnitt.

der sich hierin hervorthat.[119] Nach ihm erhielt auch ein besonderer ägyptischer schwarzer Marmor, dessen er sich häufig bedient hatte, den Namen des Lucul‍leischen.[120] Mamurra ließ die Wände der Zimmer mit Marmorplatten belegen, und hatte in seinem Hause keine andern Säulen als marmorne.[121] Das Haus des Lepidus war zu seiner Zeit das schönste in Rom, und es herrschte darin so viele Verschwendung, daß die Thürschwellen aus numidischem Marmor waren.[122] Auch die Wohnhäuser des Crassus, Q. Catulus und L. Aquilius werden sehr gerühmt.[123]

Zu dem Luxus dieser Zeiten gehörte auch die Höhe, und man suchte etwas Großes darin, seinem Hause viele Stockwerke geben zu können und es über die Nebenhäuser zu erhöhen. Um diese üble Gewohnheit, wodurch man die Straßen verdunkelte und verursachte, daß die untern Stockwerke feucht waren und keine frische Luft hatten, abzuschaffen, befahl Augustus, daß kein Gebäude höher als siebzig Fuß gebaut werden durfte,[124] und in der Folge der Zeit schränkte Trajan die Höhe der Gebäude auf sechszig Fuß ein.[125]

Höhe der Gebäude.

---

119) *Vell. Paterc.* II. 33.
120) *Plinius* H. N. XXXVI. 6.
121) *Plinius* H. N. l. c.
122) *Plinius* H. N. XXXVI. 6. 15.
123) *Plinius* H. N. XVII. 1.
124) *Strabo,* VI. pag. 359.
125) *Meursius* de luxu Rom. Cap. 12.

Bequemere Wohngebäude wurden allgemein.

Ob nun gleich nicht alle vornehme und reiche Römer, und selbst Pompejus, Cäsar und Augustus, nicht so prächtig wohnten, so war doch die Gewohnheit, gute und bequeme Wohngebäude zu besitzen, allgemein, und man hielt es für unschicklich, daß ein angesehener und gesitteter Mann in einem schlechten Hause wohnte. [125)]

Landhäuser.

Eben so verhielt es sich mit den Landhäusern. Die wohlhabenden Römer hatten immer eine große Neigung zum Landleben gehabt, und sich in Friedenszeiten lieber auf ihren Villen als in der Stadt aufgehalten. Es waren aber die Wohnungen daselbst eben so einfach und ohne alle Zierde, wie die Häuser in der Stadt, wovon die Villa des M. Cato ein Beyspiel ist. [127)] Sobald diese aber vergrößert wurden, so veränderte man auch die Gestalt der Landhäuser und die ganze Anlage der Villen. Fast jeder wohlhabende Römer besaß eine Villa, und viele hatten mehr als eine, die, nachdem ihre Besitzer reich waren und den Luxus liebten, mehr oder weniger groß und prächtig waren. Diese Villen lagen in einiger Entfernung von Rom, in den schönsten Gegenden Italiens, theils auf Bergen, wie die Villen des Marius, Pompejus und Cäsar, [128)] theils in lachenden Thälern, oder an den Ufern der

---

126) *Cicero*, de Officiis. I. c. 39.
127) *Gellius*, XIII. 22.
128) *Seneca* Epift. 51.

Fünfter Abschnitt.

Sec. [129]) Die Fluren bey der Stadt Bajä in Campanien waren vorzüglich angenehm, und hier befanden sich die meisten Villen, unter denen sich die Villa des Lucullus auszeichnete, wo eben die Verschwendung herrschte, die in seinem Hause in Rom zu sehen war. [130]) In der Solonischen Gegend lagen ebenfalls viele Villen, so wie auch bey der Stadt Tusculum, bey Tibur und mehrern Orten.

Bey diesen ländlichen Wohnungen war nichts gespart, man fand hier alle Bequemlichkeiten und Bedürfnisse, die zu einem frohen Genusse des Lebens gehören, und alles war so eingerichtet, daß es den Sinnen aufs angenehmste schmeichelte. Das Haus für den Eigenthümer der Villa faßte Wohn- und Schlafzimmer, Behältnisse zum Speisen, verschiedene Säle und Bäder und alles in sich, was zu der bequemen Stadtwohnung eines wohlhabenden Römers gehörte, weswegen es auch Villa urbana, Pseudourbana, Prätorium genannt wurde. [131]) Neben diesem Gebäude standen die Villa rustica

Schöne Anlagen der Villen.

---

129) *Green* de Villarum ant. Structura ap. Rom. Cap. I.
130) *Plinius* H. N. IX. 54. *Vell. Paterc.* II. 33. Lucullum, ob injectas moles mari, et receptum, suffossis montibus, in terras mare, haud infacete Pompejus Magnus, *Xerxen togatum* vocare adsueverat.
131) *Columella*, I. 6. *Vitruv.* VI. 8. *Varro* de R. R. I. 13.

und fructuaria, die zur Landwirthschaft bestimmt waren, wo man theils die Ställe für Pferde, Rindvieh, Schaafe und das übrige Vieh, theils die Scheunen, die Kornboden, die Kelter und Oelpresse fand. Aber nicht allein diese Landhäuser waren schön und geschmackvoll angelegt, sondern auch die dazu gehörigen Besitzungen, die sie umgaben, die Gärten, Wiesen, Getreidefelder, Weinberge, Pflanzungen von Oelbäumen, Wälder und Thiergärten waren so zusammen verbunden, daß sie ein schönes Ganzes ausmachten. Hin und wieder sah man kleine Tempel, Monumente und Lusthäuser; Flüsse durchwässerten die Fluren, Teiche und große Wasserstücke unterbrachen die Landparthien; Hügel und Berge wechselten mit ebenen Gegenden ab, und überall zeigten sich die schönsten Aussichten.[132]

Grabmäler. Mit ähnlicher Pracht wurden die Grabmäler der reichen und vornehmen Römer errichtet, auch sie erhielten eine ansehnliche Größe und eine schöne Gestalt. Einige waren große, runde, den Thürmen ähnliche Gebäude, wie das Grabmal der Cäcilia Metella, andere Pyramiden, wie die Grabmäler des Cestius und des Scipio; bisweilen glichen sie kleinen Tempeln, oder sie hatten eine ganz eigene Form, und oft wurden sie auch in die Felsen eingegraben.[133]

---

132) *Castell*, Villa's of the Ancient Part. II.
133) Antichi sepolcri, ovvero Mausolei Rom. etc. disegnati da *Bartoli*. Rom. 1727.

Fünfter Abschnitt.

Die Nachahmung des griechischen Luxus hatte nicht allein die Folge, daß die Wohngebäude weitläuftiger angelegt wurden, sondern sie verursachte auch, daß man auf ihre innere Verzierung mehr als vorher bedacht war. Erbeutete und aus Griechenland mitgebrachte Marmorsäulen, Statuen und Gemälde, dienten häufig zu ihrer Verzierung. Freylich wurden diese Dinge im Anfange sehr geschmacklos angebracht, weil die Römer noch keine Kunstkenntnisse hatten, sobald sie aber mit der Kunst der Griechen bekannt wurden und griechische Künstler nach Rom kamen, so lernten sie die Kunstwerke, die sie im Ueberflusse besaßen, auch besser benutzen. Jetzt war man nicht allein mit der Pracht zufrieden, man bemühte sich auch, die Zierrathen geschmackvoll anzubringen, und die Zimmer, Säle, Bäder und andere Gemächer, ja sogar auch das Innere der Begräbnisse,[134]) auf das schönste und artigste zu verzieren.

Innere Verzierung der Wohngebäude.

Die Wände der verschiedenen Zimmer, die sonst kahl und ohne allen Putz waren,[135]) wurden nun bisweilen mit dünnen marmornen Tafeln überzogen, die man nach verschiedenen Figuren auflegte, meistentheils aber gemalt. Damit diese Malerey sich recht gut ausnehmen sollte, wurden die Wände

Verzierung der Wände.

---

134) Picturae Antiquae Cryptarum Roman. etc. del. a *Bartolo*. Rom. 1750.
135) *Gellius*, XIII. 22.

mit außerordentlicher Sorgfalt getüncht.¹³⁶) Erst bewarf man sie nach und nach mit drey verschiedenen Schichten von gewöhnlichem Kalk, so daß die obere auf die untere allezeit dann erst aufgetragen wurde, wenn diese anfing trocken zu werden. Hierauf folgten drey Schichten des feinsten mit Marmor oder Gyps vermischten Kalkes, die auf eben die Art über einander gesetzt wurden. Die erste wurde mit grobgestoßenem Marmor vermischt, und diese Materie so lange unter einander gearbeitet, daß nichts an der Mauerkelle hängen blieb, wenn man sie herauszog. Bey der zweyten Schicht wurde etwas feinerer Marmor gebraucht, und die Wand mit dem Streichholze gerieben, bis sie ganz geglättet war. Auf diese wurde die dritte Schicht gesetzt, zu der man den feinsten Marmor nahm. Hierdurch wurde der Ueberzug der Wände, ob er gleich nur einen Finger dick war, so fest, daß er niemals Risse bekam, und so glatt, daß er wie mattgeschliffener Marmor aussah, und einen Grund ausmachte, der den Farben einen angenehmen Glanz und ein immerwährendes frisches Ansehen gab.

Gemälde. Bey dieser Malerey der Wände war die Mannichfaltigkeit und Schönheit der Farben, die Verschiedenheit und die Artigkeit der Verzierung bewundernswürdig. Die Wände wurden gemeiniglich in einige Felder abgetheilt, in deren Mitte, auf einem schönen farbigen, oft auch weißem Grunde, Gegen-

---

136) *Vitruv.* VII. 3.

ständé aus der Geschichte oder der Mythologic in Gruppen oder in einzelnen Figuren abgebildet, und die ringsherum mit zierlichen Einfassungen versehen waren. Bisweilen wurden Landschaften vorgestellt, worin sich zu Augusts Zeiten ein Maler, Ludius, hervorthat,[137]) oder Tempel und Ansichten von Sälen und Säulengängen gemalt; bisweilen bestanden die Verzierungen aus allerhand abenteuerlichen und wunderbaren Zusammensetzungen von Menschen, Thieren, Pflanzen, Blumen und verschiedenen andern Dingen, worunter auch erhobene Arbeiten von Stuck gemischt waren. Ueberall aber herrschte die größte Mannichfaltigkeit, Abwechselung und die schönste Auswahl, und alles war richtig gezeichnet und aufs fleißigste ausgeführt.

Jetzt erhielten die Zierrathen ihre Vollkommen- *Grotesken* heit, denen wir den Namen Grotesken beylegen. Schon die Griechen hatten unstreitig die Zimmer ihrer Stadt- und Landwohnungen auf eine ähnliche Art verziert, und von ihnen kamen diese Verzierungen zu den Römern, die sie jetzt, da der Luxus sehr hoch gestiegen war und da man alles reicher und prächtiger verlangte als sonst, auch mit mehr Reichthum und Pracht ausführten, als die Griechen. Hierdurch wurden jene wunderbaren Zusammensetzungen und Vorstellungen verschiedener sich oft widersprechender Dinge erfunden, und jene Zierrathen ausge-

---

137) *Plinius*, H. N. XXXV. 10.

bildet, die, ungeachtet ihrer Unregelmäßigkeit und des strengen Urtheils, das **Vitruv** darüber fällte,[138]) dennoch zu seiner Zeit gefielen, und die auch noch jetzt, obgleich viele Kunstverständige, eben so sehr wie **Vitruv**, dawider eifern und darüber vernünfteln, im Gebrauch sind und immer gefallen werden, da sie so vielen Reiz besitzen, und durch das Ueberraschende und Abenteuerliche, das ihnen eigen ist, den Sinnen so sehr schmeicheln und die Einbildungskraft so angenehm unterhalten.

Verzierung der Decken. Die Decken der Zimmer waren theils gerade, theils gewölbt. Die geraden Decken bestanden aus Holz, und wurden, wenn sie mit viereckigen Feldern verziert waren, Laquearia genannt. Auch die steinernen und gewölbten Decken waren bisweilen mit vertieften Füllungen besetzt, die verzierte Glieder und in der Mitte gemeiniglich eine Rosette hatten. Oft waren aber auch die gewölbten Decken glatt und ohne Füllungen, alsdenn aber mit erhobener Gipsarbeit oder mit gemalten Zierrathen besetzt.

Verzierung der Fußböden. Eben so wenig wurden die Fußböden der Zimmer, Säle und anderer Gemächer ohne alle Zierde gelassen. Zuweilen bedeckte man sie nur mit einem feinen weißen Estrich,[139]) oder sie wurden aus kleinen Ziegeln gemacht, die man auf die schmale Seite schräg an einander setzte, wie die Körner einer Kornähre an dem Stengel anstehen, welches die Alten

---

138) *Vitruv.* VII. 5.
139) *Vitruv.* V. 10.

Opus Spicatum nannten.[140]) Oft belegte man die Fußboden mit kleinen würflich geschnittenen Marmorplatten, ihre schönste Verzierung aber war die Musaik, die daher auch sehr häufig gebraucht wurde. Und zu diesen beyden Arten nahmen die Römer bisweilen den seltensten und kostbarsten Marmor.

So wurde während der bürgerlichen Kriege, Augustus. die sich mit dem Untergange der römischen Freyheit endigten, die griechische Baukunst in Rom aufgenommen. Innerliche und äußerliche Unruhen konnten die Ausübung dieser Kunst nicht hindern, da die Römer ihren so leicht und geschwind erworbenen Reichthum genießen wollten, und daher an öffentlichen Gebäuden und an Privatwohnungen ihre Liebe zur Pracht und Verschwendung zeigten. Schon war die Stadt mit schönen Tempeln und mehrern großen Gebäuden verziert, Pompejus, Cäsar [141]) und andere ließen sich die Verschönerung der Stadt sehr angelegen seyn, sie konnten sich aber derselben nicht so eifrig annehmen, als sie wünschten, weil unter den bürgerlichen Unruhen beständige Partheyen in der Stadt entstanden, die einander immer entgegen arbeiteten, und weil die Großen des Reiches zu sehr mit Kriegen beschäftigt und oft von Rom abwe-

---

140) Winkelmann Anmerk. über die Bauk. der Alten. S. 17.

141) *Sueton.* Caesar. 44.

send waren. Allein erst jetzt erschien die Zeit, wo die Kunst größere Fortschritte that, als vorher; jetzt, da Augustus ihr Beschützer wurde, da er die Alleinherrschaft erlangt und in Rom die Ruhe wieder hergestellt hatte. Er unternahm den großen Plan, Rom zu der ersten und schönsten Stadt der damaligen Welt zu machen, welches ihm auch so gut glückte, daß er sagen konnte, er hätte die Stadt, die bey Antritt seiner Regierung aus Ziegelsteinen bestand, ganz aus Marmor erbaut hinterlassen, [142]) wobey er aber auch wohl die politische Absicht haben mochte, die Römer zu beschäftigen und ihre Aufmerksamkeit von den Regierungsgeschäften abzuziehen. Augustus verzierte nicht nur selbst Rom mit vielen Gebäuden, sondern er überredete auch viele seiner Freunde und Verwandten, seinem Beyspiele zu folgen.

Gebäude des Augustus. Porticus Octavia.

Schon vor dem Siege bey Actium ließ Augustus einige Gebäude errichten, unter denen der Porticus war, dem er den Namen seiner Schwester Octavia beylegte. [143]) Aller Wahrscheinlichkeit nach gehörten zu diesem Gebäude die Ruinen, die man jetzt den Porticus der Octavia oder auch des Severus nennt, weil dieser Kaiser ihn wieder herstellte. [144]) Die Säulen, die aus einem einzigen

---

142) *Sveton.* August. 28. conf. *Dio Cass.* LVI. p. 589.

143) *Dio Cass.* XLIX. pag. 417. *Sveton.* August. 29.

144) *Desgodez*, Edif. Ant. de Rome. Chap. 16. Weinlig Briefe über Rom. II. S. 99. III. S. 1.

Fünfter Abschnitt. 411.

Steine bestehen, sind von korinthischer Bauart und von der Base an verjüngt. Die Capitäle sind von großer Schönheit, und sie haben auf der vordern und hintern Seite, anstatt der gewöhnlichen Rose in der Mitte des Abacus, vor den kleinen Voluten, Adler mit ausgebreiteten Flügeln, die auf Donnerkeilen stehen, und mit so vieler Kunst ausgearbeitet sind, daß sie zu schweben scheinen, hinter den Adlern aber gehen die Voluten unberührt fort.[145]) Das Gebälke ist ganz einfach und ohne alle Verzierungen und hat nicht einmal Sparrenköpfe und Zahnschnitte. Dieses aber und der darauf stehende Giebel ist unstreitig aus den Zeiten des Severus.

Nach dieser Zeit entstanden die meisten und vorzüglichsten Gebäude Augusts. Jetzt wurde ein neues Forum angelegt, der dritte Platz dieser Art in Rom, der aber wegen der zunehmenden Volksmenge nöthig war. Auf diesem Forum stand ein Tempel des Mars, dem der Zuname Ultor beygelegt wurde.[146]) Ferner baute Augustus eine Basilica zu Ehren des Cajus und Lucius,[147]) und verschiedene Tempel. Einen Tempel des Apollo mit einem Porticus, wo Augustus eine Bibliothek anlegte, und wo er in seinen ältern Jahren oft den Senat zusammen berufte, und einen Tempel des Jupiter

Andere Gebäude.

---

145) *Desgodez*, Edif. Ant. de R. a. a. Orte. Pl. IV.
146) *Sveton.* August. 29.
147) *Sveton.* August. 29. Dio *Cass.* LVI. p. 588.

Tonans.[148]) Auch ließ er alle Tempel, die alt und verfallen, oder vom Feuer waren beschädigt worden, wiederherstellen, und beschenkte sie sehr freygebig,[149]) worunter auch der Tempel des Quirinus war, der mit sechsundsiebzig Säulen umgeben wurde.[150]) Unter August's schönste Gebäude gehört auch sein Grabmal, oder Mausoleum, das an der Tiber errichtet, und für ihn und seine Familie bestimmt war.[151])

Theater des Marcellus. Augustus erbaute auch ein Theater, das er, da während diesem Baue einer seiner Freunde und Verwandten, Marcellus, starb, ihm zu Ehren das Theater des Marcellus benannte.[152]) Es hatte eine ansehnliche Größe und bestand aus zwey Reihen Arkaden, deren Schäfte mit Wandsäulen verziert waren, davon die untern dorisch, die obern aber jonisch sind. Von diesem Gebäude, auf dessen Ruinen der Pallast Savelli ist erbaut worden, hat sich noch bis jetzt ein Stück der äußern Mauer erhalten.[153])

---

148) *Sveton.* l. c. *Dio Cass.* LIII. p. 496. LIV. p. 523.
149) *Sveton* Aug. 30. *Livius*, IV. 20.
150) *Dio Cass.* LIV. p. 534.
151) *Strabo*, V. p. 361.
152) *Dio Cass.* LIII. p 517.
153) *Desgodez*, Edif. Ant. de Rom. p. 290.

Fünfter Abschnitt.

Uebrigens ließ Augustus auch die Flaminische und andere Straßen ausbessern,[154]) und an verschiedenen Orten schöne Brücken bauen. Die Wasserleitung, die Augustus nach Rom brachte, und die Alsietina oder Augusta hieß, war, wegen ihres ungesunden Wassers, nicht zum Trinken, sondern für die Naumachien bestimmt, damit man nicht nöthig hatte, das gute trinkbare Wasser hierzu zu nehmen.[155])

Straßen und Wasserleitungen.

Die Gebäude, die von den Freunden Augusts angelegt wurden, sind folgende. Marcius Philippus baute einen Tempel des Herkules Musarum; L. Cornificius einen Tempel der Diana; Munatius Plancus einen Tempel des Saturn; Asinius Pollio das Atrium Libertatis;[156]) Tiberius die Tempel der Concordia und des Castor und Pollux;[157]) Cornelius Balbus errichtete ein Theater,[158]) und Statilius Taurus ein Amphitheater.[159]) Unter allen zeichnete sich Agrippa, ein Eidam des Kaisers, am meisten aus, und er ließ sich nicht allein die Verschönerung der Stadt angelegen seyn, sondern machte auch viele Einrichtungen,

Gebäude, die von den Freunden Augusts errichtet wurden.

---

154) *Dio Cass.* LIII. p. 511. LIV. p. 526. *Sveton.* Aug. 30.
155) *Frontinus* de Aquaeduct. I.
156) *Sveton.* August. 29.
157) *Dio Cass.* LV. p. 553. *Sveton.* Tib. 20.
158) *Dio Cass.* LIV. pag. 539. *Plinius,* H. N. XXXVI. 7.
159) *Sveton.* Aug. 29.

die zur Bequemlichkeit der Einwohner dienten. Er stellte die Wasserleitung des Marcius wieder her, und führte sie in sehr viele Theile der Stadt. [160]) Er brachte auch eine neue Wasserleitung nach Rom, die, wegen ihres guten klaren Wassers, Aqua Virgo hieß, aber auch, zu Ehren August's, Augusta genannt wurde. [161]) Uebrigens legte er siebenhundert Bassins, hundertundfünf Springbrunnen und hundertunddreyßig Wasserkästen an. [162]) Er ließ viele öffentliche Gebäude und Straßen wieder ausbessern, den Circus verschönern, und öffentliche Bäder anlegen. [163]) Ferner erbaute er dem Neptun zu Ehren einen Porticus, den er mit Gemälden verzierte, [164]) und vollendete die **Septa** auf dem **Marsfelde**; ein Ort, der rings herum mit Säulen umgeben, und zu den Zusammenkünften des Volkes bestimmt war, bisweilen aber auch, wie von dem Kaiser Caligula, zu verschiedenen Spielen gebraucht wurde. [165])

Pantheon. Das schönste seiner Gebäude ist das Pantheon. [166]) Die erste Erbauung dieses Tempels wird von einigen in die ersten Zeiten der freyen Republik

---

160) *Dio Cass.* XLIX. p. 416.
161) *Dio Cass.* LIV. p. 525.
162) *Plinius H. N.* XXXI. 3.   XXXVI. 15.
163) *Dio Cass.* XLIX. p. 417.
164) *Dio Cass.* LIII. p. 515.
165) *Dio Cass.* LIII. p. 512.   LIX. p. 647.
166) *Dio Cass.* LIII. p. 515. *Plinius,* H. N. XXXVI. 15.

Fünfter Abschnitt.

gesetzt, welches aber nicht möglich ist, da wir mit Gewißheit behaupten können, daß die Römer damals noch keine solche große Tempel errichteten. Agrippa war unstreitig der Erbauer des ganzen Gebäudes, so wie es auch sehr wahrscheinlich ist, daß er es zu einem Tempel bestimmte,[167]) da es die alten Schriftsteller, die es erwähnen, allezeit einen Tempel nennen; daher es kein Theil seiner Bäder seyn konnte, wie bisweilen behauptet wird. Dieser Tempel ist ein rundes Gebäude, das von einer Kuppel gedeckt wird, die dem Ganzen ein ehrwürdiges Ansehn giebt. Oben in dieser Kuppel ist eine Oeffnung, durch die der innere Raum sein Licht erhält. Der Eingang des Tempels wurde durch einen prächtigen Porticus verziert, der octastylos ist und aus korinthischen Säulen besteht, die in gleichen Entfernungen aus einander stehen, von unten auf verjüngt, und mit einem ansehnlichen Giebel bedeckt sind. Das Innere dieses Tempels wurde vom Diogenes aus Athen verziert,[168]) es erhielt aber von den nachfolgenden Kaisern noch mehr Verzierungen. Vorzüglich wurde das Pantheon vom Hadrian verschönert.[169]) Vom Septimius Severus und seinem Sohne Antonius Caracallus wurde es wiederhergestellt, welches aus der Inschrift erhellt, die sich an dem Architrav des Porticus befindet. Dieser Tempel hat sich bis jetzt

---

167) Osservazioni istor. architet. sopra il Panteon. Roma. 1791 pag. 9 seq. pag. 19 seq.
168) *Plinius*, H. N. XXXVI. 5.
169) *Spartian.* Hadr. 18.

noch ganz erhalten. Er wurde vom Pabst Bonifacius dem Vierten zu einer christlichen Kirche eingeweiht und der Maria gewidmet; nach dieser Zeit aber bekam er inwendig und auswendig verschiedene Veränderungen, worunter auch die beyden geschmacklosen Thürme gehören, die Bernini unter Urban dem Achten darauf setzte. [170])

August's Gebäude in den Provinzen.

Jetzt wurde nicht nur in Rom viel gebaut, sondern auch in den verschiedenen Provinzen des Reiches wurden die Römer Beförderer der Baukunst. Augustus ließ Klazomene, Tralles und andere Städte in Kleinasien, die das Erdbeben zerstört hatte, wieder aufbauen, [171]) und er legte auch einige neue Städte an. Zum Andenken des Sieges bey Actium gründete er daselbst die Stadt Nicopolis, und in Lusitanien erlaubte er den alten gedienten Soldaten, eine Stadt zu bauen, die den Namen Emerita erhielt. [172]) In Gallien wurden ebenfalls von den gedienten Soldaten verschiedene Städte angelegt, und unter andern auch Colonia Augusta oder Nemausis, die noch jetzt steht und den Namen Nimes führt. Hier hat sich ein schönes Denkmal der Baukunst dieser

---

170) *Desgodez*, Edif. Ant. de Rome. Chap. I. p. 1 ff. Weinlig Briefe über Rom. III. S. 47:64 u. 68, wo man eine ausführliche Beschreibung und gründliche Beurtheilung dieses Tempels findet.

171) *Sveton.* August. 47.

172) *Sveton.* August. 18. *Strabo*, XVII. p. 1145. *Dio Cass.* LI. p. 456. LIII. p. 514.

ser Zeit erhalten, ein Tempel, den Augustus dem Cajus und Lucius zu Ehren anlegen ließ. Er ist mit korinthischen Säulen umgeben, die vorn freystehend sind und einen sechsfäuligen Porticus bilden, hinten aber und auf beyden Seiten Wandsäulen sind. Dieses Gebäude hat sich noch ganz erhalten und führt den Namen Maison quarrée. [173])

An verschiedenen Orten wurden dem Augustus Triumphbogen [174]) und zu Ancyra das berühmte Monument errichtet. [175]) In vielen Städten, wie zu Pergamus, Nicomedien, Mylasa, Cäsarea, Puzzuoli, Pola und andern wurden ihm und der Stadt Rom zu Ehren Tempel erbaut. [176]) In Nola, wo er starb, wurde das Haus, das er bewohnt hatte, in einen Tempel verwandelt, [177]) und Tiberius weihte ihm nach seinem Tode auch zu Rom einen Tempel, [178]) den aber Caligula erst vollendete. [179])

Gebäude zu Ehren des Augustus.

Schon seit einiger Zeit hatten sich griechische Künstler, die in Griechenland, Asien und Aegypten

Baukünstler dieser Zeit in Rom.

173) Antiquités de la France, par M. *Clerisseau.* Part. I. Pl. I — VII.
174) *Dio Cass.* LI. p. 456. LIII p. 515. Volkmann, hist. kritisch. Nachr. v. Ital. I. S. 168. III. S. 503.
175) Pocock Beschr. des Morgenl. III. S. 127. *Tournefort* Voyag. III. Lett. 21.
176) *Dio Cass.* LI. p. 458. *Tacitus* Annal. I. 78. IV. 37. *Sveton.* August. 52.
177) *Dio Cass.* LVI. p. 600.
178) *Dio Cass.* LVII. pag. 608. *Tacitus* Annal. VI. 45. *Sveton.* Tiber. 47.
179) *Sveton.* Calig. 21.

keine Beschäftigung mehr fanden, nach Rom gewandt, wo sie gesucht und geschätzt wurden. Unter dem Augustus vermehrte sich ihre Anzahl, weil sie jetzt in Rom die größte Aufmunterung und Belohnung bekamen. Es sind uns aber nur wenige dieser Künstler bekannt worden: Cyrus, der zu Cicero's Zeiten berühmt war,[180]) Posphorus, ein Architekt des Augustus,[181]) Sauron und Batrachus, die den Tempel hinter dem Porticus der Octavia anlegten.[182]) Valerius war ein Römer, von Ostia gebürtig. Er baute in Rom ein Theater, und war unstreitig auch der Baumeister des Pantheon.[183])

Vitruv. Unter den Baukünstlern dieser Zeit ist Vitruv für uns, durch das Buch, das er über seine Kunst hinterlassen hat, der merkwürdigste. Dieses Werk ist das einzige von den vielen Werken der Alten über die Baukunst, das sich bis auf unsere Zeiten erhalten hat. Und obgleich Vitruv nicht immer den besten und reinsten Geschmack hat, und mehr den Geschmack seiner Zeit als den der alten Griechen lehrt, so sind wir ihm doch für sein Werk den größten Dank schuldig, da es uns mit der Baukunst der Griechen und der Römer in eine genauere Bekanntschaft bringt, die wir ohne dasselbe nicht würden erlangen können, weil es mei-

---

180) Epist. ad famil. VII. ep. 14. ad Attic. II. ep. 3. ad Quint. frat. II. ep. 2.

181) *Junius* de pict. Vet. in Lexico artif.

182) *Plinius*, H. N. XXXVI. 5.

183) *Plinius*, H. N. XXXVI. 15. Osservazioni stor. architet. sopra il Panteon. p. 7.

Fünfter Abschnitt.

stentheils aus den Schriften der griechischen und einiger römischen Schriftsteller zusammen getragen ist. [184])

Die Baukunst hatte in Griechenland, zu der Zeit da sie die Römer annahmen, schon sehr viel von der Vollkommenheit verloren, in der sie in den besten Zeiten der Kunst war ausgeführt worden, der Geschmack war sehr herabgesunken, und die wesentliche Schönheit wurde jetzt der Zierlichkeit aufgeopfert. Zwar bemühte man sich noch immer, den Werken der Baukunst eine gute Anordnung und schöne Verhältnisse zu geben, und in der Ausarbeitung der Verzierungen die Genauigkeit und Richtigkeit der alten Griechen zu erreichen; aber man vernachlässigte diese Genauigkeit im Ganzen, man kannte die griechische Reinigkeit, die alte edle Einfalt nicht mehr, und man brachte die Zierrathen oft überhäuft und unschicklich an. Ein Beweis hiervon ist der Tempel zu Mylasa in Karien, der dem Augustus und der Stadt Rom zu Ehren erbauet wurde. Dieser Tempel hatte vor dem Eingange römische, an den Seiten aber jonische Säulen. Der obere Theil des Schaftes der römischen Säulen war unter dem Capital mit Festons verziert, ihr unterer Theil aber, über der Base, mit aufwärts stehenden Blättern, so daß es aussah, als ob die Säule aus einer Pflanze herausgewachsen wäre. [185]) Dieser Tempel ist deswegen

Zustand der griechischen Baukunst zur Zeit da d. Römer sie annahmen.

---

184) *Vitruv.* VII. Praef.
185) Pocock Beschreib. des Morgenl. III. S. 89. Taf. LV.

merkwürdig, weil man an ihm zuerst das neue Säulencapitäl findet, das durch die Zusammensetzung des jonischen und korinthischen entstand, und das in spätern Zeiten den Namen des römischen Capitäls bekam. Es erhielt seinen Namen vielleicht daher, weil es zuerst an einem Tempel war gebraucht worden, welcher der Stadt Rom geheiligt war. Ein ähnliches Capital findet sich auch an dem Tempel der Sybille oder der Vesta zu Tivoli, der unstreitig auch in diesem Zeitalter gebaut wurde.[186])

Flor der Bauk. unter Augustus. In diesem Zustande bekamen die Römer die griechische Baukunst. Allein die Aufmunterung, welche die Künstler durch die Prachtliebe August's und seiner Freunde erhielten, machte, daß diese Kunst, die bisher in den griechischen Ländern vernachlässigt und sehr sparsam war betrieben worden, sich in Rom und in einigen Provinzen des Reiches aufs neue erhob, mit neuen Kräften aus ihrer Ruhe erwachte, und überdieses in Rom in einem bessern Style ausgeführt wurde, als zu eben dieser Zeit in den meisten Gegenden Griechenlandes. Unter August's Regierung war daher das goldne Zeitalter der römisch-griechischen Baukunst, und sie erreichte jetzt in Rom den höchsten Grad der Vollkommenheit, dessen sie zu dieser Zeit und unter den Römern fähig war.

Charakter d. Baukunst dieser Zeit. Da man zu dieser Zeit das Sanfte und Spielende mehr schätzte, als das Große und Erhabene, so mußte dasselbe auch an den Werken der Baukunst

---

186) *Desgodez*, Edif. ant. de Rome. Chap. V.

Fünfter Abschnitt.

angebracht seyn, wenn sie gefallen sollten. Der Charakter der Kunst dieser Zeit war daher Zierlichkeit. Man vermißt an den Gebäuden, die jetzt errichtet wurden, sowohl in der Anordnung des Ganzen, als auch in der Verzierung der einzelnen Theile, den Geist der alten Griechen, das Männliche und Einfache, und findet an dessen Stelle das Gezierte, wovon vorzüglich das Theater des Marcellus ein Beyspiel ist.[187]) Demungeachtet war jetzt der Gebrauch der Zierrathen an den Außenseiten der Gebäude noch mäßig, und sie wurden nicht damit überladen. Mehr aber als hier und prächtiger wurde das Innere der Gebäude verziert, und man machte, wie ich schon erwähnt habe, die Fußboden meistentheils von Marmor, die Decken wurden gemalt oder mit vertieften Feldern verziert, und die Wände bisweilen mit Marmortafeln belegt, bisweilen mit Gemälden, am häufigsten aber mit solchen Verzierungen besetzt, die wir jetzt Grotesken nennen.

Zu den Tempeln und Prachtgebäuden wurde gemeiniglich die korinthische Bauart genommen, weil sie diejenige ist, bey der die meiste Pracht konnte gezeiget werden. Diese Bauart wurde unstreitig jetzt erst ganz ausgebildet, und vorzüglich erhielt ihr Gebälke, das man sonst aus dem dorischen und jonischen Gebälke zusammengesetzt hatte,[188]) eine ei-

Ausbildung der korinthischen Bauart.

---

187) Weinlig Briefe über Rom. II. S. 82.
188) *Vitruv.* IV. 1.

gene Anordnung und eigenen Verhältnisse. Der Kranz bekam das unterscheidende Kennzeichen, die Sparrenköpfe, die aus den Dielenköpfen des dorischen Gebälkes entstanden, wobey man aber noch die Zahnschnitte aus der jonischen Bauart beybehielt. Dem ganzen Gebälke wurde mehr Reichthum gegeben, als die Gebälke der andern Säulenarten haben, damit es mit dem reich geschmückten Capitäle in einem schicklichen Verhältnisse stehen möchte. Man verzierte daher die meisten Glieder, und oft sogar die hängende Platte im Kranze, die vorher bey andern Säulenarten allemal glatt gelassen wurde. An dem Porticus vor dem Pantheon und an dem Porticus der Octavia sehen wir die korinthische Bauart in ihrer Vollkommenheit.[189] Nicht weniger schön, nur mit etwas mehr Verzierungen, finden wir sie an den Säulen der sogenannten Tempel des Jupiter Tonans, des Jupiter Stator[190] und andern, die aber erst in den nachfolgenden Zeiten gebaut wurden, und von denen die von dem Tempel des Jupiter Stator, als Muster der korinthischen Säule in ihrem höchsten Reichthum, besonders merkwürdig sind.[191]

Abnahme d. Baukunst unter Augusts Nachfolgern.
So sehr die Kunst jetzt geblühet hatte, da Augustus sie in seinen Schutz nahm, so sehr sank sie unter seinen nächsten Nachfolgern herab, die

---

189) *Desgodez* Edif. ant. de Rome. Chap. I. Pl. VIII. IX. X. Chap. XVI. Pl. IV. V.

190) *Desgodez* Edif. ant. de Rome. Chap. X. Pl. II. Chap. XI. Pl. I.

191) Weinlig Briefe über Rom. II. S. 43.

theils blödsinnig, theils lasterhaft waren, und sich mit nichts beschäftigten, als was ihre Begierden und sonderbaren Einfälle befriedigen konnte. Unter dem Tiberius und Caligula wurde wenig gebaut, und obgleich Claudius und Nero sich der Verschönerung der Stadt wieder annahmen, so gewann doch die Kunst dabey nicht viel.

Tiberius ließ einen Tempel des Augustus bauen und das Theater des Pompejus ausbessern, es blieben aber diese Werke unvollendet liegen. [192]) Caligula vollendete die angefangenen Gebäude des Tiberius, [193]) und er fing den Bau einer Wasserleitung und eines Amphitheaters an, so wie er auch sich selbst einen Tempel weihete und den Grund zu einem neuen Pallaste legte. [194]) Claudius erweiterte Roms Umfang, [195]) er verzierte den Circus [196]) und errichtete dem Tiberius zu Ehren einen Bogen neben dem pompejanischen Theater, [197]) auch machte er die Wasserleitung, die Caligula angefangen hatte, fertig, und legte darauf noch eine neue an. [198])

Gebäude seiner ersten Nachfolger.

---

192) *Sveton.* Tiber. 47. *Tacitus* Annal. VI. 45.
193) *Dio Cassius* LIX. p. 644.
194) *Sveton.* Calig. 21. 22. *Dio Cass.* LIX. p. 661.
195) *Tacitus* Annal. XII. 23.
196) *Sveton.* Claud. 21.
197) *Sveton.* Claud. 11.
198) *Frontin.* de Aquaeduct. I. *Sveton.* Claud. 20.

Nero. Unter dem Nero erlitt die Stadt eine große Veränderung. Dieser Monarch, der alles, worauf er verfiel, mit der heftigsten Leidenschaft liebte, wurde durch seine Lust zu bauen zu einer unsinnigen That verleitet. Es mißfiel ihm die alte Anlage der Stadt, die engen Straßen, die vielen schlechten Gebäude, und um Gelegenheit zu haben alles dieses abändern zu können, ließ er die Stadt anbrennen, wodurch von den vierzehn Regionen der Stadt nur vier unversehrt stehen blieben, drey aber ganz verwüstet und sieben sehr beschädigt wurden.[199] Schon vor diesem Brande hatte Nero verschiedene Gebäude errichten lassen, ein hölzernes Amphitheater und einen Pallast von außerordentlicher Größe, der aber auch von dem Feuer vernichtet wurde.[200] Doch jetzt ließ er die Stadt ordentlich abtheilen, und die Straßen gerade und breit anlegen.[201] Er befahl, daß der größte Theil der Gebäude aus Steinen errichtet, und die Häuser nur bis zu einer gewissen, vom Augustus schon bestimmten, Höhe aufgeführt, vor ihnen aber Säulengänge angelegt werden sollten, die er auf seine Unkosten erbauen ließ. Die prächtigen Bäder, die dieser Kaiser erbaute,[202] wurden hernach unter dem Alexander Severus erweitert. Was aber unter allen Gebäuden Nero's

---

199) *Sveton.* Nero. 38. *Tacitus* Annal. XV. 38.
200) *Sveton.* Nero. 12. 31.
201) *Cameron*, the Baths of the Romans etc. Chap. IV. pag. 49. Pl. V.
202) *Tacitus* Annal. XV. 43. *Sveton.* Nero. 16.

Fünfter Abschnitt.

sich vorzüglich durch Größe und Verschwendung auszeichnete, war der neue Pallast, der wegen seiner Pracht den Namen des goldenen Pallastes erhielt. Dieses Gebäude lag in der Gegend zwischen dem palatinischen und esquilinischen Berge, wo jetzt das Colosseum steht, und nahm nicht nur selbst einen beträchtlichen Raum ein, sondern war auch noch mit weitläuftigen Gärten verbunden, die von den Künstlern Severus und Celer angelegt wurden.[203])

Die Liebe zur Pracht und zum Luxus hatte seit Augustus Zeiten sehr zugenommen, und die Verschwendung und der Aufwand in dem Innern der Gebäude war theils allgemeiner, theils größer geworden. Jeder Mann von Erziehung, sagt Seneca, würde sich schämen ein Haus zu bewohnen, dessen Gemächer nicht prächtig glänzen, deren Wände und Fußboden nicht mit seltnen Marmor und andern Kostbarkeiten geschmückt sind, er würde sich arm und niedrig dünken, wenn auch nur sein Badezimmer ohne diese Zierrathen wäre.[204]) Die Fußboden wurden jetzt nicht allein mit Marmor, sondern auch mit kostbarem Glase belegt.[205]) Die Decken wurden bisweilen vergoldet,[206]) welches vorher nur in dem Tempel des capitolinischen Jupiters geschehen war,

Luxus unter dem Nero.

---

203) *Tacitus* Annal. XV. 42.
204) *Seneca* Epist. 86.
205) *Plinius*, H. N. XXXVI. 25.
206) *Plinius*, H. N. XXXIII. 3. *Seneca* Epist. 114.

und in den Speisesälen wurden sie oft so eingerichtet, daß sie während der Mahlzeit verändert werden konnten.[207]) Die Wände wurden mit gleicher Pracht geschmückt. In den Verzierungen des goldnen Pallastes waren Edelsteine, Gold und Perlmutter angebracht, und die Decken der Speisezimmer zierten Blumen aus Elfenbein, aus welchen wohlriechende Wasser herabsprützten. Eins dieser Zimmer war rund und so eingerichtet, daß es während der Mahlzeit sich beständig herumdrehte.[208])

Diese Verschwendung, die man in dem Innern der Gebäude verlangte, verursachte unstreitig auch, daß man das Aeußere der Gebäude, so wie es bisher war angeordnet worden, zu einfach fand. Und daher war ohne Zweifel jetzt der Zeitpunkt, wo man anfing die Außenseiten mit Zierrathen zu überhäufen. Hätten sich Reste von den Gebäuden des Nero bis auf unsere Zeiten erhalten, so würde man hierüber mit Gewißheit urtheilen können. Wenn aber die Trümmer, die man für Ueberbleibsel eines Gebäudes dieses Kaisers hält,[209]) wirklich aus dieser Zeit sind, so wird unsre Muthmaßung dadurch bestätigt, und sie zeigen uns noch überdieses, daß damals die Verzierungen nicht mehr in einem leichten und gefälligen, sondern schon in einem schweren Style gearbeitet wurden.

---

207) *Seneca*, Epist. 90.
208) *Sveton*. Nero. 31.
209) *Desgodez*, Edif. ant. de Rome. Chap. XIII.

Fünfter Abschnitt.

So viele Beschäftigung und Aufmunterung die Künstler jetzt erhalten hatten, so wenig bekamen sie unter den drey nachfolgenden Regenten, dem Galba, Otho, Vitellius. Die Baukunst wurde ganz vernachläßigt, und niemand erzeigte ihr einige Aufmerksamkeit, da man, wegen der immerwährenden Unruhen und bürgerlichen Kriege, nur auf seine Sicherheit bedacht seyn mußte, wodurch selbst die Kaiser abgehalten wurden, die Stadt mit Gebäuden zu verschönern. *Galba, Otho, Vitellius.*

Destomehr wurde die Kunst unter den folgenden Kaisern geschätzt. Rom, das eine lange Zeit hindurch nur von geldsüchtigen, verschwenderischen und wollüstigen Kaisern war beherrscht worden, erhielt jetzt Regenten, die sich durch eine weise Sparsamkeit, durch Gerechtigkeit, durch große und nützliche Anstalten um den Staat verdient machten, und erholte sich von der Last der Unruhen, der es bis jetzt unterlegen hatte. Die durch Feuer und andere Unfälle zerstörten Gebäude wurden wiederhergestellt, und die Prachtliebe der Kaiser hatte wieder großen Einfluß auf die Baukunst, die sich daher jetzt aufs neue erhob. *Zustand der Bauk. unter den Flaviern und folgenden Kaisern.*

Allein der Geschmack war schon so sehr gesunken, und der Styl in der Baukunst so sehr verderbt, daß er jetzt, und selbst unter der Regierung Hadrians, wo doch die Künstler die größte Aufmunterung genossen, unmöglich konnte verbessert und von den eingeschlichenen Fehlern gereinigt werden. Die Begierde, die guten Kunstwerke der vorigen Zeiten *Fehlerhafter Geschmack dieser Zeit.*

zu übertreffen, verleitete vielmehr die Künstler, die Außenseiten der Gebäude noch zierlicher als bisher zu machen, und dabey nicht mehr auf das Große und Männliche zu sehen. Hierdurch entstanden nicht nur eine überhäufte Menge von Verzierungen, sondern auch jene Dinge, die mit Recht als überflüßig und der wahren Schönheit widersprechend angesehen werden. Die Verkröpfungen, die Postamente unter den Säulen, die vielen Basreliefs an den Außenseiten der Gebäude, die Verzierung der Kannelirungen, die Verjüngung der Säulen nach einer krummen Linie, gekuppelte Säulen, verjüngte Pilaster hinter den Säulen, kleine Säulen zwischen großen, runde und durchschnittne Giebel, die ausgebauchten Friese, alle diese Dinge kamen in dem jetzigen Zeitalter auf, oder wurden, wenn man sie auch schon vorher gekannt hatte, doch jetzt häufiger gebraucht. Aehnliche Künsteleyen sah man jetzt auch in den Gartenanlagen; auch hier wurde das Große vernachläßigt, und die Schönheit in Kleinigkeiten gesucht. Die Hecken wurden zierlich beschnitten, der Buchsbaum wurde auf die Beete in der Gestalt von allerhand Thieren gepflanzt, man machte Namen oder andere verschiedene Dinge davon, und brachte noch mehr dergleichen Spielereyen an. [210])

So wurde die Kunst von den Zeiten Vespasian's an bis zu der Regierung der Antonier ausgeführt. Und wenn gleich in diesem Zeitraume viele

---

[210]) *Plinius*, Epist. V. 6.

Gebäude errichtet wurden, die als Meisterstücke der Baukunst können angesehen werden, die, im Ganzen genommen, große Wirkung thun, so kann man sie doch als keine Muster anempfehlen, da ihnen der gute und reine Geschmack, der große und edle Styl mangelt, den wir an den Gebäuden der alten Griechen bewundern.

Ob man gleich dem Vespasian eine zu starke Geldliebe und Sparsamkeit vorwarf, so ist doch diese Genauigkeit nicht zu tadeln, da sie die Quelle der Pracht dieses Kaisers wurde, die der Kunst neues Leben gab.²¹¹) Vespasian schmückte nicht nur Rom mit neuen Gebäuden, seine Freygebigkeit erstreckte sich auch auf viele Städte in den Provinzen des Reiches, die durch Erdbeben oder durch die Flammen waren zerstört worden.²¹²) Er ließ den Tempel des Jupiters auf dem Capitol, der zu den Zeiten des Vitellius abgebrannt war, ausbessern,²¹³) und die Scena des Marcellischen Theaters wieder herstellen;²¹⁴) er vollendete den Tempel des Claudius, der von der Gemahlinn dieses Kaisers gegründet worden, aber hernach während der Regierung des Nero fast ganz verfallen war, und er baute die Tempel der Honos und Virtus und des Friedens.²¹⁵)

Gebäude Vespasians.

---

211) *Dio Cass.* LXVI. pag. 749.
212) *Sveton.* Vesp. 17.
213) *Sveton.* Vesp. 8.   *Tacitus* Hist. IV. 53.
214) *Sveton.* Vesp. 19.
215) *Plinius*, H. N. XXXV. 10.   *Sveton.* Vesp. 9.   *Dio Cass.* LXVI. p. 752.

Der Frie- Der letzte dieser Tempel war eins der schönsten
denstempel. und reichsten Gebäude dieser Zeit,[216] wo Vespasian
eine öffentliche Bibliothek anlegen und eine große
Anzahl Statuen aufstellen ließ, und wo eine Menge
Kostbarkeiten aufbewahrt wurden. Allein in Absicht
der Kunst zeichnet er sich nicht sonderlich aus, und
giebt keinen vortheilhaften Begriff von dem Geschmacke dieser Zeit. Das Ganze nimmt einen länglich viereckigen Raum ein, dessen Länge mit Inbegriff der Mauern fünfundfunfzig, und dessen Breite
zweyundvierzig französische Klaftern beträgt. Man
gelangte in dieses Gebäude durch eine Vorhalle, die
einige zwanzig Fuß tief und so breit wie das ganze
Gebäude war. Fünf Eingänge führten in den Tempel, von denen drey in den mittlern großen Saal
oder das Schiff, die zwey übrigen aber zu beyden
Seiten in die an den Saal anstoßenden Nebengemä-
cher oder Kapellen gingen. Der mittlere große
Saal hält zweyhundert und sechszig französische Fuß
in der Länge, und etwas über siebenundsechzig Fuß
in der Breite. Im Grunde dieses Saales, dem
Eingange gegenüber, erhebt sich vom Fußboden an
eine große Nische. Acht Säulen, deren vier auf
jeder langen Seite standen, trugen das diesem Saale
zur Decke dienende Kreuzgewölbe, und zwischen diesen Säulen erhoben sich auf beyden Seiten große
Bogen, die bis an die äußern Mauern fortgehen,
und die Kapellen bildeten. Die Säulen waren

---

216) *Plinius,* H. N. XXXV. 15.

korinthisch, und hielten mit Capital und Base zehn Durchmesser. Diese Höhe stand mit der Weite, in der die Säulen von einander standen, und mit der großen Last, die sie zu tragen hatten, in keinem Verhältniß und war sehr gewagt. Das zerbrechliche und magere Ansehn der Säulen wurde durch ihre Gebälke noch auffallender gemacht, die nicht von einer Säule zur andern gingen, sondern über einer jeden Säule einzeln aus der Mauer hervorsprangen. In dem Kranze findet sich das Sonderbare, daß die Sparrenköpfe gleich unter den Rinnleisten, anstatt der hangenden Platte, angebracht sind, wovon man aber doch noch mehr Beyspiele bey den Römern antrifft. Uebrigens vermißt man in den Gebälken den Ausdruck der schönen Versimsungen aus dem Alterthume, und die Verzierungen an den Gewölben sind nachläßig und geschmacklos gearbeitet. 217)

Das vorzüglichste Gebäude Vespasians ist das große Amphitheater, das fast mitten in der Stadt angelegt wurde, 218) und das erste steinerne Gebäude dieser Art in Rom war. Gegen das Ende der freyen Republik gab, wie ich bereits erwähnt habe, Curio zuerst die Gelegenheit zu einem solchen Gebäude, unter dem Cäsar aber erhielten diese Gebäude ihre bestimmte Form und ihren Namen. Nach dieser Zeit wollte Augustus ein steinernes Amphitheater er-

Amphitheater.

---

217) Weinlig Briefe über Rom. II. S. 57. Br. 19. *Desgodez*, Edif. ant. de Rome. Chap. VII.
218) *Sveton.* Vespas. 9.

bauen. Er selbst aber führte sein Vorhaben nicht aus, sondern **Statilius Taurus** legte neben dem Campus Martius ein Amphitheater an, das aber nicht ganz von Stein seyn konnte, da es unter der Regierung Nero's abbrannte,[219] der deswegen zu den Spielen, die er anstellte, ein hölzernes Amphitheater errichtete. Endlich entstand unter Vespasian dieses ungeheuere Gebäude, das, wegen seines weitläuftigen Umfanges, in den neuern Zeiten Colosseum genannt wurde.

<small>Einrichtung dieses Gebäudes.</small> Die Form des Planes ist ein Oval, dessen größerer Durchmesser fünfhundert und achtzig französische Fuß, der kleinere aber vierhundert und einundachtzig Fuß betragen. Das Gebäude, welches die Arena einschließt, hat eine Höhe von hundert und sechsundfunfzig Fuß, und ist in vier Stockwerke abgetheilt, worin die Gänge angelegt sind, die zu den Sitzen führen. Die drey untersten dieser Stockwerke bestehen auf der Außenseite aus achtzig Bogenstellungen, deren Schäfte mit Wandsäulen verziert sind, das vierte aber ist eine Mauer mit Pilastern, zwischen welchen abwechselnd Fenster angelegt sind. Das Gebäude stand auf Stufen, und auf diesen erhob sich die erste Bogenstellung mit ihren Säulen, die den dorischen gleichen, nur daß sie höher sind, als es bey dieser Säulenart gewöhnlich ist, nämlich neun Durchmesser enthalten und in dem

---

[219] *Dio Cass.* LXII. p. 709.

Fünfter Abschnitt.

dem Friese keine Triglyphen haben. Bey diesen Säulen finden wir die üble Art der Verjüngung nach einer krummen Linie, da der Schaft das erste Drittheil seiner Höhe einerley Stärke behält, und sich erst von hier an verjüngt. An der zweyten Bogenstellung befinden sich jonische Säulen, die auf einem fortlaufenden Postamente stehen, welches unter den Säulen vorspringt. Auf einem gleichen Postamente stehen in dem dritten Stockwerke korinthische Säulen, und in dem vierten Pilaster mit korinthischen Capitälen. Die Capitäler der jonischen und korinthischen Säulen und Pilaster sind nicht vollendet, und vielleicht ist dieses absichtlich geschehen, weil man ihre ausgeführten Blätter und Schnecken, bey der großen Höhe des Gebäudes, nicht würde bemerkt haben. Jede Säulenstellung hatte ihr vollkommenes Gebälke, von denen das oberste eine eigene Anlage hat, die aber bey einem so hohen Gebäude sehr schicklich ist und eine sehr gute Wirkung thut. Der Architrav hat nichts besonders, er ist in drey Streifen abgetheilt und mit einem Kehlleisten und Riemen darüber bedeckt; allein die beyden folgenden Theile zeichnen sich aus. Der Fries bauet bis an dem Rand des Architravs heraus, so daß nur der Riemen, der über den Kehlleisten liegt, vorsteht, und über jeden Pilaster ist in dem Friese ein großer Modillon angebracht, den man eher einen Kragstein nennen könnte, der aber zur Unterstützung des weit vorspringenden Kranzes nöthig ist. Der Kranz hat weder die gewöhnliche Rinnleiste, noch die übrige gewöhnliche Anordnung des Kranzes im korinthischen Gebälke, sondern er gleicht eher einem Architrav, und besteht aus drey Streifen, die mit einem großen Kehlleisten und einem Riemen darüber bekrönt sind. [220])

Titus. Vespasian konnte dieses Gebäude nicht endigen, und er überließ die Vollendung seinem Sohne und Nachfolger Titus, der es einweihete. [221]) Nahe dabey ließ dieser Kaiser einen Pallast und Bäder anlegen, von denen noch Reste übrig sind, die aus einigen gewölbten Kammern bestehn und wegen der schönen Grotesken und andern Gemälden, womit die Wände und Decken verziert sind, sehr geschätzt werden. [222])

Triumphbogen des Titus. Ein schönes Werk der Baukunst dieser Zeit ist der Triumphbogen des Titus, der ihm und seinem Vater, wegen des Sieges über Jerusalem, von den Römern errichtet wurde. Er besteht aus einem einzigen Bogen, und war mit römischen Säulen verziert, die halb aus der Mauer hervorsprangen. Das römische Capital erscheint hier in seiner größten Vollkommenheit und Schönheit, es hat die Höhe des ko-

---

220) *Desgodez*, Edif. ant. de Rome. Chap. 21. Weinlig Briefe über Rom. II. S. 69. Br. 21. 22. *Maffei* de Amphit. Lib. II. L'Amfiteatro Flavio descrit. e del. dal *C. Fontana*. Haag. 1725. f.

221) *Sveton*. Titus. 7.

222) Le Antiche Camere delle Terme di Tito e loro Pitture, descritte del *Giuf. Carletti*. Rom. 1776. f. *Cameron*, the Baths of the Romans etc. Chap. V. pag. 53. Pl. VII.

rinthischen, und ist mit zwey Reihen Blättern verziert, über welchen sich an den Ecken die großen jonischen Voluten erheben. Die Säulen sind kannelirt und stehen auf hohen Postamenten und Basen, die aus vielen Gliedern zusammengesetzt sind. Ihr Gebälke, das ununterbrochen von einer Säule zur andern fortläuft, hat den vierten Theil der Säule zur Höhe. Das ganze Gebäude ist reich und prächtig verziert, vorzüglich aber das Gebälke und die innere Seite des Bogens, die mit Basreliefs geschmückt ist, davon das eine den Triumph des Titus, das andere die Beute aus dem Tempel zu Jerusalem vorstellet. Der Schlußstein ist auf eine sonderbare Art verziert, nämlich mit einer stehenden Figur, die auf einem unter dem Schlußsteine vorspringenden Blatte ruhet. Die Verzierungen sind gut gearbeitet, und die beyden erwähnten Basreliefs gehören unter die schönsten aus dem Alterthume, die erhobenen Arbeiten an dem Friese aber kommen diesen nicht bey.[223])

Domitian erhielt durch den großen Brand, der unter Titus Regierung drey Tage hindurch die Stadt verwüstet hatte,[224]) Gelegenheit, den Künstlern Beschäftigung und Aufmunterung zu geben. Er ließ das Capitol wieder herstellen und verschiedene

Domitian.

---

223) *Desgodez*, Edif. ant. de Rome. Chap. 17.
224) *Sveton.* Titus. 8.

neue Gebäude errichten,[225]) einen Tempel **Jupiters,** der den Zunamen **Custos** erhielt; einen Tempel zu Ehren seiner Familie, den er an dem Orte erbaute, wo das Haus stand, in dem er war geboren worden; ein Stadium, eine Naumachia, ein Odeum, das erste Gebäude dieser Art in Rom,[226]) und ein Forum.

Forum des Nerva. Dieses Forum wurde erst vom Nerva vollendet, der es nach seinem Namen Forum Nervä nannte. Die Trümmer, die sich von diesem Platze erhalten haben, hält man gemeiniglich für Reste eines Tempels der **Minerva,** weil in der Attike ein großes Basrelief dieser Göttinn angebracht ist.[227]) Es sind noch zwey halb verschüttete kannelirte korinthische Säulen übrig, die von der dahinter liegenden Mauer ungefähr drey ihrer Durchmesser abstehen, und ein sehr reich verziertes Gebälke tragen. Dieses Gebälke geht nicht ununterbrochen über den Säulen fort, sondern es ist sehr stark verkröpft und springt über jeder Säule von der Mauer hervor. Ein neuer Fehler, der sich jetzt in die Baukunst eingeschlichen hatte, und in den folgenden Zeiten oft nachgeahmt wurde.

Trajan u. Hadrian. So sehr große Beförderer der Baukunst auch die Flavier waren, so wurden sie doch von den nachfolgenden Kaisern weit übertroffen. Trajan und

---

225) *Sveton.* Domit. 5.
226) **Martini** von den Odeen der Alten. S. 149.
227) *Desgodez,* Edif. ant. de Rome. Chap. 15.

Hadrian gaben sich alle mögliche Mühe, die Künste wieder emporzuheben. Die Künstler wurden mit neuem Eifer belebt, sie bestrebten sich die vorigen Künstler, die in Rom gearbeitet hatten, zu übertreffen, und hierdurch entstanden jetzt große und prächtige Werke der Baukunst.

Trajan zierte die Stadt mit einem neuen Forum, das rings herum mit Säulengängen umgeben und mit einer Basilika, wo die ulpische Bibliothek stand, mit einer Halle, wo die Statuen gelehrter Männer aufgestellt waren, ingleichen mit vier prächtigen Eingängen, die Triumphbogen glichen, geschmückt war. In der Mitte dieses Platzes stand eine sehr hohe Säule, die Trajan zu seinem Grabmale bestimmte, die aber auch ein Denkmal seiner Thaten seyn und zugleich die große Arbeit bezeugen sollte, welche die Anlegung dieses Platzes verursacht hatte, weil man, um den Platz eben zu machen, die hier liegenden Hügel abtragen mußte, weswegen die Säule die Höhe erhielt, welche die Gegend vorher gehabt hatte. [228] Der Baumeister dieses schönen und prächtigen Platzes war Apollodor, ein Athenienser.

Trajans Forum.

Von allen den prächtigen Gebäuden, die das Trajanische Forum einschlossen, hat sich nichts erhalten, aber die Säule, der wir jetzt den Namen der Trajanischen beylegen, ist bis auf unsere Zeiten ganz und fast un=

Trajanische Säule.

---

[228] *Dio Cass.* LXVIII. p. 778.

versehrt gekommen. So wenig diese Säule als ein Muster der toskanischen Säulenart kann aufgestellt werden, von der sie sich durch ihre Verhältnisse sehr unterscheidet, für welches sie aber von manchen Schriftstellern und Künstlern angesehen wird, so viele Aufmerksamkeit verdient sie, wenn wir sie als ein Monument betrachten. Der Künstler, der die Form einer Säule dazu wählte, dachte vielleicht an nichts weniger, als an die toskanische, und er gab ihr gewiß nur deswegen ein so einfaches Ganze, theils damit die Basreliefs, die den Schaft zieren, sich besser ausnehmen, und nicht von den andern Verzierungen der Säule verdunkelt werden sollten, theils auch, weil er zu einem solchen Monumente eine einfache Säule am schicklichsten hielt. Und er hatte vollkommen recht; denn er würde seine Absicht nicht erreicht, und den großen Eindruck, den der Anblick dieser Säule macht, nicht hervorgebracht haben, wenn er ihr ein reiches und geschmücktes Capitäl und eine aus vielen Gliedern zusammengesetzte Base gegeben hätte.

Einrichtung dies. Säule. Das Postament, worauf die Säule steht, ist siebzehn Fuß hoch, die Säule selbst aber, mit Base und Capitäl, zweyundneunzig Fuß, und das kuppelförmige Gebäude über dem Abacus neun Fuß hoch. [229] Der untere Durchmesser der Säule beträgt etwas über eilf Fuß, der obere aber zehn Fuß, so daß sie also um den achten Theil ihrer untern

---

229) Weinlig Briefe über Rom. III. Brief 29. S. 35.

Fünfter Abschnitt.

Stärke verjüngt ist. Die ganze Säule besteht aus vierunddreißig großen Marmorblöcken, in welchen inwendig Stufen ausgehauen sind, auf denen man bis auf den Abacus hinaufsteigt, der mit einem Geländer umgeben ist. Man gelangt zu dieser Schnekkentreppe, die von dreyundvierzig kleinen Fenstern erleuchtet wird, durch eine Thüre im Postamente. Diese Säule trug sonst die colossalische Statue Trajans, da sie aber herunter gestürzt war, so ließ Pabst Sixtus der Fünfte die Statue des heiligen Petrus darauf setzen.

Das Capitäl der trajanischen Säule ist eine Nachahmung des alten dorischen, und hat, so wie jenes, einen ansehnlichen Vorsprung. Der Abacus ist eine glatte viereckige Platte, der darunter befindliche Echinus ist mit Eyern und Drachenzungen verziert, und unter ihm steht eine Hohlkehle, die von dem Echinus durch ein schmales Riemchen abgesondert wird. Den Hals der Säule nehmen Kannelirungen ein, und unter ihnen springt die Säule ein wenig vor. Auf diesem Vorsprunge winden sich die schönen Basrelifs, welche die Kriegszüge Trajans wider die Dacier vorstellen, in einer Schneckenlinie, die dreyundzwanzig Mahle um den Schaft herum geht, bis auf die Base herab. Diese besteht aus einem Plinthus und einem mit Lorbern umwundenen Bunde. [230])

Capitäl und Basreliefs.

---

230) Colonna Trajana, con tutta historia della guerra Dacica etc. diseg. e intag. da *P. S. Bartoli.*

Andere Gebäude Trajans.

Außer dem Forum legte Trajan ein Odeum und ein Gymnasium an, die eben auch Apollodor angab. [231]) Er unternahm auch andere wichtige Werke, als die Ausbesserung und Anlegung neuer Straßen, [232]) die Erbauung eines Hafens an der Tiber, [233]) und die Errichtung einer großen steinernen Brücke über die Donau, die zwanzig Pfeiler bekam, welche, vom Grunde an, hundertundfunfzig Fuß hoch und sechzig Fuß breit, hundertundsiebzig Fuß aber von einander entfernt waren. [234]) Diese schöne Brücke ließ Hadrian wieder abtragen, um zu verhindern, daß die Dacier nicht über dieselbe gehen und in das römische Gebiete einfallen könnten.

Trajans Triumphbogen.

Nachdem Trajan die Dacier überwunden hatte, machte er das Land zu einer römischen Provinz, und ließ in verschiedenen Städten desselben Tempel, Theater und andere Gebäude errichten, und die Römer legten auch einige neue Städte daselbst an, als Ulpia Augusta, Salinac und andere. [235]) Der römische Senat ließ dem Trajan einen Triumphbogen erbauen, [236]) und diese Ehre wiederfuhr ihm auch an andern Orten, wie zu Benevent,

---

231) *Dio Cass.* LXIX. p. 789.
232) *Dio Cass.* LXVIII. p. 777.
233) *Plinius* Epist. VI. 31. §. 15.
234) *Dio Cass.* LXVIII. p. 776.
235) *Bartalis*, Ortus et Occasus Imp. Rom. in Dacia Mediter. Cap. I. II.
236) *Dio Cass.* LXVIII. pag. 784.

Fünfter Abschnitt.

und zu Ancona, wo er den Hafen hatte ausbessern lassen.

Es ist sehr wahrscheinlich, daß der Triumph- *Er führt* bogen, der jetzt unter dem Namen des Constanti- *jetzt den Na-* nischen bekannt ist, und der sich fast ganz erhalten *men d. Con-* hat, eben derselbe ist, den der römische Senat dem *stantinisch.* Kaiser Trajan errichten ließ. [237]) Die Künstler zu Constantins des Großen Zeiten waren viel zu ungeschickt, als daß sie ein solches Gebäude hätten angeben und aufführen können, und da sie dem Kaiser einen Triumphbogen errichten sollten, so nahmen sie lieber den schon vorhandenen trajanischen, als daß sie einen neuen bauten, und hefteten nur andere Inschriften und einige schlechtgearbeitete Basreliefs daran, die sich auf Constantin und auf seinen Sieg über den Maxentius bezogen. Man darf dieses schöne Werk der Baukunst nur aufmerksam betrachten, und mit den Gebäuden aus Constantins Zeiten vergleichen, so wird man auffallend gewahr werden, daß es, sowohl in Ansehung der ganzen Anordnung, als auch, in der Bearbeitung der einzelnen Theile, die Kunst jener Zeiten bey weitem übertreffe.

Dieser Triumphbogen besteht aus drey Durch- *Anlage* gängen, von denen der mittelste der größte ist. [238]) *desselben.* Vor den Schäften der Bogen sind an jeder Seite

Ee 5

---

237) Weinlig Briefe über Rom. II. Brief 24. S. 94.

238) *Desgodez*, Edif. ant. de Rome. Chap. 20.

vier freystehende Säulen angebracht, die kannelirt und von der korinthischen Bauart sind. Ihre Verjüngung geht nicht von unten auf, sondern erst von dem Ende des untern Drittheils ihrer Höhe an. Sie stehen auf hohen Postamenten, und ihre Kannelirungen sind in dem untern Drittheile mit runden Stäben ausgelegt, und das Gebälke springt über jeder Säule besonders aus der Mauer hervor. Hinter diesen Säulen ist die Mauer mit Pilastern verziert, die, gleich den Säulen, verjüngt sind; ein Ueberfluß, der in den guten Zeiten der Kunst nicht gebräuchlich war, und von dem wir hier zuerst ein Beyspiel finden. Ungeachtet dieser Unregelmäßigkeiten hat dieses Gebäude viele Schönheiten. Die Verjüngungen sind schön profilirt, und die Verhältnisse gut gewählt; es ist reich aber mit Geschmack verziert. Die Capitäler sind vorzüglich schön gezeichnet und ausgearbeitet, die Anordnung des Gebälkes hingegen ist nicht die beste, denn es fehlt dem Kranze das wesentliche oberste Glied, der Rinnleisten, und die Platte, in der die Modillons sich befinden, ist ungewöhnlich hoch, der Unterbalken aber, der kein einziges verziertes Glied hat, ist, gegen die andern reich verzierten Theile des Gebälkes, zu einfach.

Triumphbogen zu Benevent. Der Triumphbogen zu Benevent wurde dem Trajan ebenfalls nach dem Siege über die Dacier ungefähr zu Anfange des Parthischen Krieges, errichtet. Er besteht aus einem einzelnen Bogen, dessen Durchmesser zwanzig Palmen, dessen Höhe aber

Fünfter Abschnitt.

fünfunddreyßig Palmen beträgt. An jeder Seite tragen zwey kannelirte römische Säulen, die auf einem vereinigten Fußgestelle stehen, das Gebälke und eine Attike, die mit einer Inschrift versehen ist. Der Raum zwischen den Säulen und der Fries ist mit Basreliefs verziert, die sich auf den dacischen Krieg beziehen und sehr gut gearbeitet sind. Dieser Bogen hat sich noch ziemlich gut erhalten. Er wird jetzt anstatt eines Stadtthores gebraucht, und Porta Aurea genannt. [239])

Der Triumphbogen zu Ancona wurde dem Trajan, seiner Gemahlinn, Plotina, und seiner Schwester, Martiana, zu Ehren errichtet. Er hat einen einzigen Bogen und ist mit vier korinthischen Säulen verziert, die auf Piedestalen stehen, und nebst dem Gebälke eine Attike tragen. Von seinen übrigen Zierrathen, die aus Statuen und Trophäen aus Bronze, so wie auch aus in Stein gehauenen Basreliefs bestanden, sind nur die letztern bis auf unsere Zeiten gekommen. [240])

Triumphbogen zu Ancona.

Hadrian schätzte die Künste vorzüglich, weil er sie als Kenner liebte, und in der Malerey und Bildhauerkunst selbst geübt war,[241]) die Baukunst aber als ein vorzügliches Mittel zu Verherrlichung

Hadrians Gebäude.

---

239) Swinburne Reisen durch beyde Sicilien. I. S. 520. deutsche Ueb. Arcus Trajani. (von *Ficoroni*) Rom. 1739. Fol.

240) Volkmann hist. krit. Nachrichten von Italien. III. S. 488.

241) *Dio Cass.* LXIX. p. 789.

seines Namens betrachtete, daher er in Rom diese Kunst sehr unterstützte, und in den Provinzen des Reiches, vorzüglich in Griechenland, so viel bauen ließ, als vor ihm noch kein römischer Kaiser gethan hatte. In Rom wurde das Innere des Pantheons verschönert, die Septa, die Basilica des Neptun, die Bäder des Agrippa, das Forum des Augustus und viele Tempel wurden jetzt wiederhergestellt und ausgebessert. [242])

Hadrians Grabmal. Unter den neuen Gebäuden, die Hadrian in Rom errichtete, zeichnet sich besonders sein Grabmal aus, das er jenseit der Tiber anlegte, wovon noch ein beträchtlicher Rest übrig ist, der in neuern Zeiten zu einer Festung umgeschaffen wurde, und den Namen Engelsburg erhielt. Der Unterbau des ganzen Werkes ist ein großes Viereck, von welchem jede Seite ungefähr hundert und achtundvierzig Ellen in der Länge, und vierunddreißig Ellen in der Höhe hat. Ueber dieses Viereck erhebt sich ein rundes Gebäude, welches ehedem mit einer Gallerie von freystehenden korinthischen Säulen umgeben war. Der Durchmesser dieses runden Baues soll, mit Inbegriff des Säulenganges, etwas über hundert und neunzehn Ellen, die Höhe der Säulen aber mit dem Gebälke vierundzwanzig Ellen betragen haben. Ohne Zweifel folgte auf dieses runde Gebäude ein ähnliches zweytes Geschoß, das eben auch mit Säu-

---

242) *Spartian.* Hadr. 18.

Fünfter Abschnitt.

len umgeben war. Das ganze Gebäude war mit weißem Marmor bekleidet und mit einer großen Menge Statuen besetzt, die Spitze des Grabmals aber soll eine Quadriga geziert haben, in welcher die Statue Hadrians stand. Dieses Grabmal wurde mit der Stadt durch eine Brücke über die Tiber verbunden, die auch Hadrian errichtete, und die dem Grabmal an Pracht nichts nachgab. Sie ist ungefähr dreyhundert Fuß lang, und besteht aus fünf eben nicht gar zu weiten Bogen. Sie führte sonst den Namen Pons Aelius, jetzt aber heißt sie die Engelsbrücke. [243])

Die Villa, die dieser Kaiser sich bey Tivoli erbaute, übertraf an Größe und an Weitläuftigkeit und Mannichfaltigkeit ihrer Anlagen alle Landsitze dieser Zeit. [244]) Sie nahm im Umkreise über zehn italiänische Meilen ein, wie sich noch aus ihren Ueberbleibseln schließen läßt, und es waren darin die berühmtesten Gegenden Griechenlandes vorgestellt und die schönsten Orte und Gebäude Athens nachgeahmt. Auch sah man hier eine Vorstellung der elisäischen Felder und des Reiches des Pluto, verschiedene Tempel, eine Naumachia, zwey Theater, und mehrere Gebäude, die aber jetzt alle in Trümmern liegen, unter denen man sehr viele Statuen, marmorne Säulen, Friese und eine Menge Kost-

Hadrians Villa.

---

243) Weinlig Briefe über Rom. I. Brief 5.
244) *Spartian.* Hadr. 24.

barkeiten gefunden hat, die von der Pracht dieser Anlage den besten Beweis geben. ²⁴⁵)

<small>Hadrians Reisen. Gebäude, die er überall errichten ließ.</small> Hadrian durchreiste fast alle Provinzen seines Reiches, ²⁴⁶) und hinterließ überall Spuren seiner Freygebigkeit, um überall seinem Namen ein Denkmal zu stiften, indem er nicht nur in den meisten großen Städten die schlechten öffentlichen Gebäude einreißen und bessere aufbauen ließ, sondern sie auch mit neuen Gebäuden verschönerte, worunter sich vorzüglich Theater befanden. ²⁴⁷) Und überdieses legte er einige neue Städte an, als Adrianotherä in Mysien, an einem Orte, wo er glücklich gejagt und einen Bären erlegt hatte, ²⁴⁸) und Antinoopolis in Aegypten, zum Andenken seines Lieblings Antinous, an dem Platze, wo er umgekommen war. ²⁴⁹) Er reiste zuerst nach Gallien, und baute zu Nimes zu Ehren der Plotina, der Gemahlinn Trajans, eine Basilica, ²⁵⁰) und vielleicht auch das große Amphitheater, von dem man noch die Ruinen findet.

---

245) Volkmann, hist. krit. Nachr. von Italien. II. S. 892.
246) *Spartian.* Hadr. 17. 18.
247) *Dio Cass.* LXIX. p. 791. 792.
248) *Spartian.* Hadr. 19.
249) *Dio Cass.* LXIX. p. 793. *Ammian. Marcell.* XXII. 16. Von dieser Stadt findet man noch einige Ueberbleibsel und schöne Ruinen. Bruce Reisen zur Entd. der Quell. des Nils. I. Buch I. Kap. 4. S. 147.
250) *Spartian.* Hadr. 11.

Fünfter Abschnitt.

Darauf ging er nach Britannien, und legte zwischen den Besitzungen der Caledonier und Römer einen Wall an, um die häufigen Einfälle der Caledonier in das römische Gebiet zu verhindern, wo hernach **Septimius Severus** eine feste Mauer errichtete.[251] Hernach besuchte er Spanien, und stellte zu Tarracona den Tempel des Augustus wieder her,[252] und war vielleicht auch der Urheber des Amphitheaters zu Italica, seiner Vaterstadt,[253] da er gegen sie sehr freygebig war, ob er gleich nicht dahin kam.[254] Als er Arabien durchreist war, und nach Pelusium in Aegypten kam, erbaute er daselbst dem Pompejus ein Monument.[255] In der Gegend von Afrika, wo jetzt Algier und Tunis liegt, wurden unter Hadrian viele große Gebäude, vorzüglich Tempel und Triumphbogen angelegt, von denen noch ansehnliche Reste zu sehen sind.[256] Endlich reiste er nach Griechenland und Asien. In Asien erbaute er viele Tempel,[257] unter welchen der Tempel zu Cyzicum der größte und schönste war,

---

251) *Spartian.* Hadr. 10. *Spartian.* Sever. 18. *John Warburton* Vallum Romanum etc. London. 1771.

252) *Spartian.* Hadr. 11.

253) Degli Amfiteatri, e particolamente etc. di quello d'Italica della Spagna etc. Mayland. 1788.

254) *Dio Cass.* LXIX. p. 792.

255) *Spartian.* Hadr. 13.

256) Bruce Reisen zur Entd. der Quell. des Nils. I. Einleit. S. 22. ff.

257) *Spartian* Hadr. 12.

dessen Säulen, von denen jede aus einem einzigen Steine bestand, eine Stärke von vier Ellen und eine Höhe von funfzig Ellen hatten. Dieser Tempel wurde unter dem ersten Antonin durch ein Erdbeben verwüstet. [258]) Um Griechenland machte Hadrian sich vorzüglich verdient. Zu Megara baute er einen Tempel des Apollo, der vorher nur aus Ziegelsteinen bestanden hatte, [259]) bey Korinth eine Wasserleitung, [260]) zu Mantinea einen Tempel des Antinous, [261]) nicht weit von dieser Stadt einen Tempel des Neptuns, [262]) und in dem Lande der Phocäer einen kleinen Tempel des Apollo. [263])

Hadrians Gebäude zu Athen. Keine Stadt Griechenlandes begünstigte Hadrian so sehr als Athen, die unter ihm fast ihre vorige Schönheit wieder erlangte. [264]) Er erweiterte die Stadt, und legte für sie eine schöne Wasserleitung an, von welcher sich noch zwey jonische Säulen mit ihrem Gebälke erhalten haben. [265]) Er nannte den

---

258) *Dio Cass.* LXX. p. 799.
259) *Pausan.* I. 42.
260) *Pausan.* II. 3.
261) *Pausan.* VIII. 9.
262) *Pausan.* VIII. 10.
263) *Pausan.* X. 35.
264) *Pausan.* I. 3. Chandler Reise nach Griechenland. Kap. 18.
265) *le Roy* Monum. de la Grece. I. pag. 37. Pl. XXIV. Chandler Reisen in Griechenland. Kap. 15.

Fünfter Abschnitt.

den neuen Theil der Stadt Adrianopolis, welchen Namen er auch schon einigen andern Städten gegeben hatte, [266]) und zierte ihn mit schönen Gebäuden. Ein Thor von Marmor mit korinthischen Säulen und Pilastern trennte die Stadt Hadrians von der alten, [267]) und hatte auf beyden Seiten Inschriften. Ueber den Bogen auf der einen Seite stand: Dieß ist Athen, die alte Stadt des Theseus, und auf der andern Seite: Dieß ist die Stadt Hadrians, nicht die des Theseus. In dem Bezirke von Neu Athen baute er den Tempel der Juno und des Jupiter Panhellenius, ein Pantheon, [268]) ein Gymnasium.

Das berühmteste unter allen seinen Gebäuden zu Athen war der Tempel des Jupiter Olympius, der schon seit langen Zeiten war gegründet worden, den aber Hadrian erst jezt vollendete.[269]) Deukalion soll hier zuerst dem Jupiter einen Tempel geweiht haben. Der zweyte Erbauer dieses Tempels war Pisistratus, [270]) der während des Baues starb, worauf seine Söhne das Werk fortsetzten, das aber, nachdem sie waren erschlagen worden, unvollendet liegen blieb. Ungefähr vierhundert Jahre nach dieser Zeit, unternahm Antiochus Epiphanes die

Tempel des Jupiters Olympius.

---

266) *Spartian.* Hadr. 19.
267) *le Roy* Monum. de la Greçe. I. pag. 34. II. pag. 24.
268) *Pausan.* I. 18.
269) *Pausan.* l. c.
270) *Vitruv.* VII, praef.

Vollendung dieses Tempels, und trug sie einem römischen Baukünstler Cossutius auf, der wahrscheinlich die Säulengänge innerhalb des Tempels anlegte. In den nachfolgenden unruhigen Zeiten wurde an den Bau dieses Tempels nicht weiter gedacht, er wurde vielmehr vom Sulla, der im mithridatischen Kriege Athen einnahm, geplündert. Unter dem Augustus entschlossen sich die mit ihm verbundenen Könige, den Tempel auf gemeinschaftliche Kosten zu endigen, allein auch dieses Unternehmen gieng nicht glücklich von statten. Endlich war es dem Hadrian aufbehalten, die letzte Hand an ein Werk zu legen, das einige Jahrhunderte hindurch Könige und Künstler beschäftigt hatte. Dieser Tempel war ein Hypäthros und Dipteros, mit einer doppelten Reihe korinthischer kannelirter Säulen umgeben, von denen zehn vor jeder Fronte und ein und zwanzig an jeder Seite standen.[271] Die ganze Anzahl der Säulen um die Zelle war hundert und zwey und dreyßig. Die Ruinen die noch davon übrig sind, zeugen von der Größe und Pracht dieses Tempels. Sie bestehen aus einigen hohen und schönen Säulen, die ungefehr sechs Fuß im Durchmesser und fast sechzig Fuß hoch sind, und von denen einige einzeln stehen, einige ihre Architraven noch unterstützen.[272] Dieses sind die Ruinen, die gemeinig-

---

271) *Vitruv.* III. 1. The Antiquit. of Athens. II. Chap. I. pag. 14.

272) The Antiquit. of Athens. II. Chap. I. pag. 14. Pl. XXXI.

Fünfter Abschnitt.

lich die Säulen Hadrians genennt werden, und die le Roy fälschlich für Ueberbleibsel des Pantheons des Hadrians angesehen hat,[273]) da er hingegen andere dasür ausgiebt, die es ihrer Lage nach nicht seyn können,[274]) und die Stuart sehr wahrscheinlich für Trümmer eines Porticus hält, der nach seiner Bauart und seinem Styl ohne Zweifel auch aus dem Zeitalter Hadrians oder der Antoninen, ist.

Jetzt beförderten nicht allein die Kayser die Baukunst, sondern auch viele Privatpersonen und die Bürger verschiedener Städte folgten ihrem Beyspiele. Zu Trajans und Hadrians Zeiten wurden zu Capua und Verona Amphitheater erbaut,[275]) und unstreitig entstand jetzt auch das Amphitheater zu Catana in Sicilien.[276]) Unter der Statthalterschaft des jüngern Plinius in Bithynien und Pontus, führten die Städte dieser Länder viele schöne und wichtige Werke auf, Nicomedia ein neues Forum und eine Wasserleitung, Nicea ein Theater und Gymnasium, Prusa und Claudiopolis Bäder.[277])

Auch Privatpersonen legen große Gebäude an.

---

273) Monum. de la Greçe Part. I. pag. 35. Part. II. pag. 20. Pl. XXII. The Antiquit. of Athens. I. pag. 38.
274) Monum. de la Greçe Part. I. pag. 19. Part. II. Pl. XXII. pag. 20. The Antiquit. of Athens. I. pag. 40.
275) *Maffei* de Amphith. Lib. I. cap. 12, 13.
276) *Houel*, Voyages pittoresqu. etc. Vol. II. pag. 128.
277) *Plinius*, Epist. X. ep. 46. 48. 58. 75.

Vielleicht wurden jetzt auch die Tempel in verschiedenen Ländern der Griechen gebaut, die dieses Volk, um den Römern zu schmeicheln, ihren Kaisern widmete, wie in Äsopus, einer Stadt in dem Gebiete der Spartaner,[278]) zu Elis, dessen Dach aber schon zu Pausanias Zeiten verfallen war,[279]) und zu Delphi.[280]) Einige dieser Tempel waren mit den Statuen der Kaiser geschmückt.

Herodes Attikus.

Unter allen Privatpersonen zeichnete sich Herodes Attikus, ein Bürger zu Athen, vorzüglich aus, der ein beynah königliches Vermögen besaß, und es nicht nur zum Besten seiner Vaterstadt anwandte, sondern auch andere Städte Griechenlandes, Asiens und Italiens mit kostbaren Gebäuden zierte. Er erbaute bey Athen ein Stadium von weißen Marmor, das einen sehr großen Umfang hatte,[281]) und er stellte, zum Andenken seiner Gemahlin Regilla, das Odeum zu Athen aufs neue her,[282]) das Perikles zuerst gebaut hatte, das aber, nachdem es im mithridatischen Kriege war in Brand gesteckt worden, von Ariobarzanes dem Zweyten, König in Kappadocien, ausgebessert wurde, nach dieser Zeit aber wieder verfallen war. Zu Delphi verzierte er das Stadium mit Pentelischem Marmor,[283]) zu

---

278) *Pausan.* III, 22.
279) *Pausan.* VI, 25.
280) *Pausan.* X, 8.
281) *Pausan.* I, 19.
282) *Pausan.* VII, 20.
283) *Pausan.* X, 22.

Fünfter Abschnitt.

Korinth baute er ein Theater, zu Thermopylä Bäder, und zu Canisium in Italien eine Wasserleitung.

Unter den Antoninern wurde die Baukunst in eben dem Style ausgeführt wie bisher. Die Künstler, die jetzt in Rom lebten, hatten sich noch zu den Zeiten Trajans und Hadrians gebildet, daher wurde in der Stadt weniger fehlerhaft gebaut und man überhäufte die Gebäude nicht mit so vielen Zierathen, wie es in den Provinzen geschah. Antoninus Pius ließ das Amphitheater und andere Gebäude ausbessern, und baute seinem Vater Hadrian zu Ehren einen Tempel,[284]) dem er auch ein ähnliches Denkmal bey Puzzuoli errichtete.[285]) Marcus Aurelius der die Kunst so sehr liebte, daß er sie studirte und beym Diognet zeichnen lernte,[286]) erbaute seiner Gemahlin Faustina einen Tempel, den er zugleich ihrem Vater, dem Antoninus Pius widmete, und nach seinem Tode wurde auch ihm ein Tempel errichtet.[287]) Von diesen beyden Gebäuden finden sich noch Ruinen, aus denen wir den Geschmack dieses Zeitalters kennen lernen.

Der Tempel der Faustina war ein ProstylosTempel der mit sechs Säulen vor dem Eingange.[288]) Diese Faustina.

Styl der Kunst unter den Antoninern.

Faustina.

---

284) *Iul. Capitol.* Anton. Pius 8.
285) *Iul. Capitol.* Hadr. 25.
286) *Iul. Capitol.* Anton. Phil. 4.
287) *Iul. Capitol.* Anton. Phil. 18. 26.
288) *Desgodez*, Edif. ant. de Rome. Chap. 8.
Weinlig Briefe über Rom II, Br. 18.

Säulen sind korinthisch, und haben Base und Capitäl mitgerechnet, zehn Durchmesser zur Höhe. Ihre Capitäle und Basen sind von weißem Marmor, die Schäfte aber bestehen aus einem bunten Marmor und sind nicht kannelirt. Die Basen sind attisch und haben einen halben Durchmesser zur Höhe, die Capitäler aber, die schön gearbeitet sind zwey und ein Sechstheil Model. Die Verjüngung der Säule geht gleich über der Base an. Das Gebälke, das aus weißem Marmor besteht, ist ein wenig höher als der vierte Theil der Säulenhöhe, und ist nicht mit Zierathen überhäuft. An der vordern Ansicht des Tempels ist der Fries und ein Theil des Unterbalkens glatt, weil hier eine Inschrift angebracht ist. Auf den Seiten ist der Fries abwechselnd mit Greifen, Candelabern und Blumenzügen verziert, der Unterbalken aber besteht aus zwei Streifen über einander, die durch ein Leistchen getrennt und oben mit einem Kehlleisten und Riemchen bedeckt sind. Weder jenes Leistchen noch der Kehlleisten sind verziert. Der Kranz ist gut profilirt und mit mehr Zierrathen besetzt, indem die hängende Platte, der Wulst und die Rinnleiste darunter verziert ist, es fehlen ihm hingegen die sonst bey der korinthischen Bauart gewöhnlichen Sparrenköpfe und Zahnschnitte.

Tempel des Antoninus. Die eilf Säulen die vor dem Zollhause in Rom stehen, sind unstreitig Ueberbleibsel eines Tempels des Antoninus oder doch von einem Gebäude, das zu dieser Zeit errichtet wurde.[289] Sie sind

---

289) *Desgodez,* Edif. ant. de Rome. Chap. 14.

korinthisch und kannelirt. Sie bestehen aus weißem Marmor und haben mit Base und Capitäl zehn Durchmesser zur Höhe. Ihre Base ist Attisch, ihr Capitäl ist dem an dem Tempel der Faustina ziemlich ähnlich, und ihr Gebälke ist etwas mehr verziert als das an jenem Tempel. Der Fries hat das besondere, daß er nicht nach einer geraden Linie profilirt, sondern ausgebaucht ist; eine Erfindung der jetzigen Zeiten, die keine Nachahmung verdient, da der Fries durch sie ein schwerfälliges Ansehn bekommt, die aber dem ungeachtet unter den neuern Künstlern vorzüglich vom Palladio und seinen Nachahmern ist aufgenommen worden. Von dem Kranze hat sich nichts erhalten.

Unter diesen Kaisern wurden auch zwey Säulen errichtet, von denen aber nur noch eine steht. Die eine wurde dem **Antoninus Pius** noch bey seinem Lebzeiten geweiht, und diese besteht aus einem einzigen Steine, einem Granit, der fünf und vierzig Fuß lang und ganz glatt, ohne Basreliefs oder andere Verzierungen ist. Ihr Postament ist auf drey Seiten mit Basreliefs verziert, auf der vierten aber mit einer Inschrift versehen. Dieses Postament hat Benedikt der Vierzehnte auf dem Monte Citorio aufstellen lassen, allein die Säule selbst wurde nicht aufgerichtet, und sie liegt noch immer in dem Hofe eines Pallastes.²⁹⁰)

Säule des Antoninus Pius.

---

290) *Vignoli*, Diss. de Columna Imp. Anton. Pii. Roma. 1705. 4.

Säule des Marcus Aurelius.

Die andere Säule ist zum Andenken des Marcus Aurelius errichtet worden. Sie ist völlig eine Nachahmung der Trajanischen Säule und hat einerley Größe, Zeichnung und Bauart mit ihr, allein sie erreicht ihr schönes Original auf keine Weise. Ihre Verhältnisse sind so schlecht, daß sie oben eben so stark als unten zu seyn scheint, wodurch sie ein plumpes Ansehn erhält. Die Basreliefs, die sich in einer Schneckenlinie um den Schaft der Säule hinanwinden, und den marcomannischen Krieg vorstellen, sind in ihrer Zusammensetzung und Ausführung nicht besonders, und stehen denen an der Trajanischen Säule gar weit nach. [291])

Gebäude der Antoninner ausserhalb Rom.

Die Antoniner beförderten auch die Kunst ausserhalb der Stadt Rom und in den Provinzen des Reiches. Antoninus Pius ließ zu Cajeta und Terracina Häfen bauen und legte zu Antium eine Wasserleitung und zu Lanuvium eine große und prächtige Villa an. [292]) Er sowohl als auch Marcus Aurelius unterstützten und verschönerten viele Städte, vorzüglich in Asien, [293]) und nicht weniger in Afrika. [294])

---

291) La Colonna di Marco Aurelio etc. intag. da *P. S. Bartoli.* Rom. 1704. f.

292) *Iul. Capit.* Anton. Pius, 8.

293) *Iul. Capit.* Anton. Pius, l. c. *Dio Cass.* LXXI. p. 814.

294) Bruce Reis. zur Entd. der Quell. des Nils I. Einleit. S. 28. f.

Fünfter Abschnitt.

Sonnentempel zu Balbeck

Unter die Gebäude, die durch die Freygebigkeit der Antoniner entstanden gehören unstreitig auch die, von denen zu Balbeck, oder Heliopolis, beträchtliche Ruinen übrig geblieben sind. Der Sonnentempel daselbst, der zu jener Zeit für ein Wunder der Welt angesehen wurde, war ohne Zweifel ein Werk des Antoninus Pius,[295]) so wie auch der kleinere und der runde Tempel, die ebenfalls hier gefunden werden, da sie in den Verzierungen einander sehr ähnlich sind. So sehr sich auch diese Gebäude theils durch ihre große Anlage, theils durch ihre Pracht auszeichnen, so sieht man an ihnen doch auch eine Menge Fehler wider den guten Geschmack, die jetzt in die Kunst einschlichen und in der folgenden Zeit nachgeahmt wurden. Hier sieht man gekuppelte Säulen,[296]) zwischen hohen Säulen und Pilastern befinden sich kleine Säulen zur Verzierung der Nischen oder Tabernakel, die daselbst an der Wand angebracht sind,[297]) und neben diesen stehen bisweilen einzelne Säulen, die auch ein eigenes von dem andern getrenntes Gebälke haben, das über ihnen besonders aus der Mauer hervorspringt.[298]) Man findet hier halbe Pilaster, die neben und hinter Wandsäulen stehen,[299]) und Pilaster, deren Schäfte Füllungen haben, die mit Eichenblättern

---

295) Les Ruines de Balbec, pag. 10. f.
296) Les R. d. Balb. Pl. VI. VII.
297) Les R. d. Balb. Pl. XI. XXXVI.
298) Les R. d. Balb. Pl. XI.
299) Les R. d. Balb. Pl. XXXV.

verziert sind.³⁰⁰) Spitzige und runde Giebel sind abwechselnd angebracht ³⁰¹) und einige Giebel in der Mitte durchschnitten.³⁰²) Wir treffen hier häufige Verkröpfungen an, wie an dem kleinern Tempel, wo das Gebälke der Wandsäulen und das der dahinter stehenden Pilaster wieder besonders verkröpft ist,³⁰³) und bisweilen gehen die Verkröpfungen sogar bis in den Kranz der Giebel hinauf, wie über den kleinen Säulen an den Tabernakeln.³⁰⁴) Uebrigens sind hier auch einige Friese ausgebaucht und nach einer krummen Linie profilirt.³⁰⁵) Einigemal macht der Kranz des Gebälkes über zwey Säulen einen Bogen.³⁰⁶) Bisher wurden die Pilaster nur hinter den Säulen angebracht, hier aber finden wir zuerst, daß sie ohne Säulen, zur Verzierung der Mauer, gebraucht wurden.³⁰⁷) Dieses ist in der That keine geringe Anzahl von sonderbaren Einfällen des Künstlers und Abweichungen vom guten Geschmack, es finden sich aber noch verschiedene Dinge, die, wenn man streng urtheilen will, auch als fehlerhaft können angesehn werden. Die Gebälke und

---

300) Les R. de Balb. Pl. XVIII.
301) Les R. d. Balb. Pl. V. VI. XIV.
302) Les R. d. Balb. Pl. VI. XI. XVI.
303) Les R d. Balb. Pl. XXXV.
304) Les R. d. Balb. Pl. XIII. XIV. XV. XVII. XIX.
305) Les R. d. Balb. Pl. XXXI. XLIII.
306) Les R. d. Balb. Pl. VII. XI.
307) Les R. d. Balb. Pl. IV. V.

Fünfter Abschnitt.

die übrigen Versimsungen an diesen Gebäuden, sind gut profilirt, die Verzierungen sind schön und mit vieler Genauigkeit bearbeitet, aber sie sind sehr überhäuft angebracht. Bey diesem Reichthum an Verzierungen ist zu verwundern, daß nur wenige Säulen kannelirt sind. Die meisten Säulen sind korinthisch, und so wie es in den Gebälken wenig Glieder giebt, die nicht mit Zierrathen besetzt sind, so haben auch die übrigen Versinsungen und vorzüglich die Thür-Einfassungen sehr vielen Schmuck.

Der Tempel, von dem man noch bey Mylasa in Karien Ueberreste findet, wurde ohne Zweifel auch unter den Antoninern errichtet.[308]) Er war von korinthischer Bauart und ein Peripteros mit sechs Säulen vor jeder Halle und eilf Säulen an jeder Seite. Er stand auf drey Stufen, die nicht wie es sonst gewöhnlich war, viereckig und ganz glatt, sondern oben mit einem Viertelsstabe bedeckt sind. Die Säulen haben mit Base und Capital neunzehn Model zur Höhe, die Base ist mit dem Plinthus etwas über einen Model, das Capital aber wenig über zwey Model hoch. Die Base ist Attisch und hat verzierte Pfuhle, die Säulen sind von unten an verjüngt und kannelirt, das Gebälke aber, das noch nicht den vierten Theil der Säule zur Höhe hat, ist ganz glatt, und war vielleicht noch nicht vollendet, da auch einige Säulen an der Südseite des Tempels ohne Kannelirungen sind und noch nicht

Tempel bey Mylasa.

---

308) Ionian Antiquit. Chap. IV. p. 55.

fertig gemacht waren.³⁰⁹) Uebrigens hat dieses Gebälke keine schöne Anordnung der Glieder, der Kranz hat keine Sparrenköpfe, ob er wohl mit Zahnschnitten versehen ist, der Fries ist ausgebaucht, und der Unterbalken in drey Streifen getheilt, davon die zwey untern sehr niedrig sind, der oberste höhere aber mit einer Menge Gliedern bedeckt ist, die zusammen fast die Hälfte der Höhe des ganzen Unterbalkens einnehmen, eine Einrichtung, wodurch er kein schönes Ansehn erhält.

Grabmal bey Mylasa. Ein anderes Gebäude bey Mylasa, ein Grabmal, gehört unstreitig auch in diese Zeiten, welches der Styl seiner Architektur und vorzüglich der nach einer runden Linie profilirte Fries wahrscheinlich macht.³¹⁰) Das, was dieses Gebäude besonders auszeichnet, sind die Säulen, deren Schäfte nicht rund, sondern an der vordern Ansicht und innerhalb des Gebäudes elliptisch sind, an den Seiten aber viereckige glatte Vorsprünge haben.

Ovale Säulen. Vielleicht wurden zu eben dieser Zeit die ovalen Säulen gearbeitet, die man auf den Inseln Delos, Mytilene, Samos, zu Angora und zu Magnesia am Maeander gefunden hat,³¹¹) und die eben dieselbe

---

309) Ionian Antiquit. pag. 60.
310) Pocock Beschr. des Morgenl. III. S. 90. Taf. 56. Chandler Reis. in Klein As. Kap. 56.
311) *Tournefort* Voyage etc. I. Lett. 7. II. Lett. 9. 10. III. Lett. 21. Pocock, III. S. 82. Taf. 56. Fig. A. B. die Ruinen die Pocock hier fand, sind gewiß keine Ueberbleibsel von dem Tempel der Diana Leukophryne.

Form haben. Diese Säulen aber waren keine besondere zu dieser Zeit neuerfundene Säulenart, sondern wahrscheinlich Wandsäulen, die von außen und innerhalb des Gebäudes zur Verzierung dienten, und die glatten Vorsprünge an den Seiten deswegen bekamen, weil der jetzt offene Raum, zwischen den Säulen, sonst mit Marmortafeln verschlossen war. Allein zu Rom befinden sich zwey Capitäler, von der römischen Säulenart, die zu ovalen Säulen müssen gehört haben,[312]) die aber unstreitig erst in spätern Zeiten gearbeitet wurden.

Nach den Antoninern sank die schöne Baukunst mehrere Stufen herab, so wie auch der Verfall des Reiches immer sichtbarer wurde.[313]) Jetzt suchte man die Schönheit nur in vielen Verzierungen, man nahm die fehlerhaften Kunstwerke, die sich durch nichts als durch Reichthum auszeichneten, zum Muster, ja man bemühte sich noch, diesen Reichthum zu vermehren. Von den Bädern, die Commodus anlegen ließ,[314]) und von der prächtigen Villa des Verus[315]) ist nichts bis auf unsere Zeiten übrig geblieben, so wenig wie von den Bädern und dem Septizonium oder dem Grabmal des Septimius

Verfall der Baukunst nach den Zeiten der Antoniner.

---

312) *Le Roy.* Monum. de la Grece II. pag. 24. Pl. XXXII. Pocock Beschreib. des Morgenl. S. 82. Taf. 52. -
313) *Dio Cass.* LXXI. p. 816.
314) *Lamprid.* Commod. 17.
315) *Iul. Capitol.* Verus, 8.

Severus,³¹⁶) allein ein paar Triumphbogen, die unter der Regierung dieses Kaysers errichtet wurden, machen uns mit dem Geschmack dieser Zeiten bekannt und bezeugen, wie sehr die Kunst gesunken war.

Triumphbogen des Septimius Severus.

Der eine, der Triumphbogen des Septimius Severus ³¹⁷) der diesem Kaiser nach seinem Siege über die Parther von dem römischen Senate errichtet wurde, hat sich fast ganz erhalten. Er besteht aus weißem Marmor und hat drey Durchgänge, von welchen der mittelste der größte ist, der aber gegen die beyden Seiten Durchgänge fast zu groß ist, so wie auch diese, in Absicht ihrer Höhe und Breite, kein gutes Verhältniß haben. Dieser Triumphbogen scheint eine Nachahmung des Bogens zu seyn, der dem Trajan errichtet wurde,³¹⁸) und jetzt der Constantinische heißt, dem er, was die Anordnung des Ganzen anbetrift, sehr gleich kommt, aber an Schönheit der Bauart und an guten Verhältnissen von ihm weit übertroffen wird. Vor den vier Schäften der drey Bogen stehen, auf hohen Postamenten, vier freystehende Säulen, die etwas über einen Model von der Mauer abgesetzt sind, und deren Gebälke über jeder Säule besonders von der Mauer hervorspringt. Die Säulen sind kannelirt und mit Base und Capital zwanzig Model hoch. Sie haben attische Basen und das römische Capital.

---

316) *Spartian.* Sever. 19.
317) *Desgodez* Edif. ant. de Rome. Chap. 18.
318) *Desgodez*, Edif. ant. de Rome. Chap. 20.

Fünfter Abschnitt. 463

Es ist zwey und einen Viertheil Model hoch, und dem Capitäl an den Triumphbogen des Titus, kleine Unterschiede in der Anordnung der Glieder ausgenommen, so gleich, daß es eine Copie davon zu seyn scheint.[319]) Das Gebälke hat eigene Verhältnisse,[320]) die von dem, bey den Alten gewöhnlichen, abweichen, aber sich gut ausnehmen, nur daß der Fries, der mit dem Architrav durch einen Anlauf verbunden wird, zu niedrig ist. Es ist auch nicht zu häufig mit Zierrathen besetzt und diese sind gut angebracht und schön gearbeitet. Der Kranz hat zwar Zahnschnitte, aber die Sparrenköpfe sind weggelassen. Uebrigens hat dieser Bogen verschiedenes, was sich mit dem guten Geschmack nicht verträgt,[321]) und man sieht aus allem, daß der Künstler keine tiefen Kenntnisse seiner Kunst besessen hat, daß er verschiedene gute Gebäude sich zum Muster nahm, und einzelne Theile von ihnen copirte, aber die Kunst nicht verstand, ein schönes Ganzes daraus zusammen zu setzen.

Weit unter diesem Triumphbogen steht der sogenannte Bogen der Goldschmiede, der, nach seiner Inschrift, dem Septimius Severus und seinem Sohne Caracallus zu Ehren, von den Kaufleuten

Bogen der Goldschmiede.

---

319) *Desgodez*, Edif. ant. de Rome. Chap. 17. Pl. V. Chap. 18. Pl. VI.
320) *Desgodez*, Edif. ant. de Rome. Chap. 18. Pl. VI.
321) Meinlig, Briefe über Rom, II. S. 41.

und Wechslern erbaut wurde,[322]) und an dem die Architektur und die Bildhauerarbeit in gleich schlechtem Geschmacke ausgeführt sind. Er ist von weißem Marmor gebaut, er besteht aus zwey großen Pfeilern und hat nur eine Oeffnung, die nicht wie gewöhnlich mit einem Bogen, sondern gerade gedeckt ist. Die beyden großen Pfeiler sind an den Ecken mit Pilastern verziert, die an der vordern Ansicht, zu ihrer Höhe verhältnißmäßig zu breit, nämlich mit der Base und dem Capitäl etwas über acht Durchmesser hoch sind. An den Seiten der Pfeiler sind sie noch breiter, und haben noch nicht acht Durchmesser zur Höhe, daher sie auch hier noch plumper ausfallen. Um dieses plumpe Ansehn zu vermindern hat man die Schäfte der Pilaster mit verzierten Füllungen besetzt. Die Pilaster stehen auf attischen Basen und tragen römische Capitäler, die unstreitig auch von dem Bogen des Titus copirt sind. Der Raum zwischen diesen Pilastern ist mit Basreliefs verziert. Das Gebälke ist so, wie die übrigen Theile des Gebäudes, mit Zierrathen überhäuft. Der Fries ist ausgebaucht und sehr niedrig, der Kranz hingegen zu hoch, an der vordern Seite aber nimmt die Tafel mit der Inschrift die ganze Höhe des Frieses und des Unterbalkens ein, und neben ihr stehn auf jeder Seite Basreliefs, wodurch man hier nur wenig von diesen beyden Theilen des Gebälkes sieht.

---

322) *Desgodez,* Edif ant. de Rome. Chap. 19.

Fünfter Abschnitt.

Unter den Gebäuden dieser Zeit zeichneten sich an Weitläuftigkeit und Pracht die Bäder des Antoninus Caracallus aus, die aber erst von Antonin dem Zweyten, der den Zunamen Heliogabal führte, vollendet und hernach vom Alexander Severus verschönert wurden.[323]) Die Ruinen, die man noch jetzt davon findet, bezeugen ihre Größe, so wie die vielen Statuen, Marmor und kostbare Säulen, die daselbst ausgegraben wurden, ihre Pracht,[324]) aber man erkennt an ihnen nichts mehr von dem Styl ihrer Architectur, der ohne Zweifel, und wie es sich von diesem Zeitalter denken läßt, mehr prächtig als geschmackvoll war.

Bäder des Antoninus Caracallus.

Endlich erschien wieder einmal ein Regent, der die Künste schätzte, sie, da er selbst zeichnen konnte, als Kenner unterstützte und sogar den Künstlern Besoldungen gab.[325]) Alexander Severus stellte nicht nur viele Gebäude der vorhergehenden Kaiser wieder her oder verschönerte sie, sondern er errichtete auch einige neue. Er erbauete Bäder, die mit einem Park umpflanzt wurden, und vereinte sie mit den Bädern des Nero, die daneben lagen, und

Alexander Severus.

---

323) *Spartian.* Caracallus, 9. *Lamprid.* Heliogab. 17. *Lamprid.* Alex. Sev. 24. *Cameron*, the Baths of the Romans, etc. Chap. VII. pag. 57. Pl. XII.

324) Volkmann, hist. krit. Nachr. von Italien, II. S. 604.

325) *Lamprid.* Alex. Sev. 26. 43.

hernach) den Namen der alexandrinischen erhielten.³²⁶) Er legte eine große Basilica an, die tausend Fuß lang und hundert Fuß breit war und ganz auf Säulen stand, die er aber nicht vollenden konnte.³²⁷) Er hatte auch den Vorsatz einen Tempel Christi zu bauen, und ihn, dessen Bildniß in seiner Hauskapelle aufgestellt war,³²⁸) unter die Götter aufzunehmen, welches wie man glaubt, auch Hadrian schon thun wollte, der daher an einigen Orten Tempel ohne Idole errichten ließ. Allein Alexander wurde von diesem Vorhaben durch die Vorstellung abgehalten, daß alsdann eine große Anzahl seiner Unterthanen Christen werden und die Tempel der übrigen Götter bald verlassen stehen würden.³²⁹) Uebrigens ließ er auch artige und gut eingerichtete Wohnhäuser erbauen und schenkte sie seinen Freunden.³³⁰)

Zustand der Baukunst nach d. Zeit. Ob sich nun gleich die Baukunst, durch die Pflege die ihr Alexander angedeihen ließ, etwas wieder gehoben hatte, so war doch dieses nur eine kurze Erholung, und sie sank jetzt nur desto tiefer und nahte sich ihrem gänzlichen Falle. Unter den Gordianern wurden noch einige weitläuftige Gebäude errichtet, zu Rom bauten diese Kaiser einen

---

326) *Lamprid.* Alex. Sev. 24.
327) *Lamprid.* Alex. Sev. 26.
328) *Lamprid.* Alex. Sev. 28.
329) *Lamprid.* Alex. Sev. 42.
330) *Lamprid.* Alex. Sev. 38.

Fünfter Abschnitt.

prächtigen Pallast und eine Basilica mit einem großen Porticus, und bey Präneste ließen sie eine kostbare Villa anlegen."[331]) Allein die beständigen Thronveränderungen, denen das römische Reich jetzt ausgesetzt war und die immerwährenden Unruhen unter dem Gallienus und den dreyßig Tyrannen, verursachten, daß man sich nicht mehr um die Kunst bekümmerte. Die Gebäude aus den vorigen Zeiten verfielen, verbrannten, oder wurden zerstört, und man dachte jetzt auf nichts weniger als auf ihre Wiederherstellung, noch weniger aber auf die Errichtung neuer Gebäude. Ein eben so trauriges Schicksal, als Rom, hatten die Provinzen, die von fremden Völkern überfallen und erobert wurden, wodurch das römische Reich Gallien, Asien und Aegypten verlor. Hier wurden viele von den schönsten Gebäuden zerstört, unter denen auch der berühmte Tempel der Diana zu Ephesus war, den die Gothen plünderten und verbrannten.[332])

Diese Unruhen dauerten so lange bis Aurelian Kaiser und zugleich Wiederhersteller des Reiches wurde. Unter diesem Kaiser und hernach unter dem Diocletian und Constantin dem Großen wurde die Baukunst zwar wieder ausgeübt, allein sie konnte sich jetzt auf keine Weise wieder erheben, da schon seit langer Zeit der Geschmack ganz gesunken, und während der unruhigen Zeiten, nach Alexanders Regierung, alle Kenntniß des Schönen vollends

Schlechter Geschmack unter Aurelian und Diocletian.

---

331) *Capitolin.* Gordian. 32.
332) *Trebell. Pollio,* Gallien. 6.

verloren gegangen war. Jetzt verfuhr man bey der Anlage der Gebäude mit wenig Ueberlegung, jetzt wurden gute Verhältnisse, Ordnung, Genauigkeit und Regelmäßigkeit, edle Einfalt und Schicklichkeit ganz vernachläßiget. Die Werke der Baukunst wurden entweder mit zu vielen Zierrathen überhäuft, die man überdieses in schlechtem Geschmack ausführte, und dabey in Spitzfündigkeiten und Tändeleyen verfiel, oder sie bekamen eine Simplicität, die an das Rohe gränzt, und die den gänzlichen Verfall der Kunst bezeugt.

Aurelians Gebäude. Aurelian unterdrückte die Tyrannen und Rebellen, er besiegte die Völker, die in das römische Reich einfielen und erweiterte das Reich durch neu eroberte Länder. Als er von seinen Siegen zurück kam, vergrößerte er Rom,[333]) er baute daselbst Bäder und einen prächtigen Tempel der Sonne.[334]) Auch in den eroberten Ländern errichtete er viele Gebäude: zu Emessa in Coelesyrien ließ er einige Tempel anlegen und zu Palmyra den Tempel der Sonne und andere Gebäude, die bey der Eroberung der Stadt waren zerstört worden.[335])

Tempel zu Palmyra. Diese Gebäude zu Palmyra bewundern wir noch jetzt in ihren Ruinen wegen ihrer Pracht und gut gearbeiteten Verzierungen, so wenig sie auch sonst, in Absicht des Geschmacks, Aufmerksamkeit

---

333) *Vopisc.* Aurel. 21. 39.
334) *Vopisc.* Aurel. 1, 39. 45.
335) *Vopisc.* Aurel. 25. 31.

Fünfter Abschnitt.

und Nachahmung verdienen. Sie kommen an Schmuck und Reichthum den Gebäuden zu Balbeck sehr gleich, denn auch hier ist alles, nur wenige Säulen ausgenommen, nach korinthischer Bauart gebaut, oft aber übertreffen sie diese noch in der Ueberhäufung und Unschicklichkeit der Zierrathen. Hier finden wir Pilaster, deren Capitäle von Kragsteinen unterstützt werden, und, zur Verzierung einiger Fenstergewände, Capitäle und Schaftgesimse von Pilastern, ohne die Schäfte dieser Pilaster.[336]) Hier sehen wir Säulen, die an dem untern Theile des Schaftes auf dorische Art kannelirt an dem obern Theile des Schaftes aber so gestreift sind, wie es bey jonischen und korinthischen Säulen gewöhnlich ist.[337]) So gar die Schäfte der Säulen sind nicht frey gelassen, und es giebt hier eine große Anzahl Säulen, die in der Gegend des ersten Drittheils ihrer Höhe kleine Consolen tragen, auf denen unstreitig Statuen standen.[338]) Uebrigens sind auch hier ausgebauchte Friese, Pilaster mit verzierten Schäften, gekuppelte Säulen, und mehr dergleichen Dinge anzutreffen.

Nach dieser Zeit ließ Diocletian in Rom seine Diocletianische Bäder errichten, welche die weitläuftigen alexandrinischen Bäder an Größe noch übertreffen sollten,[339])

---

336) the Ruins of Palmyra, Pl. XXIV. Pl. XXII. XLVII. L.
337) the R. of Pal. Pl. XVII.
338) the R. of Pal. Pl. XIV. XXVIII. XXXV.
339) *Cameron*, the Baths of the Romans. Chap. VIII. p. 61. Pl. XVI.

und die eine Breite von tausend, neun und sechzig Fuß, und eine Tiefe von siebenhundert, ein und sechzig Fuß hatten. Die Ruinen die davon übrig geblieben sind, und unter diesen vorzüglich ein Saal, zeigen deutlich, wie elend der Geschmack dieser Zeiten war. Der Saal nimmt ein länglichges Viereck ein, das vierhundert, neun und dreyßig Fuß lang, und vier und siebzig Fuß breit ist, und hat acht große Oeffnungen, drey an jeder langen und eine an jeder schmahlen Seite. In diesem weitläuftigen Behältnisse sind nicht mehr als acht Säulen angebracht, viere in den Ecken und viere vor den mittlern Schäften. Diese Säulen stehen frey, etwas weniges von der Mauer abgerückt, und haben ein Gebälke über sich, das für jede Säule besonders aus der Mauer hervorspringt und worauf das Kreußgewölbe ruht, das den Saal bedeckt.[340] So wie dieses schon dem guten Geschmack zuwider ist, ein Gewölbe auf eine so schwache Stütze, als eine Säule ist, zu stellen, so ist doch die Anordnung der Säulen selbst noch viel elender, indem sie weder von einerley Art, noch von gleicher Dicke sind. Die Säulen, die in den vier Winkeln stehen, sind schwächer als die in der Mitte des Saales, und jene haben korinthische, diese aber römische Capitäle.[341] Das Gebälke, das bey allen Säulen einander gleich ist, ist sehr reich verziert, nur der Fries, der sich durch einen

---

340) *Desgodez*, Edif. ant. de Rome. Chap. 24.
341) *Desgodez*, Edif. ant. de Rome. pag. 301. 305.

Anlauf mit dem Architrav vereinigt, ist glatt gelassen. Die Zahnschnitte in dem Kranze sind breiter als hoch und über den Sparrenköpfen stehen zwey Kranzleisten, wovon der untere niedrig ist und eine Rinnleiste trägt, auf welche der gewöhnliche Kranzleisten folgt.³¹²)

Als *Diocletian* die Kaiserwürde niedergelegt hatte, gieng er nach Salona, einer Stadt Dalmatiens, wo er als Privatmann lebte und sich in der Gegend der Stadt, wo jetzt Spalatro liegt einen weitläuftigen Pallast erbaute. Der Plan dieses Gebäudes macht ein großes Viereck aus, das sechshundert, acht und neunzig englische Fuß lang und fünfhundert, zwey und neunzig Fuß breit ist, und das inwendig durch zwey Hauptgassen, die einander durchkreuzen und auf beyden Seiten mit Arkaden verziert sind, in vier Theile abgesondert wurde. Dieser Pallast enthielt nicht nur eine geraume mit allen möglichen Bequemlichkeiten versehene Wohnung *Diocletians*, sondern auch Zimmer für seinen Hofstaat, einen Aufenthalt für seine Leibgarde und zwey Tempel, die auf freyen geräumigen Plätzen oder großen Höfen des Pallastes standen, von denen der eine dem *Jupiter*, der andere dem *Aesculap* gewidmet war.³⁴³) Auch hier treffen wir alle die Fehler wider den guten Geschmack an, die wir schon an den Gebäuden aus den vorigen Zeiten entdeckten,

Diocletians Pallast zu Spalatro.

---

342) *Desgodez* Edif. ant. de Rome. pag. 308.
343) Ruins of the Palace of the Emperor *Diocletian*, etc. by *Adam* pag. 6, Pl. V. VI.

ausgebogene Friese, Verkröpfungen, kleine Säulen zwischen hohen und mehrere, die jetzt allgemein angenommen waren, aber es zeigen sich uns noch andere, die unstreitig erst zu diesen Zeiten entstanden. Hierunter fallen folgende vorzüglich auf, daß, anstatt des Gebälkes, Bogen auf den Säulen stehen,[344]) und freystehende Säulen auf Kragsteinen ruhen.[345]) Ueber dieses ist der Styl der Architectur des ganzen Gebäudes sehr mittelmäßig, alle Verhältnisse sind übel gewählt, die Gebälke und andere Versimsungen sind weder gut zusammengesetzt noch gut profilirt, die Capitäle sind kalt und mager bearbeitet,[346]) und die Verzierungen sind überhäuft und ohne Geschmack angebracht.[347])

Ungeschicklichkeit der Künstler unter Constantin.

Während der Regierung Constantins des Großen wurden in Rom verschiedene Tempel und christliche Kirchen errichtet, an welchen sich die Unwissenheit und Ungeschicklichkeit der Künstler dieser Zeit sehr auffallend zeigt. So wie sonst, ehe noch Künstler in Rom waren, die Römer zu ihren Gebäuden Säulen aus Griechenland hohlten, so nahm man jetzt, weil die Künstler zu ungeschickt waren, um selbst schöne Säulen anzugeben und auszuarbei-

---

344) *Adam*, Ruins etc. Pl. XX.
345) *Adam*, Ruins etc. Pl. XII.
346) *Adam*, Ruins etc. Pl. XXII. XXX. XXXV. XXXVI. XLVII.
347) *Adam*, Ruins etc. Pl. XXIV. XXXI. XLV.

Fünfter Abschnitt.

ten, gemeiniglich zu alten zerstörten Gebäuden seine Zuflucht, und bediente sich ihrer Säulen zu den neuen Gebäuden, an denen man sie aber oft ohne alle Ueberlegung und Geschmack anbrachte. In der Kirche des heiligen Laurentius sollen die zwanzig Säulen des Schiffes aus einem Tempel des Mars genommen seyn, und in der Pauls Kirche findet man vier und zwanzig Säulen, die wahrscheinlich von dem Grabmal Hadrians hieher versetzt wurden.

Diese Säulen zieren das Schiff der Pauls Kirche, das aus vierzig korinthischen Säulen besteht und einen Beweis von dem damaligen schlechten Geschmack abgiebt. Jene vier und zwanzig Säulen von Hadrians Grabmal sind sehr schön, aus einem weißen Marmor mit violetnen und himmelblauen Adern gemacht, die übrigen sechzehn aber sind von weiß grauem Marmor und auf das schlechteste gearbeitet. Fast eine jede hat andere Verhältnisse, die Kannelirungen sind von ungleicher Tiefe, in ungerader Linie und schlecht ausgehöhlt. Die Säulen in den Seiten Navaten sind kleiner als die in dem Schiffe und ebenfalls einander sehr ungleich, mit und ohne Basen, und mit übel behandelten korinthischen Capitälen. Alle diese Säulen haben kein Gebälke, sondern sie tragen Bogen, über denen die Mauer gerade in die Höhe bis unter das Dach geht, dessen Sparrwerk hier ganz nackend erscheint, eine Simplicität, die mit den gemalten Mauern und

Pauls Kirche.

den korinthischen Säulen sehr übel zusammen paßt.³⁴⁸)

Tempel des Bacchus. In einem nicht weniger schlechten Geschmacke sind zwey runde Tempel, die sogenannten Tempel des Bacchus und des Faunus gebaut. Die Säulen in dem Bacchus Tempel, die in doppelten Reihen in einer Rundung stehen, und den mittelsten Raum, von der denselben umgebenden Gallerie trennen, sind von verschiedener Stärke. Ihre Capitäle sind römisch, sie haben schlechte Verhältnisse und sind übel bearbeitet, so wie auch die Gebälke, die sie tragen schlecht zusammengesetzt und übel profilirt sind.³⁴⁹)

Tempel des Faunus. In dem Tempel des Faunus der rund ist und innerhalb seiner Umfassungs-Mauer zwey Reihen Säulen hat, wodurch zwey Galerien entstehen, findet man ebenfalls Säulen, die von verschiedenen Größen und von verschiedenen Arten sind. Die innere Reihe besteht aus jonischen Säulen. Diese schließen einen runden Platz ein, der durch eine Mauer in zwey Theile getheilt wird, die auf Bogen ruhet, welche von zwey korinthischen Säulen und zwey Pilastern getragen wird, die viel höher als die jonischen Säulen sind. Auch selbst diese korinthischen Pilaster und Säulen sind einander nicht ganz gleich, denn wenn schon die Pilaster mit den Säulen gleiche Höhe und Stärke haben, so sind die

---

348) Weinlig Briefe über Rom, Br. 34
349) Weinlig Briefe über Rom. III. S. 69. *Desgodez* Edif. ant. de Rome. Chap. II. Pl. III.

Fünfter Abschnitt.   475

Capitäler der letztern doch höher als die von den erstern, die hingegen keine Basen haben, da doch die Säulen damit versehen sind. In der äußern Reihe stehen in gewissen Entfernungen Pfeiler, zwischen welchen abwechselnd vier und fünf Säulen angebracht sind. Diese Säulen sind auch jonisch, aber kleiner als die in der mittlern Reihe, ausgenommen achte, die in zwey solchen Entfernungen gegen einander überstehen, und die größer und von der korinthischen Art sind.[350])

Unter Constantins Regierung wurden auch die ersten gewundenen Säulen gearbeitet, die man in der Halle der Kirche des heiligen Laurentius und in der Kirche der Apostel antrift.[351]) Auch in dem Kloster neben der Paulskirche liegen eine Menge kleiner gewundener Säulen, mit vielfarbigen Marmorstückchen ausgelegt, die vielleicht aus diesen Zeiten sind.

Gewundene Säulen.

Unstreitig kam auch jetzt, oder doch kurz vor diesen Zeiten, die Veränderung des jonischen Capitäls auf, die man in den neuern Zeiten beybehalten hat, und deren Erfindung irrig dem Michael Angelo zugeschrieben wird. Man fieng jetzt an, die Voluten, die bey den Griechen in einer geraden horizontalen Linie standen und nur an den Ecken herausgerückt wurden, auf allen Seiten des Capitäls herauszudrehen, so wie man es schon bisher an

Neues jonisches Capitäl.

---

350) *Desgodez*, Edif. ant. de Rome. Chap. III.
351) *Volkmann*, Hist. krit. Nachr. von Italien. II. S. 212. 311.

dem Knaufe des römischen Capitäls gemacht hatte. Wir finden dieses neue jonische Capitäl an dem Tempel der Concordia, der unter Constantin dem Großen gebaut wurde, wo es übrigens auch mehr Höhe erhielt als das alte hatte; doch soll man diese letzte Veränderung schon in den Diocletianischen Bädern angetroffen haben. Die Behandlung dieses Capitäls an dem Tempel der Concordia ist, wie man vermuthen kann, nicht die beste, und es verdient auf keine Weise, als ein Muster angesehn zu werden.[352] Die Anordnung der Glieder ist übel gewählt und ihre Profilirung schlecht. Die Voluten haben zu wenig, die Glieder darunter aber zu viel Vorsprung, wodurch das Ganze ein plumpes Ansehn bekommt, welches dadurch noch vermehrt wird, daß das Capitäl keinen Hals sondern an dessen Statt einen starken und hohen Rinnleisten hat.

Gänzlicher Verfall der Kunst. Constantin der Große verließ Rom und verlegte die Residenz nach Byzanz, welches er ganz neu anbauen, und Rom in allem gleich machen ließ, und Constantinopel nannte. Die Kunst die jetzt schon so sehr herabgesunken war, wurde unter den folgenden Kaisern in einem noch schlechtern Style behandelt, und ganz vernachlässigt. Denn da diese Kaiser mit den Arabern, Saracenen, Alemannen, Gothen, Sachsen und andern Völkern, die in ver-

---

352) *Desgodez*, Edif. ant. de Rome. Chap. IX. Pl. II.

schiedene Provinzen des römischen Reiches einfielen, in beständige Kriege verwickelt wurden, so konnte man wenig oder gar nicht an die Verschönerung der Städte denken, und das vorzüglichste was gebaut wurde, waren Festungen.[353]) So erfolgte endlich der gänzliche Untergang der schönen Baukunst, die bey den Römern nach und nach von ihrer Höhe, worauf sie die Griechen geführt hatten, herabgesunken war, und jetzt unter den Ruinen ihrer Werke begraben wurde.

---

353) *Ammian. Marcell.* XXVIII. 2.

Verbesserungen.

Seite 27 Zeile 9 statt Deucalion, ließ, Deukalion.
— 28 — 21 st. Völker, l. Völker.
— 52 — 6 st. daß, l. weil.
— 59 — 19 st. ihre Bauart, l. und die Bauart der Hebräer war.
— 154 — 22 st. Hercules, l. Herkules.
— 179 — 13 st. Angeus, l. Aegeus.
— 188 — 17 st. Dodonäus, l. Skyros von Dodona.
— 200 — 5 st. Juventas, l. Hebe.
— 279 — 17 st. viereckigen, l. vieleckigen.
— 293 — 5 st. Vulkan, l. Vulcan.
— 369 — 22 st. darin, l. in diesem Tempel.
— 371 — 20 st. er, l. dieser.
— 388 — 3 st. und, l. Er war.
— 391 — 17 st. sondern, l. und.
— 422 — 1 st. eigenen, l. eigene.

Einige
Verlagsbücher
der Dykschen Buchhandlung.

Abbildungen aller Nationen des rußischen Reichs, unter Aufsicht der Kaiserl. Akademie der Künste zu St. Petersburg gezeichnet, in Kupfer gebracht und ausgemalt. 95 Folioblätter. 18 Thlr.

Dieselben in schwarzen Abdrücken. 8 Thlr.

Anmerkungen, kritische, über die Fehler der Maler wider die geistliche Geschichte und das Costume. Aus dem Französischen übersetzt von D. J. J. Volkmann. 8. 18 gr.

d'Argensville Leben der Maler. Aus dem Franz. übersetzt von D. J. J. Volkmann. Vier Theile. compl. gr. 8. 4 Thlr.

Aufsätze, satyrische und scherzhafte; herausgegeben von einem berühmten Journalisten. 8. 14 gr.
   Der letzte Aufsatz ist gegen den Luftschiffer Blanchard gerichtet, die übrigen betreffen die neuen Erziehungsmethoden, die Journalisten, Recensenten, Goldmacher, Magnetisirer und Romanfabrikanten.

Beyträge zur Kenntniß vorzüglich des Innern von England und seiner Einwohner; aus den Briefen eines Freundes gezogen von dem Herausgeber. Erstes und zweytes Stück. gr. 8. jedes à 9 gr.
   (Das 3te Stück ist unter der Presse.)

Bibliothek der schönen Wissenschaften und der freyen Künste. 12 Bände. gr. 8.   10 Thlr.

Allgemeines Register über diese zwölf Bände. gr. 8. 14. gr.

Bibliothek (Neue) der schönen Wissenschaften u. der freyen Künste. 1r bis 12r. Band. gr. 8.   10 Thlr.

Allgemeines Register über die zwölf ersten Bände der neuen Bibliothek. gr. 8.   16 gr.

Bibliothek (Neue) der schönen Wissenschaften und der fr. K. 13r bis 24 Band. gr. 8.   10 Thlr.

Allgemeines Register über den 13ten bis 24sten Band. gr. 8.   16 gr.

Bibliothek (Neue) der sch. Wiss. und der fr. Künste. 25r bis 36r Band. gr. 8.   10 Thlr.

Allgemeines Register über den 24sten bis 36sten Band. gr. 8.   16 gr.

Bibliothek (Neue) der sch. Wiss. und der fr. Künste 37r bis 44r Band. gr. 8.   6 Thlr. 16 gr.

    Das Werk wird fortgesetzt. Jeder Band hat zwey Stück, und jedes Stück kostet 10 gr. Zwölf Bände, nebst dem dazu gehörigen Register, machen immer ein für sich bestehendes Ganze.

Casanova, (Io.) Discorso sopra Gl Antichi, e varo Monumenti loro per vso de gl. Alunni, del Electoral Academia delle bell arti di Dresda. 4.   7 gr.

Erscheinungen und Träume von Mercier und einigen deutschen Gelehrten; übersetzt und herausgegeben von G. Schaz 2 Theile. 8.   1 Thlr. 16 gr.

Goldoni, (des Herrn Karl) Schicksale, Beobachtungen und Reisen, von ihm selbst beschrieben. Uebersetzt und mit einigen Anmerkungen begleitet von G. Schaz. Drey Bände. 8   3 Thlr. 16 gr.

    (Die zwey ersten Bände betreffen Italien, der dritte Band handelt von Goldoni's neunjährigem Aufenthalte zu Paris.)